Gymnasium Baden-Württemberg

Deutschzeit

2

Lese- und Sprachbuch

Herausgegeben von
Anja Fandel und Ulla Oppenländer

Erarbeitet von
Julia Bobsin, Andreas Borrmann, Dennis Breitenwischer,
Benedikt Engels, Renate Gross, Angelika Held,
Maike Michelis, Toka-Lena Rusnok, Maren Scharnberg,
Lenore Schneider-Feller, Jan Wohlgemuth und
Anke Zegermacher

Unter Beratung von
Markus Bente, Stephanie Gilbert, Renate Gross,
Karoline Heublein, Susanne Winkler

Cornelsen

Deutschzeit

Lese- und Sprachbuch: 2

Redaktion: Verena Walter, Mareike Zastrow

Illustrationen: Vera Brüggemann, Bielefeld: S. 42–63, S. 64–83, S. 84–103, S. 198–200, S. 206–257, S. 254–283
Sulu Trüstedt, Berlin: S. 12–19, S. 20–41, S. 104–129, S. 130–159, S. 160–179
Umschlaggestaltung: WERNERWERKE GbR, Berlin, unter Verwendung eines Fotos von Shutterstock/Ivan Bajie
Layoutkonzept, Layout und technische Umsetzung: WERNERWERKE GbR, Berlin

www.cornelsen.de

1. Auflage, 1. Druck 2016

Alle Drucke dieser Auflage sind inhaltlich unverändert und können im Unterricht nebeneinander verwendet werden.

Druck: Mohn Media Mohndruck, Gütersloh

ISBN 978-3-06-063178-0

PEFC™
PEFC/04-31-1033

PEFC zertifiziert
Dieses Produkt stammt aus nachhaltig bewirtschafteten Wäldern und kontrollierten Quellen.
www.pefc.de

Deutschzeit auf einen Blick:

Das Buch ist in vier Kompetenzbereiche aufgeteilt:

Sprechen – Zuhören – Schreiben

Lesen – Umgang mit Texten und Medien

Grammatik

Rechtschreibung

Jedes Kapitel hat zwei Teile:

1. Kernkapitel
Hier erarbeitest du das jeweilige Thema Schritt für Schritt, z. B. „Erzählen", „Fabeln untersuchen und schreiben" oder „Sachtexte erschließen".

2. Leseteil
Dieser Teil des Kapitels bietet dir eine Auswahl spannender und interessanter Texte zum **Schmökern, Schauen, Weiterdenken**.

Merkwissen findest du hier:

Merkwissen im Überblick — am **Ende jedes** thematischen **Kapitels**

Merke — in den Kapiteln **Grammatik** und **Rechtschreibung**

Auf den gelben Seiten am Ende des Buches kannst du das **Orientierungswissen** noch einmal nachschlagen.

Ausdruckstraining — Diese Seiten helfen dir, gezielt deinen Ausdruck zu verbessern.

Gewusst wie — Hier lernst du Arbeitstechniken und Methoden, die du immer wieder benötigst, z. B. „Diagramme und Tabellen erschließen", oder „Recherchieren".

Fordern und Fördern:

② — Wahl- oder Zusatzaufgabe

Tipps & Hilfen — Hier gibt es zusätzliche Hilfestellungen hinten im Buch.

Inhaltsverzeichnis

Kompetenzschwerpunkte

Medien zur Dokumentation des eigenen Lernweges nutzen (Lesetagebuch); grundlegende Vortrags- und Präsentationstechniken einsetzen; nach Kriterien Feedback zu Präsentationen formulieren

Kompetenzschwerpunkte

Ort, Zeit, Figuren und Aufbau analysieren; einzelne sprachliche Gestaltungsmittel deuten; die Wirkung eines Textes erläutern; Texte planen (Schreibplan), formulieren und überarbeiten; sprachliche Mittel gezielt einsetzen; anschaulich erzählen, Erzähltechniken anwenden; nach Vorlagen Texte neu, um- oder weiterschreiben und gestaltend interpretieren (Perspektivwechsel, Dialog)

Kompetenzschwerpunkte

Diskussionen beobachten, moderieren und reflektieren; Texte planen, formulieren und überarbeiten (Brief, Stellungnahme); schriftlich argumentieren; Argumente gewichten; Schlussfolgerungen ziehen; sach- und adressatenspezifisch formulierte Texte verfassen; die Positionen in argumentativen Texten erfassen; Texte mit handlungs- und produktionsorientierten Verfahren ein Textverständnis herausarbeiten (Dialog, Rollenspiel); nichtlineare Texte (Diagramm) auswerten; Medien gestalten (Fotodokumentation)

Kompetenzschwerpunkte

Vorgänge, Wege und Orte beschreiben; Texte planen, formulieren und überarbeiten; Schreibanlass, Textfunktionen, Situations- und Adressatenbezüge berücksichtigen; einen differenzierten Wortschatz verwenden; sachlich formulieren; Bilder zu Texten gestalten; Medien gestalten (Bilder zu Texten, Erklärfilm)

Kompetenzschwerpunkte

von Ereignissen berichten; Texte planen, formulieren und überarbeiten; Schreibanlass und Textfunktionen berücksichtigen; sachlich, situationsangemessen und adressatengerecht formulieren; standardsprachlichen und umgangssprachlichen Sprachgebrauch unterscheiden; Medien gestalten (Comic)

Lesen – Umgang mit Texten und Medien

Kompetenzschwerpunkte

Texte (Fabeln) planen und formulieren; nach Vorgaben Texte neu, um- oder weiterschreiben und gestaltend interpretieren; Fabeln untersuchen; Merkmale von Fabeln analysieren (Figuren, Aufbau); Deutungsansätze formulieren; mit handlungs- und produktionsorientierten Verfahren ein plausibles Textverständnis herausarbeiten (Texte weiterschreiben, Texte pantomimisch umsetzen, Monolog); Merkmale und Verhalten literarischer Figuren beschreiben, begründen und bewerten; Fabeln vergleichen; Texte szenisch (pantomimisch) gestalten; Texte zu Bildern gestalten

Kompetenzschwerpunkte

Sagen untersuchen; Sagen nacherzählen; Elemente von Sagen (Figuren, Aufbau) analysieren; Sagen unter Verwendung zentraler Gattungsmerkmale erläutern; Texte szenisch gestalten (Hörszene); nach Vorlagen Texte umschreiben; Deutungsansätze entwickeln; mit handlungs- und produktionsorientierten Verfahren ein plausibles Textverständnis herausarbeiten (Texte weiterschreiben, Perspektivwechsel, Texte szenisch umsetzen); Merkmale und Verhalten literarischer Figuren beschreiben, begründen und bewerten; Medien gestalten (eine Hörszene verfassen, Comic)

8 Gedichte malen Bilder

Kompetenzschwerpunkte

Gedichte erschließen und analysieren; Fachbegriffe zur Gedichtbeschreibung verwenden (Reim, Rhythmus, Metrum, sprachliche Bilder, Vergleich, Personifizierung, Vers, Strophe); sprachliche Gestaltungsmittel beschreiben; die Wirkung von Gedichten erläutern; die Gestaltungsweise von Gedichten und deren Wirkung erläutern (Gedichtbeschreibung); Gedichte gestaltend vortragen; nach Vorlagen Gedichte neu schreiben (Parallelgedicht)

9 Abenteuer Forschung

Kompetenzschwerpunkte

Sachtexte erschließen, analysieren und verstehen; Lesetechniken und Methoden der Texterschließung anwenden; den Inhalt von Sachtexten zusammenfassen; sachlich formulieren; Inhalte von Sachtexten herausarbeiten und erläutern; aus Texten entnommene Informationen systematisiert darstellen (Liste, Zeitstrahl, Mindmap, Lexikonartikel); nichtlineare Texte (Tabellen und Diagramme) auswerten; Verstehensschwierigkeiten benennen; Informationen in Print- und digitalen Medien finden; Sachinhalte verständlich referieren

Nachdenken über Sprache

10 Von Hogwarts nach Wittenberg

Kompetenzschwerpunkte

die Bedeutung des Prädikats für den Satz erläutern und die vom Prädikat abhängigen Satzglieder (Subjekt, Objekt, Präpositionalobjekt, adverbiale Bestimmung) sowie den Kasus der Objekte untersuchen;

adverbiale Bestimmungen erläutern; Attribute als Teil eines Satzgliedes bestimmen; Satzarten unterscheiden (Verb-Zweitsatz, Verb-Erstsatz, Verb-Letztsatz) und verwenden; Nebensätze als Satzglieder oder Satzgliedteile verwenden; Gleich- und Unterordnung von Sätzen unterscheiden; Wortarten bestimmen (Verb, Nomen, Artikel, Adjektiv, Adverb, Pronomen, Präposition); Wortbestandteile benennen, Komposita in ihrem Aufbau beschreiben; Aktiv und Passiv bilden und beschreiben; Genus, Numerus, Kasus bestimmen und verwenden; Komparationsformen der Adjektive bilden und verwenden; Wortbedeutungen klären

Rechtschreibung

Kompetenzschwerpunkte

Regeln der Schärfung und Dehnung sowie der Schreibung der s-Laute nennen und korrekt anwenden; Großschreibung von Nomen und Nominalisierungen anwenden; Groß- und Kleinschreibung beim Superlativ und bei Zeitangaben; die Satzzeichen bei Nebensätzen, Appositionen, Anreden und Aufzählungen in einfachen

Sätzen sowie bei der direkten Rede setzen; Rechtschreibstrategien (Silbierung, Wortverlängerung, Ableitungen) und grundlegende Rechtschreibregeln anwenden; das und dass unterscheiden

Tipps & Hilfen

Orientierungswissen

1 Ich und meine Bücher

Jugendbücher lesen und präsentieren

Tintenherz *Cornelia Funke*

Mo hatte die Kiste rot lackiert, rot wie Klatschmohn, Meggies Lieblingsblume, deren Blüten sich so gut zwischen ein paar Buchseiten pressen ließen und deren Stempel einem Sternmuster in die Haut drückten. Auf den Deckel hatte Mo mit wunderschönen, verschlungenen Buchstaben *Meggies Schatzkiste* geschrieben und innen war sie mit glänzend schwarzem Futtertaft ausgeschlagen. Von dem Stoff war allerdings kaum etwas zu sehen, denn Meggie besaß viele Lieblingsbücher.

1. Welche Art von Büchern liest du gerne? Erzähle von ihnen.
2. Welches Buch würdest du mit auf eine lange Reise nehmen? Begründe.
3. Erläutere, worin für dich der Unterschied zwischen Büchern und Filmen besteht.

[…] Meggie nahm ihre Bücher noch aus einem anderen Grund auf jede Reise mit. Sie waren ihr Zuhause in der Fremde – vertraute Stimmen, Freunde, die sich nie mit ihr stritten, kluge, mächtige Freunde, verwegen und mit allen Wassern der Welt gewaschen, weit gereist, abenteuererprobt. Ihre Bücher munterten sie auf, wenn sie traurig war, und vertrieben ihr die Langeweile, während Mo Leder und Stoffe zuschnitt und alte Seiten neu heftete, die brüchig geworden waren von unzähligen Jahren und ungezählten blätternden Fingern. Einige Bücher kamen jedes Mal mit, andere blieben zu Hause, weil sie zum Ziel der Reise nicht passten oder einer neuen, noch unbekannten Geschichte Platz machen mussten. Meggie strich über die gewölbten Rücken. Welche Geschichten sollte sie diesmal mitnehmen?

In diesem Kapitel lernst du, …

- wie du ein Lesetagebuch führst.
- wie du eine Buchvorstellung vorbereitest.
- wie du ein Buch präsentierst.
- wie du Texte gut vorliest.

Ein Lesetagebuch führen

Ein Lesetagebuch begleitet deine Lektüre.
Mit ihm kannst du deinen Leseprozess für dich selbst dokumentieren, andere an deiner Lektüre teilhaben lassen und vielleicht sogar für dein Buch begeistern.

1 a) Dieses Deutschbuch enthält zahlreiche Auszüge aus Kinder- und Jugendbüchern. Blättere es durch und suche mindestens drei Beispiele.
b) Welches dieser Bücher würdest du gerne vollständig lesen? Begründe.

2 Wähle ein Buch aus, zu dem du ein Lesetagebuch führen möchtest, z. B.:
- ein Buch, von dem du einen Auszug in diesem Deutschbuch findest,
- einen Roman, den du schon immer mal lesen wolltest, oder
- ein Sachbuch zu einem Thema, das dich interessiert.

3 Lege einen Buchsteckbrief mit folgenden Angaben an:
- Titel des Buches,
- Name der Autorin / des Autors,
- Verlag,
- Erscheinungsjahr,
- Preis,
- Altersempfehlung.

4 Formuliere deine Erwartungen an dein Buch. Erkläre auch, wodurch diese Erwartungen bei dir zustande gekommen sind.
- *Als ich das Buch in der Bücherei entdeckt habe, …*
- *Aufgrund des Titels …*

5 a) Lies das Buch nach und nach. Notiere dir jedes Mal das Datum, an dem du einen Abschnitt gelesen hast.
b) Mach dir zu jedem Abschnitt Notizen, z. B. zu folgenden Fragen:
- Was hat dir besonders gut oder überhaupt nicht gefallen?
- Was hast du nicht verstanden?
- Was würdest du gerne wissen?
c) Schreibe einzelne Sätze oder kurze Textstellen ab, die dir besonders gefallen haben oder über die du dich besonders geärgert hast.

6 Wähle mindestens zwei der folgenden Aufgaben aus, die du im Laufe deiner Lektüre bearbeitest:
- Verändere eine Textstelle und begründe die Änderung,
- erzähle die Geschichte weiter,
- führe ein Interview mit der Hauptfigur,
- zeichne zu einer ausgewählten Textstelle ein Bild oder einen kleinen Comic,
- schreibe einen Brief an eine Figur im Buch,
- gestalte eine Werbeanzeige für das Buch,
- schreibe einen Brief an die Autorin / den Autor.

7 Fasse den Inhalt deines Buches kurz zusammen und gib eine Empfehlung.

8 Nummeriere die Seiten deines Lesetagebuchs und erstelle ein Inhaltsverzeichnis.

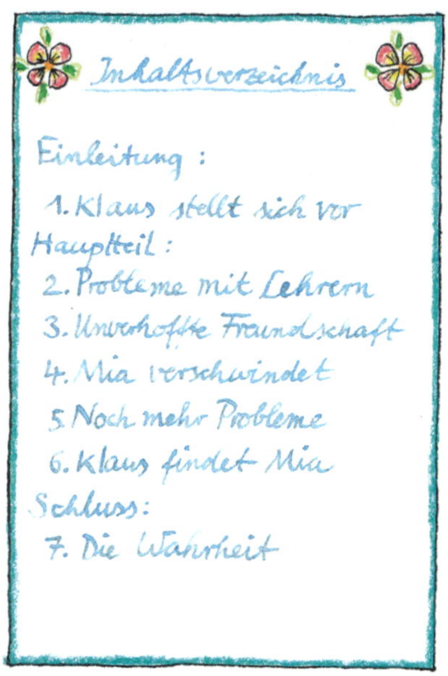

9 Gestalte zum Schluss ein Deckblatt für dein Lesetagebuch, z. B. mit einer passenden Zeichnung, einer Collage oder einem neuen Entwurf für das Cover. Dein Deckblatt sollte außerdem folgende Angaben enthalten:
- den Namen der Autorin / des Autors,
- den Titel des Buches,
- deinen Namen und deine Klasse.

Ein Buch vorstellen

Ein Buch auswählen

In Julies Klasse ist ein Neuer: Dschingis, ein Flüchtlingskind aus der Mongolei, und Julie soll sich ein bisschen um ihn kümmern. Dschingis hat schließlich keine Ahnung, wie man Fußball spielt, was man zum Schwimmen mitnimmt und warum man nicht den ganzen Tag in einem Fellmantel herumläuft. Im Gegenzug weiß Julie bald alles über die Mongolei, dass dort Riesenblumenbäume wachsen, dass man Adlern eine Mütze aufsetzt, um sie zu beruhigen, und wie warm so ein Fellmantel ist. Und sie lernt, wie man einen Dämon mit Hefeteig austrickst. Doch dann, eines Nachts, werden Dschingis und seine Familie abgeholt. Sie dürfen nicht in Liverpool bleiben, sondern müssen zurück in die Mongolei ...

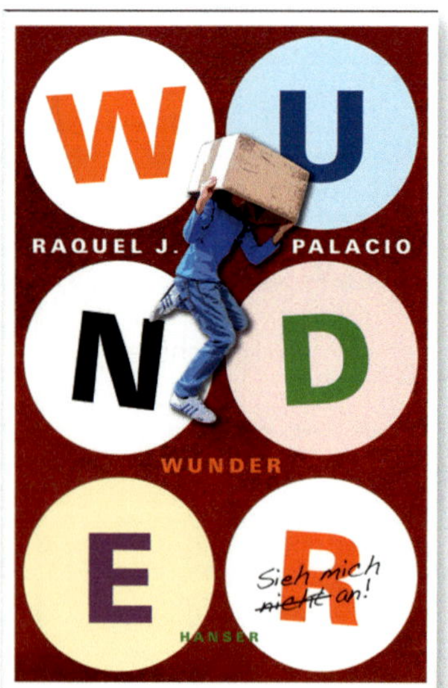

August ist anders. Dennoch wünscht er sich, wie alle Jungen in seinem Alter, kein Außenseiter zu sein. Weil er seit seiner Geburt so oft am Gesicht operiert werden musste, ist er noch nie auf eine richtige Schule gegangen. Aber jetzt soll er in die fünfte Klasse kommen. Er weiß, dass die meisten Kinder nicht absichtlich gemein zu ihm sind. Am liebsten würde er gar nicht auffallen. Doch nicht aufzufallen ist nicht leicht, wenn man so viel Mut und Kraft besitzt, so witzig, klug und großzügig ist – wie August.

1. Welches der beiden Bücher würdest du für eine Buchvorstellung auswählen? Begründe.
2. Wie gehst du bei der Auswahl eines Buches für eine Buchvorstellung vor? Berichte über deine Erfahrungen.
3. Sammelt weitere Möglichkeiten, sich über ein Buch zu informieren.

Eine Buchvorstellung vorbereiten

1. Bereite deine Buchvorstellung Schritt für Schritt vor. Orientiere dich dabei an den Schritten im Info-Kasten.
Tipp: Schreibe deine Stichpunkte zu den einzelnen Schritten gleich auf einzelne Karteikarten, die du dann im Anschluss für deinen Vortrag nutzen kannst.

Info: Eine Buchvorstellung vorbereiten

1. **Schritt:** Notiere folgende Angaben zu deinem Buch:
- Autor: *Frank Cottrell Boyce*
- Titel: *Der unvergessene Mantel*
- Verlag: *Carlsen Verlag*
- Seitenzahl: *112 Seiten inklusive Nachwort*
- Preis: …

2. **Schritt:** Mach dir Notizen zum Inhalt des Buches:
- **Was** ist das Thema des Buches?
  Begegnung mit zwei mongolischen Flüchtlingskindern
- **Wann** und **wo** spielt die Handlung?
  Bootle, Nordwesten Englands, Sommer, 1990er-Jahre
- **Aus wessen Sicht** wird die Geschichte erzählt?
  Ich-Erzählerin, Julie O'Connor, erinnert sich als junge Erwachsene an die Freundschaft zu zwei mongolischen Flüchtlingskindern, die in ihre Klasse kamen, als sie elf Jahre alt war …
- **Welche** (weiteren) **Figuren** kommen in dem Buch vor?
  Lehrerin Mrs Spendlove, Mimi, Shocky, …
- **Was passiert?**
  6. Klasse, zwei neue Mitschüler kommen (Dschingis und Bruder Negui), …
  Denke daran, dass du nicht die gesamte Handlung preisgibst, damit deine Mitschüler/-innen noch einen Anreiz haben, das Buch selbst zu lesen.

3. **Schritt:** Suche eine oder zwei interessante oder spannende Stellen im Buch, die sich eignen, einen anschaulichen Einblick in die Erzählweise des Buches zu geben.

4. **Schritt:** Mach dir Notizen zu weiteren Besonderheiten des Buches, z. B.
- zur Gestaltung,
- zur Bebilderung oder
- zu zusätzlichen Informationen in einem Vor- oder Nachwort.

5. **Schritt:** Gib ein Urteil über das Buch ab und formuliere eine Empfehlung:
- Was hat dir an deinem Buch besonders gefallen?
- Für wen ist das Buch deiner Meinung nach besonders geeignet?

Ein Buch präsentieren

1. Damit deine Zuhörer/-innen dem Vortrag gut folgen können, ist es wichtig, ihnen einige Informationen auch schriftlich zu geben, z. B. an der Tafel, auf einer Folie oder auf einem Plakat. Fertige zu deinem Buch ein Informationsplakat an.

Der unvergessene Mantel
von Frank Cottrell Boyce

Carlsen Verlag
112 Seiten

Personen:

Mimi ← Freundinnen – Julie – verliebt sich → Shocky

Julie
(Erzählerin)
erinnert sich an Begegnung mit den mongolischen Brüdern Dschingis + Negui

Weitere Personen:
- Lehrerin Mrs Spendlove
- ...

2. Bereite den von dir ausgewählten Textausschnitt (→ 3. Schritt, Info-Kasten S. 17) zum Vorlesen vor. Nutze die Tipps im folgenden Info-Kasten.

Info: Einen Lesevortrag vorbereiten

- Kopiere die ausgewählte Textstelle.
- Lies den Textausschnitt mehrmals und überlege, welche Stimmung vorherrscht.
- Achte darauf, welche Personen in diesem Textausschnitt auftreten, und überlege, wie sie sich in ihrem Sprechen unterscheiden könnten.
- Markiere mit den folgenden Zeichen Betonungen und Pausen:
- besonders betonen: unterstreichen
- kurze Pause: |
- lange Pause: | |

3. Übe deinen Vortrag mithilfe deiner vorbereiteten Karteikarten. Du kannst ...
   - ihn allein vor einem Spiegel üben,
   - ihn Eltern, Geschwistern oder Freunden zur Übung vortragen oder
   - dich selbst beim Vortragen filmen.

Eine Buchvorstellung beurteilen

1. Gebt euch gegenseitig Rückmeldungen zu euren Buchvorstellungen.
   Bildet dafür drei Beobachtergruppen, von denen
   - eine auf den Inhalt achtet,
   - die zweite auf die Vortragsweise und
   - die dritte auf den Lesevortrag.

   Die folgende Checkliste könnt ihr als Leitfaden für eure Beurteilung nutzen.

2. Tauscht euch über eure Beobachtungen aus. Achtet darauf, dass ihr zunächst ein positives Feedback gebt und erst im Anschluss Kritik äußert.
   Besonders gut gefallen hat mir …   Verbessern könntest du noch …

Info: Eine Buchvorstellung beurteilen

Inhalt
- Gibt es einen Tafelanschrieb / eine Folie / ein Plakat mit den wichtigsten Informationen zum Buch?
- Bekommen die Zuhörer/-innen einen Überblick über die wichtigsten Figuren der Geschichte?
- Werden Ort und Zeit der Handlung genannt?
- Werden die wichtigsten Handlungsschritte dargestellt?
- Sind die Hintergrundinformationen interessant und tragen zum Verständnis des Buches bei?
- Ist die Beurteilung des Buches begründet und gut nachvollziehbar?

Vortragsweise
- Ist die Aussprache klar und deutlich?
- Ist das Sprechtempo so, dass man gut folgen kann?
- Wird laut genug gesprochen?
- Ist die Betonung passend und abwechslungsreich?
- Wird bei Wortwahl und Satzbau Umgangssprache vermieden?
- Gibt es Blickkontakt zu den Zuhörerinnen und Zuhörern?
- Signalisiert die Körpersprache Interesse am Thema und an den Zuhörerinnen und Zuhörern?

Lesevortrag
- Ist der Textauszug zum Vorlesen gut ausgewählt?
- Ist der Lesevortrag sicher und flüssig?
- Wird der Text langsam und deutlich genug und mit sinnvollen Pausen vorgelesen?
- Wird Wichtiges betont?
- Ist der Vortrag lebendig und eindrucksvoll gestaltet?

2 Unheimliches und Merkwürdiges

Geschichten untersuchen und erzählen

1. Beschreibe die Bilder auf dieser Doppelseite. Wie wirken sie auf dich? Begründe.
2. Wodurch entsteht z. B. in Gedichten oder Filmen eine unheimliche Stimmung? Übertrage die Mindmap in dein Heft und ergänze sie durch eigene Ideen.

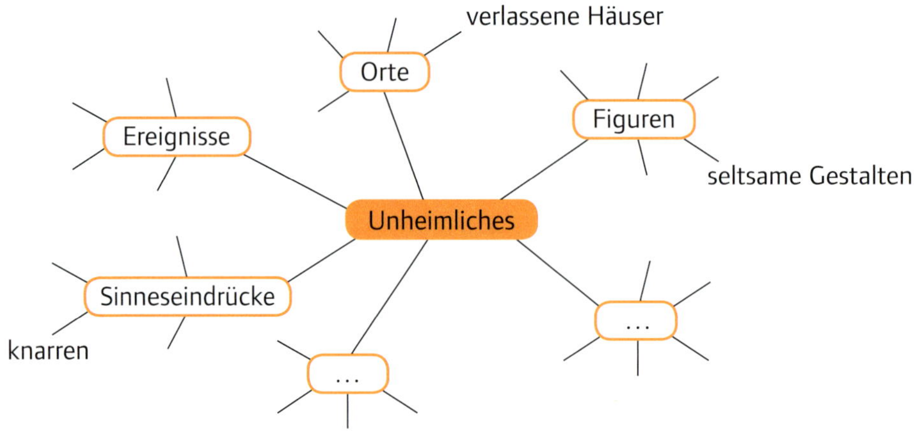

3 Diese Bilder könnten der Anfang einer unheimlichen Geschichte sein. Wähle eines der beiden Bilder aus und erzähle, …
- was in dem Haus geschehen könnte oder
- was auf dem Meer passiert.

4 Lest euch eure Geschichten gegenseitig vor. Erklärt, was eure Geschichten unheimlich macht.

In diesem Kapitel …

- untersuchst du, wodurch eine Geschichte unheimlich wird.
- lernst du, selbst unheimliche Geschichten zu planen, zu schreiben und zu überarbeiten.

Unheimliche Geschichten untersuchen

Krabat *Otfried Preußler*

In einem harten Winter im 18. Jahrhundert zieht der 14-jährige Waisenjunge Krabat mit seinen Freunden bettelnd in der Lausitz von Dorf zu Dorf. Dreimal hat er denselben Traum: Eine Stimme fordert ihn auf, in die Mühle nach Schwarzkollm zu kommen. Allein macht sich Krabat auf den Weg.

Schwarzkollm war ein Dorf wie die anderen Heidedörfer: Häuser und Scheunen in langer Zeile zu beiden Seiten der Straße, tief eingeschneit; Rauchfahnen über den Dächern, dampfende Misthaufen, Rindergebrüll. Auf dem Ententeich liefen mit lautem Gejohle die Kinder Schlittschuh.

Vergebens hielt Krabat Ausschau nach einer Mühle. Ein alter Mann, der ein Bündel Reisig trug, kam die Straße herauf: Den fragte er.

„Wir haben im Dorf keine Mühle", erhielt er zur Antwort.

„Und in der Nachbarschaft?"

„Wenn du meinst …" Der Alte deutete mit dem Daumen über die Schulter. „Im Koselbruch hinten, am Schwarzen Wasser, da gibt es eine. Aber …" Er unterbrach sich, als habe er schon zu viel gesagt.

Krabat dankte ihm für die Auskunft, er wandte sich in die Richtung, die ihm der Alte gewiesen hatte. Nach wenigen Schritten zupfte ihn wer am Ärmel; als er sich umblickte, war es der Mann mit dem Reisigbündel.

„Was gibt's?", fragte Krabat.

Der Alte trat näher, sagte mit ängstlicher Miene: „Ich möchte dich warnen, Junge. Meide den Koselbruch und die Mühle am Schwarzen Wasser, es ist nicht geheuer dort …"

Einen Augenblick zögerte Krabat, dann ließ er den Alten stehen und ging seines Weges, zum Dorf hinaus. Es wurde rasch finster, er musste Acht geben, dass er den Pfad nicht verlor, ihn fröstelte.

Wenn er den Kopf wandte, sah er dort, von woher er kam, Lichter aufschimmern: hier eines, da eines.

Ob es nicht klüger war umzukehren?

„Ach was", brummte Krabat und klappte den Kragen hoch. „Bin ich ein kleiner Junge? Ansehen kostet nichts."

Krabat tappte ein Stück durch den Wald wie ein Blinder im Nebel, dann stieß er auf eine Lichtung.

Als er sich anschickte, unter den Bäumen hervorzutreten, riss das Gewölk auf, der Mond kam zum Vorschein, alles war plötzlich in kaltes Licht getaucht.

Jetzt sah Krabat die Mühle.

Da lag sie vor ihm, in den Schnee geduckt, dunkel, bedrohlich, ein mächtiges, böses Tier, das auf Beute lauert.

„Niemand zwingt mich dazu, dass ich hingehe", dachte Krabat. Dann schalt er sich einen Hasenfuß, nahm seinen Mut zusammen und trat aus dem Waldesschatten ins Freie. Beherzt schritt er auf die Mühle zu, fand die Haustür verschlossen und klopfte.

Er klopfte einmal, er klopfte zweimal: Nichts rührte sich drinnen. Kein Hund schlug an, keine Treppe knarrte, kein Schlüsselbund rasselte – nichts. Krabat klopfte ein drittes Mal, dass ihm die Knöchel schmerzten.

Wieder blieb alles still in der Mühle. Da drückte er probehalber die Klinke nieder: Die Tür ließ sich öffnen, sie war nicht verriegelt, er trat in den Hausflur ein.

Grabesstille empfing ihn und tiefe Finsternis. Hinten jedoch, am Ende des Ganges, etwas wie schwacher Lichtschein. Der Schimmer von einem Schimmer bloß.

DIG Film „Krabat", BRD 2008

1 Suche Textstellen, die darauf hindeuten, dass Krabat etwas Unheimliches erleben wird. Begründe deine Auswahl.
Tipps & Hilfen (→ S. 284)

2 Erkläre die folgende Textstelle aus „Krabat": Wie wirkt sie auf dich? Wie kommt diese Wirkung zustande?

„Da lag sie vor ihm, in den Schnee geduckt, dunkel, bedrohlich, ein mächtiges, böses Tier, das auf Beute lauert." (Z. 32 f.)

3 Was könnte sich am Ende des Ganges hinter dem Lichtschimmer verbergen? Erzähle die Geschichte weiter.

Eine Geschichte weitererzählen

Gespenstergeschichte *Franz Hohler*

Eines Nachts, als Frau Scholl allein zu Hause war, hörte sie im Estrich[1] Schritte. Zuerst tat sie so, als merke sie nichts, aber als die Schritte nicht aufhörten, wurde es ihr unheimlich, es konnte schließlich ein Einbrecher sein. Da nahm sie die Pistole ihres Mannes aus dem Nachttischchen, stieg die Treppe hinauf, öffnete vorsichtig die Tür […]

1 der Estrich: Bezeichnung für Dachboden in der Schweiz

1. Wie könnte diese Geschichte weitergehen? Sammle Ideen.
   Tipps & Hilfen (→ S. 284)
2. Der zwölfjährige Moritz hat den Anfang von Franz Hohlers Geschichte als Ausgangspunkt für eine eigene Geschichte verwendet.
   Empfindest du diese Geschichte als unheimlich? Begründe mit Beispielen.
3. Zeichne eine Spannungskurve für Moritz' Geschichte. Beschrifte sie mit Zeilenangaben.

Unerwarteter Besuch

Eines Nachts, als Frau Scholl allein zu Hause war, hörte sie auf dem alten Speicher Schritte. Zuerst tat sie so, als merke sie nichts, aber als die Schritte nicht aufhörten, wurde es ihr unheimlich. Da fasste sie sich ein Herz und stieg mit vorsichtigen Schritten die knarrende Treppe hinauf. Sie dachte angstvoll an das, was sie dort erwartete, und redete sich gut zu: „Bestimmt ist es nur ein Marder oder eine Ratte. Vielleicht ist es aber auch ein Einbrecher, der sein Messer oder sogar seine Pistole auf mich richtet und keine Skrupel hat, mich zu erschießen." So hatte sie sich ihr Lebensende nicht vorgestellt. Sie stand vor der Tür zum Speicher und die Angst schnürte ihr die Kehle zu. Schließlich nahm sie all ihren Mut zusammen, öffnete die alte Tür und schaute hinein. Ihre Augen mussten sich erst an die Finsternis gewöhnen, aber dann sah sie es: Sie sah eine dunkle Gestalt, die sich langsam auf sie zu bewegte. Frau Scholl stieß einen spitzen Schrei aus und schlug die Tür mit einem lauten Knall zu.

Nach einiger Zeit aber öffnete sie die Tür wieder, denn die Schritte waren in der Zwischenzeit verstummt. Aber was war das? Die dunkle Gestalt musste hinter der Tür auf sie gewartet haben. Sie tat einen Schritt auf sie zu und streckte ihr beide Hände entgegen. Nun hatte Frau Scholl genug von dem Spuk: Wieder nahm sie all ihren Mut zusammen, holte tief Luft, ging auf die Hände zu und griff nach ihnen. Da erkannte sie in der Gestalt ihren verstorbenen Großvater, den sie sehr geliebt hatte. Ihr stockte der Atem. Ihr Großvater aber sagte: „Hallo, Liebes, eigentlich wollte ich dich schon früher mal besuchen, aber dein Mann war ja immer da!" Frau Scholl stotterte: „A-a-aber, du bist ja ein Geist!" Ihr Großvater erwiderte: „Das heißt ja nicht, dass ich keine Gefühle mehr habe."
Frau Scholl lud ihren Großvater dann in die Küche zu einem Kaffee ein. Seitdem sie wusste, dass er bei ihr wohnte, fühlte sie sich nie wieder allein.

4 Prüfe, ob die Geschichte die Handlungsbausteine enthält. Nenne genaue Zeilenangaben.
Tipps & Hilfen (→ S. 284)

Ausgangssituation der Hauptfigur	**Problem der Hauptfigur**	**Lösungsversuche der Hauptfigur**	**Ende**

5 Franz Hohlers Geschichte endet eigentlich so:

> [Frau Scholl] öffnete vorsichtig die Tür, drückte ganz rasch auf den Lichtschalter und rief: „Hände hoch!"
> Aber ihre Angst war umsonst gewesen. Es waren nur zwei Füße, die langsam auf dem Estrichboden hin und her gingen.

Würdest du dieses Ende als unheimlich bezeichnen? Begründe.
Tipps & Hilfen (→ S. 284)

6 Verfasse selbst ein Ende für den Erzählanfang auf Seite 24. Entscheide dich, ob es unheimlich oder eher merkwürdig sein soll. Nutze deine Ergebnisse aus Aufgabe 1.

Der Nachtvogel *Ursula Wölfel*

Ein Junge hatte immer große Angst, wenn er nachts allein in der Wohnung sein musste. Seine Eltern gingen oft am Abend fort.

Dann konnte der Junge vor Angst nicht einschlafen.

Er hörte etwas rauschen, und das war, als ob jemand im Zimmer atmete.

Er hörte ein Rascheln und ein Knacken, und das war, als ob sich etwas unter seinem Bett bewegte.

Aber viel schlimmer war der Nachtvogel. [...]

7 a) Wie könnte die Geschichte „Der Nachtvogel" weitergehen? Notiere Stichpunkte.
b) Plane eine Fortsetzung der Geschichte mithilfe der Handlungsbausteine.
Übertrage dazu die Tabelle in dein Heft und ergänze Stichpunkte.
Nutze auch deine Ergebnisse aus Aufgabe a).
Tipps & Hilfen (→ S. 284)

	Ort, Zeit, Handlung	**Spannung** *Wie willst du Spannung erzeugen?*
Ausgangssituation der Hauptfigur	*Junge ist nachts allein in der Wohnung*	...
Problem der Hauptfigur	*hat große Angst, vor allem vor dem Nachtvogel*	– *Gedanken: „Da war es wieder. Ein Kratzen und Scharren, ..."* – *Vergleich: ein Schatten, so groß wie ...*
Lösungsversuche der Hauptfigur	...	...
Ende	...	...

8 Entscheide dich für Aufgabe a) oder b).
a) Schreibe auf der Grundlage deiner Planung die Fortsetzung der Geschichte.
b) Oft wird eine Geschichte interessanter, wenn sie nicht mit der Ausgangssituation beginnt.
Schreibe die Geschichte so auf, dass du mit dem Problem beginnst, z. B.:
Da war es wieder. Ein Kratzen und Scharren. Der Junge sah einen riesigen Schatten, ...

9 Prüfe deine Geschichte mithilfe der Checkliste auf Seite 31. Überarbeite sie, wenn nötig.

Eine Geschichte zu einem Bild erzählen

Lieber lesen *Michael Sowa*

1. Beschreibe das Bild „Lieber lesen".
2. Verfasse eine unheimliche Geschichte zu diesem Bild. Gehe so vor:
   a) Sammle zunächst Ideen in einem Cluster.
   b) Bestimme, wer die Geschichte erzählt (die Erzählperspektive), z. B. eine Figur, die die Situation beobachtet, oder eine der abgebildeten Figuren.
   c) Erstelle einen Schreibplan nach dem Muster von Seite 26.
   d) Formuliere deine Geschichte.
   Tipps & Hilfen (→ S. 285)

3. Überprüfe deine Geschichte mithilfe der Checkliste auf Seite 31 und überarbeite sie, falls notwendig.

Mit Wörtern Spannung erzeugen

1 Welche Gegenstände oder Lebewesen machen diese Geräusche?
Welche leuchten auf eine ganz besondere Weise?
Formuliere zu jedem Verb im Wortspeicher ein Beispiel.
Kirchenglocken läuten, Gläser klirren, …

läuten · klirren · schrillen · quietschen · klappern · brummen · summen · keuchen · surren · knarren · ticken · knistern · prasseln · rascheln · flüstern · dröhnen · zischen · scharren · pochen · rauschen · schlagen

flackern · leuchten · schimmern · glimmen · funkeln · blitzen

2 a) Übertrage den folgenden Erzählanfang in dein Heft und setze geeignete Verben aus dem Wortspeicher in die Lücken ein. Probiere unterschiedliche Möglichkeiten aus.

> Die Turmglocken ______ zwölf Uhr Mitternacht. Auf dem Friedhof ______ rötliche Lichterkerzen. Die trockenen Blätter der Buchenhecke ______, der Wind ______ in den Kronen der uralten Bäume. Olli wollte nur noch schnell nach Hause. Er schlug den Kragen seiner Jacke hoch. Da hörte er direkt neben sich etwas ______. …

b) Vergleiche die verschiedenen Möglichkeiten. Welche Formulierungen wirken besonders unheimlich? Begründe.

3 In der Fortsetzung der Geschichte begegnet Olli nachts auf dem Friedhof einem seltsamen Wesen.
Beschreibe dieses Wesen. Nutze Adjektive, die es besonders unheimlich erscheinen lassen.
Olli drehte sich langsam um und entdeckte hinter einem Grabstein eine seltsame Gestalt.
Sie war …

4 a) Ermittle den Gruselfaktor der Adjektive im folgenden Wortspeicher.
Übertrage den Pfeil in dein Heft und sortiere die Adjektive an passender Stelle ein.

durchsichtig · hell · bleich · totenblass · blutarm · blass · aschgrau · kalkweiß · fahl · kreidebleich · weiß · gleißend · dunkel · pechschwarz · finster · düster · dämmrig · trübe · stockfinster

hell *fahl* →

wenig gruselig ... sehr gruselig

b) Welche dieser Wörter können sowohl etwas Unheimliches ausdrücken als auch etwas Normales oder Angenehmes? Formuliere Beispielsätze für beide Möglichkeiten.
– *Die Gestalt schien durchsichtig zu sein.*
– *Das Wasser war durchsichtig.*

c) Überarbeite deine Beschreibung der seltsamen Gestalt (→ Aufgabe 3) mithilfe dieser Adjektive. Wie verändert sich dadurch die Wirkung?

5 a) Ergänze die folgenden Wendungen so, dass unheimliche Formulierungen entstehen. Schreibe in dein Heft.
b) Wie verhält sich die seltsame Gestalt und wie reagiert Olli? Setze die Geschichte fort. Nutze dabei diese Wendungen:

ein ? Geruch	ein ? Flüstern	nach Luft ?
ein ? Grinsen	ein ? Kampf	die Kehle ?
ein ? Geräusch	lautlos wie ?	eine ? Angst haben
ein ? Schrei	? Mondlicht	die Angst sitzt ?
ein ? Schauer	? Augen	mit ? Händen

6 a) *kreidebleich, pechschwarz, kalt wie Eis* – Das sind sprachliche Bilder, die in der Fantasie der Leser/-innen anschauliche Vorstellungen entstehen lassen.
Ergänze weitere Beispiele.
b) Überprüfe, ob du mithilfe dieser sprachlichen Bilder deine Geschichte noch spannender machen kannst:
Sein Gesicht war kreidebleich. …
Um ihn herum nichts als pechschwarze Nacht. …

7 Häufig deuten Schriftsteller/-innen auch mit bestimmten Signalwörtern an, dass sich demnächst etwas Unerwartetes oder Unheimliches ereignen wird.
Notiere solche Signalwörter.
seltsamerweise, plötzlich, …

Mit Sätzen Spannung erzeugen

1 Wodurch wird in den folgenden Textausschnitten aus „Krabat“ Spannung erzeugt? Achte nur auf den Satzbau.

A Er klopfte einmal, er klopfte zweimal: Nichts rührte sich drinnen. Kein Hund schlug an, keine Treppe knarrte, kein Schlüsselbund rasselte – nichts.

B Grabesstille umfing ihn und tiefe Finsternis. Hinten jedoch, am Ende des Ganges, etwas wie schwacher Lichtschein. Der Schimmer von einem Schimmer bloß.

2 Formuliere aufgrund der Textbeispiele aus „Krabat“ einen Tipp, wie man mit Sätzen Spannung erzeugen kann.
Tipp: Du kannst auch mit Sätzen Spannung erzeugen, indem du z.B. …

3 a) Verleihe dem folgenden Textausschnitt Spannung, indem du die Sätze so weit kürzt wie möglich. Es dürfen auch unvollständige Sätze entstehen.
Schreibe in dein Heft.
b) Diskutiert: Welcher Text wirkt spannender, der gekürzte oder der ausführlichere?

Maxi tastete sich ganz langsam in die Höhle vor. Sie ging Schritt für Schritt. Plötzlich entdeckte sie ganz hinten in der Höhle zwei leuchtende gelbe Punkte. Bei genauerem Hinsehen waren es vier Punkte und schließlich waren sogar sechs gelbe Punkte zu sehen.

4 a) Nutze deinen Tipp aus Aufgabe 2, um den folgenden Text so umzuschreiben, dass er spannender wirkt. Dabei darfst du auch etwas weglassen.
Schreibe in dein Heft.
b) Wie könnte die Geschichte weitergehen?
Schreibe eine spannende Fortsetzung. Verwende dabei auch mindestens eine Frage und einen Ausruf.

Lena saß in der Küche und machte ihre Hausaufgaben. Ihr Vater würde in einer Stunde nach Hause kommen und etwas für sie beide kochen. Er hatte ihr verboten, die Haustür zu öffnen, wenn sie allein war.
Sie hörte Schritte auf dem Kiesweg zur Tür. Jemand schien nach dem Klingelknopf zu suchen, der etwas unter dem Efeu an der Hauswand versteckt war. Lena überlegte, wer es sein könnte. Ihr Vater kam meistens erst um fünf. Es war aber erst Viertel vor vier. Als es klingelte, wusste Lena nicht, ob sie die Tür öffnen sollte …

Eine Geschichte überarbeiten

1. Auch Profis überarbeiten ihre Geschichten wieder und wieder, bis sie mit dem Ergebnis zufrieden sind.
   Lies den folgenden Anfang einer Geschichte: Was erscheint dir gelungen, was weniger?
2. Überarbeite den Text, indem du
   - Überflüssiges streichst und
   - unheimliche und spannende Wörter und Wendungen ergänzt.

Nach der aufregenden Geburtstagsfeier konnte Ben nicht einschlafen. Er hatte vermutlich zu viel Schokokuchen und Hotdogs gegessen und ihm war viel zu warm. Die geblümte Bettdecke drückte ihn. Er stand auf und öffnete das Fenster. Als er einen Blick in den Garten warf, erschrak er: Er hatte einen Schatten gesehen, der hinter dem Schuppen verschwand. Was konnte das sein? Oder wer? Noch während Ben in die Dunkelheit schaute, hörte er ein Geräusch …
Der Mond kam gerade hinter einer Wolke hervor und Ben konnte …

3. a) Schreibe eine Fortsetzung des Erzählanfangs.
   b) Suche am Schluss eine passende Überschrift, die neugierig macht und nicht zu viel verrät.

4. Überarbeite deine Fortsetzung mithilfe der Checkliste.

Checkliste ✓ **Eine Geschichte überprüfen**

- ✓ Sind alle **Handlungsbausteine** (Ausgangssituation, Problem, Lösungsversuche, Ende) in der Geschichte enthalten?
- ✓ Ist die Handlung für die Leser/-innen **nachvollziehbar**?
- ✓ Erzählst du immer aus der **Sicht einer bestimmten Figur**?
- ✓ Können sich die Leser/-innen gut in die Figuren hineinversetzen?
- ✓ Wirkt deine Geschichte **spannend** und **unheimlich**, z. B. durch …
  - Andeutungen, die bei den Leserinnen und Lesern Bilder im Kopf entstehen lassen,
  - die Darstellung von Gedanken, Gefühlen und Sinneswahrnehmungen der Figuren,
  - passende Adjektive und Verben,
  - anschauliche Vergleiche und sprachliche Bilder,
  - Signalwörter, die ein spannendes Geschehen ankündigen *(plötzlich, in diesem Moment)*,
  - gezielte Wiederholungen und Aufzählungen,
  - kurze und unvollständige Sätze an besonders spannenden Stellen.
- ✓ Hast du eine Überschrift gefunden, die neugierig macht und nicht zu viel verrät?

Zum Schmökern, Schauen, Weiterdenken

Sophiechen und der Riese: Geisterstunde *Roald Dahl*

Sophiechen konnte nicht einschlafen.

Helles Mondlicht fiel schräg durch einen Spalt zwischen den Fenstervorhängen und schien direkt auf ihr Kopfkissen. Die anderen Kinder im Schlafsaal schliefen schon seit Stunden tief und fest.

Sophiechen machte ihre Augen zu und lag ganz still da. Sie gab sich wirklich große Mühe, endlich einzuschlafen.

Aber es ging nicht. Der Mondstrahl war wie eine Schwertklinge aus Silber, die durch den Raum schnitt bis mitten auf ihr Gesicht.

Im ganzen Haus herrschte tiefstes Schweigen. Kein Stimmengewirr drang von unten herauf. Und von oben war auch nichts zu hören, nicht ein einziger Schritt.

Das Fenster hinter dem Vorhang stand weit offen, aber draußen auf der Straße war kein Mensch unterwegs. Nicht ein einziges Auto brummte vorüber. Es gab einfach überhaupt nichts zu hören, nicht einmal das allerleiseste Geräusch.

So eine lautlose Stille hatte Sophiechen noch nie erlebt.

Vielleicht, dachte sie, ist das jetzt die Geisterstunde, von der ich schon mal gehört habe.

Die Geisterstunde, hatte ihr jemand ins Ohr geflüstert, das ist eine bestimmte Zeit um Mitternacht, wenn alle Kinder und alle Erwachsenen ganz tief schlafen. Dann kommen all die unheimlichen Wesen aus ihren Schlupfwinkeln hervor und bevölkern die Welt, als gehöre sie ihnen allein.

Der Mondstrahl war inzwischen noch heller geworden auf Sophiechens Kopfkissen. Sie wollte aufstehen und den Spalt zwischen den Vorhängen zuziehen.

Man wurde bestraft, wenn man nach dem Lichtausmachen noch außerhalb seines Bettes erwischt wurde. Es nützte gar nichts, wenn man dann sagte: Ich muss mal aufs Klo.

Diese Entschuldigung wurde einem einfach nicht geglaubt und man bekam seine Strafe trotzdem. Aber jetzt passte niemand mehr auf, das wusste Sophiechen genau.

Sie tastete mit der Hand nach ihrer Brille, die auf dem Stuhl neben ihrem Kopfende lag. Die Brille hatte ein Drahtgestell und sehr dicke Gläser. Ohne ihre Brille konnte Sophiechen fast gar nichts erkennen. Deswegen setzte sie sie sich auf, schlüpfte aus dem Bett und lief auf Zehenspitzen zum Fenster.

Als sie bei den Vorhängen angekommen war, hielt Sophiechen inne. Sie hatte plötzlich wahnsinnige Lust, unter dem Vorhang durchzutauchen und aus dem Fenster zu schauen.

Wie wohl die Welt da draußen aussah, wenn die Geisterstunde gekommen war?

Sie strengte ihre Ohren an. Nichts. Alles lag totenstill da.

Nun konnte sie ihre Neugier nicht länger beherrschen. Sie musste einfach nach draußen gucken. Ruckzuck duckte sie sich unter dem Vorhang durch und beugte sich aus dem Fenster.

Im silbrigen Mondlicht kam ihr die Dorfstraße, die sie ganz genau kannte, völlig verwandelt vor. Die Häuser sahen schief und krumm aus wie die Häuschen in Märchenbüchern.

Alles sah so bleich aus, so gespenstisch und milchig weiß.

Auf der anderen Straßenseite konnte sie den Laden von Ellen Keller erkennen, wo man Sachen wie Knöpfe, Wolle und Gummiband kaufen konnte. Aber jetzt sah der Laden irgendwie komisch aus. Alles war so schummerig und so nebelschleierhaft da drüben.

Sophiechen ließ ihre Blicke weiter und immer weiter die Straße hinunterwandern.

Plötzlich bekam sie einen eisigen Schreck. Da kam etwas auf der Straße, drüben auf der anderen Seite, näher und näher.

Etwas Schwarzes kam da immer näher …

Etwas Großes und Schwarzes … […]

1. An welcher Stelle beginnt die Geschichte, spannend zu werden? Begründe.
2. Wähle drei Textstellen aus, die besonders unheimlich auf dich wirken, und begründe deine Wahl.
3. Was kommt Sophie am Ende entgegen? Erzähle.

Der Nachtvogel *Ursula Wölfel*

Ein Junge hatte immer große Angst, wenn er nachts allein in der Wohnung sein musste. Seine Eltern gingen oft am Abend fort.

Dann konnte der Junge vor Angst nicht einschlafen.

Er hörte etwas rauschen, und das war, als ob jemand im Zimmer atmete.

Er hörte ein Rascheln und ein Knacken, und das war, als ob sich etwas unter seinem Bett bewegte.

Aber viel schlimmer war der Nachtvogel.

Der Junge sah ihn immer ganz still draußen auf der Fensterbank sitzen, und wenn unten ein Auto vorüberfuhr, schlug der Vogel mit den Flügeln, und der Junge sah den riesigen Schatten an der Zimmerdecke.

Der Junge erzählte seinen Eltern von der Angst.

Aber sie sagten nur: „Stell dich doch nicht an. Du bildest dir das alles nur ein."

Und sie gingen immer wieder am Abend fort, weil sie den Vogel nicht sehen konnten, weil sie das alles nicht glaubten.

Einmal war der Junge wieder allein, und es schellte an der Wohnungstür.

Der Junge wurde steif vor Angst.

Wieder schellte es.

Es schellte und schellte.

Dann war es still, lange Zeit war es ganz still.

Dann kratzte etwas an der Hauswand. Das war der Vogel, er kletterte mit seinen Krallen an der Mauer hoch. Jetzt war er an der Fensterbank.

Und jetzt schlug er mit seinem Schnabel an die Scheibe, einmal, zweimal, immer wieder, immer lauter, und gleich würde das Glas zerbrechen, gleich würde der Vogel ins Zimmer springen!

Der Junge packte die Blumenvase vom Tisch neben dem Bett. Er schleuderte sie zum Fenster.

Das Glas zersplitterte. Wind fuhr ins Zimmer, dass der Vorhang hoch an die Wand schlug, und der Vogel war fort.

Auf der Straße unten hörte der Junge seine Eltern rufen.

Er rannte auf den Flur, er fand im Dunkeln sofort den Lichtschalter und den Knopf vom Türöffner. Er riss die Wohnungstür auf und lief den Eltern entgegen.

Er lachte, so froh war er, dass sie da waren.

Aber sie schimpften. Ihre schönen Ausgehkleider waren nass vom Blumenwasser.

„Was soll denn das wieder heißen?“, fragte der Vater. „Jetzt ist die Scheibe kaputt!“ „Und mein Mantel! Sieh dir das an!“, rief die Mutter. „Der Nachtvogel war am Fenster“, sagte der Junge. „Der Nachtvogel hat mit seinem Schnabel ans Fenster gepickt.“ – „Unsinn!“, sagte der Vater. „Wir hatten den Schlüssel vergessen und du hast das Schellen nicht gehört. Darum haben wir mit einer Stange vom Bauplatz an dein Fenster geklopft.“

„Es war der Nachtvogel, wirklich!“, sagte der Junge. „Der Nachtvogel war es!“ Aber die Eltern verstanden das nicht. Sie gingen immer wieder am Abend fort und ließen den Jungen allein.

Er hatte immer noch Angst, er hörte immer noch das Rauschen und Rascheln und Knacken.

Aber das war nicht so schlimm.

Denn der Nachtvogel kam nie mehr wieder, den hatte er vertrieben. Er selbst hatte ihn vertrieben, er ganz allein.

1. Stelle gegenüber: Was sieht und hört der Junge? Was geschieht vor dem Haus?
2. Ist das Problem des Jungen am Ende gelöst? Begründe.
3. Schreibe einen Brief an die Eltern des Jungen, in dem du ihr Verhalten beurteilst. Du kannst ihnen auch Tipps geben.

Erzählbild

1. Stell dir vor, du bist allein in diesem Wald unterwegs. Langsam beginnt es zu dämmern. Was siehst du? Welche Geräusche hörst du? Wie riecht es? Notiere deine Ideen in einem Cluster oder in einer Mindmap.
2. Schreibe eine unheimliche Geschichte zu diesem Bild.

Großvater und die Wölfe *Per Olov Enquist*

Nach einem Albtraum hat Mina Angst, nachts von einem Krokodil gebissen zu werden. Da hat ihr Großvater eine Idee, wie er Mina auf andere Gedanken bringen kann: Mit Mina, ihren Geschwistern Moa und Marcus und der Cousine Ia unternimmt er einen Ausflug auf den Dreihöhlenberg. Nach einer Nacht in der ersten Höhle wagen sie den Aufstieg zum Gipfel.

Sie kamen oberhalb der Wolke heraus und sahen den Dreihöhlenberg ganz klar und der Gipfel war jetzt sehr nah. Unter ihnen lag die Wolke wie ein weißes Meer; ja, sie waren wirklich durch die Wolke gegangen und oberhalb davon herausgekommen. Aber es schien keine Sonne, über ihnen waren wieder Wolken, doch durch die niedrigste Wolke waren sie hindurchgegangen. Der Gipfel lag dreihundert Meter entfernt. Und ein Stück unterhalb der Spitze des Berges konnten sie klar und deutlich die beiden Höhlen erkennen. Es war, als ob zwei Augen sie ansähen. Es war beinah zum Fürchten.

„Sollen wir dahin?", fragte Mina.

„Genau dahin", erwiderte Großvater. „Und wenn wir da sind, dann verstehst du, warum du nie mehr im Leben vor einem grünen Krokodil Angst zu haben brauchst."

„Weiß ich es dann?", sagte Mina. „Warum weiß ich es?"

„Darum", sagte Großvater.

Und dann machte er sich auf das letzte Wegstück bis zum Gipfel. Vorher war Großvater als Letzter gegangen, das musste man tun als Ältester, hatte er gesagt, damit keins der Kinder zurückblieb. Aber jetzt ging er vorneweg, und es hatte den Anschein, als hätte er es plötzlich besonders eilig.

Er hüpfte fast bis zur letzten steilen Felswand. Der Rucksack war groß und schwer, man konnte Großvater von hinten kaum sehen, so groß war der Rucksack, und so kletterte er das letzte Stück zu den beiden Höhlen hinauf. Die Wolke, durch die sie aufgestiegen waren, lag immer noch unter ihren Füßen und die Wolken über ihnen waren auch noch da.

Doch dazwischen konnten sie vollkommen klar die Spitze des Dreihöhlenbergs sehen. Und es war ganz still, es regnete nicht mehr. Großvater kletterte bergauf, sehr schnell, als wäre er ungeduldig. Zu ihren Füßen lag die Wolke wie ein großes Milchmeer und vor ihnen war der Gipfel des Berges mit den beiden Höhlen, die wie zwei Augen auf sie herabstarrten.

Und genau da, als Großvater nur noch ein paar Meter vom Höhleneingang entfernt war, geschah das Furchtbare. Vielleicht waren die Steine schlüpfrig geworden vom Regen. Oder Großvater hatte es zu eilig gehabt, zur Höhle zu gelangen. Jedenfalls rutschte plötzlich sein Fuß ab, er schwankte, die Kinder sahen, wie er taumelte und wild mit den Armen durch die Luft ruderte, um das Gleichgewicht wiederzugewinnen, und dann fiel er.

Er kullerte den steinigen Abhang hinunter, im Fallen riss er Steine mit, es krachte unschön in der Stille und dann landete er mit einem dumpfen Plumps in einer Felsspalte.

Sie hörten, wie er ein bisschen stöhnte, und einen Augenblick glaubten die Kinder, dass er zu Tode gestürzt wäre.

Doch dann sahen sie, wie er sich wand, sein Gesicht war verzerrt, als täte ihm etwas wahnsinnig weh, und dann hörten sie, dass er etwas sagte.

„Alter Trottel", sagte er wie zu sich selbst. „Jetzt hast du dir was Schönes eingebrockt. Du Supertrottel."

Und sie wussten, dass eine Katastrophe passiert war.

Marcus wagte sich als Erster zu ihm hin.

Großvater lag ganz still auf der Erde, den Rucksack hatte er noch umgeschnallt und er sah mit einem etwas komischen Lächeln zu Marcus auf, als hätte er starke Schmerzen, als schämte er sich aber auch ein bisschen und möchte sich am liebsten entschuldigen.

„Wie geht's?", fragte Marcus.

Großvater grummelte etwas und versuchte, sich von seinem Rucksack zu befreien; aber irgendetwas tat ihm anscheinend furchtbar weh und er ließ es bleiben.

„Ich glaube", sagte er, „ich habe mir das Bein gebrochen. Ja, bestimmt. Ich habe mir tatsächlich das Bein gebrochen."

„Sollen wir wieder nach Hause gehen?", sagte Marcus.

Großvater versuchte zu lachen, aber es hörte sich komisch an, überhaupt nicht wie das gewöhnliche ruhige und ziemlich nette Lachen, das er sonst hatte.

„Das kann ich wohl nicht", sagte er. „Ich wollte, ich könnte es."

„Was machen wir denn jetzt?", fragte Mina. Und ihr war anzumerken, dass sie begriffen hatte, wie schlimm es jetzt um sie alle stand, und dass etwas sehr, sehr Schlimmes geschehen war, denn ihre Stimme bebte, als sie die Frage stellte.

Und da, genau da, fing es an zu regnen. Es war nicht der leichte Regen von vorher, es war ein schwerer, richtig unangenehmer Regen, und plötzlich sahen sie, dass es nicht nur Regen war, es war Schneeregen, Regen mit Schnee vermischt, kalt und ekelhaft.

Und auf einmal hatten sie alle große Angst.

Es war, als hätte Großvater keine Antworten mehr auf alle ihre Fragen, er lag nur da auf der Erde, mit verzerrtem Gesicht, als hätte er starke Schmerzen, und versuchte, den Rucksack abzustreifen.

„Opa“, sagte Moa und brach in Tränen aus.

Was sollten sie tun? Großvater hatte endlich den schweren Rucksack abgeschnallt, lag da auf der Erde, keuchte schwer und schaute zur Höhle hinauf, die er nur um wenige Meter verfehlt hatte. Der Schneeregen fiel immer dichter, sie fühlten sich kalt und elend, sie waren vom Basislager eins in der ersten Höhle fünf Stunden unterwegs gewesen und Großvater hatte sich das Bein gebrochen.

Was sollten sie bloß tun?

„Wir müssen da hinauf“, sagte Großvater. „Wir müssen einander helfen, sonst erfrieren wir, wenn wir nicht in der Höhle Schutz finden.“

„Du kannst aber nicht gehen“, sagte Marcus und weinte verzweifelt. „Wie sollen … wie können wir …“

Großvater hörte auf zu stöhnen und sah ihn an.

„Marcus“, sagte er. „Stell dir vor, man könnte mit dem Rad an einer Tanne hochfahren. Kannst du dir das vorstellen?“

Marcus schluchzte nur.

„Stell es dir vor!“, sagte Großvater. „Stell dir vor, man kann eine Tanne hinauffahren.“

„Jaaa …“

„Dann schafft man es auch da hinauf. Ich kann nicht mit dem Rad fahren und gehen auch nicht, aber ich kann kriechen. Okay?“

„Okay“, sagte Marcus und hörte auf zu schluchzen.

„Gut“, sagte Großvater. „Wenn du den Rucksack nimmst, dann helfen Mina und Ia mir zu kriechen.“

Und so machten sie sich an den Aufstieg.

Hinterher konnten sie sich fast nicht daran erinnern, wie sie es geschafft hatten.

Es musste fast eine Stunde gedauert haben, die fünfundzwanzig Meter bis zur Höhle hochzukommen; Ia und Mina schleppten Großvater, er ließ die eine Seite schleifen, und man sah ihm an, dass das gebrochene Bein schrecklich wehtat.

Er zog es gewissermaßen hinter sich her und murmelte die ganze Zeit vor sich hin, was für ein Idiot er gewesen sei, und warum hatte er die Kinder da hineinziehen müssen. Das hatte er jetzt davon. Es war sehr nass. Als Letzter kam Marcus, der den Rucksack den steilen Felspfad hinaufschleppte, Dezimeter um Dezimeter.

„Kämpfen, Marcus!“, sagte Großvater dann und wann. Als ob sie nicht alle kämpften. Denn das taten sie wirklich.

Endlich erreichten sie die Höhle.

Sie war zwar größer als die erste Höhle, die jetzt das Basislager eins war, aber der eigentliche Höhleneingang war kleiner, ungefähr einen Meter hoch. Im Innern der Höhle war es vollkommen dunkel, aber Großvater wälzte sich durch den Eingang hinein und stöhnte dabei lauter als während der ganzen letzten Stunde. Ia und Mina taumelten hinterher und danach Moa und Marcus und der Rucksack.

Mischa trottete jetzt als Letzte am Schluss. Ihr Fell war völlig durchnässt. So erreichten sie die zweite Höhle im Dreihöhlenberg. Und waren drinnen.

Erst jetzt schauten sie sich in der Höhle um. Es war so dunkel, dass sie fast nichts sehen konnten. Und sie erwarteten ja auch nicht, irgendetwas zu sehen. Sie wussten ja, dass die Höhle leer war. Da waren sie sich ganz sicher.

Doch irgendetwas war, etwas Komisches, plötzlich spürten sie es.

Großvater lag nur auf dem Rücken und keuchte, aber Marcus schien etwas entdeckt zu haben und Mina meinte, etwas zu hören, wie ein schwaches Piepen oder Jammern und dann ein leises Zischen; aber Mischa konnte es nicht sein. Sie saß noch vor der Höhle und blickte gebannt hinüber zu der Öffnung der dritten Höhle, die fünfzig Meter entfernt lag.

Nein, es war etwas Komisches. Plötzlich zeigte Marcus ins Innere der Höhle, sagte aber nichts, zeigte nur. Und alle schauten.

Da sahen sie im Dunkeln ein Paar Augen, die ihnen entgegenleuchteten.

Es war ein Augenpaar, das hellgelb glühte und sich nicht bewegte, sondern starr und unverwandt aus dem Dunkel der Höhle auf sie gerichtet war. Alle Kinder sahen es. Und schließlich drehte auch Großvater den Kopf und da sah er es auch.

Alle wussten mit einem Mal, was es war, denn langsam gewöhnten sich ihre Augen an das Dunkel und ebenso langsam erkannten sie die Umrisse eines Wolfs, eines großen Wolfs in der Tiefe der Höhle an der hinteren Wand. Ein Wolf, der sie mit intensiv leuchtenden gelben Augen anstarrte.

Ein Wolf. Sie waren in eine Wolfshöhle gekommen. Und Marcus zeigte noch immer, als hätte er noch etwas anderes entdeckt. Und da sahen auch sie das andere. Denn unmittelbar unter den leuchtend gelben Wolfsaugen sahen sie ein zweites Augenpaar. Nicht so groß, nein, viel kleiner, wie von einem kleineren Wolf, vielleicht einem sehr kleinen Wolf.

Und auf einmal verstanden sie. Es war ein Wolfsjunges. [...]

1 Empfindest du die Geschichte als spannend? Begründe mit Textbeispielen.

2 Wie könnte die Geschichte weitergehen? Schreibe eine Fortsetzung.

Unheimlich erzählen

1. Schritt: Eine Geschichte planen

- Sammle Ideen für deine Geschichte. Du kannst dich z. B. von Bildern, Erzählanfängen oder anderen unheimlichen Geschichten inspirieren lassen.
- Entscheide dich, welche Figuren auftreten sollen.
- Überlege, an welchem Ort deine unheimliche Geschichte spielen soll. Manchmal kann auch ein ganz normaler Ort, wie das eigene Zimmer, zum unheimlichen Ort werden.
- Entscheide dich, zu welcher Tageszeit die Ereignisse stattfinden. Häufig spielen unheimliche Geschichten in der Nacht, in der Dunkelheit oder in der Dämmerung.
- Lege einen Schreibplan an, mit dem du deine Ideen nach den einzelnen Handlungsbausteinen (→ S. 25) ordnest.

	Ort, Zeit, Handlung	Spannung *Wie willst du Spannung erzeugen?*
Ausgangssituation	...	...

2. Schritt: Eine Geschichte schreiben

- Entscheide dich, aus wessen Sicht (Perspektive) du erzählen willst, z. B. aus der Sicht einer beteiligten Figur oder aus der Sicht einer Erzählerin / eines Erzählers, der das Geschehen beobachtet.
- Erzeuge beim Schreiben eine unheimliche Stimmung, indem du z. B.
  - etwas nur andeutest oder unbestimmt darauf verweist, was passieren könnte *(Doch das war bei Weitem nicht alles.)*,
  - Gedanken, Gefühle und Sinneswahrnehmungen der Figuren ausführlich darstellst *(Es knackte leise. Es roch modrig. Sie sah einen dunklen Schatten.)*,
  - Handlungen und körperliche Reaktionen der Figuren beschreibst *(Kalter Schweiß trat auf seine Stirn.)*,
  - anschauliche Vergleiche und sprachliche Bilder nutzt *(hell wie tausend Blitze; Grabesstille)*,
  - Signalwörter nutzt, die ein spannendes Geschehen ankündigen *(plötzlich, jetzt, da)*,
  - gezielt an der spannenden Stelle kurze, auch unvollständige Sätze verwendest.

3. Schritt: Die Geschichte überprüfen und überarbeiten

- Überprüfe deine Geschichte mithilfe der Checkliste auf Seite 31 und überarbeite sie, falls notwendig.

3 So soll meine Schule sein – und deine?

Mit Argumenten überzeugen

Der Wahlpflichtkurs Musik will regelmäßig eine Pausen-Radiosendung gestalten.

Der Plan: In der ersten großen Pause präsentiert das Pausenradio die neuesten Musikhits und selbst verfasste Wortbeiträge, z.B. Nachrichten aus dem Schulleben oder Geburtstagsgrüße. Seid ihr dafür oder wollt ihr die Pausen wie bisher verbringen?

Schreibt uns eure Meinung! ☺ 😐 ☹

1. Pausenradio oder Pause wie bisher?
   Welchem Kommentar stimmst du zu? Begründe deine Entscheidung.
2. Welche Kommentare sind angemessen formuliert, welche eher nicht?
   Erkläre, woran das liegt.

3 Die Schüler/-innen des Wahlpflichtkurses Musik wollen eine Pausen-Radiosendung gestalten. Nenne Gründe, …
- die für ihr Vorhaben sprechen, und solche,
- die dagegen sprechen.

In diesem Kapitel …

- lernst du, deine Meinung angemessen zu äußern, mit Argumenten zu begründen und mit Beispielen zu veranschaulichen.
- lernst du, Argumente auf ihre Stichhaltigkeit zu prüfen.
- übst du, wie du eine schriftliche Argumentation aufbaust, Argumente verknüpfst und gewichtest.
- lernst du, wie du eine Beschwerde in einem offiziellen Brief formulierst.

Argumente prüfen

Lea: Habt ihr schon gehört? Die Schulleitung will das Pausenradio verbieten!
Marek: Was?
Lea: Herr Fischer sagt, in den Pausen sei es sowieso immer so laut. Die Schülerinnen und Schüler hätten ein Recht auf Ruhe und Erholung.
Marek: Also, mir gefällt das Pausenradio, weil Musik gute Laune macht. Das haben wir doch gerade letzte Woche auf der Schulfeier erlebt.
Lea: Das sehe ich anders. Wir haben schließlich nicht alle denselben Musikgeschmack.
Kim: Experten raten auch von einer Dauerbeschallung mit Musik ab.
Sarah: Das ist mir doch egal. Das Pausenradio ist einfach eine gute Idee. Punkt.
Tom: Ich finde, Marek hat recht. Mit dem Pausenradio können außerdem alle schnell und einfach über Schulneuigkeiten informiert werden. Wenn z. B. kurzfristig Termine geändert werden, muss nicht jede Klasse einzeln informiert werden.
Hannah: Also, ich finde ein Pausenradio super, weil niemand ernsthaft gegen Musikhören sein kann.

1 a) Lest das Gespräch mit verteilten Rollen. Welche Meinung vertreten die einzelnen Gesprächsteilnehmer/-innen?
b) Wem wird es vermutlich nicht gelingen, die Schulleitung zu überzeugen? Erklärt, woran das liegt.

2 Argumente sind besonders überzeugend, wenn sie stichhaltig sind, das heißt, wenn sie allgemeingültig sind oder eine Expertenmeinung wiedergeben.
Überprüfe die Aussagen auf den Einstiegsseiten (→ S. 42 und 43) und in der Diskussion oben auf ihre Stichhaltigkeit. Begründe deine Einschätzung.
Tipps & Hilfen (→ S. 286)

3 a) Übertrage die Tabelle in dein Heft und notiere die stichhaltigen Argumente für das Pausenradio (Pro-Argumente) in Stichpunkten in der linken Tabellenspalte.
b) Welche Argumente werden gegen das Pausenradio angeführt (Kontra-Argumente)? Notiere sie in Stichpunkten in der rechten Tabellenspalte.
Tipps & Hilfen (→ S. 286)

Ein Pausenradio an der Schule?	
Pro-Argumente	Kontra-Argumente
– Schüler/-innen können mit aktuellen Informationen versorgt werden.	– …
– …	– …

4 Beispiele veranschaulichen Argumente. Suche auf den Einstiegsseiten (→ S. 42 und 43) und im Gespräch auf Seite 44 Aussagen, in denen Beispiele ein Argument veranschaulichen.

5 Meinung – Argument – Beispiel/Erläuterung. Prüfe, ob folgende Gesprächsbeiträge so aufgebaut sind.

Meinung	Argument	Beispiel/Erläuterung
Ich bin für ein Pausenradio, …	*… weil wir dann immer mit aktuellen Informationen versorgt sind,*	*… z. B. wenn eine Klasse einen Kuchenverkauf macht.*

Leon: Ich bin für ein Pausenradio. In jeder Schule sollten die Schülerinnen und Schüler die Möglichkeit bekommen, die Pausen mitzugestalten.
Melek: Ein Pausenradio an unserer Schule? Ich bin dagegen, weil wir ein Recht auf Ruhe und Erholung in den Pausen haben. Bei uns gehen z. B. viele in die Bibliothek, weil es in den Pausen immer so laut ist.
Paul: Die Idee gefällt mir, weil dann endlich mal was los ist in den Pausen.

6 Überarbeite die wenig überzeugenden Beiträge aus Aufgabe 5. Gehe so vor:
- Formuliere die Beiträge so um, dass sie die Schulleitung überzeugen könnten.
- Ergänze ein passendes Beispiel.

Tipps & Hilfen (→ S. 286)

7 a) Was hältst du von einem Pausenradio an deiner Schule? Formuliere deine Meinung.
b) Führe Argumente und Beispiele an, mit denen du …
- die Schulleitung deiner Schule überzeugen könntest.
- deine Mitschüler/-innen überzeugen könntest.

Argumente formulieren

Neues Raumkonzept *von Christiane Tauer*

Die Schüler kommen zum Lehrer: Das neue Raumkonzept wird am Immanuel-Kant-Gymnasium umgesetzt. [...]

Sinstorf. Solche Bilder sind uns eigentlich nur aus amerikanischen Highschool-Serien bekannt: Schüler, die ihre Bücher in einem Spind auf dem Flur verstauen und nach den Pausen in Karawanen von Fach zu Fach in verschiedene Klassenräume ziehen. [...] In 26 Lernräumen werden sich jetzt die Lehrer ihrem Unterrichtsfach entsprechend einrichten und die Schüler zu sich kommen lassen. [...]

Lernräume statt Klassenräume

Bei dem Lernraumprinzip wird jeder Lehrkraft ein eigener Unterrichtsraum zur Verfügung gestellt. Für die Schülerinnen und Schüler hat es den Vorteil, dass die Lernräume meist sauberer sind als herkömmliche Unterrichtsräume, da die Lehrkräfte die Verantwortung für „ihren" Raum haben. Diese sind meist gut ausgestattet und können von jeder Lehrkraft nach ihren Wünschen gestaltet werden. Unterrichtsmaterialien können vor Ort aufbewahrt und die Wände als Präsentationsflächen, z. B. für Plakate zu Unterrichtsthemen, genutzt werden. Wird beispielsweise ein Referat gehalten, können die Ergebnisse anschließend „ausgestellt" und zur Weiterarbeit genutzt werden. Vertretungsstunden können in einem Lernraum besser umgesetzt werden, wodurch weniger Unterrichtszeit verloren geht.

Allerdings haben einige Schülerinnen und Schüler ohne Klassenraum das Gefühl, kein „Zuhause" mehr zu haben. Ein Lernraum wird beispielsweise nicht von den Schülerinnen und Schülern eingerichtet und gestaltet, sodass sie ihn nicht zu „ihrem" Raum machen können. Dadurch, dass Schüler/-innen ständig den Raum wechseln müssen, ist der Schulalltag stressiger. So kommt es beispielsweise häufiger zu Gedränge auf den Fluren und die Erholung in den kurzen Pausen geht verloren.

1 a) Erkläre mithilfe der Texte auf Seite 46, was einen Lernraum von einem „normalen“ Klassenraum unterscheidet.

b) Wie gefällt dir die Idee, in einem Lernraum zu arbeiten? Formuliere deine Meinung.
Meiner Meinung nach …

2 Stell dir vor, auf eurer Schulkonferenz wird darüber entschieden, ob ihr in Lernräumen oder in Klassenräumen arbeiten sollt.

a) Notiere Argumente, mit denen du die anderen Mitglieder (Lehrer/-innen, Mitschüler/-innen und Eltern) von deiner Meinung überzeugen kannst. Nutze hierfür auch Informationen aus den Texten auf Seite 46.
Für/gegen einen Lernraum/Klassenraum spricht, dass …
Tipps & Hilfen (→ S. 286)

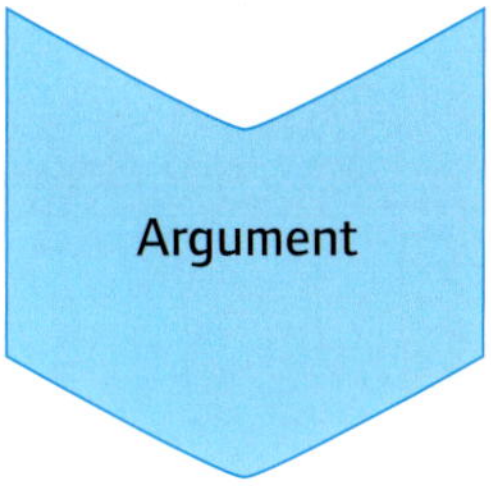

b) Welches deiner Argumente ist aus deiner Sicht am überzeugendsten und welches überzeugt weniger? Ordne sie nach ihrer Wichtigkeit.

3 Veranschauliche deine Argumente durch passende Beispiele oder Erläuterungen. Du kannst auch Informationen aus den Texten von Seite 46 nutzen.
Beispielsweise ist es so, dass …
Das zeigt auch …
Tipps & Hilfen (→ S. 287)

4 Stell dir vor, du bist auf der Schulkonferenz nicht mehr zu Wort gekommen, hast aber die Möglichkeit, deine Meinung in einer kurzen Stellungnahme zu begründen. Gehe so vor:

a) Formuliere deine Meinung zum Thema „Lernräume statt Klassenräume“ schriftlich.
Lernraum oder Klassenraum? Meiner Meinung nach spricht alles für …

b) Begründe deine Meinung mit Argumenten und Beispielen aus den Aufgaben 2 und 3. Wähle dazu die drei überzeugendsten Argumente aus und ordne sie nach ihrer Überzeugungskraft.
Gründe dafür sind …
Hinzu kommt, dass …
Am wichtigsten ist allerdings …

c) Formuliere einen passenden Schluss, in dem du deine Meinung noch einmal bekräftigst.
Aus diesen Gründen bin ich der Ansicht, dass … / Wenn man all dies bedenkt, … / Zusammenfassend lässt sich sagen, …

Meinungen, Argumente und Beispiele verknüpfen

1 Verknüpfe in den Aussagen oben Meinung und Argument mit den Konjunktionen *weil*, *denn* oder *da*. Schreibe in dein Heft.
Meiner Meinung nach …
Mir gefällt …

2 a) Unterscheide bei den folgenden Aussagen Meinung, Argument (Begründung) und Beispiel.
b) Überarbeite die Aussagen in deinem Heft:
- Leite die Meinung mit einer geeigneten Formulierung ein.
- Verknüpfe Meinung, Argument und Beispiel mit passenden Formulierungen.

Nutze auch die Formulierungshilfen im Info-Kasten auf Seite 49.

A *Ein Lernraum für unsere Schule ist sinnvoll. Computer können zur selbstständigen Arbeit immer bereitstehen. Bei einem Referat können wir in unserem Tempo und nach unseren Schwerpunkten arbeiten.*

B *Das Klassenraumprinzip ist besser. Der ständige Raumwechsel bei Lernräumen sorgt dafür, dass die Pausen stark verkürzt werden. Bei uns sind einige Räume weit voneinander entfernt. Wir müssen uns richtig beeilen, um pünktlich zu sein.*

3 Ergänze beide Aussagen um ein weiteres Argument mit Beispiel.
Nutze die Formulierungshilfen auf Seite 49.
Hinzu kommt …

4 Besonders überzeugend bist du, wenn du deine Argumente nach Wichtigkeit ordnest: das schwächste Argument zuerst und das stärkste Argument zuletzt.
a) Ordne die folgenden Argumente für und gegen die „Draußen-Pause" in deinem Heft nach ihrer Wichtigkeit. Überlege dabei auch, wen du mit deiner Argumentation überzeugen willst.
b) Begründe deine Anordnung.

Argumente für die Draußen-Pause	Argumente gegen die Draußen-Pause
– Kinderärzte sind sich einig, dass regelmäßige Frischluftzufuhr wichtig für den Lernerfolg ist. – Regelmäßiges Draußensein stärkt die Abwehrkräfte. – Draußen kann man sich mehr bewegen.	– Bei Regen und Kälte erkältet man sich leicht. – Bei Kälte frieren alle schnell. – Eine Pause im Klassenraum ist erholsamer.

5 Formuliere eine kurze Stellungnahme für oder gegen die Draußen-Pause in deinem Heft. Nutze deine Arbeitsergebnisse aus Aufgabe 4 und die Formulierungshilfen im Info-Kasten.
Tipps & Hilfen (→ S. 287)

Info: Formulierungshilfen zum schriftlichen Begründen

So kannst du deine Meinung einleiten:
Ich bin der Meinung, dass … / Ich bin der Ansicht, dass … / Meiner Meinung nach … / Ich denke … / Ich befürworte … / Aus meiner Sicht …
Ich bin der Meinung, dass Lernräume für die Schülerinnen und Schüler unpraktisch sind.

So kannst du deine Sätze einleiten oder verknüpfen:
- **weil, denn, da, daher …** (Begründung)
  …, da wir dadurch viel Zeit in den Pausen mit dem Wechseln der Räume verbringen.
- **sodass, folglich, also, darum …** (Folge)
  …, sodass in den kurzen Pausen kaum Zeit zur Erholung bleibt.
- **hinzu kommt, außerdem, darüber hinaus, zudem …** (Aufzählung von Argumenten)
  Darüber hinaus müssen wir unsere schweren Schultaschen sehr viel herumtragen.
- **besonders wichtig ist … / entscheidend ist …** (Hervorhebung besonders wichtiger Argumente)
  Besonders wichtig ist, dass es im Schulhaus durch das viele Hin und Her auf den Fluren deutlich unruhiger und lauter wird.
- **zum Beispiel, beispielsweise, so …** (Beispiel)
  Das zeigt sich beispielsweise an Tagen, an denen wir Sportunterricht haben.

So kannst du deine Meinung abschließend zusammenfassen:
- Zusammenfassend lässt sich sagen, … / Das alles zeigt …

Argumente adressatengerecht überarbeiten

1 a) Lies Janas Stellungnahme zum Thema „Lernraum – ja oder nein?“. Beschreibe, was an ihrem Text gut gelungen ist und was weniger gut.
b) Überarbeite Janas Stellungnahme so, dass man sie an die Schulkonferenz richten kann.

Mir gefällt die Idee. Die festgelegte Sitzordnung in jedem Lernraum spart Zeit und erleichtert das Arbeiten. Im Geschichtsraum würden dann beispielsweise immer Gruppentische stehen, weil wir da fast immer in Gruppen arbeiten.
Es ist außerdem super, wenn wir nicht mehr für jedes Buch in die Bibliothek latschen müssen. Alles, was wir zum Arbeiten brauchen, steht dann im Lernraum für uns bereit.
Das Wichtigste zum Schluss: „Lernraum“ hört sich doch viel cooler an als Klassenraum.
(Jana Becker)

2 a) Untersuche Max’ Entwurf für einen Schülerzeitungsartikel zu demselben Thema. Welche Tipps würdest du Max für die Überarbeitung geben? Begründe.
b) Überprüfe den Artikel anhand der folgenden Fragen und überarbeite ihn in deinem Heft:
- Wird deutlich, welche Meinung Max zu diesem Thema hat?
- Begründet er seine Meinung nachvollziehbar und veranschaulicht er sie mit passenden Beispielen?
- Sind die Argumente sinnvoll angeordnet?
- Passt die Ausdrucksweise zu einem Artikel in der Schülerzeitung?

Tipps & Hilfen (→ S. 287)

Klassenraum oder Lernraum?

Hättet ihr Lust, nach jeder Unterrichtsstunde eure Sachen zu packen und mit Sack und Pack von Lernraum zu Lernraum zu ziehen, während eure Lehrerinnen und Lehrer gemütlich in ihren Räumen hocken, die sie sich nach ihrem tollen Geschmack eingerichtet haben?
Für unsere Klasse ist das keine Frage. Unsere Pausen sind ja sowieso schon kurz genug. Da wollen wir lieber Fußball oder Tischtennis spielen, etwas essen oder einfach nur quatschen. Außerdem ist es wahnsinnig laut in den Fluren, wenn nach jeder Stunde Hunderte von Schülerinnen und Schülern durch die Gegend rennen. Und außerdem sind da noch die schweren Schultaschen, wie schon gesagt.
Kurz: ein klares Nein der Klasse 6b zur Einrichtung von Lernräumen an unserer Schule!

3 An einer Schule wurde beschlossen, dass die Schüler/-innen alle Pausen auf dem Schulhof verbringen sollen.

a) Welches Ziel verfolgt Jonas mit dem folgenden Brief? Könnte er dieses Ziel erreicht haben? Begründe.

b) Prüfe die Stichhaltigkeit von Jonas' Argumenten. Welche müssten überarbeitet werden?

c) Führe weitere Argumente an, die Jonas bei seiner „Überzeugungsarbeit" helfen könnten. Nenne auch passende Beispiele.
Tipp: Im Text auf Seite 62 findest du weitere Argumente.

d) Überarbeite Jonas' Text. Nutze die Formulierungshilfen im Info-Kasten auf Seite 49.

Hallo, Frau Frahm,

die Draußen-Pause muss abgeschafft werden! Einige finden sie zwar gut und spielen zum Beispiel in jeder Pause Fußball. Und was sollen die machen, die darauf keine Lust haben? Nicht nur mir geht es so. Auch viele andere in meiner Klasse sind genervt. Besprechen Sie das auf der nächsten Schulkonferenz! Schaffen Sie die Draußen-Pause wieder ab! Sofort!

Jonas Fischer

4 Wähle einen der folgenden Anlässe aus und schreibe einen Beschwerdebrief.
Tipp: Hinweise zur Gestaltung eines offiziellen Briefs erhältst du auf den Seiten 52 f.

Beschwerde an
- die Verkehrsbetriebe in deinem Wohnort, weil die Busse immer verschmutzt sind.
- einen Fernsehsender, weil deine Lieblingsserie abgesetzt wurde.
- einen Hersteller / eine Firma, weil dein neues Handy nicht wie versprochen funktioniert.
- das Jugendzentrum, weil der Sportplatz schon seit einem halben Jahr gesperrt ist.

Ein Anliegen in einem offiziellen Brief formulieren

Pauline Wittmann
Sophie-Scholl-Gymnasium
Bahnhofstraße 7
70000 Stuttgart

Behörde für Bildung und Sport
Hamburger Str. 31
72083 Stuttgart

Pauline Wittmann (Schulsprecherin)
Sophie-Scholl-Gymnasium
Bahnhofstraße 7
70000 Stuttgart
040-12345678
P_Wittmann@sophie-scholl-gy.de

Behörde für Bildung und Sport
Hamburger Str. 31
72083 Stuttgart

Hamburg, den 27. Mai 20..

Fehlende Spielgeräte auf unserem Schulhof

Sehr geehrte Damen und Herren,

seit inzwischen zwei Jahren müssen wir – Schülerinnen und Schüler des Sophie-Scholl-Gymnasiums – nun auf neue Spielgeräte für unseren Schulhof warten. Nachdem die alten Geräte wegen Überalterung und massiver Schäden entfernt worden waren, wurden uns neue Geräte in Aussicht gestellt. Geplant waren unter anderem neue Tischtennisplatten, zwei Basketballkörbe und zwei neue Fußballtore auf dem Sportplatz.
Durch die fehlenden Spielgeräte fehlt es insbesondere den jüngeren Schülerinnen und Schülern an Bewegung in den Hofpausen, was dazu führt, dass es im Unterricht deutlich unruhiger wird.
Es wäre daher sehr freundlich, wenn Sie die Angelegenheit etwas beschleunigen könnten.

Vielen Dank im Voraus für Ihre Bemühungen.

Mit freundlichen Grüßen
Pauline Wittmann

1 a) Nenne den Anlass des Briefs. Welches Ziel verfolgt Pauline?
b) Ist ihr Argument nachvollziehbar? Begründe.

2 a) Offizielle Briefe haben einen ganz bestimmten Aufbau. Beschreibe den Aufbau von Paulines Brief mithilfe der Begriffe im Wortspeicher.

Absender · Adressat · Ort · Datum · Betreffzeile · Anrede · Grußformel · Unterschrift

b) Lege in deinem Heft ein Merkblatt für die Gestaltung eines offiziellen Briefs an.

Adresse des Absenders
...
Ort und Datum

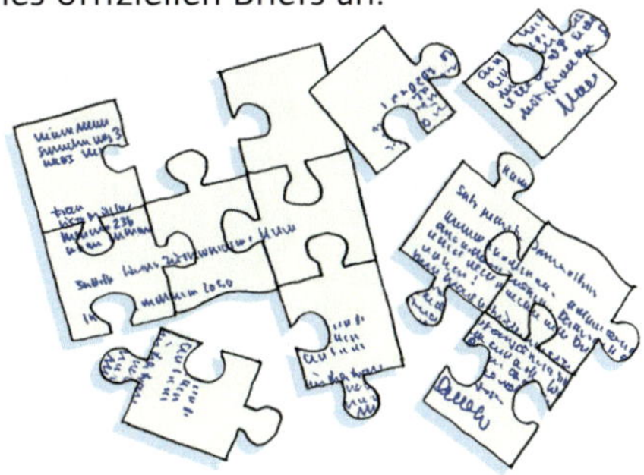

c) Auch bei einem Briefumschlag für einen offiziellen Brief muss man bestimmte Vorgaben beachten. Beschreibe diese anhand der Abbildung auf Seite 52.
d) Untersuche die Ausdrucksweise in Paulines Brief. Nenne Unterschiede im Vergleich zu einem persönlichen Brief und belege deine Aussagen mit Beispielen.
- *Anredepronomen großschreiben, z.B.: Sie, ...*
- *...*

3 Wähle einen der folgenden Anlässe aus und verfasse einen offiziellen Brief an den angegebenen Adressaten (Empfänger). Beschrifte auch einen passenden Briefumschlag.

A Dein Schulbus kommt in letzter Zeit immer verspätet, sodass du manchmal nicht pünktlich zum Unterricht erscheinen kannst. Du schreibst einen Brief an die Verkehrsbetriebe und bittest darum, dass die Busse in Zukunft ihre Fahrpläne einhalten.

B In deiner Schulkantine schmeckt dir das Essen nicht. Es fehlen frische Salate und häufig sind die Mahlzeiten verkocht. Du verfasst einen Brief an die Schulleitung, in dem du um eine Verbesserung des Essenangebots in der Schulkantine bittest.

C Deine Klasse möchte im nächsten Jahr eine Klassenreise an die Ostsee machen. Um Genaueres zur Unterbringung zu erfahren (Kosten, Zimmergröße usw.), schreibst du einen Brief an eine Jugendherberge.

Zu einem strittigen Thema diskutieren

A: Also, ich bin dafür, dass Hausaufgaben abgeschafft werden. Alle wissen, dass man dabei nichts lernen kann.

B: Das stimmt doch gar nicht. Wenn ich mir eine halbe Stunde Zeit für Mathe nehme, komme ich am nächsten Tag immer besser mit.

C: Streber!

D: Hausaufgaben sind das Letzte!

E: Meldet euch, wenn ihr was sagen wollt! Wer möchte noch etwas zu dem Thema sagen?

F: Wegen der vielen Hausaufgaben muss ich demnächst sogar mit dem Hockeyspielen aufhören.

G: Ich möchte Marek zustimmen. Meiner Meinung nach sollte es keine Hausaufgaben mehr geben. Jetzt haben wir nach einem langen Schultag oft gar keine Freizeit mehr.

1 a) Bestimme das Thema, über das hier gesprochen wird.

b) Ordne zu, wer gerade spricht:
- Schüler/-in?
- Lehrer/-in?
- Moderator/-in?

Begründe deine Einschätzung.

c) Nenne Beiträge, die die Diskussion voranbringen, und Beiträge, die diese eher behindern. Erkläre, woran das liegt.

2 a) Einigt euch auf ein strittiges Thema, das ihr in der Klasse diskutieren wollt, z. B.:
- die Gestaltung des Klassenraums,
- die Neugestaltung des Schulhofs,
- die Sitzordnung,
- das Handyverbot in der Schule,
- das nächste Wandertagsziel,
- geeignete Ideen, um Geld für die nächste Klassenfahrt zu sammeln.

b) Führt die Diskussion durch. Informiert euch im Info-Kasten, was ihr dabei beachten müsst.

Info: Richtig diskutieren

1. Schritt: Die Diskussion vorbereiten
- Bereitet euch auf das Diskussionsthema vor. Notiert Stichpunkte zu folgenden Fragen auf Karteikarten:
  - Welche Hintergrundinformationen benötigt ihr, um stichhaltig argumentieren zu können?
  - Welche Meinung vertretet ihr zu dem Diskussionsthema und mit welchen Argumenten?
  - Welche Beispiele könnten eure Diskussionspartner/-innen überzeugen?
- Verteilt die Rollen der Moderatorin / des Moderators und die der Beobachterin / des Beobachters.

2. Schritt: Die Diskussion führen
- Bringt in der Diskussion eure Meinung vor und begründet sie mit stichhaltigen Argumenten.
- Hört euch gegenseitig zu und geht auf die Meinungen und Argumente der anderen ein.
- Die Moderatorin / Der Moderator leitet die Diskussion, ruft diejenigen auf, die etwas sagen wollen, fasst wichtige Punkte zusammen und bringt neue Themen ein, z. B.:
  - *Darüber haben wir bis jetzt diskutiert: …*
  - *Über … haben wir noch gar nicht gesprochen.*
  - *Was haltet ihr davon, dass …?*
- Die Beobachterin / Der Beobachter achtet besonders darauf, ob die Diskussionsregeln eingehalten werden, z. B. ob sachliche Argumente vorgebracht werden, die niemanden beleidigen, und nichts Falsches behauptet wird.

3. Schritt: Die Diskussion auswerten
- Wertet die Diskussion aus:
- Was hat gut funktioniert?
- Was sollte verbessert werden?

Nutzt die Ergebnisse der Beobachterin / des Beobachters.

Zum Schmökern, Schauen, Weiterdenken

Nennt mich nicht Ismael! *Michael Gerard Bauer*

Ismael würde gern auf eins verzichten: seinen Vornamen. Ständig wird er deswegen verspottet. Wie konnten ihn seine Eltern nur nach der Figur aus „Moby Dick“ benennen? Ismael steht mächtig unter Druck und wird vom Klassenrowdy Barry Bagsley schikaniert, so oft es geht.

[...] Bald war allen Achtklässlern klar, dass es nur zwei Verhaltensweisen gab, wenn man seinen Aufenthalt im St. Daniel's Boys College halbwegs unbeschadet überstehen wollte: Entweder man ging Barry Bagsley unter allen Umständen aus dem Weg, wofür sich die Mehrheit entschied, oder man riskierte die seltener gewählte Variante und suchte die trügerische Sicherheit von Barry Bagsleys innerem Kreis von „Freunden“.

Für mich war Aus-dem-Weg-Gehen die einzige Option[1]. Ich begriff schnell, dass alles in Ordnung war, solange ich größtmöglichen Abstand von Barry Bagsley hielt und nichts Dummes tat – etwa im Unterricht eine Frage stellen oder beantworten; ungewöhnliche Laute von mir geben, wie Rufen, Lachen oder Sprechen; mich freiwillig für etwas melden; meinen Namen auf eine Liste setzen; eine Sportart ausprobieren; einen Gegenstand an einem Ort lassen, wo er bewegt, beschrieben oder als Wurfgeschoss verwendet werden könnte; den Blick in die Nähe von Barry Bagsley oder seinen Freunden richten oder sonst etwas tun, das darauf hindeuten könnte, dass ich tatsächlich existierte. [...]

Wenn ich gelegentlich widerstrebend ans Licht der Öffentlichkeit gezerrt wurde, weil ich zum Beispiel nicht umhinkonnte, die Frage eines Lehrers zu beantworten, stellte ich mich innerlich auf unvermeidliche Kommentare ein, wie „Was stinkt hier nach Fischmehl?“ oder „Wer hat Piss-mael gesehen?“ oder „Mein Gott – es ist Stinki aus dem Pissoir.“ Aber auch diese Beleidigungen verloren ihren Stachel. Vielleicht hatten sie ja auch recht. Vielleicht stank ich tatsächlich. Sagte das nicht schon mein Name? [...]

Es geschah auf dem Heimweg am letzten Tag des ersten Halbjahres. Ich hatte das Schultor gerade passiert und wollte auf den langen betonierten Weg einbiegen, der zwischen Moorfield Creek und sechs nebeneinanderliegenden Spielfeldern verlief, die bei allen im St. Daniel's fantasievoll „Die Felder“ hießen.

Normalerweise fiel es mir nicht schwer, Barry Bagsley nach Schulschluss aus dem Weg zu gehen. Wenn er nicht durch Rugby- oder Krickettraining

1 die Option: die Möglichkeit

aufgehalten wurde, machte er sich nach dem letzten Klingeln aus dem Staub wie ein Häftling auf der Flucht. Um zu überleben, machte ich es mir zur Aufgabe, ebenso viel über Barry Bagsleys Tagesablauf zu wissen wie er selbst. Auf diese Weise wusste ich, wann ich direkt nach der Schule nach Hause gehen konnte, wann es klüger war, in der Bibliothek (in die Barry Bagsley freiwillig keinen Fuß setzte) zu warten, welche Bereiche des Schulgeländes und der Sportanlagen ich meiden und welchen Heimweg ich nehmen musste.

An diesem speziellen Tag jedoch hatte ich trotz aller mir zur Verfügung stehenden Erkenntnisse erst einen Schritt auf dem Weg neben den „Feldern" gemacht, als ich auf einmal nur ungefähr fünfzig Meter vor mir Barry Bagsley und zwei seiner Kumpel erspähte. Zum Glück hatten sie mich noch nicht entdeckt. Ich musste nur umdrehen und den längeren Weg nach Hause nehmen. Und genau das hätte ich auch getan, wenn ich ihn nicht gesehen hätte.

Ich erkannte die Schuluniform sofort, das Grün und das Blau meiner alten Schule Moorfield Primary. Zunächst hatte ich ihn übersehen, weil er so klein war – wahrscheinlich erst in der dritten oder vierten Klasse – und die größeren Jungs mir den Blick auf ihn verstellt hatten. Ich dachte, sie würden ein Spiel spielen, denn Barry und die anderen beiden, in denen ich Danny Wallace und Doug Savage erkannte, warfen sich gegenseitig etwas zu, und der kleine Junge versuchte, es zu fangen. Dann begriff ich, dass es die Kappe des Jungen war und dass er an dem Spiel, wenn es denn eines war, keinen Spaß hatte, denn er wischte sich Tränen aus dem Gesicht.

Jede Faser meines Körpers sagte mir, dass es in einem solchen Moment das Klügste war, mich klein zu machen. Ein paar Schritte zurück, und ich wäre außer Sichtweite. Dann könnte ich Barry Bagsley und seine Bande vergessen. Aber das war genau das Problem. Sie könnte ich vergessen, aber den kleinen Jungen würde ich nicht aus meinem Kopf verbannen können. [...]

1. Sollte Ismael dem Jungen in dieser Situation helfen oder nicht? Begründe.
2. Stell dir vor, eine Mitschülerin / ein Mitschüler Ismaels stellt ihn eines Tages zur Rede und schlägt ihm vor, sich endlich gegen Barry zur Wehr zu setzen. Schreibe ein Gespräch zwischen den beiden.
3. Wie könnte die Geschichte weitergehen? Verfasse eine Fortsetzung.

Fängt die Schule zu früh an? *Jenny Weber*

Bist du morgens auch noch oft tierisch müde, wenn es zur ersten Stunde klingelt? Acht Uhr ist einfach viel zu früh – das sagen auch Forschende!

Der Wecker klingelt meist viel zu früh!

Es ist 6:45 Uhr – ein schrilles Klingeln reißt Anna aus ihren Träumen. Der Wecker! Verschlafen reibt sie sich die Augen. Es ist aber auch noch sooo früh! Und an einem Montag fällt das Aufstehen sowieso besonders schwer. Aber da die Schule um acht Uhr beginnt, muss Anna jetzt raus aus dem Bett – und Zähne putzen, kämmen, anziehen, frühstücken, den Rucksack packen ... und zur Schule radeln.

Schulbeginn um acht Uhr – zu früh?

Schon lange diskutieren Forscher/-innen und Lehrer/-innen darüber, ob acht Uhr der ideale Zeitpunkt für den Unterrichtsbeginn ist. Sind die meisten Schülerinnen und Schüler so früh am Morgen doch noch äußerst verschlafen – und die Mitarbeit in der ersten Unterrichtsstunde noch sehr träge.

Forschende der Universität Basel haben jetzt 2700 Schülerinnen und Schüler befragt, um herauszufinden, ob sich die Uhrzeit des Unterrichtbeginns auf die Konzentration der Jungen und Mädchen auswirkt.

Die Befragten mussten zu unterschiedlichen Zeiten in der Schule sein. Bei einigen fing der Unterricht schon um 7:40 Uhr an, bei den anderen erst um 8:00 Uhr.

Das Ergebnis: Die Schülerinnen und Schüler, die länger schlafen konnten – auch wenn es sich nur um eine viertel Stunde handelte –, waren in der ersten Schulstunde fitter und konnten sich besser konzentrieren.

Verschiebung der Schlafgewohnheiten

Gerade in der Pubertät brauchen Jungen und Mädchen sehr viel Schlaf. Es heißt, dass Heranwachsende jede Nacht rund neun Stunden schlafen sollten. Viele sind morgens in der Schule noch müde.

Aber in dieser Zeit ändern sich auch die Schlafgewohnheiten. Die meisten Teenager gehen abends später ins Bett und morgens fällt ihnen dann das Aufstehen schwer.

Eine Verschiebung des Unterrichtbeginns würde also vielen Jungen und Mädchen entgegenkommen, deren Lebensgewohnheiten eher entsprechen und einem chronischen Schlafmangel vorbeugen.

Auch eine geringe Verschiebung kann sich schon positiv auf die Konzentration und die Leistungen der Schülerinnen und Schüler auswirken. Und mehr Schlaf sei außerdem besser für die Gesundheit und die Laune – so die Forschenden.

Als idealer Zeitpunkt für den Schulbeginn wird übrigens neun Uhr angesehen. [...]

Kommentar einer Mutter:

Aus familienorganisatorischen Gründen bin ich absolut dagegen, dass die Schule später als 8:30 Uhr beginnt. Da ich in der Regel um 8:00 Uhr anfangen muss zu arbeiten, müsste ich die Kinder dann jeden Morgen allein lassen. Außerdem bedeutet ein späterer Schulbeginn auch, dass sich der Unterricht weiter in den Nachmittag hinein verlagert. Eine Mitgliedschaft im Sportverein oder Instrumentalunterricht wird so immer schwieriger zu organisieren.

Wann sollte die Schule losgehen?

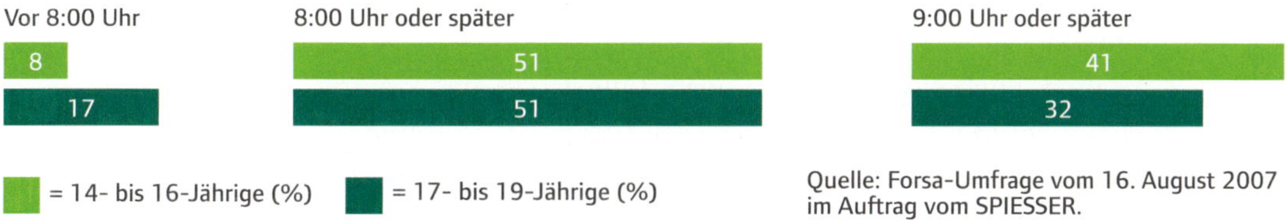

Quelle: Forsa-Umfrage vom 16. August 2007 im Auftrag vom SPIESSER.

Quelle: http://www.spiegel.de/schulspiegel/wissen/grossbild-505174-967461.html (10.07.2015)

1. Schulbeginn um 9:00 Uhr? Was denkst du?
Schreibe einen Leserbrief an die Zeitung. Nimm dabei Bezug auf den Artikel, den Kommentar einer Mutter und die Ergebnisse der Umfrage zu diesem Thema.
2. Welche Haltung haben eure Mitschüler/-innen zu dieser Frage?
Macht eine Umfrage und erstellt ein Balkendiagramm wie im Beispiel oben.
3. In einer Talkshow zum Thema „Fängt die Schule zu früh an?“ diskutieren eine Schlafforscherin, ein Schüler, eine Lehrerin und ein Vater. Alle Beteiligten möchten die anderen von ihrer Meinung überzeugen.
Spielt dieses Streitgespräch in einem Rollenspiel.

„Schulessen muss auch Richtung Snack gehen“

Kräutertee und viel Gemüse: So stellen sich Experten ein ideales Schulessen vor. Interview mit der Ernährungsberaterin Katja Schneider. […]

Was macht denn ein gutes Schulessen aus?
An erster Stelle: Es muss gut schmecken. Und es soll ernährungsphysiologisch[1] sinnvoll sein, das heißt eine pflanzenbasierte Ernährung. Der Standard sieht nur etwa zweimal pro Woche ein Gericht mit Fleisch vor. Gemüse […] sollte jeden Tag dabei sein. Und dazu ein energiearmes Getränk – Wasser, Mineralwasser, ungesüßter Kräutertee.

Warum fällt es vielen Schulen so schwer, gutes und erfolgreiches Essen – also Essen, das auch bei Schülern gut ankommt – anzubieten?
[…] Zunächst muss es eine akzeptierte Qualität des Essens geben. Es muss in einem angenehmen Ambiente[2] stattfinden. Es muss genug Zeit fürs Essen da sein. Und man muss – gerade in der weiterführenden Schule – auch die Bedürfnisse der Jugendlichen treffen. […]

Viele Schüler gehen lieber zum Döner um die Ecke. Ist Schulessen also uncool?
Es muss auch ein Angebot in der Schule geben, das Richtung Snack geht – aber nicht mit dem Missverständnis, dass es jetzt Pommes und Döner geben muss. Wobei auch Döner und Pizza ernährungsphysiologisch sinnvoll gemacht werden können. Mit weniger Fett und mehr Gemüse etwa. […]

1 ernährungsphysiologisch sinnvoll: nach wissenschaftlichen Gesichtspunkten untersuchte optimale Ernährungsweise
2 das Ambiente: die Umgebung

1. Wie beurteilst du das Essen in eurer Schulkantine? Formuliere einen Beschwerdebrief (→ S. 52 f.) oder ein Lob an das Kantinenteam. Nutze dafür auch die Informationen aus dem Interview.
2. Welches Essen sollte es in deiner Schulkantine geben?
Begründe deine Meinung in einem offiziellen Brief an die Schulleitung.
3. a) Erstellt über zwei bis vier Wochen eine Fotodokumentation über euer Mittagessen an Schultagen. Fotografiert dazu jeden Mittag, was ihr esst.
   b) Wertet eure Dokumentation aus: Was fällt euch auf? Welche Ähnlichkeiten und Unterschiede im Essverhalten gibt es innerhalb eurer Klasse?

Worauf kommt es beim Schulessen an?

Welche dieser fünf Dinge sind für dich die fünf wichtigsten?

Welche drei Aspekte sind Eltern am wichtigsten?

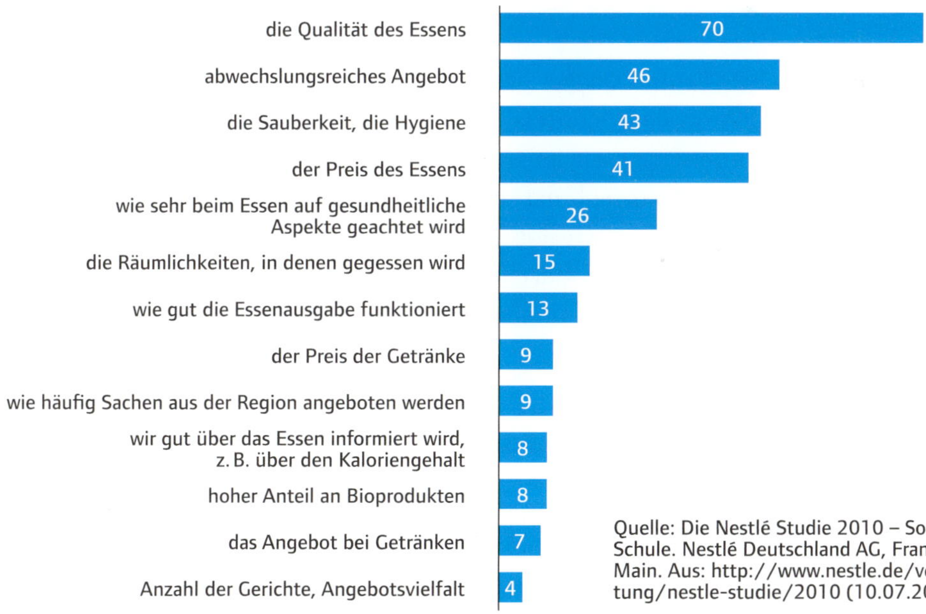

Quelle: Die Nestlé Studie 2010 – So is(s)t Schule. Nestlé Deutschland AG, Frankfurt am Main. Aus: http://www.nestle.de/verantwortung/nestle-studie/2010 (10.07.2015)

1. Vergleiche die Informationen aus den beiden Diagrammen: Was ist den Schülerinnen und Schülern am Schulessen besonders wichtig und was den Eltern?
2. Führt zu dieser Frage eine Umfrage in eurer Klasse oder eurer Jahrgangsstufe durch.

Schüler müssen draußen bleiben

Kristin Schmidt und Oliver Schoepp

Mönchengladbach. – Frierend, die Hände tief in ihren Jacken vergraben. So stehen die Schüler des Gymnasiums Odenkirchen bibbernd auf dem Schulhof. Denn trotz der Eiseskälte dürfen sie sich während der großen Pausen nicht im Schulgebäude aufhalten. Das ist auch am Montag so. Während die Unterstufenschüler der Kälte mit läuferischen Pausenaktivitäten trotzen, findet die Mittel- und Oberstufe die Kälte gar nicht so cool. „Es ist viel zu kalt hier draußen", beschwert sich Jule Leiendecker. Doch Schulleiter Bernhard Spaniol bleibt hart: „Es hat rein rechtliche Gründe, dass alle unsere Schüler während der zwei großen 20-Minuten-Pausen nach draußen müssen. Im Gebäude habe ich keine Aufsicht. Die Lehrer sind alle draußen."

Und weiter: „Die Oberstufenschüler dürfen aber schon beim ersten Gong wieder in die Klassenräume, wenn eine Klausur geschrieben wird."

Jule Leiendecker versteht es nicht: „Die Lehrer könnten doch auch einfach drinnen Aufsicht führen, da ist es auch für sie wärmer." Dann würden die Pausen aber auch im Klassenraum oder auf den Fluren stattfinden.

Eine Mensa gibt es nämlich nicht. „Die ist schon länger geplant, sollte eigentlich zum Winter fertig sein", sagt Niels Brass. „Jetzt stehen wir hier in der Kälte."

Das Ärgerliche: Die drei Dächer des Gymnasiums sind zu klein, um die gut 1100 Schüler vor dem Schneefall zu schützen. „Manchmal komme ich klitschnass aus der Pause wieder", erklärt Jule.

„Wer sich winterfest anzieht, hat da keine Probleme", meint der Schulleiter. „Sollte es allerdings wie aus Eimern schütten oder minus 20 Grad sein, dann machen wir auch mal eine Ausnahme."

Das Mönchengladbacher Gymnasium soll kein Einzelfall sein. […]

1. „Schüler/-innen müssen in jeder Pause raus!" – Prüfe die im Text angeführten Argumente auf ihre Stichhaltigkeit und überarbeite sie, wenn notwendig.
2. Wie könnten die Schüler/-innen vorgehen, um den Schulleiter von ihrer Meinung zu überzeugen? Schreibe einen Text, in dem sie ihre Meinung begründet vorbringen.
3. „Jede Pause nach draußen?" Diskutiert in der Klasse.

Argumentieren

Schritte	Beispiele
1. Schritt: Die Fragestellung lesen Lies die Fragestellung genau. Erst wenn du sie verstanden hast, kannst du dich überzeugend äußern.	*Sollte es ein Pausenradio an der Schule geben?*
2. Schritt: Deine Meinung formulieren Überlege, welche Meinung du zu dieser Fragestellung hast. Formuliere deinen Standpunkt in einem Satz.	- *Meiner Meinung nach ist ein Pausenradio eine Bereicherung für unsere Schule, …* - *Ich bin der Ansicht, dass ein Pausenradio die meisten Schüler/-innen eher stören würde, …*
3. Schritt: Argumente/Begründungen sammeln - Notiere Argumente/Begründungen, mit denen du deine Meinung untermauern kannst. - Überlege, wen du mit deinen Argumenten überzeugen willst, und entscheide, welche Argumente dazu geeignet sind, genau diese Person(en) zu überzeugen.	- *… weil die Schüler/-innen, die an den Radiosendungen mitarbeiten, vieles lernen können.* (allgemeingültige Aussage) - *… denn Erfahrungen zeigen, dass solche Projekte die Schulgemeinschaft stärker zusammenschweißen.* (nachvollziehbare Erfahrungen) - *… weil Untersuchungen zeigen, dass zu viel Lärm Stress verursacht und dadurch das Lernen behindert.* (Expertenmeinung)
4. Schritt: Beispiele suchen Veranschauliche deine Argumente mit Beispielen.	- *Die Sprecher/-innen des Pausenradios unserer Nachbarschule haben beispielsweise viel Erfahrung im ausdrucksvollen Vorlesen erworben.* - *So hat der Probemonat gezeigt, dass sich mehr Schüler/-innen als sonst in die Bibliothek zurückziehen, wo man das Radio nicht hören kann.*
5. Schritt: Argumente/Begründungen und Beispiele ordnen und formulieren - Ordne deine Argumente nach Wichtigkeit (zuerst das schwächste und zuletzt das stärkste Argument). - Formuliere einen zusammenhängenden Text, z. B. einen Beschwerdebrief oder einen Schülerzeitungsartikel.	*Aus meiner Sicht ist das Pausenradio eine Bereicherung für die Schule, weil solche Projekte immer dazu beitragen, dass Schüler/-innen das Schulleben aktiv mitgestalten. Das haben auch die positiven Erfahrungen unserer Nachbarschule gezeigt. Hinzu kommt, dass …* *Am wichtigsten ist aber, dass …* *Zusammenfassend kann man also sagen, dass …*

4 Schritt für Schritt, von A bis Z

Vorgänge und Wege beschreiben

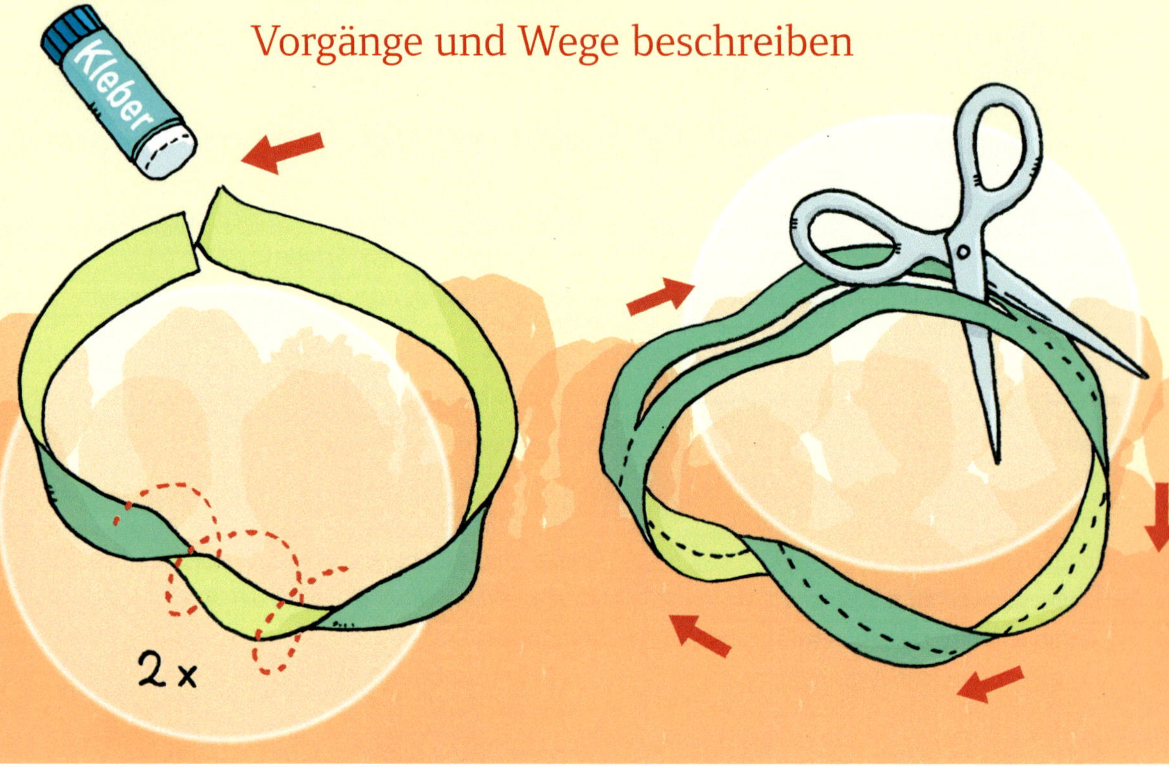

> Marie

Hallo, Marie,
dein Trick mit den Papierringen hat leider nicht geklappt.
Kannst du mir bitte noch mal genau beschreiben, wie der Trick funktioniert?
Danke
Paul

< Paul

Lieber Paul,
klar kann ich dir noch mal erklären, wie der Trick geht. Du nimmst …

1. Beschreibe den abgebildeten Trick so, dass Paul ihn durchführen kann.
2. Wo spielen Anleitungen und andere Beschreibungen in eurem Alltag eine Rolle? Nennt Beispiele.
3. Besprecht gemeinsam, worauf man beim Beschreiben achten muss.

In diesem Kapitel …

- erarbeitest du die Merkmale einer gelungenen Vorgangsbeschreibung.
- beschreibst du Vorgänge so, dass sie jemand nachmachen kann.
- untersuchst du Wegbeschreibungen.
- beschreibst du selbst Wege so, dass man sie gut nachvollziehen kann.

Beschreibungen untersuchen

Text 1 Die zauberhaften Ringe *nach Joe Fullman*

Du suchst einen Trick für einen Zauberabend oder eine Geburtstagsfeier? Mit diesem Zauberkunststück bist du immer auf der sicheren Seite! Und es funktioniert garantiert, wenn du daran denkst, den Ring auch zu verdrehen. Natürlich musst du dabei dein Publikum ablenken! Die meisten Tricks funktionieren, weil das Publikum nicht merkt, was wirklich vorgeht. Eine gute Technik ist die Ablenkung. Man tut also Dinge, die nichts mit dem Trick zu tun haben, z. B. Witze erzählen oder einen Zauberstab schwingen. Ein Zauberspruch tut es aber auch!
Aber der Reihe nach: Du brauchst einen etwa 50 cm langen und etwa 4 cm breiten Papierstreifen. Diesen verdrehst du zweimal in sich. Danach klebst du die beiden Enden zusammen. Anschließend zerschneidest du den Ring entlang der Mitte. Den zerschnittenen Papierring hältst du in der Hand und präsentierst ihn dem Publikum so, dass es aussieht, als würdest du zwei getrennte Ringe in der Hand halten. Nun lässt du den ersten Ring von deinen Fingern fallen, während du den anderen noch festhältst. Dabei sagst du einen Zauberspruch auf. Beide Ringe hängen wie durch Magie zusammen!
Viel Spaß!

Text 2 Die verbundenen Ringe

Für den Trick mit den verbundenen Ringen benötigt man einen etwa 50 cm langen und etwa 4 cm breiten Papierstreifen sowie einen Klebestift.
Zu Beginn verdreht man den Papierstreifen zweimal und klebt anschließend die Enden zusammen, sodass ein Papierring entsteht. Diesen zerschneidet man entlang der Mitte. Nun nimmt man die zerschnittenen Papierringe in die Hand und präsentiert sie dem Publikum so, dass es zwei Ringe erkennt. Während man einen Zauberspruch sagt, lässt man den einen Ring fallen und hält den zweiten noch fest.

1 a) Stell dir vor, du möchtest den Trick mit den Papierringen nachmachen. Welche Beschreibung hilft dir dabei am besten? Begründe.

b) Überlege, wo du die Texte finden könntest und welchen Zweck sie jeweils erfüllen.

Tipps & Hilfen (→ S. 288)

2 a) Vergleiche den Aufbau von Text 1 und Text 2. Notiere Stichpunkte.

Text 1: Die zauberhaften Ringe	*Text 2: Die verbundenen Ringe*
1. Anlass für den Zaubertrick	*…*
2. …	

b) Formuliere anhand von Text 2 einen Merksatz zum Aufbau einer Beschreibung.

Merke: Eine Vorgangsbeschreibung …

Tipps & Hilfen (→ S. 288)

3 a) Wie unterscheidet sich die Ansprache der Leser/-innen in den beiden Texten? Nenne Textbeispiele.

b) Informiere dich im Info-Kasten, welche Möglichkeiten es für die Anrede der Leser/-innen gibt, und bestimme die Form der Anrede in beiden Texten.

4 a) Formuliere Text 2 in die persönliche Ausdrucksweise oder in den Imperativ um.

Für den Trick mit den verbundenen Ringen benötigst du …

Nimm …

b) Vergleiche dein Ergebnis mit dem Originaltext. Welche Formulierung findest du am besten geeignet für ein Kinder-Zauberbuch? Begründe.

5 Verfasse eine kleine Videobotschaft, in der du einer Freundin oder einem Freund diesen Zaubertrick vorführst. Nutze dafür deinen Text aus Aufgabe 4 a.

Info: Eine Vorgangsbeschreibung formulieren

Bei der **Anrede deiner Adressaten** in einer Vorgangsbeschreibung kannst du …

- **die persönliche Ausdrucksweise**, z. B.:
  Du schneidest … / Sie schneiden …,
- **die unpersönliche Ausdrucksweise**, z. B.:
  Man schneidet … oder
- **den Imperativ**, z. B.:
  Schneide … / Schneiden Sie …

verwenden.

Eine Vorgangsbeschreibung steht immer im **Präsens**.

Vorgänge beschreiben

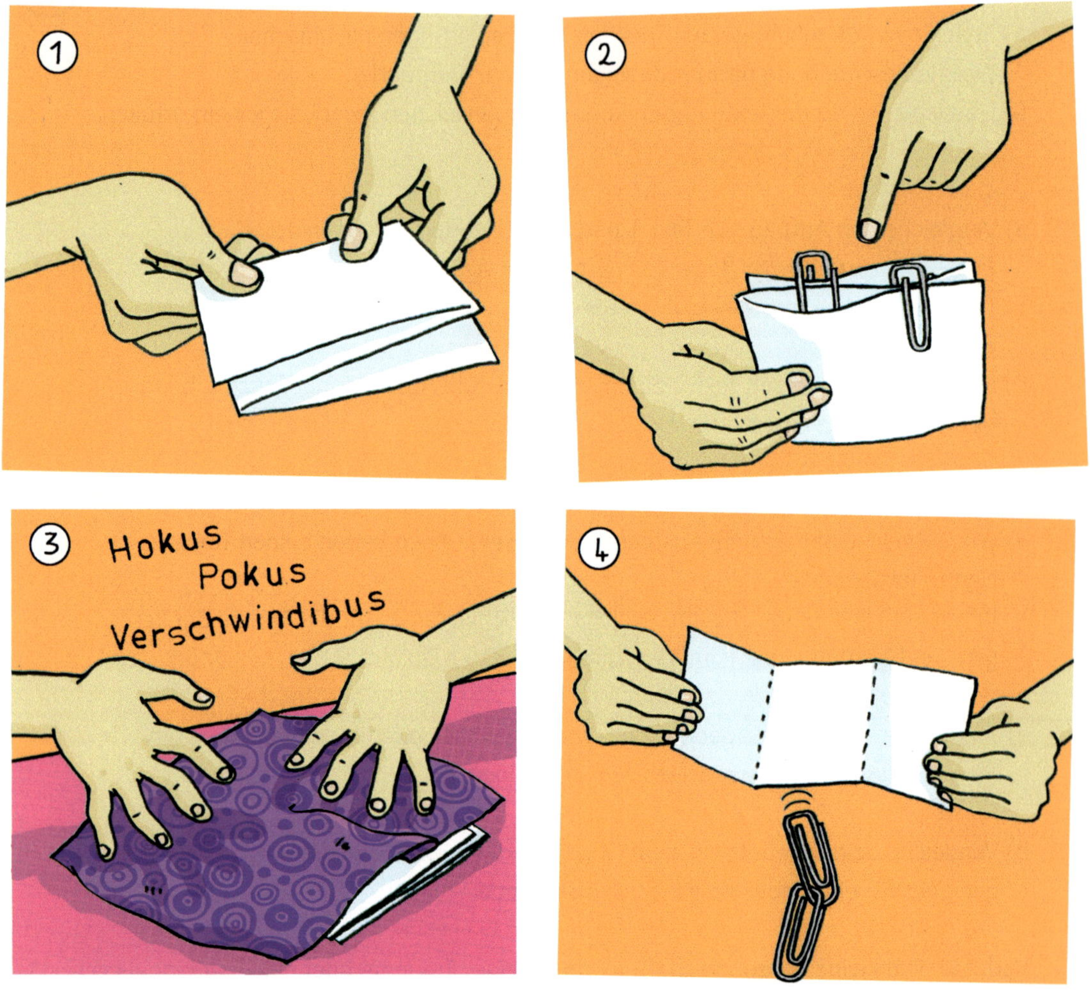

Zaubertuch • Papierkanten entlangfahren • aufeinanderdrücken • Papier-Z etwas auseinanderziehen • zusammenhalten • mit Büroklammern jeweils zwei Lagen Papier zusammenklammern • zu einem Z falten • Papier mit Büroklammern unter Tuch verbergen • an überstehenden Enden auseinanderziehen • Büroklammern sind verbunden • Zauberspruch aufsagen • Papierstreifen 20 cm lang und 2 cm breit

1 Stell dir vor, du willst einen kurzen Erklärfilm zu diesem Zaubertrick drehen.
   a) Erläutere die Abbildungen. Die Formulierungen im Wortspeicher helfen dir.
   b) Probiert den Trick zu zweit aus:
      - Eine Person beschreibt, wie man bei dem Trick vorgehen muss.
      - Eine andere Person setzt den Vorgang dabei Schritt für Schritt um.
   c) Funktioniert der Trick? Prüft, an welchen Stellen ihr genauer beschreiben müsst.

2 a) Verfasse nun ein „Skript" für deinen Film. Notiere zunächst zu jedem der vier Bilder in Stichpunkten, was jeweils dargestellt wird. Die Formulierungen im Wortspeicher (→ S. 68) helfen dir.

1. Bild:
– ca. 2 cm breiter und 20 cm langer Papierstreifen
– …

b) Verfasse eine kurze Beschreibung der benötigten Gegenstände und einen kurzen Text zu jedem Bild. Nutze auch die Formulierungshilfen im Info-Kasten unten.
Tipps & Hilfen (→ S. 288)

c) Überprüfe, ob deine Beschreibung verständlich ist: Lies sie deinen Eltern oder Freunden vor. Können sie den Trick mithilfe deiner Beschreibung ausführen?

3 Drehe einen kurzen Erklärfilm zum Büroklammertrick. Nutze dafür dein „Skript" aus Aufgabe 2.
Tipps & Hilfen (→ S. 289)

4 Beschreibe einen Vorgang deiner Wahl so, dass andere ihn nachmachen können. Du kannst auch die folgenden Ideen nutzen:

eine Geheimbotschaft verfassen • Einrad fahren • ein Spiel spielen • den Lieblingskuchen backen • einen Drachen bauen • ein Aquarium säubern • einen Skateboard-Trick vorführen • ein Gerät oder ein Möbelstück reparieren

Info: Die zeitliche Reihenfolge von Teilvorgängen ausdrücken

So kannst du ausdrücken, in welcher Reihenfolge etwas geschieht:
- zunächst / erst / zuerst / als Erstes / am Anfang / zu Beginn / im ersten Schritt
  Zunächst nimmst du ein Blatt Papier …
- dann / danach / anschließend / gleich darauf / daraufhin / im Anschluss / als Nächstes / im nächsten Schritt
  Anschließend faltest du …

So kannst du ausdrücken, dass etwas gleichzeitig geschieht:
- währenddessen / gleichzeitig / dabei / parallel dazu
  Währenddessen sagst du einen Zauberspruch auf.

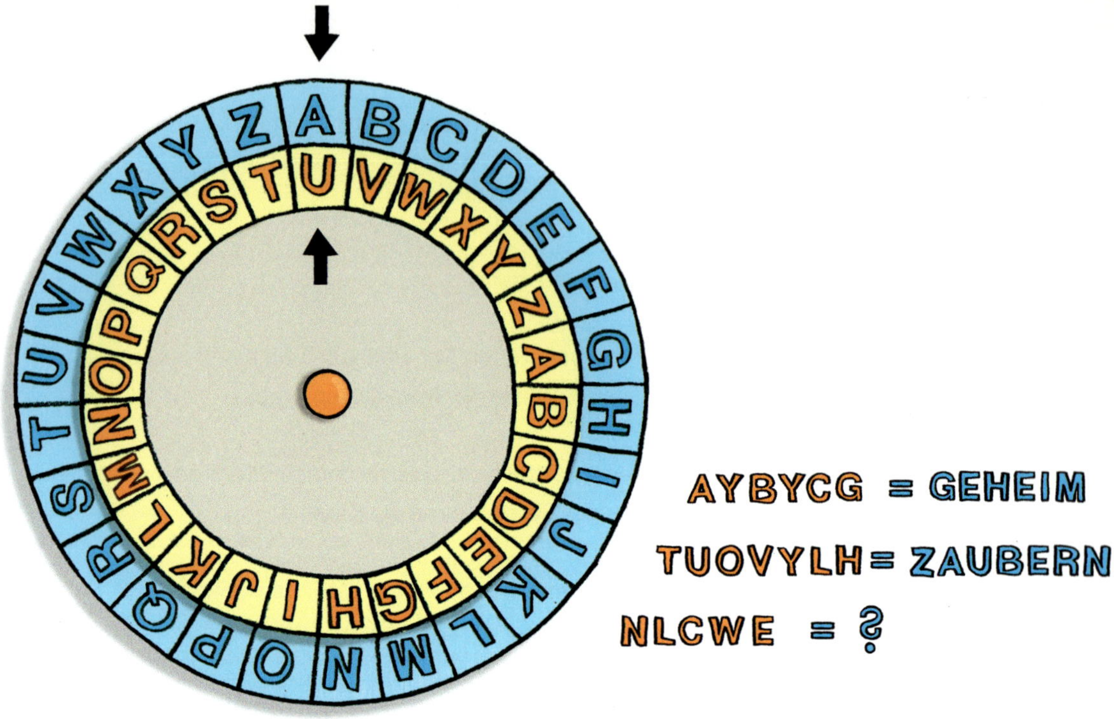

5 Erkläre anhand der Abbildung, wie man mit der Geheimschrift-Drehschreibe verschlüsselte Nachrichten schreiben kann.

6 Bringe die folgenden Stichpunkte zur Herstellung der Drehscheibe in die richtige Reihenfolge und schreibe sie in dein Heft.

1. Material: Pappe, ...
2. ...

- zweite Pappscheibe genauso konstruieren und beschriften wie die erste, allerdings mit einem Radius von 6 cm
- beide Pappscheiben mit der Musterbeutelklammer verbinden
- mithilfe eines Zirkels einen Kreis mit einem Radius von 7 cm auf die Pappe aufzeichnen und ausschneiden
- Material: Pappe, Schere, Musterbeutelklammer, Zirkel, Stift
- Geheimschrift-Drehscheibe in Betrieb nehmen, indem eine Kombination aus Alphabet und „Code-Alphabet" eingestellt wird
- Pappscheiben so aufeinanderlegen, dass die kleinere auf der größeren liegt
- auf die Pappscheibe mit einem Zentimeter Abstand einen zweiten Kreis zeichnen, diesen in 26 Kästchen einteilen und in jedes Kästchen einen Buchstaben des Alphabets notieren

7 In der Anleitung sind zwei Fachbegriffe enthalten, die für das Verständnis der Anleitung wichtig sind. Erkläre die Begriffe *Musterbeutelklammer* und *Radius*.

8 Fertige zu jedem Schritt der Anleitung eine kleine Skizze in deinem Heft an.

9 Formuliere mithilfe der Stichpunkte eine kurze Anleitung für die Herstellung einer Geheimschrift-Drehscheibe. Schreibe in dein Heft.

Vorgänge genau und abwechslungsreich beschreiben

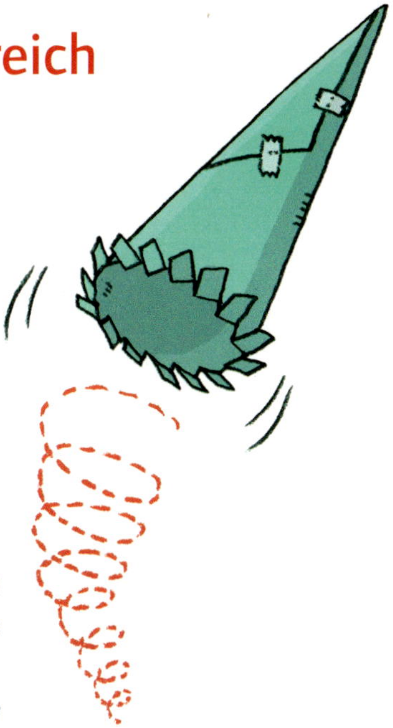

1 Bei einer Vorgangsbeschreibung ist es wichtig, dass sie genau ist. Überarbeite folgende Anleitung in deinem Heft so, dass man sie gut nachvollziehen und als Bastelanleitung verwenden kann. Nutze dafür die Zeichnung und die Formulierungshilfen im Wortspeicher.

Eine Turbo-Tüte basteln

Nimm ein Papier und lege es vor dich hin. Rolle es zusammen und klebe es zu. Schneide dann oben ab und überall Schlitze rein. Klappe dann alles um.
Wenn du die Tüte hochwirfst, wirbelt sie wie der Blitz wieder nach unten und dreht sich dabei.

DIN-A4-Papier · Tütenform · lange Seite · kurze Seite · offene Seite · Öffnung · Spitze · Ecke · obere Kante · Abstand · ca. 3 cm weit · waagerecht · oben · unten · nach innen · nach außen · rundum · gleichmäßig · einrollen · einschneiden · zukleben · knicken

2 Den zweiten Absatz der folgenden Anleitung kannst du abwechslungsreicher formulieren. Probiere die angegebenen Möglichkeiten nacheinander aus:
- Verknüpfe die drei Sätze zu einer Aufzählung.
- Verknüpfe die Sätze mit Wörtern, die die Reihenfolge der einzelnen Schritte deutlich machen. Der Info-Kasten auf Seite 69 hilft dir: *Zunächst …*
- Formuliere den Text in den Imperativ (→ S. 67) um: *Lege …*

Die Turbo-Tüte

Um eine Turbo-Tüte zu basteln, benötigst du ein DIN-A4-Papier, eine Schere und etwas Klebefilm.
Du legst das Papier waagerecht vor dich auf den Tisch. Du rollst das Blatt zu einer Tüte mit einer möglichst großen Öffnung auf der einen Seite. Du klebst die letzte Ecke mit einem Stück Klebefilm fest.

3 Verfasse eine vollständige Bastelanleitung für eine Turbo-Tüte. Nutze dafür deine Arbeitsergebnisse aus den Aufgaben 1 und 2.

Wege beschreiben

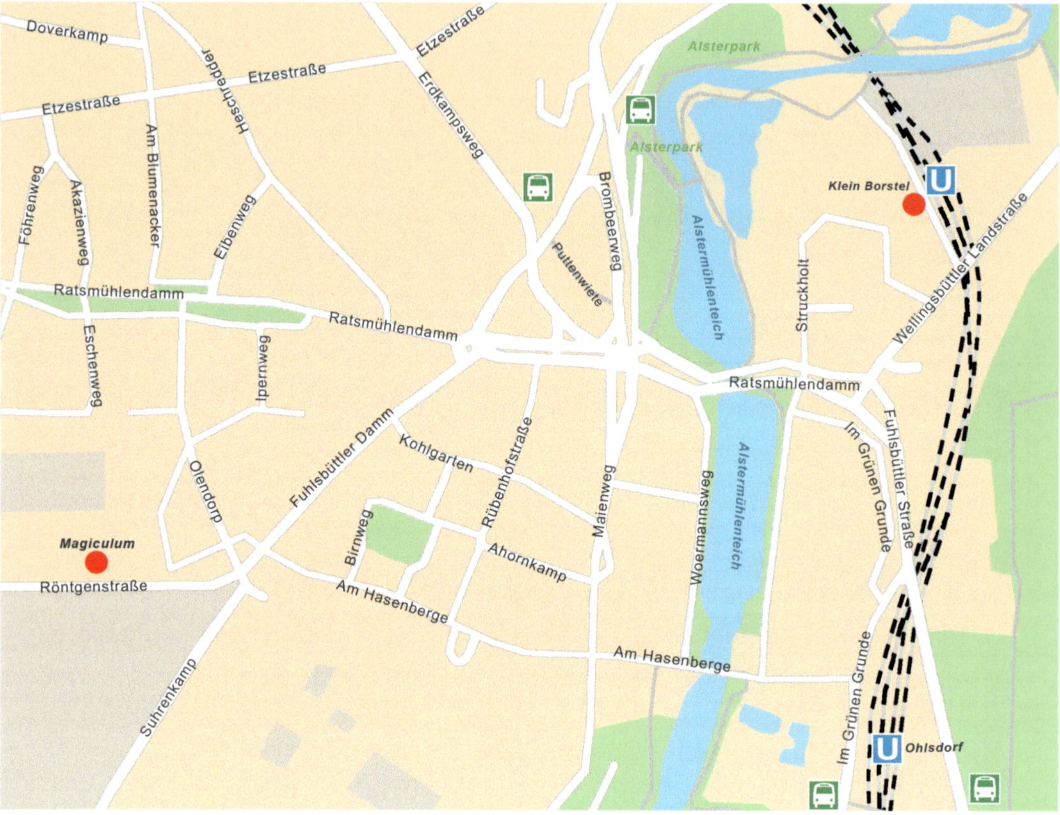

Du willst wissen, wie man zum „Magiculum" kommt? Da war ich auch schon einmal, weil ich selbst gezaubert habe. ... Also, wenn du hier am U-Bahnhof Klein Borstel startest, musst du zunächst den Ausgang zur Wellingsbüttler Landstraße nehmen. Die ist ziemlich befahren, also pass bloß auf den Verkehr auf! Diese biegst du rechts ein und läufst sie bis zur Fuhlsbüttler Straße hinunter. Wusstest du, dass man da gut einkaufen gehen kann? Die Straße jedenfalls gehst du rechts weiter und überquerst dabei den Alstermühlenteich. Auf der linken Seite kannst du ziemlich weit über das Wasser sehen, ein schöner Anblick, besonders jetzt, im Sommer! Rechts siehst du den Alsterpark, den kann ich dir auch sehr empfehlen. Ist sowieso ein schöner Stadtteil hier. ... Also, weiter geht's bis zum Fuhlsbüttler Damm, den biegst du links ein. Wenn du hier immer geradeaus weitergehst, kommst du in die Röntgenstraße. Auf der rechten Seite siehst du das „Magiculum". Viel Spaß!

1 Im „Magiculum“ in Hamburg treffen sich Berufs- und Freizeitzauberkünstler, die den Gästen ihre Tricks vorstellen.

a) Prüft zu zweit, ob man mithilfe der Wegbeschreibung auf Seite 72 dorthin gelangt:
   - Eine/r liest den Text vor.
   - Die/Der andere fährt mit dem Finger den Weg auf dem Stadtplan entlang.

b) Welche Teile der Wegbeschreibung sind gelungen? An welchen Stellen gibt es Veränderungsbedarf? Mache Vorschläge für die Überarbeitung.
   Tipps & Hilfen (→ S. 289)

2 Stell dir vor, in einem Stadtführer für Hamburg wird der Besuch des „Magiculums“ empfohlen. Besuchern, die am U-Bahnhof Ohlsdorf starten, soll der Weg dorthin beschrieben werden.

a) Plane zunächst, wie du deine Beschreibung sinnvoll aufbauen kannst.
   Textaufbau: Der Weg zum „Magiculum“
   1. Startpunkt nennen
   2. …

b) Beschreibe den Weg vom Start- bis zum Zielpunkt.
   Achtung: Da du mit deinem Text für einen Reiseführer eine unbekannte Person ansprichst, musst du den Imperativ in der 3. Person Plural (→ S. 67) verwenden.
   Der Weg zum „Magiculum“
   Starten Sie …
   Tipps & Hilfen (→ S. 289)

c) Prüft zu zweit wie in Aufgabe 1a), ob man mit deiner Beschreibung vom U-Bahnhof Ohlsdorf zum „Magiculum“ gelangt.
   Überarbeite deinen Text, wenn die Beschreibung nicht genau genug oder falsch ist.
   Tipps & Hilfen (→ S. 289)

3 Wähle dir einen beliebigen Startpunkt im Stadtplan und beschreibe von dort aus den Weg zum „Magiculum“.

Info: Wege beschreiben

Beim Beschreiben von Wegen musst du Folgendes beachten:
- Nenne den Start- und den Zielpunkt genau, z. B.:
  Vom U-Bahnhof aus … / Dann stehen Sie direkt vor dem Eingang des Museums.
- Mache genaue Richtungsangaben, z. B.:
  Gehe geradeaus … / Biegen Sie links ab …
- Nenne wichtige Orientierungspunkte, z. B.:
  Gegenüber der großen Kirche biegen Sie in die … ab.

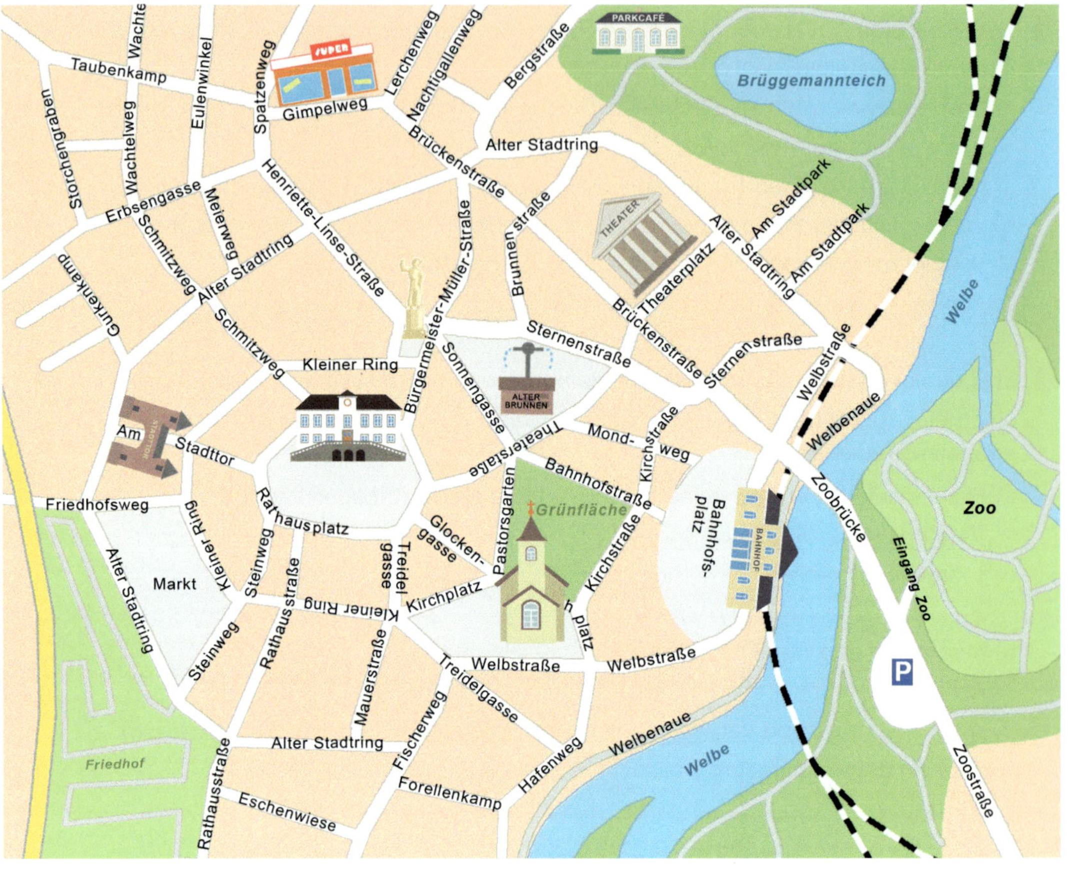

④ Wähle einen der folgenden Anlässe aus und verfasse anhand der Karte eine Wegbeschreibung.
Überlege, wie du die Leser/-innen jeweils ansprichst.
Starten Sie … / Gehe in Richtung … / Ihr geht vom Bahnhof …

A Der Ort feiert sein 500-jähriges Bestehen. Hierfür wird ein Prospekt von der Stadt herausgegeben, in dem ein Rundgang durch den Ort beschrieben wird. Bei diesem sollen die Besucher möglichst viele Besonderheiten des Ortes kennen lernen.

B Leon wohnt im Meierweg und feiert seinen Geburtstag. Damit seine Gäste vom Bahnhof zu ihm kommen können, beschreibt er ihnen in einer E-Mail den Weg.

C Eine Schülerin will von dir wissen, wie man am besten vom Bahnhof zum Stadttor kommen kann. Beschreibe ihr in einer SMS den Weg.

Wege genau beschreiben

1 Damit die Zuhörer/-innen oder Leser/-innen deiner Wegbeschreibung ihr Ziel leicht finden können, ist es wichtig, dass du genaue Angaben machst.
Übernimm die Tabelle in dein Heft und ergänze in jeder Spalte fünf weitere Beispiele.

Orts- und Richtungsangaben	Zeit- und Entfernungsangaben	Orientierungspunkte
– *gegenüber von …* – *links* – *…*	– *nach 100 Metern* – *…*	– *an der Tankstelle* – *…*

2 Übertrage die folgenden Skizzen in dein Heft und schreibe neben jede eine passende Formulierung. Nutze passende Verben aus dem Wortspeicher.

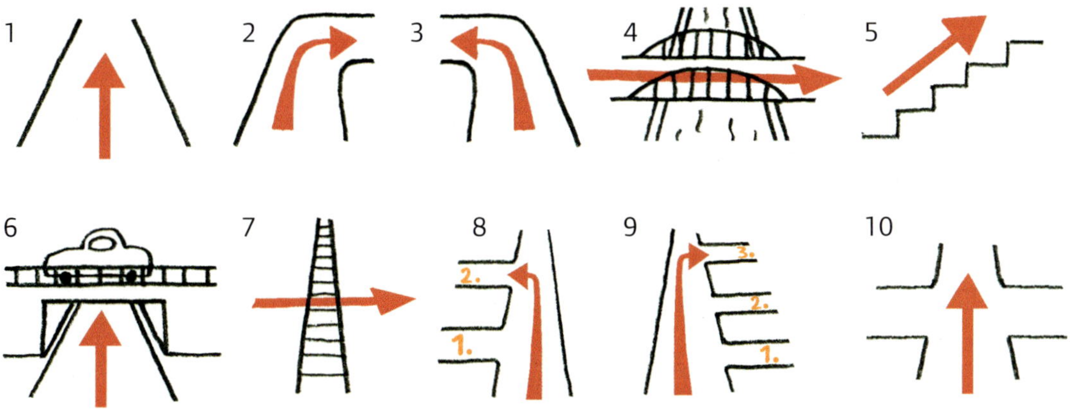

abbiegen · einbiegen · überqueren · vorbeigehen · entlanggehen

3 Überarbeite die folgende Wegbeschreibung zu der Karte auf Seite 74. Gehe so vor:
- Überprüfe besonders die Orts- und Richtungsangaben.
- Schreibe die überarbeitete Wegbeschreibung in dein Heft.

Wenn du vom Bahnhof zum Gurkenkamp willst, gehst du geradeaus die Bahnhofstraße entlang, dann weiter die Sonnengasse, den Kleinen Ring und den Schmitzweg. Dort biegst du dann links ab und gleich wieder rechts. Schon bist du am Gurkenkamp.

Zum Schmökern, Schauen, Weiterdenken

„Kalter Hund“

1. Verfasse eine schriftliche Anleitung zu dem abgebildeten Rezept für ein Kinderkochbuch.
2. Du willst einen Erklärfilm zu diesem Rezept drehen.
   Verfasse ein „Skript“ (→ S. 69) für deinen Film.
3. Zeichne zu deinem Lieblingsrezept eine Anleitung in Bildern.

Emil und die Detektive *Erich Kästner*

Zum ersten Mal darf Emil allein nach Berlin fahren. Seine Großmutter und seine Cousine Pony Hütchen erwarten ihn am Blumenstand im Bahnhof Friedrichstraße. Aber Emil kommt nicht, auch nicht mit dem nächsten Zug. Während Großmutter und Pony Hütchen überlegen, was nun geschehen soll, hat Emil sich bereits in eine aufregende Verfolgungsjagd quer durch die große fremde Stadt gestürzt, immer hinter dem Dieb her, der ihm im Zug sein ganzes Geld gestohlen hat. Zum Glück bekommt Emil bald Unterstützung: von Gustav mit der Hupe und einer Schar anderer gleichaltriger Jungen.

[...] Da kamen drei Stafettenläufer aus der Trautenaustraße gestürmt und fuchtelten mit den Armen.

„Los!“, sagte der Professor. Und schon rannten er, Emil, die Brüder Mittenzwey und Krummbiegel nach der Kaiserallee, als sollten sie den Weltrekord über hundert Yards[1] brechen. Die letzten zehn Meter bis zur Zeitungsbude legten sie vorsichtig und im Schritt zurück, weil Gustav abwinkte.

„Zu spät?“, fragte Emil außer Atem.

„Bist du meschugge[2], Mensch?“, flüsterte Gustav. „Wenn ich was mache, mach ich's richtig.“

Der Dieb stand auf der anderen Seite der Straße vor dem Café Josty und betrachtete sich die Gegend, als wäre er in der Schweiz. Dann kaufte er einem Zeitungsverkäufer ein Abendblatt ab und begann zu lesen.

„Wenn er jetzt hier rüberkommt, auf uns los, wird's eklig“, meinte Krummbiegel.

Sie standen hinter dem Kiosk, drängten die Köpfe an der Wand vorbei und zitterten vor Spannung. Der Dieb nahm darauf nicht die mindeste Rücksicht, sondern blätterte mit bewundernswerter Ausdauer in seiner Zeitung. [...]

Der Mann im steifen Hut faltete die Zeitung wieder zusammen, musterte die Vorübergehenden, winkte dann blitzartig einer leeren Autodroschke[3], die an ihm vorbeifuhr. Das Auto hielt, der Mann stieg ein, das Auto fuhr weiter.

1 das Yard: englisches Längenmaß
2 meschugge: verrückt
3 die Autodroschke: das Taxi

Doch da saßen die Jungen schon in einem andren Auto, und Gustav sagte zu dem Chauffeur: „Sehen Sie die Droschke, die jetzt zum Prager Platz einbiegt? Ja? Fahren Sie hinterher, Herr Chauffeur. Aber vorsichtig, dass er es nicht merkt."

Der Wagen zog an, überquerte die Kaiserallee und fuhr in gemessenem Abstand hinter der anderen Droschke her.

„Was ist denn los?", fragte der Chauffeur.

„Ach, Mensch, da hat einer was ausgefressen, und dem gehen wir nicht mehr von der Pelle", erklärte Gustav.

„Aber das bleibt unter uns, verstanden?"

„Wie die Herren wünschen", antwortete der Chauffeur und fragte noch: „Habt ihr denn auch Geld?"

„Wofür halten Sie uns eigentlich?", rief der Professor vorwurfsvoll. [...]

So ging es die Motzstraße lang, über den Viktoria-Luise-Platz und die Motzstraße weiter. Ein paar Leute blieben auf den Fußsteigen stehen, blickten dem Auto nach und lachten über die komische Herrenpartie.

„Ducken!", flüsterte Gustav. Die Jungen warfen sich zu Boden und lagen wie Kraut und Rüben durcheinander.

„Was gibt's denn?", fragte der Professor.

„An der Lutherstraße ist rotes Licht, Mensch! Wir müssen gleich halten und der andre Wagen kommt auch nicht rüber."

Tatsächlich hielten beide Wagen und warteten hintereinander, bis das grüne Licht wieder aufleuchtete und die Durchfahrt freigab. Aber niemand konnte merken, dass die zweite Autodroschke besetzt war. Sie schien leer. Die Jungen duckten sich geradezu vorbildlich. Der Chauffeur drehte sich um, sah die Bescherung und musste lachen. Während der Weiterfahrt krochen sie vorsichtig wieder hoch.

„Wenn die Fahrt nur nicht zu lange dauert", sagte der Professor und musterte die Taxameteruhr. „Der Spaß kostet schon 80 Pfennige."

Die Fahrt war sogar sehr schnell zu Ende. Am Nollendorfplatz hielt die erste Autodroschke, direkt vor dem Hotel Kreid. Der zweite Wagen hatte rechtzeitig gebremst und wartete außerhalb der Gefahrenzone, was nun werden würde.

Der Mann im steifen Hute stieg aus, zahlte und verschwand im Hotel.

„Gustav, hinterher!", rief der Professor nervös. „Wenn das Ding zwei Ausgänge hat, ist er futsch." Gustav verschwand.

Dann stiegen die anderen Jungen aus. Emil zahlte. [...]

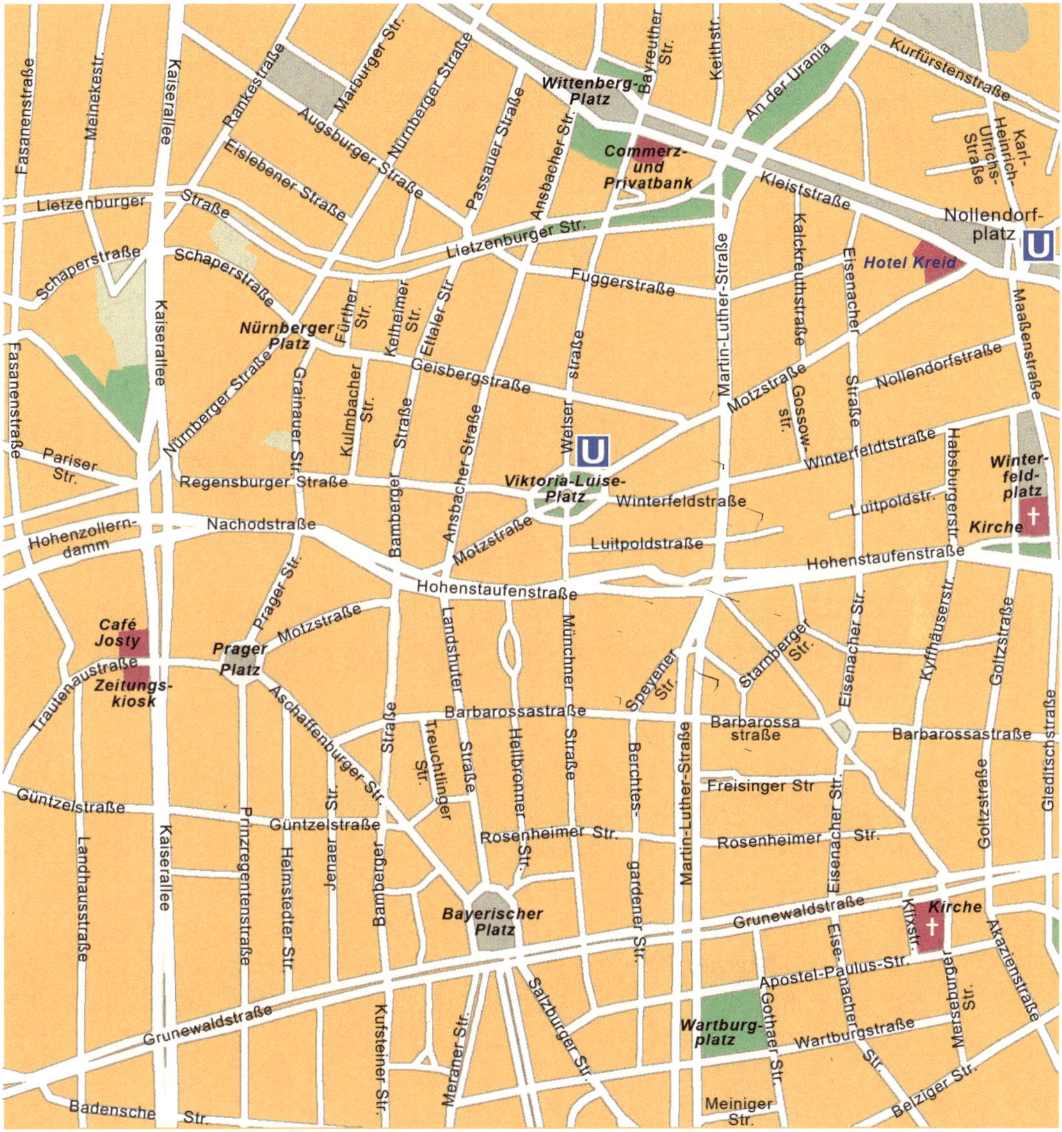

1. Suche in der Karte den Weg, den Emil und seine Mitstreiter bei ihrer Verfolgungsjagd nehmen.
2. Stell dir vor, Emil wird nach der Verfolgungsjagd gefragt, wie sie von der Trautenaustraße zum Nollendorfplatz gekommen sind. Verfasse eine Wegbeschreibung.
3. Die Autodroschke mit dem Dieb hätte auch einen anderen Weg durch die Stadt nehmen können. Beschreibe eine mögliche Fahrtroute.
4. Stell dir vor, Emil und seine Mitstreiter stellen den Dieb im Hotel, dieser kann aber entkommen und flüchtet vom Nollendorfplatz.
   Schreibe eine Fortsetzung des Textes, in der eine weitere Verfolgungsjagd zu Fuß beschrieben wird.

Der geheime Garten *Frances Hodgson Burnett*

Das Waisenkind Mary findet Aufnahme auf dem Landgut ihres eigenwilligen Onkels aus England. Vom Bahnhof aus macht sie sich auf den Weg zum Schloss.

[…] Vor dem kleinen Bahnhofsgebäude stand ein Brougham – eine geschlossene Pferdekutsche. Mary stellte fest, dass der Wagen elegant und die Livree[1] des Dieners, der ihr einsteigen half, gut geschnitten war. Darüber trug er einen nass glänzenden Regenmantel und am wasserdichten Überzug seines Hutes lief das Wasser herunter.

Er schloss die Wagentür, stieg zur Kutsche auf den Bock und Mary setzte sich in der bequemen Polsterung zurecht. Sie wollte gern etwas vom Weg und der seltsamen Gegend sehen, also blickte sie aus dem Fenster. Sie war an sich kein furchtsames Kind, und auch jetzt hatte sie keine Angst, dennoch hatte sie das Gefühl, in einem Haus am Rand eines Moors, in einem Haus mit hundert verschlossenen Türen könne sich alles Mögliche ereignen.

„Was ist ein Moor?", wandte sie sich an ihre Begleiterin.

„Schau aus dem Fenster, in zehn Minuten sind wir mittendrin", gab die Frau zurück. „Wir fahren fünf Meilen durchs Missel-Moor, bevor wir das Schloss erreichen. Viel wirst du wegen der Dunkelheit zwar nicht sehen, aber ein bisschen wohl doch." Mary stellte keine weiteren Fragen, wartete geduldig in ihrer dunklen Ecke und hielt die Augen fest aufs Fenster gerichtet. Die Wagenlaternen erhellten immer ein Stück der Straße, und auch auf Dinge, an denen sie vorbeifuhren, erhaschte Mary einen Blick. Nach dem

1 die Livree: die Uniform

Bahnhof kamen sie durch ein winziges Dorf. Sie sah weiß gekalkte Häuschen und ein erleuchtetes Wirtshaus. Dann eine Kirche, ein Pfarrhaus und ein Häuschen mit einer Art Schaufenster, in dem Spielzeug, Naschwerk und anderes mehr wohl zum Verkauf ausgestellt waren. Endlich rollten sie auf der freien Straße dahin und Mary unterschied Hecken und Bäume.

Dann ging es wohl bergauf, denn die Pferde verlangsamten das Tempo, und ganz plötzlich gab es weder Hecken noch Bäume mehr. Eigentlich sah Mary nur mehr undurchdringliches Dunkel zu beiden Seiten. Sie beugte sich vor und drückte die Nase an die Scheibe. Da gab es einen heftigen Ruck.

„Aha! Jetzt haben wir das Moor erreicht!", rief Mrs Medlock. Das Licht der Wagenlaternen fiel auf eine ziemlich schlechte Straße, die durch Buschwerk und niedrigen Pflanzenwuchs in eine endlose, undurchsichtige Weite zu führen schien. Nun war auch Wind aufgekommen, und es rauschte ganz merkwürdig, dunkel, verhalten und wild.

„Ist das ..., aber das Meer ist das wohl nicht?", fragte Mary.

„Nein. Es ist das Moor. Das Hochmoor von Yorkshire. Viele, viele Meilen von Ödland, auf dem nichts wächst als Dornbüsche, Heidekraut und Stechginster. Keine Lebewesen gibt es hier als Wildponys und Schafe."

„Aber klingen tut es wie das Meer", beharrte Mary.

„Das ist der Wind im Buschwerk", erklärte Mrs Medlock. „Für mich ist es eine öde, schauerliche Gegend, aber es gibt eine Menge Leute, denen das Moor gefällt, besonders wenn die Heide blüht." Sie fuhren und fuhren. Dunkelheit. Dunkelheit. Kein Regen mehr, doch der Wind rauschte und rauschte und es klang seltsam. Die Straße führte hinauf und hinab. Ein paarmal überquerten sie kleine Brücken, unter denen schnelle Wasser laut dahinschossen. Es schien Mary, sie würde nun in aller Ewigkeit so weiterfahren, als wäre dieses endlose, öde Moor eine weite Meeresfläche, durch die sie auf einer Art Damm dahinrollten.

Es gefällt mir nicht, dachte sie. Nein, es gefällt mir durchaus nicht.

Wieder erklommen die Pferde eine Steigung und endlich erschien ein Licht. Mrs Medlock stieß einen tiefen, hörbar erleichterten Seufzer aus.

„Na, da bin ich aber froh, dass ich wieder eine Lampe sehe", bekannte sie. „Das ist das Licht im Torhüterhäuschen. Nun dauert's nicht mehr lang bis zu einer guten Tasse Tee."

„Nicht mehr lang" erwies sich als eine ganze Weile, denn vom Parktor bis zum Schloss war die Auffahrt noch gut zwei Meilen lang und führte durch eine dichte Allee, deren Baumkronen sich über dem Fahrweg schlossen. Mary bekam das Gefühl, sie befände sich in einer lang gezogenen, finsteren Gruft[2].

Endlich entließ die Gruft sie ins Freie, und sie hielten vor einem sehr breiten, aber niedrigen Haus, dessen Flügel sich um einen gepflasterten Hof schlossen. Zuerst schien es Mary, es läge ganz im Dunkeln, doch dann bemerkte sie, dass ein Eckfenster des ersten Stockwerks schwach erleuchtet war.

2 die Gruft: eine größere Grabstätte

1. Mary fährt durch das Moor zu dem Landgut ihres Onkels. Erstelle nach der Wegbeschreibung im Text eine Landkarte und zeichne den Weg ein.
2. Wie stellst du dir das Haus vor, in dem Mary wohnen wird? Beschreibe es. Nutze dazu auch die Informationen im Text.
3. Mary entdeckt eines Tages auf dem Landgut einen geheimen Garten. Wie könnte dieser Garten aussehen? Verfasse eine Beschreibung.

Vorgänge und Wege beschreiben

1. Schritt: Die Beschreibung vorbereiten

- Notiere die **wichtigsten Schritte** und **Informationen** in **Stichpunkten**.
- Überlege dir, **für wen** (welche Adressaten) du die Beschreibung verfassen möchtest, z. B. für Kinder oder für Erwachsene.
- Entscheide dich, ob du die **persönliche** (*Du brauchst …*) oder **unpersönliche Ausdrucksweise** (*Man nimmt …*) oder den **Imperativ** (*Nimm …*) für deine Beschreibung verwenden möchtest.

2. Schritt: Die Beschreibung verfassen

Vorgänge beschreiben

Aufbau	Beispiele
1. Teil: Nenne alle benötigten **Materialien** oder **Zutaten** für den Vorgang. Erkläre auch die Fachbegriffe.	*Für den Trick benötigt man zwei Münzen, einen Becher sowie ein großes quadratisches Tuch.*
2. Teil: Beschreibe die einzelnen **Schritte** in der richtigen **Reihenfolge**. Achte auf genaue Bezeichnungen der Gegenstände und Tätigkeiten sowie auf passende Wörter, um die Reihenfolge der einzelnen Schritte zu verdeutlichen. Schreibe im **Präsens**.	*Zu Beginn werden die Münzen auf einen Tisch gelegt und …* *Anschließend stülpt man den Becher …* *Schließlich …*

Wege beschreiben

Aufbau	Beispiele
Nenne zu Beginn den **Startpunkt**. Beschreibe im Anschluss den **Weg in Teilstücken**. Wichtig sind genaue **Orts-**, **Richtungs-** und **Entfernungsangaben** und auffällige **Orientierungspunkte** auf dem Weg. Beende deine Wegbeschreibung mit dem Ziel. Schreibe im **Präsens**.	*Am Bahnhof nehmen Sie den rechten Ausgang …* *Zuerst laufen Sie die Bahnhofstraße entlang, bis … . Anschließend überqueren Sie … .* *Biegen Sie nach der großen Backsteinkirche …* *Dann stehen Sie direkt vor …*

3. Schritt: Die Beschreibung überarbeiten

Prüfe, ob jemand anders, z. B. deine Eltern oder Geschwister, die Anleitung oder die Wegbeschreibung verstehen. Überarbeite die Beschreibung, falls notwendig.

5 Es ist viel passiert …

Über Ereignisse berichten

Kuchenverkauf für den Regenwald

Ein Projekt im Erdkundeunterricht mit dem Thema „Die weltweite Bedrohung des Regenwalds“ hat die sechsten Klassen des Erich-Kästner-Gymnasiums in Mainz auf die Idee gebracht, sich am Projekt „25.000 Bäume für die Dominikanische Republik“ zu beteiligen. Die Schüler/-innen organisierten einen Kuchenverkauf in den Pausen und spendeten ihre gesamten Einnahmen. Einige Sechstklässler/-innen sammelten zusätzlich Geld für das Projekt durch kleine Konzerte in der Fußgängerzone. Insgesamt kamen so 1.500 Euro zusammen. Ein toller Erfolg für die beteiligten Schüler/-innen!

1. Überlegt gemeinsam:
   - Wen könnten Berichte über die auf dieser Doppelseite dargestellten Ereignisse interessieren?
   - Wo könnte man Berichte über die einzelnen Ereignisse finden, z. B. in der Tageszeitung, in der Schülerzeitung oder am Schwarzen Brett der Schule?

2. Sammelt weitere Anlässe, über die es sich zu berichten lohnt. Für wen könnten diese Berichte interessant sein?

In diesem Kapitel …

- lernst du, Merkmale von Berichten zu erkennen und verschiedene Arten von Berichten zu unterscheiden.
- übst du, Informationen so auszuwählen, dass sie für die jeweiligen Adressatinnen und Adressaten (Leser/-innen) und den Zweck des Berichts geeignet sind.
- formulierst du selbst Berichte.

Berichte untersuchen

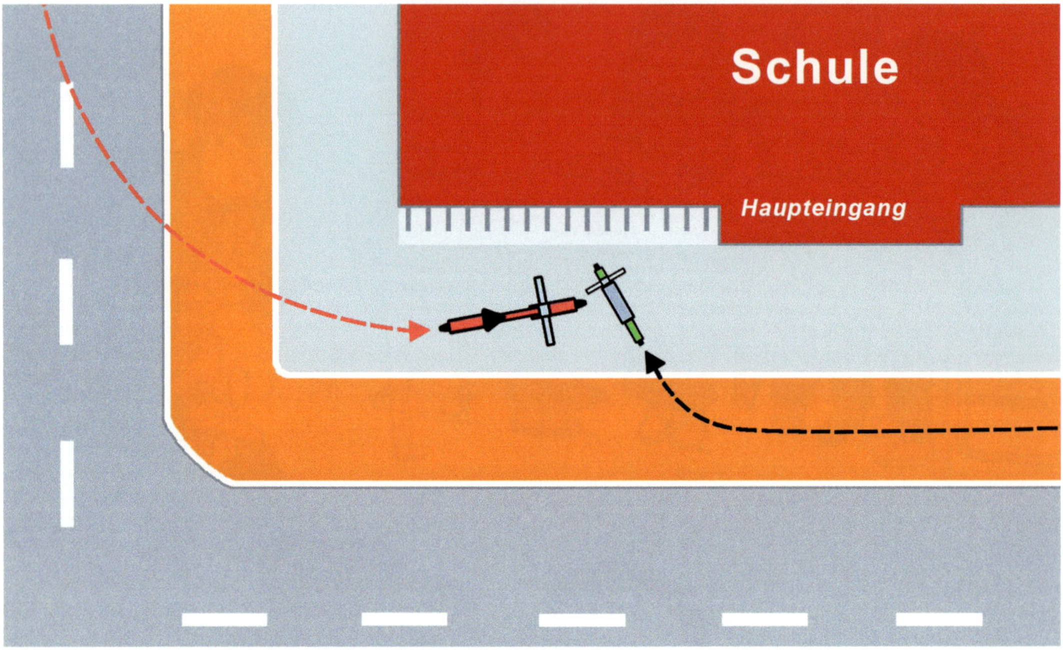

Vor dem Haupteingang kam es eben zu einem Zusammenstoß zwischen einer Rollerfahrerin aus der 6. Klasse und einem Oberstufenschüler auf dem Fahrrad. Die Rollerfahrerin fuhr gerade auf den Stellplatz zu, als von links der Radfahrer um die Ecke kam und nicht mehr rechtzeitig bremsen konnte. Außer ein paar Abschürfungen am Knie scheint aber – Gott sei Dank – nichts Schlimmes passiert zu sein. Wir haben trotzdem zur Sicherheit den Schulsanitäter gerufen.

Du glaubst nicht, was gerade passiert ist: Luisa ist angefahren worden. Da ist einer wie verrückt um die Ecke gerast, da konnte Luisa gar nichts machen. Dieser Nils hat ihr einfach den Weg abgeschnitten. Arme Luisa! Mal wieder typisch für die Großen: Wir zählen für die gar nicht. Ich hab's ja erst gesehen, als ich den Knall gehört hab, aber Luisa kann bestimmt nichts dafür… Und ihr Roller ist wahrscheinlich auch kaputt.

Ich bin auf dem Birkenweg am Schulgebäude entlanggefahren und wie immer an der Ecke links zum Haupteingang abgebogen. Natürlich war ich ein bisschen schnell, schließlich war es schon drei Minuten vor 8:00 Uhr. Plötzlich war da das Mädchen mit dem Roller. Ich konnte es vorher nicht sehen. Bevor ich reagieren konnte, war es schon zu spät. Ich bin auch hingefallen, habe mir aber nichts getan.

1 Erläutere anhand der Unfallskizze auf Seite 86, was hier passiert ist.

2 a) Untersuche die drei kurzen Berichte über dieses Ereignis. Wie unterscheiden sie sich? Nenne Textbeispiele.
Tipps & Hilfen (→ S. 290

b) Worin könnten die Ursachen für diese Unterschiede liegen? Begründe.
Tipps & Hilfen (→ S. 290)

3 Im Sekretariat sollst du anhand des folgenden Merkblatts Auskunft über den Unfall geben. Übertrage das Merkblatt in dein Heft und beantworte die Fragen mithilfe der Informationen aus der Unfallskizze und der drei Aussagen.

MERKBLATT FÜR DIE UNFALLANZEIGE
Wichtig sind alle Informationen, die folgende Fragen betreffen:

- **Was** ist passiert?	*Unfall zwischen …*
- **Wann** hat sich der Unfall ereignet?	…
- **Wo** hat sich der Unfall ereignet?	…
- **Wer** war am Unfall beteiligt?	…
- **Wie** lief das Unfallgeschehen genau ab?	…
- **Warum** ist der Unfall passiert?	…
- **Welche Folgen** hatte der Unfall?	…

4 Die Sekretärin muss einen kurzen Unfallbericht verfassen. Übertrage den Bericht in dein Heft und ergänze die fehlenden Informationen mithilfe deiner Arbeitsergebnisse aus Aufgabe 3.

Als die Schülerin Luisa Hellmann (Kl. 6 a) am 2.6.20.. um ___ mit ihrem Roller den Stellplatz ___ ansteuerte, kam es zum Zusammenstoß mit dem Radfahrer Nils Finke (Kl. 11 c), der ___. Durch den Zusammenstoß ___. Der Radfahrer ___. Der Zusammenstoß verursachte ___.

Für die Versicherung über einen Unfall berichten

Simon: Unser Wandertag hatte so schön angefangen. Die ganze Klasse 6 d ist mit dem Fahrrad zur Waldschule im Feuerbacher Wald gefahren. Eigentlich war alles ganz friedlich.

Nina: Nach dem Picknick auf einer Lichtung haben wir Fangen gespielt. Julian war ziemlich schnell. Plötzlich hat er geschrien.

Tim: Ich habe gesehen, wie Amelie und Suren Julian in den Wald verfolgt haben, er hat sich immer umgedreht und gerufen: „Ihr kriegt mich nicht, ihr kriegt mich nicht!“

Amelie: Es war, glaube ich, kurz nach 12:00 Uhr. Ich habe gemütlich auf einem Ast gesessen, als Julian wie ein Verrückter in den Wald gerannt kam. Ich hab noch gerufen: „Vorsicht!“, aber er hat mich gar nicht bemerkt, denn er hat die ganze Zeit nach hinten geschaut. Und schon knallte er gegen den Baum. Das sah ziemlich übel aus.

Nico: Ich bin gleich zu ihm gerannt, als ich den Schrei gehört habe. Der Ast war genau auf der Höhe seiner Stirn. Der Aufprall war so heftig, dass er eine Platzwunde hat und sicher auch eine Gehirnerschütterung.

Vera: Das ist typisch Julian Lohrmann. So was kann wirklich nur ihm passieren; er ist einfach immer total wild!

Philipp: Julian sagt, er habe Kopfweh und ihm sei ein bisschen übel. Außerdem sind seine Pupillen geweitet. Aus meiner Schulsanitäter-Ausbildung weiß ich, dass dies Anzeichen für eine Gehirnerschütterung sein können.

Maja: Zur Sicherheit ist Julian gleich ins Krankenhaus gebracht worden.

1 Du sollst für die Versicherung einen Unfallbericht über diesen Unfall schreiben. Dafür musst du aus den Zeugenaussagen auf Seite 88 zunächst die wichtigen Informationen herausfiltern.
Übertrage dazu die folgenden *W*-Fragen in dein Heft und beantworte sie in Stichpunkten.

- **Was** ist passiert? *Unfall beim Wandertag der Klasse 6 d*
- **Wann** hat sich der Unfall ereignet?
- **Wo** hat sich der Unfall ereignet?
- **Wer** war am Unfall beteiligt?
- **Wie** lief das Unfallgeschehen genau ab?
- **Warum** ist der Unfall passiert?
- **Welche Folgen** hatte der Unfall?

2 a) Übertrage das Formular für eine Unfallanzeige in dein Heft und ergänze die Informationen zu Name, Unfallzeitpunkt und Unfallort.
b) Besonders wichtig für die Versicherung ist die genaue Schilderung des Unfallhergangs. Verfasse diese Schilderung. Nutze dafür deine Arbeitsergebnisse aus Aufgabe 1.
Tipps & Hilfen (→ S. 290)

UNFALLANZEIGE	
Name, Vorname des Versicherten: ...	
Unfallzeitpunkt (Datum und Uhrzeit): ...	**Unfallort: ...**
Ausführliche Schilderung des Unfallhergangs (insbesondere Art der Veranstaltung): *Beim Wandertag der Klasse 6 d ...*	

3 a) Erkläre, welche Informationen im Unterschied dazu für einen Bericht in der Schülerzeitung interessant sind.
b) Überlege, wie sich ein Bericht in der Schülerzeitung sprachlich unterscheiden müsste.
Tipps & Hilfen (→ S. 290)

4 Verfasse einen Artikel für die Schülerzeitung über den Unfall. Gehe dabei so vor:
- Formuliere eine knappe und aussagekräftige **Überschrift**.
- Beantworte in der **Einleitung** die *W*-Fragen *Was? Wann? Wo?* und *Wer?*
- Stelle im **Hauptteil** den Unfallhergang Schritt für Schritt in der richtigen Reihenfolge dar. Beantworte dabei die Fragen *Wie?* und *Warum?*
- Nenne im **Schlussteil** die Folgen des Ereignisses oder sprich eine Empfehlung aus.

Sachlich schreiben

1 a) Ein Bericht erfordert in der Regel eine sachliche Ausdrucksweise.
Formuliere die folgenden Sätze so um, dass der Sachverhalt sachlich und ohne Umgangssprache wiedergegeben wird. Schreibe in dein Heft.
b) Überprüfe deinen Bericht für die Versicherung (→ S. 89, Aufgabe 2):
Hast du den Unfall sachlich dargestellt?
A → Der Radfahrer fuhr, ohne hinzusehen, mit hoher Geschwindigkeit um die Ecke.

A *Der Radfahrer raste blind im Höllentempo um die Ecke.*
B *Es gab einen Wahnsinnsknall, als die Autos ineinanderkrachten.*
C *Die Kleine knallte hin.*
D *Der Roller der Kleinen war total Schrott.*
E *Die Autofahrerin war super genervt und schrie rum.*
F *Der Unfallgegner machte sie fertig.*
G *Die Polizei kam superschnell und sah sich die Bescherung an.*

2 Zu einer sachlichen und klaren Ausdrucksweise trägt auch die Verwendung von Nomen anstelle von Verben bei.
Formuliere die folgenden Aussagen um wie im Beispiel.

nachdem der Arzt eingetroffen war	→	*nach Eintreffen des Arztes*
weil sie zusammenstießen	→	*durch …*
während er abbog	→	*…*
obwohl der Arzt half	→	*trotz …*
wie das Krankenhaus mitteilte	→	*…*
als die Eltern angekommen waren	→	*…*
weil der Radfahrer zu schnell war	→	*wegen …*

3 Zum sachlichen Stil eines Berichts gehört, dass du deutlich machst, woher deine Informationen stammen.
Formuliere zu den folgenden Aussagen jeweils einen Satz, aus dem hervorgeht, wer welche Informationen geliefert hat. Schreibe im Präteritum.

Unfallzeugin: Der Radfahrer ist mit überhöhter Geschwindigkeit um die Ecke gebogen.	*Laut einer Unfallzeugin …*
Mitschülerin: Der Fahrradfahrer hat der Sechstklässlerin den Weg abgeschnitten.	*Eine Mitschülerin berichtete …*
Schulsekretärin: Ein derartiger Unfall ist nun bereits zum dritten Mal passiert.	*Nach Aussage …*

Die zeitliche Abfolge verdeutlichen

1 a) Um die zeitliche Abfolge eines Geschehens deutlich zu machen, ist es sinnvoll, bestimmte Signalwörter zu verwenden.
Übertrage die Tabelle in dein Heft und ordne die Wörter im Wortspeicher passend ein.
b) Formuliere zu dem Unfall auf dem Wandertag (→ S. 88) drei Beispielsätze mit diesen Wörtern.

zunächst · später · gleichzeitig · danach · währenddessen · daraufhin · zu Beginn · am Anfang · in diesem Moment · anfangs · schließlich · am Ende · zuletzt · zur gleichen Zeit · hinterher · erst · dann · daneben

Was zunächst geschah	Was gleichzeitig geschah	Was danach geschah
zunächst, …	…	…

2 a) Noch deutlicher wird die zeitliche Abfolge, wenn du genaue Zeitangaben verwendest.
Formuliere zu den folgenden Angaben jeweils mindestens drei genaue Zeitangaben:
- morgens → *direkt nach dem Aufstehen, …*
- vormittags → *kurz vor Beginn der dritten Stunde, …*

b) Formuliere zu mindestens zwei Zeitangaben Beispielsätze.

3 Auch mithilfe der korrekten Verwendung der Zeitformen Präteritum und Plusquamperfekt kannst du deutlich machen, in welcher Reihenfolge etwas passiert.
a) Überlege bei den folgenden Satzpaaren, was zuerst und was später passiert ist.
b) Verknüpfe die beiden Sätze zu einem Satzgefüge wie im Beispiel. Verwende für das, was zuerst passiert, das Plusquamperfekt (→ S. 211) und für das, was später passiert, das Präteritum (→ S. 211).
Nachdem die Klassen Mannschaften gebildet hatten, trafen sie sich um 9:00 Uhr …

A Die Klassen bilden Mannschaften. Sie treffen sich um 9:00 Uhr in der Rheinhalle zum Fußballturnier. *Nachdem …*

B Die Mannschaft der Klasse 6 d zeigt sich in der ersten Hälfte des Spiels klar überlegen. In der zweiten Hälfte siegt überraschend die Mannschaft der Klasse 6 c. *Obwohl …*

C Nach den ersten 10 Minuten wird ein Spieler der Klasse 6 d gefoult. Der Spieler muss wegen Verletzungen am Schienbein ausgewechselt werden. *Da …*

D In der zweiten Halbzeit geht es 3:1 aus. In der ersten Halbzeit fällt kein Tor. *Obwohl …*

Für die Schülerzeitung berichten

Theo, Redaktionsmitglied der Schülerzeitung *Der Steinkauz*, möchte über den diesjährigen Vorlesewettbewerb der Schule berichten. Er hat sich folgende Notizen gemacht:

- *alle 6. Klassen unserer Schule*
- *jede Klasse zwei Teilnehmer/-innen*
- *Klassenentscheid Mitte November*
- *große Aufregung bei allen*
- *Jury aus 4 Schülerinnen und Schülern und 4 Lehrkräften*
- *Elena (6b) und Fabian (6c) fast gleich gut*
- *geübter Text und Fremdtext*
- *alle zehn Teilnehmer gute Leistungen*
- *Austragung in der Aula*
- *Fabian selbst überrascht über Sieg*
- *Elena besonders aufgeregt*
- *6 Mädchen, 4 Jungen*
- *Fabian gewinnt und darf am Stadtentscheid teilnehmen*
- *viele Gratulanten, auch Schulleiterin*
- *zwischen 11 und 14 Uhr*
- *Buchpreise für alle*
- *Vorlesewettbewerb*
- *Schulentscheid 2. Dezember*
- *Stadtentscheid für Januar geplant*
- *Siegerurkunde*
- *Teilnahme der Schule zum zehnten Mal*

1 Ordne Theos Notizen. Übertrage dazu die folgende Tabelle in dein Heft und ordne die Stichpunkte mithilfe der *W*-Fragen ein.

Einleitung *Wo? Wann? Was? Wer?*	*– in der Aula unserer Schule* *– 2. Dezember* – …
Hauptteil *Wie lief der Wettbewerb ab?*	– …
Schluss *Welche Folgen/Ergebnisse hatte der Wettbewerb?*	– …

2 Du sollst nun für die Schülerzeitung einen Bericht über die Teilnahme der sechsten Klassen am Vorlesewettbewerb verfassen. Überlege zunächst, was die Leser/-innen von diesem Bericht erwarten.
Tipps & Hilfen (→ S. 290)

3 Entscheide dich für eine dieser **Überschriften** und begründe deine Wahl.

A Diesjähriger Vorlesewettbewerb der sechsten Klassen
B Buchpreise für alle
C Wer vertritt uns beim Stadtentscheid?
D Überraschungssieger beim Vorlesewettbewerb
E Sechstklässler nehmen am Vorlesewettbewerb teil
F Spannend bis zum Schluss – Der diesjährige Vorlesewettbewerb der sechsten Klassen

4 Überprüfe mithilfe deiner Notizen aus Aufgabe 1, ob die folgende **Einleitung** vollständig ist. Überarbeite sie, falls notwendig.
Dieses Jahr nahm unsere Schule wieder am Vorlesewettbewerb teil.

5 Im **Hauptteil** eines Berichts wird das Ereignis Schritt für Schritt in der richtigen Reihenfolge dargestellt und dabei die Frage *Wie?* beantwortet.
Schreibe den Hauptteil in dein Heft. Nutze dafür deine Arbeitsergebnisse aus Aufgabe 1. Schreibe im Präteritum (→ S. 211).
Sowohl Teilnehmer/-innen als auch Zuhörer/-innen waren sehr aufgeregt. Zunächst …
Tipps & Hilfen (→ S. 290)

6 Nenne im **Schlussteil** die Folgen/Ergebnisse der Teilnahme. Du kannst auch eine Empfehlung aussprechen.

7 Überprüfe deinen Bericht mithilfe der Checkliste auf Seite 103. Überarbeite ihn, falls notwendig.

Über einen Konflikt berichten

Felix

Ich hab überhaupt nichts gemacht. Tim hat mich plötzlich geschubst und mir die Brotdose weggerissen. Er ärgert mich dauernd. Und wenn ihn mal jemand ärgert, dann heult er gleich rum und petzt bei den Lehrern. Dann hat er die Dose zu Jan geworfen, dieser zu Lilli und so weiter. Alle haben gelacht. Das war total fies. Ist doch klar, dass ich da ausgerastet bin. Am Schluss ist die Dose im Sand gelandet und alles ist rausgefallen. Mein Essen konnte ich vergessen. Und jetzt hab ich total Hunger.

Felix versteht einfach überhaupt keinen Spaß. Das sollte doch nur ein Witz sein. Er ärgert mich doch auch immer und lacht mich aus, wenn ich im Unterricht was nicht weiß. Die anderen fanden es auch lustig und außerdem haben auch alle mitgemacht.

Tim

Ben

Ich habe überhaupt nicht mitgemacht und Felix hat mich einfach angegriffen, nur weil ich ein bisschen gelacht habe. Es war ja auch total witzig, wie Felix ausgerastet ist. Er muss mich aber nicht gleich treten. Das hat echt wehgetan.

1 Mit welchen der folgenden Adjektive würdest du die Aussagen der Kinder beschreiben? Begründe.

neutral · parteiisch · sachlich · unsachlich

2 a) Über den Vorfall soll im Klassenrat gesprochen werden. Dafür muss zunächst geklärt werden, was genau passiert ist.
Notiere anhand der Bilder und der Aussagen der drei Kinder Stichpunkte
- zur Ausgangssituation,
- zur Entwicklung und
- zum Ergebnis des Konflikts.

Tipps & Hilfen (→ S. 291)

b) Verfasse mithilfe deiner Ergebnisse aus Aufgabe a) einen kurzen und sachlichen Bericht über den Konflikt.

Tipps & Hilfen (→ S. 291)

3 a) Finja hat ein Kurzprotokoll der Klassenratssitzung geschrieben, in der der Konflikt besprochen wurde. Beurteile das Protokoll.

Heute kam es in der Pause zum Streit zwischen Felix und Tim. Die haben sowieso immer Stress miteinander. Felix lacht Tim immer im Unterricht aus und Tim rächt sich dann in der Pause, indem er Felix ärgert. Dieses Mal hat er ihm seine Brotdose weggenommen und sie den anderen zugeworfen. Die flog quer über den Schulhof, von einem zum anderen. Alle fanden's lustig und haben mitgemacht. Felix ist total ausgerastet und hat gleich auf Ben eingetreten. Am Schluss lag Felix' Frühstück im Sand und war total eklig.

Im Klassenrat wurde besprochen, wie Felix und Tim ihr Verhalten ändern können, damit so etwas nicht noch einmal passiert. Sachen wegnehmen und andere hauen oder treten geht gar nicht. Aber auch Auslachen ist nicht o.k. Tim und Felix haben sich am Schluss beide entschuldigt. Damit war alles wieder o.k.

b) Überarbeite Finjas Protokoll so, dass
- keine persönlichen Bewertungen des Geschehens mehr enthalten sind und
- umgangssprachliche Ausdrücke vermieden werden.

Tipps & Hilfen (→ S. 291)

4 Berichte über einen Konflikt, den du selbst beobachtet hast oder an dem du selbst beteiligt warst.
Mach deutlich, wer welche Rolle in dem Konflikt spielte, und vermeide persönliche Bewertungen des Geschehens.

Zum Schmökern, Schauen, Weiterdenken

Aufregung um ein Krokodil

Gertraud Gaßner und Elisabeth Öchsner-Horsch

Dr. Helmut, ein leidenschaftlicher Hobbytaucher, stieg kopfschüttelnd am schönen, sonnigen Morgen des 7. Juni 1993 aus dem Wasser. Er blickte sich ein wenig ratlos in der Gegend um, nachdenklich, aber nicht aufgeregt. „Ist was passiert, Vati?", wollte sein Sohn Alexander wissen. „Nein, noch nicht", murmelte Dr. Helmut geistesabwesend. „Du wirst es mir kaum glauben, aber da unten im Bodensee direkt neben der Insel Reichenau liegt im Schlamm – ach, es ist so unsinnig –, aber da liegt ein Krokodil!" – „Ach, Vati, du mit deinen Späßen!", lachte Alexander. „Aber es ist wirklich kein Scherz – ich muss sofort die Polizei anrufen."

Der bekannte Kinderarzt Dr. Helmut informierte unverzüglich die Seepolizei Konstanz über seine Beobachtung. Zunächst reagierte Polizeioberwachtmeister Schwäbi skeptisch, als er gegen 10:00 Uhr den ungewöhnlichen Telefonanruf erhielt. Aber er kannte den geschätzten Arzt und glaubte ihm schließlich.

Anschließend rief der Polizeibeamte den städtischen Zoo an. „Hier Seepolizei Konstanz, ich habe eine Frage an Sie – fehlt Ihnen ein Krokodil? Ein großes? Ungefähr drei Meter lang? Das wissen Sie nicht? Na, dann wird das Krokodil wohl aus einem Schweizer Privatzoo stammen. Wissen Sie, es liegt nämlich im See unten, vier Meter tief, und rührt sich nicht!"

Nachdem der Zoodirektor noch erklärt hatte, dass ein Krokodil durchaus im kalten Tiefenwasser des Sees überleben könne, musste die Polizei schnell handeln. „Höchste Alarmstufe", ordnete der Chef der Seepolizei an. Wer würde sich für den gefährlichen Einsatz melden?

Die beiden Froschmänner Heiner Ruh und Friedrich Schwätzer wurden mit langen Stöcken und einer Betäubungsharpune ausgerüstet und sollten sich dem Tier getrennt von beiden Seiten nähern. „Seien Sie vorsichtig!", mahnte der Einsatzleiter. Die beiden Taucher sprangen ins Wasser und schwammen behutsam auf das Tier zu. Immer näher kamen sie. Vorsichtig berührte es Herr Schwätzer mit dem Stock. Doch was war das? Die Krokodilhaut war ganz weich und gab nach! So lange konnte das Tier doch noch gar nicht im Wasser gelegen haben, weder tot noch lebendig! Jetzt sah auch Heiner Ruh genauer hin. Das war doch …

Die Taucher brachen die Aktion nach 30 Minuten ab. Als die beiden an Land gestiegen waren und neugierige Zuschauer, Reporter und natürlich auch Herr Schwäbi sie mit Fragen bestürmten, lächelten sie ein wenig mühsam. „Also, das mit dem Krokodil ist so. Es ist schon dort unten, und es ist sogar sehr, sehr groß – aber völlig ungefährlich. Es ist nämlich … aus Plastik!"

Ungläubig nahmen die Zuschauer diese Worte auf und schließlich begann ein Mann lauthals zu lachen. „Womöglich ein Kinderspielzeug!" Und so war es auch.

Zwei Tage nach der Tauchaktion meldete sich das zehnjährige Mädchen Angelika bei der Polizei. „Mir ist mein Krokodil beim Spielen davongeschwommen. Auf einmal war es weg!", sagte das Mädchen aus. „Und weil es schon ein Loch hatte, habe ich es auch nicht mehr lange gesucht. Jetzt habe ich nämlich ein noch schöneres Schwimmtier, einen Ichthyosaurier."

Der Polizeioberwachtmeister Schwäbi schüttelte verdutzt den Kopf, nachdem das Mädchen die Dienststelle verlassen hatte. „Hoffentlich gibt's das nächste Mal keine Meldung: ‚Die Dinosaurier kehren zurück!' ", brummte er gutmütig.

1. Welches besondere Ereignis liegt dieser Erzählung zugrunde? Nenne Textstellen.
2. Einer der Reporter, der die Tauchaktion an Land verfolgt hat, soll für die Bodenseezeitung einen kurzen Bericht über dieses ungewöhnliche Ereignis verfassen.
Sammle mithilfe der *W*-Fragen die wichtigen Informationen aus dem Text und schreibe den Bericht.
3. Entscheide dich für die Bearbeitung von Aufgabe a) oder Aufgabe b):
   a) „Hoffentlich gibt's das nächste Mal keine Meldung: ‚Die Dinosaurier kehren zurück!'", sagt der Polizeioberwachtmeister. Schreibe eine ähnliche Erzählung zu diesem Thema.
   b) Verfasse einen Bericht zum Thema „Dinosaurier-Versteinerung entpuppt sich als Gummitier".

Das Märchen vom kleinen Herrn Moritz, der eine Glatze kriegte *Wolf Biermann*

Es war einmal ein kleiner älterer Herr, der hieß Herr Moritz und hatte sehr große Schuhe und einen schwarzen Mantel dazu und einen langen schwarzen Regenschirmstock, und damit ging er oft spazieren.

Als nun der lange Winter kam, der längste Winter auf der Welt in Berlin, da wurden die Menschen allmählich böse.

Die Autofahrer schimpften, weil die Straßen so glatt waren, dass die Autos ausrutschten. Die Verkehrspolizisten schimpften, weil sie immer auf der kalten Straße rumstehen mussten. Die Verkäuferinnen schimpften, weil ihre Verkaufsläden so kalt waren. Die Männer von der Müllabfuhr schimpften, weil der Schnee gar nicht alle wurde. Der Milchmann schimpfte, weil ihm die Milch in den Milchkannen zu Eis gefror. Die Kinder schimpften, weil ihnen die Ohren ganz rot gefroren waren, und die Hunde bellten vor Wut über die Kälte schon gar nicht mehr, sondern zitterten nur noch und klapperten mit den Zähnen vor Kälte, und das sah auch sehr böse aus.

An einem solchen kalten Schneetag ging Herr Moritz mit seinem blauen Hut spazieren und er dachte: „Wie böse die Menschen alle sind, es wird höchste Zeit, dass wieder Sommer wird und Blumen wachsen."

Und als er so durch die schimpfenden Leute in der Markthalle ging, wuchsen ganz schnell und ganz viele Krokusse, Tulpen und Maiglöckchen und Rosen und Nelken, auch Löwenzahn und Margeriten auf seinem Kopf. Er merkte es aber erst gar nicht, und dabei war schon längst sein Hut vom Kopf hochgegangen, weil die Blumen immer mehr wurden und auch immer länger.

Da blieb vor ihm eine Frau stehen und sagte: „Oh, Ihnen wachsen aber schöne Blumen auf dem Kopf!"

„Mir Blumen auf dem Kopf!", sagte Herr Moritz, „so was gibt es gar nicht!"

„Doch! Schauen Sie hier in das Schaufenster, Sie können sich darin spiegeln. Darf ich eine Blume abpflücken?"

Und Herr Moritz sah im Schaufensterspiegelbild, dass wirklich Blumen auf seinem Kopf wuchsen, bunte und große, vielerlei Art, und er sagte: „Aber bitte, wenn Sie eine wollen ..."

„Ich möchte gern eine kleine Rose", sagte die Frau und pflückte sich eine.

„Und ich eine Nelke für meinen Bruder", sagte ein kleines Mädchen, und Herr Moritz bückte sich, damit das Mädchen ihm auf den Kopf langen konnte. Er brauchte sich aber nicht so sehr tief zu bücken, denn er war etwas kleiner als andere Männer. Und viele Leute kamen und brachen sich

Blumen vom Kopf des kleinen Herrn Moritz, und es tat ihm nicht weh, und die Blumen wuchsen immer gleich nach, und es kribbelte so schön am Kopf, als ob ihn jemand freundlich streichelte, und Herr Moritz war froh, dass er den Leuten mitten im kalten Winter Blumen geben konnte. Immer mehr Menschen kamen zusammen und lachten und wunderten sich und brachen sich Blumen vom Kopf des kleinen Herrn Moritz, und keiner, der eine Blume erwischt hatte, sagte an diesem Tag noch ein böses Wort.

Aber da kam auf einmal auch der Polizist Max Kunkel. Max Kunkel war schon seit zehn Jahren in der Markthalle als Markthallenpolizist tätig, aber so was hatte er noch nicht gesehn! Mann mit Blumen auf dem Kopf! Er drängelte sich durch die vielen lauten Menschen, und als er vor dem kleinen Herrn Moritz stand, schrie er: „Wo gibt's denn so was! Blumen auf dem Kopf, mein Herr! Zeigen Sie doch mal bitte sofort Ihren Personalausweis!"

Und der kleine Herr Moritz suchte und suchte und sagte verzweifelt: „Ich habe ihn doch immer bei mir gehabt, ich hab ihn doch in der Tasche gehabt!"

Und je mehr er suchte, umso mehr verschwanden die Blumen auf seinem Kopf.

„Aha", sagte der Polizist Max Kunkel, „Blumen auf dem Kopf haben Sie, aber keinen Ausweis in der Tasche!"

Und Herr Moritz suchte immer ängstlicher seinen Ausweis und war ganz rot vor Verlegenheit, und je mehr er suchte – auch im Jackenfutter –, umso mehr schrumpften die Blumen zusammen, und der Hut ging allmählich wieder runter auf den Kopf! In seiner Verzweiflung nahm Herr Moritz seinen Hut ab, und siehe da, unter dem Hut lag in der abgegriffenen Gummihülle der Personalausweis. Aber was noch!? Die Haare waren alle weg! Kein Haar mehr auf dem Kopf hatte der kleine Herr Moritz. Er strich sich verlegen über den kahlen Kopf und setzte dann schnell den Hut drauf.

„Na, da ist ja der Ausweis", sagte der Polizist Max Kunkel freundlich, „und Blumen haben Sie ja wohl auch nicht mehr auf dem Kopf, wie?!"

„Nein …", sagte Herr Moritz und steckte schnell seinen Ausweis ein und lief, so schnell man auf der glatten Straßen laufen konnte, nach Hause. Dort stand er lange vor dem Spiegel und sagte zu sich: „Jetzt hast du eine Glatze, Herr Moritz!"

1. Warum bekommt Herr Moritz eine Glatze?
2. Stell dir vor, dem Polizisten wachsen ebenfalls Blumen auf dem Kopf. Erzähle die Geschichte neu.
3. Du sollst für die Zeitung einen kurzen Bericht über diese ungewöhnliche Begebenheit verfassen. Welche Informationen sind dafür wichtig?

Pünktchen und Anton *Isabel Kreitz nach Erich Kästner*

1. Was ist hier passiert? Erzähle eine passende Geschichte.
2. Was ist zuvor passiert und wie könnte die Handlung weitergehen? Zeichne mindestens drei weitere Bilder zur Vorgeschichte und drei zur weiteren Handlung.
3. Verfasse für die Zeitung einen Bericht über dieses Ereignis. Notiere dafür zunächst Stichpunkte zur Beantwortung der *W*-Fragen und formuliere im Anschluss den Bericht.

Die Schattenbande legt los *Gina Mayer, Frank M. Reifenberg*

Klara, Otto, Paule und Lina leben, weitgehend auf sich allein gestellt, im Berlin der 1920er-Jahre und bilden die Schattenbande. Neugierig, flink und furchtlos sind sie immer da, wo es aufregend wird …

Jetzt nur nicht ablenken lassen, ermahnte sich Klara, jetzt bloß keinen Fehler machen. Sie beobachtete die feine Dame schon seit einer halben Stunde, wie sie in ihren Schuhen aus Schlangenleder über den Markt trippelte. Für die Schuhe hatte sicher eine ausgewachsene Würgeschlange herhalten müssen. Zielstrebig hatte die Dame die teuersten Stände angesteuert, bei Dannemann hatte sie Pralinen gekauft, zwei Pfund von den teuren belgischen!

Danach hatte sie die Handtasche nicht richtig zugemacht. Die Schnalle stand auf. Und der Geldbeutel lugte hervor. „Nur ein Handgriff …", murmelte Klara, biss sich aber sofort auf die Unterlippe.

Ein einziger schneller Handgriff und sofort weglaufen. Die Dicke würde sie nie und nimmer einholen. Dann würde sie merken, was sie von ihrem Übergewicht hatte. Und dass sie nicht so viel Geld für Leckereien ausgeben sollte.

Die schönen Scheinchen machen uns satt, aber Sie, gnädige Frau, nur fett, flüsterte eine Stimme in Klaras Hinterkopf. Jetzt halt den Mund und klau das verflixte Portmonee, dann ist der Tag gerettet, zischte eine andere dazwischen.

Klara holte tief Luft, straffte die Schultern und ging zum Angriff über. Scheinbar ziellos schlenderte sie auf die Dame zu, dann tat sie, als ob sie stolperte. Im Fallen streckte sie ihre Finger aus und schob sie in die Handtasche. Das funktionierte immer.

Sie griff nach der Geldbörse und wollte sie herausziehen, aber das Miststück steckte fest. Als wäre es angeklebt oder festgenäht.

Irgendwas war hier faul. Oberfaul. Ganz gewaltig oberfaul. Nichts wie weg, beschloss Klara, aber im selben Moment drehte sich die Dame um und starrte sie an.

Buschige Augenbrauen, Knollennase, Bartstoppeln auf den gepuderten Wangen und dem Kinn, das rechte Lid hing über dem Augapfel.

„Wa-wa-wa …", stammelte Klara.

„Oh, ja", brummte die falsche Dame.

„Wa-Wa-Wachtmeister Eltinger!", brachte Klara endlich hervor.

„Hab ich dich erwischt, Bürschchen!", brüllte Eltinger. „Du bist verhaftet!"

Aber bevor er Klara packen konnte, war sie losgerannt.

Sie stieß gegen einen der Marktstände, eine Eierpyramide stürzte ein. Die Marktfrau tobte. Klara flitzte zwischen einer Litfaßsäule und einem Sonnenschirm durch, kickte im Vorübergehen gegen einen Stapel leerer Obstkisten, der hinter ihr zusammenfiel, stolperte gegen ein altes Mütterchen und warf fast zwei Hausfrauen mit Kinderwagen um. Nachdem sie quer über den Nollendorfplatz gerast war, bog sie in die Motzstraße ein.

Eltinger blieb ihr dicht auf den Fersen. Klara staunte, dass der Polizist in den Damenschuhen so gut rennen konnte.

Wohin? Wo sollte sie bloß hin?

Da hinten stand eine Haustür auf.

Klara hechtete die Stufen zum Eingang empor, rannte durchs Treppenhaus in den Hof, unter den Teppichstangen durch und ins Hinterhaus. Eine Treppe hoch und noch eine, im zweiten Stock kam ihr ein alter Herr entgegen, der sich gerade noch am Geländer festhalten konnte, sonst hätte sie ihn umgerissen.

„Nicht so schnell, du Rüpel!" Er drohte mit seinem Spazierstock, aber Klara war schon weg.

Dritter Stock, vierter Stock. War Eltinger noch hinter ihr her? Sie warf einen Blick über die Schulter, aber er war nirgends zu sehen. Hier war die Tür zum Dachboden. Glücklicherweise nicht abgeschlossen. Nichts wie rein. Sie lehnte sich mit dem Rücken gegen die Tür, rang nach Luft und lauschte. Wenn bloß ihr Herz nicht so laut hämmern würde. Aber im Treppenhaus war nichts zu hören. Keine Schritte. Kein Eltinger. Sie hatte ihn abgehängt.

Gerettet, dachte Klara.

1. Wie wirkt Klara auf dich? Begründe.
2. Wie könnte die Geschichte weitergehen? Schreibe eine Fortsetzung.
3. Was könnte Wachtmeister Eltinger nach seiner Rückkehr auf der Wache berichten? Verfasse diesen Bericht.

Berichten

1. Schritt: Den Bericht vorbereiten

- Beachte die Aufgabe:
  - **Für wen** (welche Adressaten) und **für welchen Zweck** ist dein Bericht bestimmt?
  - **Was erwarten die Adressaten** von diesem Bericht? **Welche Informationen** benötigen sie?

  Orientiere dich dabei an den Merkmalen der unterschiedlichen Bericht-Arten:

Der Ereignisbericht	Der Zeitungsbericht
Im Ereignisbericht wird das Ereignis, z. B. ein Unfall oder ein Konflikt, sachlich und ohne persönliche Bewertung, Meinungen oder Vermutungen dargestellt.	Der Zeitungsbericht informiert über ein Geschehen, soll es den Leserinnen und Lesern aber auch anschaulich und interessant präsentieren.

- Notiere Stichpunkte zu den *W*-Fragen: *Was? Wann? Wo? Wer? Wie? Warum? Mit welchen Folgen/Ergebnissen?*

2. Schritt: Einen Bericht verfassen

- Wähle eine **Überschrift**, die das Ereignis knapp und genau benennt.
- Informiere in der **Einleitung** möglichst knapp und genau, worüber du berichtest. Beantworte dabei die *W*-Fragen *Was? Wann? Wo? Wer?*
- Stelle im **Hauptteil** das Ereignis Schritt für Schritt in der richtigen Reihenfolge dar. Beantworte dabei die *W*-Fragen *Wie?* und *Warum?*
- Nenne im **Schlussteil** die Folgen des Ereignisses oder gib eine Empfehlung.
- Formuliere **sachlich** und **vermeide unnötige Bewertungen**.
- Schreibe im **Präteritum**.

3. Schritt: Den Bericht überarbeiten

Überprüfe deinen Bericht mithilfe der folgenden Checkliste und überarbeite ihn, falls notwendig.

Checkliste ✔ Einen Bericht schreiben

- ✓ Enthält der Bericht **alle notwendigen** und **keine überflüssigen Informationen** für den Zweck und die Adressaten?
- ✓ Werden alle wichtigen ***W*-Fragen** beantwortet?
- ✓ Wird die **zeitliche Reihenfolge** der Geschehnisse deutlich?
- ✓ Ist der Bericht in einer **zum Zweck des Berichts passenden Sprache** geschrieben?
- ✓ Steht der Bericht im **Präteritum**?

6 Einfach fabelhaft!

Fabeln untersuchen und schreiben

Auch wenn in der Fabel meist Tiere vorkommen, geht es immer um Menschen. Was sagt man nicht alles über Menschen und stützt sich dabei auf Eigenschaften und Eigenarten von Tieren? Da ist einer schlau wie ein Fuchs, ein anderer stark wie ein Löwe oder wie ein Büffel. Von anderen heißt es: ängstlich wie ein Hase, gefräßig wie ein Wolf, treu wie ein Hund, dumm wie ein Schaf, langsam wie eine Schnecke, flink wie ein Reh oder eine Gazelle, listig wie eine ... Indianer gaben ihren Häuptlingen Namen wie *Starker Büffel, Listige Schlange, Schneller Hirsch ...*

1. Welche Eigenschaften passen zu den oben abgebildeten Tieren? Begründet.
2. Überlegt gemeinsam, welche Tiere die auf Seite 105 genannten Eigenschaften verkörpern könnten. Entwerft Bildkarten zu diesen Tieren.
3. *Stark wie ein Bär, listig wie eine ...* Sammelt Vergleiche, in denen menschliche Eigenschaften mit Eigenarten von Tieren verglichen werden.

4 Kennt ihr Geschichten zu den abgebildeten Tieren? Erzählt sie.

5 Diskutiert: Sind alle Geschichten, in denen Tiere vorkommen, Fabeln? Nehmt den Text auf Seite 104 zu Hilfe.

In diesem Kapitel …

- lernst du Fabeln aus verschiedenen Jahrhunderten und unterschiedlichen Ländern kennen.
- findest du heraus, woran man Fabeln erkennt und wie sie aufgebaut sind.
- übst du, das Verhalten und die Eigenschaften von Fabeltieren zu beschreiben.
- setzt du dich mit der Lehre, die eine Fabel vermitteln will, auseinander.
- schreibst du selbst Fabeln.

Merkmale von Fabeln untersuchen

Fabeltiere kennen lernen

Das ______ und der ______ *Äsop*

Ein ______ löschte an einem Bache seinen Durst. Fern von ihm, aber näher der Quelle, tat ein ______ das Gleiche. Kaum erblickte er das ______, so schrie er:

„Warum trübst du mir das Wasser, das ich trinken will?"

„Wie wäre das möglich", erwiderte schüchtern das ______, „ich stehe hier unten und du so weit oben; das Wasser fließt ja von dir zu mir; glaube mir, es kam mir nie in den Sinn, dir etwas Böses zu tun!"

„Ei, sieh doch! Du machst es gerade wie dein Vater vor sechs Monaten; ich erinnere mich noch sehr wohl, dass auch du dabei warst, aber glücklich entkamst, als ich ihm für sein Schmähen[1] das Fell abzog!"

„Ach, Herr!", flehte das zitternde ______, „ich bin ja erst vier Wochen alt und kannte meinen Vater gar nicht, so lange ist er schon tot; wie soll ich denn für ihn büßen." „Du Unverschämter!", so endigte der ______ mit erheuchelter Wut, indem er die Zähne fletschte. „Tot oder nicht tot, weiß ich doch, dass euer ganzes Geschlecht mich hasset, und dafür muss ich mich rächen."

Ohne weitere Umstände zu machen, zerriss er das ______ und verschlang es. [...]

1 **schmähen:** beleidigen

1 Um welche Tiere geht es in dieser Fabel?
Setze in Gedanken passende Tiere aus der Abbildung ein und begründe deine Entscheidung.

2 Äsop, ein griechischer Dichter, der vor mehr als zweieinhalbtausend Jahren gelebt hat, schrieb viele Fabeln, die auch heute noch bekannt sind. Seine Fabel auf Seite 106 endet mit folgender „Lehre“ oder „Moral“, aus der die Menschen etwas lernen sollen:

> Das Gewissen regt sich selbst bei dem größten Bösewichte; er sucht doch nach einem Vorwand, um dasselbe damit bei Begehung seiner Schlechtigkeiten zu beschwichtigen.

Welche der folgenden Aussagen gibt diese Moral der Fabel am besten wieder? Begründe.
Tipps & Hilfen (→ S. 292)

A Wer dem anderen in böser Absicht schaden will, findet dafür immer eine Begründung und ist für gute Argumente kaum zugänglich.
B Wer einen anderen überlistet, ist später oft selbst der Getäuschte.
C Wer sich unvernünftig verhält, darf sich nicht wundern, wenn er selbst den Schaden hat.

3 Wähle eines der drei folgenden Sprichwörter aus und überlege, welche Tiere in einer Fabel mit diesen Sprichwörtern als Lehre vorkommen könnten.
Achte darauf, dass die Eigenschaften der Tiere etwas mit dem Sprichwort zu tun haben.
- In der Ruhe liegt die Kraft.
- Ohne Fleiß kein Preis.
- Aus Fehlern wird man klug.
- Wer anderen eine Grube gräbt, fällt selbst hinein.
- Ehrlich währt am längsten.

Tipps & Hilfen (→ S. 292)

4 Diskutiert: Welche Tiere könnten besonders gut in einer Fabel miteinander auftreten? Begründet eure Ideen mit den Eigenschaften, die diesen Tieren zugeschrieben werden.

5 a) Arbeitet zu zweit: Schreibt die Namen von fünf Fabeltieren auf kleine Zettel. Notiert auf der Rückseite Eigenschaften, die diesen Tieren zugeschrieben werden.
b) Zieht verdeckt jeweils zwei Fabeltiere und verfasst eine kleine Fabel, in der diese Tiere vorkommen.

Den Aufbau einer Fabel untersuchen

Der Hahn und der Fuchs *Jean de La Fontaine*

Auf einem Baume saß ein alter Hahn,
Ein schlauer Kopf in allen Lebenslagen.
„Freund", sprach ein Fuchs und dämpfte sein Organ,
„Wir wollen uns von heute an vertragen,
Ein allgemeiner Friede ist befohlen.
Ich komme, dir's zu künden; steige nieder
Und küsse mich, von nun an sind wir Brüder.
Gleich muss ich weiter auf beschwingten Sohlen,
Noch zwanzig andre Leute aufzusuchen.
Komm nur herab, dort unter jenen Buchen
Kannst du mit deinen Kindern Käfer picken.
Komm schnell, dass wir uns in die Augen blicken
Und herzlich küssen, weil nun Friede ist."
„Freund", sprach der Hahn, „es hätte nie
Mir süßre Botschaft werden können
Als diese Friedensmelodie.
Wie schön, dass du ihr Überbringer bist!
Dort seh' ich noch zwei Hunde rennen,
Vermutlich wählte man die schnellen Tiere
Zur Friedensbotschaft als Kuriere[1].
Sie fliegen fast, gleich sind sie hier;
Dann küssen wir uns alle vier!"
„Leb wohl", rief da der Fuchs, „mein Weg ist weit;
Wir wollen zu gelegenerer Zeit
Die Freude feiern." Und der Bursche nahm
Reißaus so schnell, man glaubt es kaum,
Betrübt, dass er um seine Beute kam.
Der alte Hahn saß lange noch im Baum
Und bog sich krähend vor Vergnügen.
Welch doppelter Genuss, Betrüger zu betrügen!

1 der Kurier: Bote, der eine Nachricht oder einen Brief überbringt

1 Am Ende der Fabel biegt sich der Hahn „krähend vor Vergnügen". Erkläre, warum.

2 Untersuche Schritt für Schritt, wie die Fabel aufgebaut ist. Gehe vom Ende aus und benenne für jeden Handlungsschritt die Ursache.

- *Der Hahn lacht am Ende vor Vergnügen (V. 29–28), weil der Fuchs davonläuft (V. 27–25).*
- *Der Fuchs läuft davon (V. …), weil …*

Tipps & Hilfen (→ S. 292)

3 Ordne die folgenden Bausteine einer Fabel einzelnen Textabschnitten der Fabel vom Hahn und dem Fuchs (S. 108) zu. Gib jeweils die Verse an und begründe deine Zuordnung.

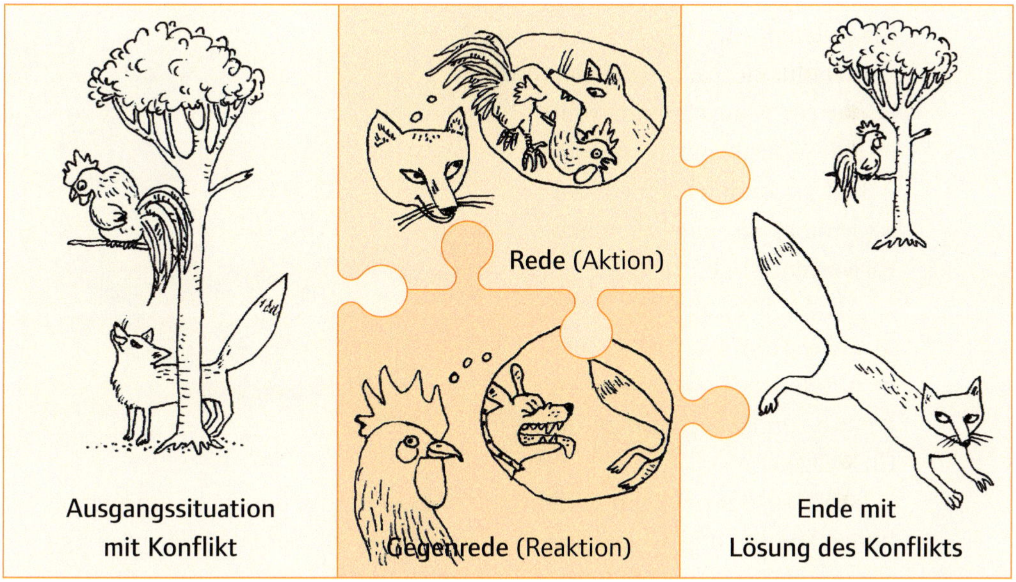

4 a) Übertrage die folgende Ausgangssituation einer Fabel in dein Heft und ergänze den Mittelteil mit Rede und Gegenrede sowie den Schluss der Fabel.

Tipps & Hilfen (→ S. 292)

b) Welche Lehre passt zu deiner Fabel? Wähle entweder eine der Lehren von Seite 107 (Aufgabe 3) aus oder formuliere selbst eine.

Der Fuchs und der Ziegenbock *nach Äsop*

Der Fuchs fiel in einen tiefen Brunnen und konnte sich nicht heraushelfen. Da kam ein durstiger Ziegenbock zum Brunnen, und als er den Fuchs sah, fragte er ihn: „…"

5 Vergleiche den Aufbau einer Fabel mit den dir bekannten Handlungsbausteinen (→ S. 25). Welche Ähnlichkeiten und Unterschiede stellst du fest?

Das Verhalten von Fabeltieren untersuchen und beschreiben

Die Mäuse und der Uhu *Janosch*

Die Mäuse hatten einen Uhu, während er schlief, gefesselt. Er sollte vom Ast fallen, wenn er aufwachte; der Fuchs sollte kommen und ihn fressen.

Der Uhu war nämlich ein Mausefeind, der Fuchs war ein Vogelfeind, also war der Fuchs ein Mausefreund, weil er den Mausefeind verspeiste – Freund und Feind, einmal so, einmal so, alles ziemlich verworren.

Als der Uhu also aufwachte, fiel er vom Ast, weil er sich nicht mit den Pfoten abstoßen konnte, und blieb unten im Gras liegen.

Die Mäuse zerrten ihn mitten auf die Wiese, damit der Fuchs ihn leichter finden konnte, und fingen an, zu tanzen und zu jubilieren. Sie lärmten und sangen, als wären sie auf dem Jahrmarkt. [...]

1 Was bezwecken die Mäuse damit, dass sie laut singen und Krach machen? Erkläre ihr Verhalten und begründe mit Textstellen.

2 Will man das Verhalten einer Figur genauer untersuchen, muss man zwischen ihrem **Verhalten** und ihren **Beweggründen** (Gründen für dieses Verhalten) unterscheiden. Oft kann man auch noch ein **Ziel** benennen, das mit diesem Verhalten erreicht werden soll. Untersuche das Verhalten der Mäuse nach diesem Modell:

Beweggrund	← **Verhalten** →	**Ziel**
Warum verhalten sich die Mäuse so?	*Wie verhalten sich die Mäuse?*	*Welches Ziel verfolgen die Mäuse mit ihrem Verhalten?*
...	Die Mäuse fesseln den Uhu, zerren ihn auf die Wiese, singen und lärmen.	...

3 Beschreibe die Beweggründe, das Verhalten und das Ziel der Mäuse in einem kurzen Text.
Tipps & Hilfen (→ S. 293)

Beweggrund: ihre Absicht ist ... • dazu bewegt sie ... • der Grund für ihr Handeln ist ... • veranlasst werden sie hierzu durch ...

Ziel: ihr Ziel ist es ... • sie verfolgen den Plan ... • sie tun das, um ... • sie trachten danach, dass ... • sie bezwecken damit, dass ... • ihr Vorhaben ist es, dass ...

4 Lies die Fortsetzung der Fabel „Die Mäuse und der Uhu". Wie verhält sich der Fuchs? Untersuche sein Verhalten mithilfe des Modells von Seite 110.

[...] Indes kam auch schon der Fuchs. Die Mäuse hörten ihn aber nicht. Vielleicht, weil sie zu laut sangen. Vielleicht war auch ein Geräusch in der Luft. Und der Fuchs schlich sich heran – und fraß wen? Und fraß zuerst die Mäuse. Wohl, weil er dachte, sie könnten ihm noch entwischen, der Uhu konnte dies aber nicht. Erst dann fraß er den Uhu. Freund oder Feind, keiner kennt sich mehr aus auf der Welt.

5 Welchen Denkfehler haben die Mäuse gemacht? Begründe.

6 a) Beschreibe nach dem selben Modell das Verhalten des Fuchses in folgender Fabel.
Tipps & Hilfen (→ S. 293)
b) Erkläre den Titel „Diplomatischer Rat" mit deinen Ergebnissen aus Aufgabe a).

Diplomatischer Rat *Franz Grillparzer*

Ein Marder fraß die Hühner gern,
Doch wusst' er nicht, wie sie erhaschen.
Er fragt den Fuchs, 'nen alten Herrn,
dem Steifheit schon verbot das Naschen.
Der sagt ihm: „Freund, der Rat ist alt.
Was hilft's zu zögern?! Brauch Gewalt!"
Der Marder stürmt in vollem Lauf.
Die Hühner aber flattern auf,
Die einen gackernd, kreischend jene,
Gerade in des Fuchses Zähne,
Der gegenüber lauernd lag
Und mühlos hielt den Erntetag.
Wenn du nach Hühnern lüstern bist,
Frag keinen, der sie selbst gern frisst.

Wozu Fabeln?

Über Äsop *Phädrus*

Jetzt sei, weshalb die Fabel man erfand, noch kurz berichtet. Der bedrängte Sklave, der, was er mochte, nicht zu sagen wagte, barg seines Herzens Meinung in der Fabel und wich dem Vorwurf aus in droll'ger Maske.

Fabeln aus aller Welt – Vorwort *Sybil Gräfin Schönfeldt*

Du schleichst wie eine Schnecke und hüpfst wie ein Floh. Du bist bärenstark, bienenfleißig und weise wie die alte Eule. Aber ist die Eule wirklich weise? Und sind die Spinnen mit ihrer unablässigen Netzweberei nicht viel fleißiger als Bienen? Warum sagt man also lammfromm und mauseleise? Das hängt mit der Blume zusammen, mit der Möglichkeit, „durch die Blume" zu sprechen: Denn wenn ich mir beim Reden einen dicken Blumenstrauß vor die Nase halte, kann mir mein Gegenüber nicht vom Gesicht ablesen, was ich denke. Dann trifft ihn auch das, was ich sage, nicht direkt. Zwischen ihm und mir ist etwas Drittes. Und dieses Dritte kann noch vielfältiger und eindrucksvoller als der dickste und duftendste Blumenstrauß sein, wenn ich Rose gegen Reh eintausche und mir alle Tiere vom Floh bis zum Elefanten zur Hilfe hole. So kann ich nämlich einem eitlen Fratz unumwunden vom eingebildeten Raben erzählen, der sich mit fremden Federn schmückte und sich damit nur lächerlich machte. Oder einem Vertrauensseligen vom Schäfchen, das auf den Wolf hereinfiel, der sich mit einem Fell als frommes Lamm verkleidet hatte.

Dabei erzähle ich Fabeln, ausgedachte Geschichten, und am Ende manch einer alten Fabel steht die Frage: Und die Moral von der Geschicht'? Denn das ist die Aufgabe der Fabel. Sie will wie eine weise Eule erzählen, wohin es führt, wenn man einfach draufloslebt und nicht an das Ende denkt, also nicht an die Folgen unserer Taten und unserer Unterlassungen. Die Fabel ist eine Lehre, für den, dem sie gilt, manchmal bitter oder peinlich und beschämend – aber die Fabel macht sie erträglich. Denn wer lässt sich gern sagen, dass er unbedacht und dumm gehandelt hat? Wer will schon immer die Wahrheit über sich selbst hören? Wer kann es vor allem ertragen, wenn ihm diese Wahrheit in aller Öffentlichkeit präsentiert wird? Wenn er so töricht[1] und so lächerlich dasteht, wie er wirklich ist? Darum ist es so gut, dass es Fabeln gibt und dass die Fabeln die Rolle dieses Dritten spielen. [...]

1 töricht: dumm

1. Wozu Fabeln? Die Erklärung des römischen Fabeldichters Phädrus (1. Jh. n. Chr.) ist etwas schwer verständlich. Formuliere in eigenen Worten, wie er die Erfindung der Fabel erklärt.
   Tipps & Hilfen (→ S. 293)
2. Welche Antwort gibt Sybil Gräfin Schönfeldt auf die Frage, wozu sich Menschen Fabeln erzählen? Nenne Beispiele aus dem Text.
   Tipps & Hilfen (→ S. 293)
3. Sicherlich habt ihr auch schon Situationen erlebt, in denen ihr jemandem etwas „durch die Blume" sagen wolltet. Erzählt euch gegenseitig davon.
4. In den Zeilen 12–16. nennt die Autorin zwei Beispiele für das Verhalten von Fabeltieren und dafür, was man damit „durch die Blume" sagen kann.
   Übertrage die Tabelle in dein Heft und ergänze sie mit Informationen aus dem Text.

Fabelhandlung	**„durch die Blume" ausgedrückte menschliche Fehler oder Schwächen**
Ein Rabe schmückt sich mit fremden Federn und macht sich damit lächerlich.	...
...	*Leichtsinnigkeit, Gutgläubigkeit*

5. Stell dir vor, jemand erzählt einem anderen die Fabel vom Lamm und dem Wolf (→ S. 106). In welcher Situation könnte er das tun? Was könnte er seinem Gegenüber damit sagen wollen?
6. Suche aus dem Leseteil „Zum Schmökern, Schauen, Weiterdenken" eine weitere Fabel aus und überlege,
   - in welcher Situation man sie jemandem erzählen könnte und
   - was mit dieser Fabel „durch die Blume" gesagt wird.

Fabeln schreiben

Vom Raben und Fuchs *Martin Luther*

Ein Rabe hatte einen Käse gestohlen, setzte sich auf einen hohen Baum und wollte zehren[1]. Da er aber seiner Art nach nicht schweigen kann, wenn er isst, hörte ihn ein Fuchs über dem Käse kecken[2] und lief herbei und sprach: „O Rabe, ich habe mein Lebtag keinen schöneren Vogel gesehen von Federn und Gestalt, als du bist. Und wenn du auch so eine schöne Stimme hättest zu singen, so sollte man dich zum König krönen über alle Vögel."

Den Raben kitzelte solch ein Lob und Schmeicheln. Er fing an und wollte seinen schönen Gesang hören lassen, und als er den Schnabel auftat, entfiel ihm der Käse. Den nahm der Fuchs behände, fraß ihn und lachte des törichten Raben.

1 zehren: essen
2 kecken: kurze Laute in rascher Folge ausstoßen

Der Rabe und der Fuchs *Gotthold Ephraim Lessing*

Ein Rabe trug ein Stück vergiftetes Fleisch, das der erzürnte Gärtner für die Katzen seines Nachbarn hingeworfen hatte, in seinen Klauen fort. Und eben wollte er es auf einer alten Eiche verzehren, als sich ein Fuchs herbeischlich [...]

1. Lies die Anfänge der beiden Fabelversionen. Welche Veränderung hat Lessing, der ungefähr 250 Jahre nach Luther gelebt hat, vorgenommen?

2. Wie könnte die Fabel in der Fassung Lessings weitergehen? Verfasse eine Fortsetzung.
3. Probiere selbst aus, wie sich Fabeln verändern, wenn man ein Tier gegen ein anderes austauscht oder – wie Lessing – die Ausgangssituation verändert. Du kannst dazu alle Fabeln in diesem Kapitel verwenden, z. B. „Das Lamm und der Wolf" (S. 106).

❹ Der moderne Autor James Thurber hat gleich mehrere Fassungen der Fabel vom Fuchs und dem Raben geschrieben. Lies die Ausgangssituation und das Ende.

Ausgangssituation	**Rede** (Aktion) / **Gegenrede** (Reaktion)	**Ende**
Von einem lieblichen Duft angelockt, ging ein Fuchs immer der Nase nach und kam zu einem Baum, auf dem ein Rabe mit einem Stück Käse im Schnabel saß.	**Rede** (Aktion): „Käse?", sagte der Fuchs verächtlich. „Das ist ja Mäusefutter." **Gegenrede** (Reaktion): Der Rabe erwiderte: „..."	Der Fuchs schnappte den Bissen geschickt auf, verschlang ihn mit Behagen[1], sagte höflich „merci"[2] und trollte sich.

1 das Behagen: die Zufriedenheit
2 „merci": franz. „danke"

❺ Untersuche die Ausgangssituation und den Schluss der Fabelversion von James Thurber. Gehe dabei so vor:

a) Untersuche zuerst die **Ausgangssituation** anhand folgender Fragen:
- Der Fuchs wird vom *Duft* des Käses angelockt. Hätte Thurber statt *Duft* auch *Geruch* schreiben können? Begründe.
- Der Fuchs bezeichnet den Käse als *Mäusefutter*. Warum tut er das? Erschließe seinen Beweggrund und sein Ziel.

b) Untersuche dann das **Ende** der Fabel anhand folgender Fragen:
- Wer geht am Ende als Sieger aus der Fabel hervor?
- Der Fuchs sagt höflich „merci". Vergleiche diese letzten Worte des Fuchses bei Thurber mit dem Verhalten des Fuchses bei Luther (→ S. 114): Welches Bild vom Fuchs entsteht durch die Veränderungen? Nenne passende Eigenschaften.

❻ Verfasse einen passenden Mittelteil der Fabel mit Rede und Gegenrede.

❼ Stellt euch eure Fabeln gegenseitig vor. Vergleicht sie mit dem Originaltext auf Seite 121.

Eine Fabel pantomimisch darstellen

Den Text kennen lernen

Die Fabel von der kleinen Blume in der Wüste *Unbekannt*

Es war einmal eine kleine Blume, die stand mitten in der Wüste.

Täglich wartete die kleine Blume auf einen Regentropfen. Doch wenn es wirklich einmal nach Regen roch, kam die Sonne hervor und machte die Hoffnung zunichte. Mit Mühe hielt sich die kleine Blume im lockeren Boden und hatte einfach Angst. Angst vor der sengenden Hitze, Angst vor Einsamkeit und Angst vor der Zukunft.

Ein Kolibri sah ihre Traurigkeit und sagte dies den anderen Tieren weiter.

Der Stier hatte kein Interesse. Für ihn galt nur, was stark ist. Eine kleine Blume zählte für ihn nicht. Auch der Bernhardiner blieb kalt. Ihn rührte nichts. In der Hitze lag er nur ausgestreckt am Boden und schlief. (Sein Hobby war die Langeweile.) Und die Elster, die immer große Töne schwang und hochfliegende Pläne hatte, verwies auf ihre vielen Termine und meinte, sie habe wirklich keine Zeit.

Da war der Kolibri verzweifelt; denn was sollte er, ausgerechnet der kleinste unter den Vögeln, tun? Da schwirrte er kurz entschlossen zu den Ameisen, berichtete ihnen von dem Leid der Blume. Ohne zu zögern, bildeten sie eine lange Kette, schleppten Erdkrumen und Grassamen bis an die Wurzel der Blume und befeuchteten alles mit Tau. Und es dauerte nicht lange, da wuchs Leben mitten in der Wüste, und die kleine Blume entwickelte sich zu einem strahlenden Glanz.

Und alles war nur möglich, weil der Kolibri die Ameisen benachrichtigt hatte.

Info: Den Text kennen lernen

Wenn du einen Text pantomimisch darstellen willst, musst du ihn zunächst sehr genau lesen und dir über die Handlung und die Figuren Klarheit verschaffen. Gehe dabei so vor:
1. Lies den Text laut vor.
2. Lege eine dreispaltige Tabelle an und notiere in der linken Spalte, welche Figuren in diesem Text vorkommen.
3. Schreibe in die mittlere Spalte die Textstellen, in denen die einzelnen Figuren vorkommen.
4. Notiere in der rechten Spalte, welche Gefühle und Eigenschaften die Figuren in der jeweiligen Situation haben.

1 Bereite die Fabel von der kleinen Blume für die pantomimische Darstellung vor:
- Informiere dich im Info-Kasten auf Seite 116 über die einzelnen Schritte.
- Übertrage dazu die folgende Tabelle in dein Heft und ergänze sie.

Tipp: Für die Beschreibung der Gefühle kannst du den Wortspeicher unten nutzen.

Figuren	Textstellen, in denen diese Figuren handeln	Gefühle der Figuren
kleine Blume	*Z. 2: „Täglich wartete die kleine Blume auf einen Regentropfen."*	*durstig, hoffnungsvoll (hofft auf Regen)*
...	...	...

beunruhigt · bedrückt · traurig · glücklich · hoffnungsvoll · enttäuscht · verzweifelt · sehnsüchtig · gleichgültig · träge · neidisch · gierig · ängstlich · aggressiv · eifersüchtig · entmutigt · mitleidig · sorglos · tapfer

Vorübungen zum Aufwärmen machen

Ähnlich wie beim Sport ist es wichtig, sich vor dem pantomimischen Spielen aufzuwärmen. Profischauspieler verwenden zum Aufwärmen spezielle Übungen.

2 a) Lest die Anleitung für eine Aufwärmübung und gebt sie in eigenen Worten wieder.
b) Führt die Aufwärmübung nach der Anleitung durch.

Improvisationstheater und Comedy: Das Monster *Guido Boyke*

Spieler A steht in der Mitte eines großen Kreises, den alle anderen Spieler bilden. A ist das Monster. Er bewegt sich mit nach vorne ausgestreckten Armen, schreckliche Geräusche ausstoßend und mit fürchterlicher Miene auf einen der Spieler – B – zu. Dieser schaut hilfesuchend einen anderen Spieler – C – an. Wenn C den Blick bemerkt, sagt er den Namen eines beliebigen weiteren Spielers – D. Daraufhin wendet sich A von B ab und geht auf D zu. D sucht nun Blickkontakt mit einem anderen Spieler. Dieser bemerkt das und sagt den Namen eines Spielers usw. Das Monster (A) verwandelt sich dann in einen normalen Menschen, wenn es ihm gelingt, sein „Opfer" zu berühren, bevor der vom Opfer angeschaute Spieler einen Namen ausgesprochen hat. In diesem Fall verwandelt sich das Opfer in das Monster.

Die Pantomime einüben

Es ist schwierig, einen Text ganz spontan pantomimisch vorzuspielen. Am besten ist es, wenn du dir zunächst den Gesichtsausdruck, die Körperhaltung und die Bewegungen (Gestik) getrennt erarbeitest.

3 Erarbeite den **Gesichtsausdruck** in folgenden Schritten:

a) Beschreibe die abgebildeten Gesichtsausdrücke. Welche Gefühle drücken sie aus? Der Wortspeicher auf Seite 117 hilft dir.

b) Versuche selbst – nur mit deinem Gesichtsausdruck –, Gefühle aus dem Wortspeicher von Seite 117 auszudrücken. Lass deine Mitschüler/-innen raten, welches Gefühl du darstellst.

c) Benennt jetzt Schauspieler/-innen für die sechs Rollen: kleine Blume, Kolibri, Bernhardiner, Elster, Stier und Ameisen. Lasst den Text von Seite 116 von einer Vorleserin / einem Vorleser laut vortragen. Die Schauspieler/-innen unterstützen den Vortrag, indem sie die Gefühle ihrer Figur mit dem passenden Gesichtsausdruck darstellen.

1

2

3

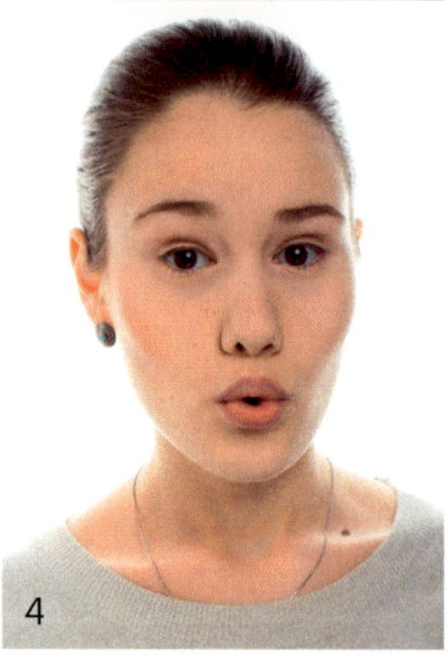
4

5

6

❹ Arbeite nun an deiner **Körperhaltung**:

a) Versuche, die folgenden Körperhaltungen nachzustellen. Lass deine Mitschüler/-innen beschreiben, wie die Körperhaltungen auf sie wirken.

b) Sucht Haltungen, die die Gefühle der Figuren veranschaulichen.
Tipp: Ihr könnt Körperhaltungen, die besonders gut passen, auch fotografieren.

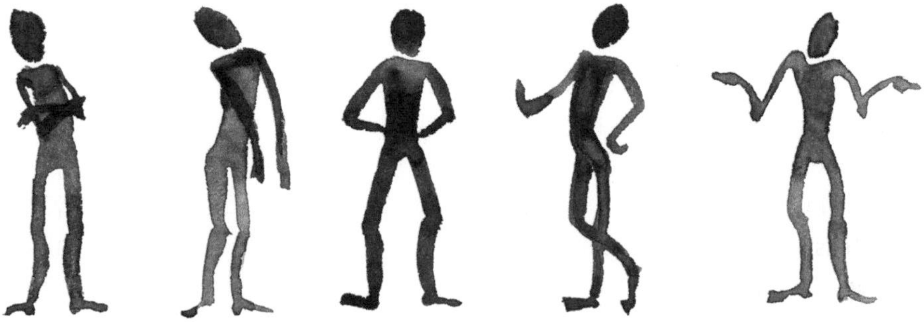

❺ Erarbeitet die **Bewegungen**:

a) Stellt euch in einem Kreis auf.
- Spieler A zeigt auf einen von ihm ausgewählten Spieler B und nennt eines der fünf in der Fabel vorkommenden Tiere.
- Spieler B muss nun durch den Kreis bis zu Spieler A gehen. Hierbei muss er sich wie dieses Tier bewegen.
- Danach zeigt Spieler B auf einen Spieler C und nennt ein Tier.
- Spieler C …

b) Spielt das Monsterspiel (Seite 117) einmal als Stier und einmal als Bernhardiner. Verzichtet dabei auf die „schrecklichen Geräusche" und spielt vollkommen stumm.

c) Übt wie in Aufgabe a), nur dass ihr die Tiere nicht nennt, sondern durch euren Gesichtsausdruck darstellt. Der angeschaute Mitspieler muss das Tier erraten, bevor er sich entsprechend durch den Kreis bewegt.

Die Aufführung vorbereiten

❻ Bereitet die Aufführung vor:

a) Teilt den Text in sinnvolle Abschnitte (Szenen), die ihr getrennt pantomimisch darstellt. Hierbei könnt ihr die Rollen neu und auch doppelt besetzen.
1. Szene: Der Kolibri begegnet der Blume.
2. Szene: …

b) Fügt nun das Eingeübte zu einer Aufführung zusammen. Achtet auf
- den Gesichtsausdruck,
- die Körperhaltung und
- die Bewegungen.

Tipp: Ihr könnt auch mit Kostümen, Schminke oder einem kleinen Bühnenbild arbeiten.

Zum Schmökern, Schauen, Weiterdenken

Äsop und andere berühmte Fabeldichter

Fabeln gab es schon in der Antike. Als „Erfinder" der Fabel gilt der Grieche Äsop. Obwohl ihm zahlreiche Fabeln zugeschrieben werden, wissen wir allerdings bis heute nicht sicher, ob es eine Person mit dem Namen „Äsop" tatsächlich gegeben hat. Erzählungen zufolge soll er im 6. Jahrhundert vor Christus zunächst als Sklave gelebt haben und später freigelassen worden sein.

Etwas mehr ist über den lateinischen Fabeldichter Phädrus (um Christi Geburt) bekannt. Er soll ebenfalls Sklave gewesen sein. Für beide waren die in Fabeln verkleideten Wahrheiten eine Möglichkeit, Kritik an den Mächtigen zu üben.

Viele spätere Fabeldichter, wie Martin Luther (1483–1546), Jean de La Fontaine (1621–1695) oder Gotthold Ephraim Lessing (1729–1781), orientierten sich an Äsops Fabeln: Sie schrieben sie um, entwickelten sie weiter oder verfassten neue Fabeln nach einem ähnlichen Muster.

Der Rabe und der Fuchs *Gotthold Ephraim Lessing*

Ein Rabe trug ein Stück vergiftetes Fleisch, das der erzürnte[1] Gärtner für die Katzen seines Nachbarn hingeworfen hatte, in seinen Klauen fort. Und eben wollte er es auf einer alten Eiche verzehren, als sich ein Fuchs herbeischlich und ihm zurief: „Sei mir gesegnet, Vogel des Jupiters!"

– „Für wen siehst du mich an?", fragte der Rabe. „Für wen ich dich ansehe?", erwiderte der Fuchs. „Bist du nicht der rüstige Adler, der täglich von der Rechten des Zeus auf diese Eiche herabkommt, mich Armen zu speisen? Warum verstellst du dich? Sehe ich denn nicht in der siegreichen Klaue die erflehte Gabe, die mir dein Gott durch dich zu schicken noch fortfährt?" Der Rabe erstaunte und freute sich innig, für einen Adler gehalten zu werden. Ich muss, dachte er, den Fuchs aus diesem Irrtum nicht bringen. – Großmütig dumm ließ er ihm also seinen Raub herabfallen und flog stolz davon.

Der Fuchs fing das Fleisch lachend auf und fraß es mit boshafter Freude. Doch bald verkehrte sich die Freude in ein schmerzhaftes Gefühl; das Gift fing an zu wirken und er verreckte.

Möchtet ihr euch nie etwas anders als Gift erloben, verdammte Schmeichler!

1 erzürnt: wütend

Variation[1] über das Thema Fuchs und Rabe *James Thurber*

Von einem lieblichen Duft angelockt, ging ein Fuchs immer der Nase nach und kam zu einem Baum, auf dem ein Rabe mit einem Stück Käse im Schnabel saß. „Käse?", sagte der Fuchs verächtlich. „Das ist ja Mäusefutter."

Der Rabe hob die Krallen und nahm den Käse aus dem Schnabel. „Du verabscheust immer das, was du nicht haben kannst", bemerkte er. „Trauben zum Beispiel."

„Trauben sind etwas für Vögel", erwiderte der Fuchs sehr von oben herab. „Ich bin ein Epikureer, ein Gourmet, ein Gastronom."[2]

Der Rabe schämte sich, dass ein so großer Feinschmecker ihn Mäusefutter essen sah, und in seiner Verlegenheit ließ er den Käse fallen. Der Fuchs schnappte den Bissen geschickt auf, verschlang ihn mit Behagen[3], sagte höflich „merci" und trollte sich.

1 die Variation: veränderte Fassung
2 der Epikureer, der Gourmet, der Gastronom: Alle drei Wörter werden hier im Sinne von „Genussmensch" oder „Feinschmecker" gebraucht.
3 das Behagen: die Zufriedenheit

❶ Vergleiche die Variation von James Thurber mit der Fassung von Lessing.

② Lessings Fuchs setzt die Strategie der Schmeichelei ein, um sein Ziel zu erreichen. Mit welcher Strategie arbeitet der Fuchs in der Variation von James Thurber?

③ Sammelt Ideen für weitere „Strategien", mit denen der Fuchs dem Raben den Käse entlocken könnte. Verfasst neue Fabelvariationen.

Fink und Frosch *Wilhelm Busch*

Auf leichten Schwingen frei und flink
Zum Lindenwipfel flog der Fink
Und sang an dieser hohen Stelle
Sein Morgenlied so glockenhelle.
Ein Frosch, ein dicker, der im Grase
Am Boden hockt', erhob die Nase,
Strich selbstgefällig seinen Bauch
Und denkt: „Die Künste kann ich auch."
Alsbald am rauen Stamm der Linde
Begann er, wenn auch nicht geschwinde,
Doch mit Erfolg emporzusteigen,
Bis er zuletzt von Zweig zu Zweigen,
Wobei er freilich etwas keucht,
Den höchsten Wipfelpunkt erreicht
Und hier sein allerschönstes Quacken
Ertönen lässt aus vollen Backen.
Der Fink, dem dieser Wettgesang
Nicht recht gefällt, entfloh und schwang
Sich auf das steile Kirchendach.
„Wart", rief der Frosch, „ich komme nach."
Und richtig ist er fortgeflogen,
Das heißt, nach unten hin im Bogen,
Sodass er schnell und ohne Säumen[1],
Nach mehr als zwanzig Purzelbäumen,
Zur Erde kam mit lautem Quak,
Nicht ohne großes Unbehagen.
Er fiel zum Glück auf seinen Magen,
Den dicken, weichen Futtersack,
Sonst hätt' er sicher sich verletzt.
Heil ihm! Er hat es durchgesetzt.

1 säumen: *hier* abwarten

1. Welches Bild passt zu welchem Teil der Fabel? Bringe die Bilder in die richtige Reihenfolge.
2. Wie werden in dem Gedicht Frosch und Fink beschrieben? Nenne Textbeispiele.
3. Erkläre, was mit dem letzten Vers gemeint ist.

Der Reiher *Calvet-Rogniat*

1. Beschreibe das Fabelbild.
2. Verfasse eine Fabel zu diesem Bild. Beachte dabei den typischen Aufbau einer Fabel (→ S. 109).
3. Wie könnten sich die abgebildeten Tiere in der dargestellten Situation verhalten? Entwickelt ein Stegreifspiel.

Korrigierte Beweisführung *Wolfdietrich Schnurre*

Eine Katze war in eine Mausefalle getreten, und die Maus nahm die Gelegenheit wahr, ihren Kindern einige Lebensweisheiten zum Besten zu geben. „So ist das immer, wenn sich allzu viel Starke gegen den Schwachen verbünden: Schließlich schnappt ein Starker den andern." Es sollte ihr letztes Wort sein; eine Eule hatte sie erspäht und stürzte sich auf sie.

1. Was ist mit der Überschrift gemeint? Erkläre sie mit dem Inhalt des Textes.
2. Handelt es sich bei dieser Geschichte um eine Fabel? Begründe.
3. Formuliere eine zum Text passende Lehre/Moral.

Die junge Schwalbe *Gotthold Ephraim Lessing*

„Was macht ihr da?", fragte eine Schwalbe die geschäftigen Ameisen. „Wir sammeln Vorrat für den Winter", war die geschwinde Antwort.

„Das ist klug", sagte die Schwalbe. „Das will ich auch tun." Und sogleich fing sie an, eine Menge toter Spinnen und Fliegen in ihr Nest zu tragen.

„Aber wozu soll das?", fragte endlich ihre Mutter.

„Wozu? Das ist Vorrat für den bösen Winter, liebe Mutter. Sammle doch auch! Die Ameisen haben mich diese Vorsicht gelehrt."

„Oh, lass den Ameisen diese Klugheit", versetzte die Alte. „Was sich für sie schickt, schickt sich nicht für bessere Schwalben. Uns hat die gütige Natur ein holderes Schicksal bestimmt. Wenn der reiche Sommer sich endet, dann ziehen wir von hinnen. Auf dieser Reise entschlafen wir allgemach, und da empfangen uns warme Sümpfe, wo wir ohne Bedürfnisse rasten, bis uns ein neuer Frühling zu einem neuen Leben erweckt."

1. Welche Eigenschaften werden hier der Ameise und welche der Schwalbe zugeschrieben? Belege deine Aussagen mit Textstellen.
2. Lest die Fabel mit verteilten Rollen vor. Versucht dabei, die Eigenschaften der Tiere durch die Art eures Vortrags deutlich zu machen.
3. Formuliere die Fabel um, indem du Ameise und Schwalbe durch andere Tiere ersetzt.

Die Grille und die Ameise *Jean de La Fontaine*

Die Grille trällerte und sang
den ganzen lieben Sommer lang
und fand sich plötzlich sehr beklommen[1],
als der Nordwind war gekommen:
Im Haus war nicht ein Bröselein,
Regenwurm und Fliegenbein.
Hunger schreiend lief sie hin
zur Ameis', ihrer Nachbarin,
mit der Bitte, ihr zu geben
etwas Korn zum Weiterleben
nur bis nächstes Jahr:
„Ich werd' euch zahlen", sprach sie gar,
„noch vor Verfall, mein Grillenwort,
Hauptstock[2], Zinsen und so fort."
Die Ameis' aber leiht nicht gern;
sie krankt ein wenig an Knausrigkeit:
„Was triebt Ihr denn zur Sommerzeit?",
fragt sie die Borgerin von fern.
Da war ich Tag und Nacht besetzt,
ich sang und hatte viel Applaus.
Gesungen habt Ihr? Ei der Daus,
wohlan, so tanzet jetzt!

1 beklommen: ängstlich, unruhig
2 der Hauptstock: gemeint ist hier der Betrag, den die Ameise der Grille leihen soll

1. Beschreibt in eigenen Worten, worin die schwierige Situation der Grille besteht, wie sie in diese Situation geraten ist und was sie tut, um ihr zu entkommen.
2. Stell dir vor, die Grille hat nicht genau verstanden, was die Ameise ihr mit den letzten beiden Versen sagen will. Daher fragt sie nach. Verfasse die Antwort der Ameise:
   „Warum ich dir nicht helfen will, fragst du? Weil ..."
3. Diskutiert: Hat die Ameise recht?

Das Pferd und der Esel *Äsop*

Ein Eseltreiber legte einem Esel und einem Pferd Lasten auf und trieb die Tiere an. Solange sie in der Ebene waren, ertrug der Esel die Last. Als sie aber in eine Gebirgsgegend kamen, konnte der Esel die Last nicht mehr tragen und bat das Pferd, ihm einen Teil der Last abzunehmen, damit er selbst den übrigen Weg zurücklegen könne. Das Pferd aber hörte nicht auf seine Worte. An einem steilen Abhang stürzte der Esel und brach sich das Genick. Der Eseltreiber wusste nun nicht, was er tun sollte, er bürdete dem Pferd nicht nur die Last des Esels zusätzlich auf, sondern häutete den Esel ab und legte dessen Fell noch obendrauf. Das Pferd war jetzt sehr schwer beladen und sagte zu sich: „Das geschieht mir recht. Denn wenn ich mich hätte überreden lassen, dem Esel auf seine Bitte ein wenig zu helfen, müsste ich jetzt nicht zusammen mit seiner Last auch noch ihn selbst tragen."

Ebenso verlieren manche Wucherer[1] durch ihre Geldgier, weil sie den Schuldnern[2] kein bisschen entgegenkommen wollen, oft sogar ihr ganzes Kapital[3].

1 der Wucherer: der Ausbeuter
2 der Schuldner: jemand, der Schulden hat
3 das Kapital: das Vermögen

Die Stute und der Ackergaul *Leo Tolstoi*

Eine hübsche Stute war Tag und Nacht auf der Weide und nie vor dem Pflug. Ein Ackergaul aber weidete nur des Nachts und musste tagsüber pflügen.

Die Stute sagte zum Ackergaul: „Warum rackerst du dich so ab? Ich an deiner Stelle würde einfach nicht hingehen. Und wenn dir der Bauer mit der Peitsche kommt, komm du ihm mit deinen Hufen!"

Am andern Morgen tat der Ackergaul genau das, was ihm die Stute geraten hatte. Und der Bauer sah, wie störrisch der Ackergaul war, und nahm die Stute ins Geschirr, ehe die recht merkte, was mit ihr geschah.

1. Vergleiche die Situation des Esels in Äsops Fabel mit der des Ackergauls in der Fabel von Tolstoi.
2. Stell dir vor, die Stute denkt am Ende der Fabel über ihre Situation nach.
   Verfasse einen kurzen inneren Monolog der Stute wie im Text von Äsop (Z. 10–12):
   Die Stute sagte zu sich: „Das geschieht mir recht ..."
3. Erkläre, welche Moral man aus der Fabel „Die Stute und der Ackergaul" ziehen könnte.

Der Schwan, der Hecht und der Krebs

nach Iwan Andrejewitsch Krylow

Ein Schwan wollte einen Wagen ziehen und Hecht und Krebs boten ihm Hilfe an. Der Schwan bedankte sich und die drei spannten sich vor den Karren. Doch der Wagen kam nicht vom Flecke, so sehr sich jeder auch mühte und anstrengte und so leicht auch die Last war. Denn der Schwan versuchte ständig, sich in die Lüfte zu schwingen. Der Krebs kroch mit aller Macht rückwärts und der Hecht sprang und zappelte, um in die Tiefe seines Teiches zu tauchen.

Wer hatte Schuld daran, dass der Wagen heute noch an derselben Stelle steht? Wenn unter denen, die an einem Strick ziehen, die Eintracht[1] fehlt, können sie nichts Rechtes erreichen.

1 die Eintracht: die Einigkeit

1. Erkläre, warum der Wagen sich nicht von der Stelle bewegt.
2. Hätte das Vorhaben des Schwans funktioniert, wenn andere Tiere ihre Hilfe angeboten hätten? Begründe deine Meinung.
3. „Wer hatte Schuld daran, dass der Wagen heute noch an derselben Stelle steht?“ Gehe bei deiner Antwort auch auf die Bedeutung des Begriffs „Eintracht“ ein.

Der kranke Löwe *Fabel aus Südwestafrika*

Der Löwe, sagt man, war krank. Da gingen sie alle, ihn in seinen Leiden zu besuchen. Der Schakal aber ging nicht hin, weil die Spuren der Leute, die hingingen, um ihn zu besuchen, nicht wieder zurückkehrten. Da wurde er von der Hyäne bei dem Löwen verklagt. „Obschon ich gekommen bin, dich zu besuchen, will doch der Schakal nicht kommen, dich in deinen Leiden zu besuchen."

Da schickte der Löwe die Hyäne, um den Schakal zu fangen. Das tat sie und brachte ihn vor den Löwen.

Der Löwe fragte den Schakal: „Warum kamst du denn nicht, nach mir zu sehen?" Der Schakal gab zur Antwort: „Bitte, lieber Onkel – als ich hörte, dass du so schwer krank seiest, ging ich zum Zauberdoktor, um Rat zu holen und ihn zu fragen, was für eine Arznei meinem Onkel von seinen Schmerzen helfen würde. Der Doktor aber sagte so zu mir: ‚Geh und sage deinem Onkel, er möge die Hyäne ergreifen, ihr das Fell abziehen und, wenn es noch warm wäre, es anlegen. Dann werde es besser werden.' Die Hyäne ist so nichtsnutzig, dass sie sich gar nicht um die Leiden meines Onkels kümmert."

Der Löwe folgte diesem Rat, ergriff die Hyäne, zog ihr, während sie aus Leibeskräften heulte, das Fell über die Ohren und legte es an.

1 Mit welchem Adjektiv aus dem Wortspeicher würdest du das Verhalten des Schakals benennen? Begründe deine Wahl.

gerissen · missgünstig · listig · schadenfroh · hinterlistig · klug · skrupellos · bösartig · weise

2 Suche eine andere Überschrift für die Fabel.

3 Formuliere eine passende Moral.

4 In Äsops Fabel „Das Lamm und der Wolf" (→ S. 106) zerreißt der Wolf das Lamm, in Janoschs Fabel „Die Mäuse und der Uhu" (→ S. 110) frisst der Fuchs die Mäuse und den Uhu und in dieser Fabel wird die Hyäne getötet.
Versuche, eine Erklärung dafür zu finden, warum Fabeln manchmal so grausam sind.

Fabeln untersuchen und schreiben

Die Fabel ist eine kurze Dichtung, die die Menschen durch in Tiergeschichten verkleidete Wahrheiten belehren will. Bekannte Fabeldichter sind Äsop, Martin Luther und G. E. Lessing.

Fabeln untersuchen

Merkmale der Fabel	Beispiel
Figuren: Die Figuren sind meist Tiere mit menschlichen Eigenschaften.	*der Fuchs: listig, schlau* *der Rabe: dumm, eitel*
Aufbau/Handlungsschritte: 1. Ein Tier als „**Held**" der Geschichte befindet sich in einer bestimmten **Ausgangssituation**. Oft trifft es dabei mit einem anderen Tier als **Gegenspieler** zusammen und es kommt zu einem **Konflikt**. 2. Es entsteht ein Gespräch zwischen den Tieren mit **Rede** und **Gegenrede**. 3. Am **Ende** kommt es zu einer **Lösung** des Konflikts, meist zugunsten eines der beiden Tiere. Es gibt also oft eindeutige Gewinner und Verlierer.	**Diplomatischer Rat** *Franz Grillparzer* 1. *Ein Marder fraß die Hühner gern,* *Doch wusst' er nicht, wie sie erhaschen.* 2. *Er fragt den Fuchs, 'nen alten Herrn,* *dem Steifheit schon verbot das Naschen.* *Der sagt ihm: „Freund, der Rat ist alt.* *Was hilft's zu zögern?! Brauch Gewalt!"* 3. *Der Marder stürmt in vollem Lauf.* *Die Hühner aber flattern auf,* *Die einen gackernd, kreischend jene,* *Gerade in des Fuchses Zähne,* *Der gegenüber lauernd lag* *Und mühelos hielt den Erntetag.*
Lehre/Moral: Viele Fabeln enden mit einer Lehre/Moral, die die Bedeutung der Fabel erklärt. Fehlt sie, musst du sie erschließen.	*Wenn du nach Hühnern lüstern bist,* *Frag keinen, der sie selbst gern frisst.*

Fabeln schreiben

Gehe beim Schreiben einer Fabel so vor: 1. Denke dir eine **Lehre** aus, die du mit deiner Fabel weitergeben willst. 2. Suche **Tiere mit passenden Eigenschaften**. 3. Plane die Fabel mithilfe der typischen Fabel-Bausteine (S. 109). 4. Formuliere die Fabel.	**Beispiele für eine Lehre/Moral:** - *Wer anderen eine Grube gräbt, fällt selbst hinein.* - *Aus Schaden wird man klug.* - *Wer den Schaden hat, braucht für den Spott nicht zu sorgen.*

7 Von Drachentötern und Teufelskerlen

Sagen untersuchen und nacherzählen

Die Burg von Shkodra *nach einer alten Volkssage*

In Shkodra in Nordalbanien an der Grenze zu Montenegro hatten drei Brüder eine große Burg gebaut. Doch als sie am nächsten Morgen auf der Baustelle ankamen, war der gesamte Bau wieder zerstört. Dies wiederholte sich mehrere Male, bis den verzweifelten Männern eine weise alte Frau begegnete, die ihnen verriet, dass die Burg nur dann fertig werde, wenn sie die erste Frau, die die Baustelle betritt, lebendig einmauern würden. Sie dürften aber keine Frau vorher warnen. Die beiden älteren Brüder erzählten ihren Frauen aber doch davon, und beide erfanden Ausreden, dass sie am nächsten Tag nicht das Essen für die Männer auf die Burg tragen müssten. Nur der Jüngste hielt sich an das Schweigegebot, und so trug seine Frau, die gerade ein Kind geboren hatte, das Essen auf die Burg. Als sie von ihrem Schicksal hörte, bat sie nur um Folgendes: Man solle eine Brust frei lassen, dass sie ihr Kind nähren könne. Man solle eine Hand frei lassen, dass sie es streicheln könne, und man solle ein Auge frei lassen, dass sie über ihr Kind wachen könne. Bis heute wird in Erinnerung daran das Wasser, das aus dem Kalkgestein entspringt, im Dialekt der Einheimischen „Milch" genannt. Diese Geschichte kennt noch heute jedes Kind in ganz Albanien.

Die Lore-Ley *Heinrich Heine*

[...] Den Schiffer im kleinen Schiffe
Ergreift es mit wildem Weh;
Er schaut nicht die Felsenriffe,
Er schaut nur hinauf in die Höh'!
Ich glaube, die Wellen verschlingen
Am Ende Schiffer und Kahn;
Und das hat mit ihrem Singen
Die Lore-Ley getan.

1. Betrachte die Abbildungen. Welche Sagenfiguren erkennst du?
2. Lies die beiden Texte. Fasse zusammen, worum es jeweils geht, und ordne die passenden Bilder zu.
3. Kennst du weitere Sagen? Wenn ja, erzähle sie.
4. Überlegt zusammen, was die Sagen, die ihr kennt, gemeinsam haben.

In diesem Kapitel ...

- erfährst du, an welchen Merkmalen man eine Sage erkennt.
- lernst du verschiedene Sagentypen und Sagenkreise kennen.
- erzählst du Sagen nach.

Merkmale von Sagen untersuchen

Der Kampf mit dem Lindwurm[1] *Franz Pehr*

Zur Zeit, als in Karnburg Herzog Karast regierte, wuchs dort, wo heute Klagenfurt liegt, wildes Gesträuch im feuchten Moos. Nur auf den Bergen ringsherum wohnten Menschen. Wehe aber, wenn sie selbst oder eines von ihren Tieren sich in den nebeligen Sumpf verirrten – sie kamen nicht mehr zurück. Ein Ungeheuer lag dort im Dickicht versteckt und verschlang alles Lebendige. Niemand wagte sich in seine Nähe, kein Hirte getraute sich mehr, dort unten nach einem verloren gegangenen Stück Vieh zu suchen, selbst die tapfersten Männer fürchteten sich vor dem dumpfen Heulen, das manchmal aus dem Moore drang.

Da ließ der Herzog am Rande des Sumpfes einen festen Turm erbauen und von weit und breit die Knechte zusammenrufen. Vom sicheren Turme aus sollten sie das Ungeheuer bekämpfen, mit List oder mit Gewalt. Dem Sieger versprach er die Freiheit, Land und reichen Lohn.

Einige mutige Knechte machten sich nun ans Werk. Sie banden einen fetten Stier an eine lange Kette, an der ein Widerhaken befestigt war, und versteckten sich im Turm, von dessen kleinen Fenstern aus sie die Gegend überschauen konnten. Das Brüllen des gefesselten Stieres hallte über den Sumpf und lockte das Ungetüm hervor. Schon von Weitem hörte man es kommen. Pfeilgeschwind schoss es daher, mit seinen Flügeln peitschte es das Wasser, am Körper war es mit großen Schuppen bedeckt, im schnaubenden Rachen drohten furchtbare Zähne. Mit seinen Krallen stürzte sich das Untier auf den zitternden Stier und begann, ihn zu verschlingen. Da aber blieb es am Widerhaken hängen, und wie ein Fisch an der Angel schlug es

1 der Lindwurm: der Drache

mit dem riesigen Schwanz um sich. Es war aber umsonst; je heftiger der Lindwurm an der Kette zerrte, desto tiefer grub sich das Eisen in den Rachen. Er kam nicht mehr los und die Knechte konnten ihn mit ihren eisernen Keulen erschlagen.

Das ganze Land atmete auf, als es von seiner Plage befreit war, und die Leute siedelten sich in der Niederung an, wo der Herzog anstelle des Turmes ein Schloss erbaute. Das Gestrüpp wurde ausgerottet, der Sumpf trockengelegt und der Boden bebaut. Das war die älteste Ansiedlung im Klagenfurter Becken.

Zum Andenken an diesen Kampf steht ein riesiger steinerner Lindwurm auf dem Neuen Platz in Klagenfurt, und die Hauptstadt Kärntens zeigt heute noch in ihrem Stadtwappen den Turm mit dem Sagentier.

1. Formuliere in eigenen Worten, worum es in der Sage geht.
2. Beschreibe das Stadtwappen der Stadt Klagenfurt und erkläre, was hier dargestellt ist.
3. Stelle dir die Sage als Bildergeschichte oder als Comic vor. Welche Abschnitte lassen sich gut in einem Bild zusammenfassen? Skizziere diese Bilder.
4. „Der Kampf mit dem Lindwurm" ist die Gründungssage der Stadt Klagenfurt und weist typische Merkmale einer Sage auf.
Übertrage die Tabelle in dein Heft und ordne jedem Sagenmerkmal in der linken Spalte ein Beispiel aus dem Text zu.
Tipps & Hilfen (→ S. 294)

Sagenmerkmale	Beispiele
Erklärung eines geschichtlichen Ereignisses, eines Naturdenkmals, einer Naturerscheinung oder **sonderbarer Ereignisse**, z. B.: - *Gründung einer Stadt,* - *Entstehung unterirdischer Höhlen.*	*Gründung der Stadt Klagenfurt*
fantastische Elemente, z. B.: - *Fabelwesen und Figuren mit besonderen Kräften,* - *wundersame Ereignisse.*	...
wahrer Kern, z. B.: - *genaue Ortsangaben noch heute existierender Orte,* - *genaue Zeitangaben.*	...

5. Überlegt, wodurch sich die Sage von einem Märchen unterscheidet.

Eine Sagenfigur kennen lernen

Kadmos *Dimiter Inkiow*

Europa, die Tochter des Königs Agenor, war seit einiger Zeit spurlos verschwunden. Der König war untröstlich. In seiner Trauer rief er seinen Sohn Kadmos zu sich und sagte: „Geh und suche Europa. Ich will meine geliebte Tochter wiedersehen. Geh und suche sie so lange, bis du sie gefunden hast. Und komm mir ja nicht ohne sie zurück!"

Kadmos machte sich mit ein paar Soldaten auf den Weg. Aber wo sollte Kadmos seine Schwester Europa suchen? Alles, was man wusste, war, dass sie auf dem Rücken eines prächtigen Stieres aufs Meer hinausgeschwommen war.

Kadmos suchte viele Monate und viele Jahre. Vergeblich. Europa war nirgendwo zu finden. Kadmos beschloss nun, das berühmte Orakel von Delphi[1] zu befragen.

„Was soll ich tun?", fragte er. „Soll ich weiter nach Europa suchen?"

„Das brauchst du nicht", antwortete ihm das Orakel, „weil du sie sowieso niemals finden würdest. Zeus hat sie entführt und versteckt. Und sie ist glücklich mit ihm."

„Und was wird aus mir?", fragte Kadmos verzweifelt. „Ohne Europa darf ich nicht zu meinem Vater, dem König Agenor, zurückkehren."

„Du sollst auch gar nicht zu ihm zurückkehren", antwortete das Orakel. „Stattdessen wirst du eine neue Stadt gründen und ein eigenes Volk haben."

„Und wann und wo soll ich diese Stadt gründen?", fragte Kadmos.

„Wenn du von hier weggehst, wirst du einer Kuh begegnen", sagte das Orakel. „Geh mit deinen Soldaten hinter ihr her und warte, bis die Kuh zu grasen beginnt. Dort gründest du deine Stadt."

Was für ein seltsamer Rat. Sehr nachdenklich ging Kadmos zu seinen Soldaten zurück.

Zu seinem großen Erstaunen begegnete ihnen schon bald darauf eine Kuh. Und es sah so aus, als ob die Kuh ihn erwartet hätte. Er ging der Kuh nach, wie das Orakel gesagt hatte. Seine Soldaten folgten ihm. Mehrere Tage und Nächte mussten sie gehen, bis die Kuh auf eine Weide kam, auf der sie endlich zu grasen begann.

1 das Orakel von Delphi: heilige Stätte im antiken Griechenland, an der man sich die Zukunft voraussagen lassen konnte

„Hier werden wir eine Stadt gründen, Soldaten!", rief Kadmos. „Wir suchen nicht länger nach Europa."

Sie schlugen ein Lager auf und machten Feuer. Jetzt brauchten sie Wasser. In der Nähe war ein Gebirgsbach, und die Soldaten gingen hin, um sich zu waschen und die Amphoren[2] mit Wasser zu füllen. Ihre Waffen ließen sie an der Feuerstelle liegen. Am Bach aber sprang ihnen plötzlich ein Drache entgegen. Ihm gehörte nämlich diese Gegend. Bevor die Soldaten weglaufen konnten, tötete der Drache sie. Einen nach dem anderen.

Kadmos wartete lange auf seine Soldaten. Schließlich ging er sie suchen. Er nahm aber sein Schwert und seinen Speer mit, weil er ein ungutes Gefühl hatte.

Bald fand er die toten Soldaten am Ufer des Baches. Kadmos begriff sofort, was geschehen war, als er das schlafende Ungeheuer im Gebüsch entdeckte. Der vollgefressene Drache schlief fest. Aus seinen Nüstern kamen Flammen. Kadmos hätte weglaufen können, er blieb aber stehen. Du hast meine Soldaten getötet, du Ungeheuer, dachte Kadmos. Ich werde mit dir kämpfen und dich besiegen. Er kletterte auf einen Baum und schleuderte mit ganzer Kraft seinen Speer von oben auf den Drachen. Der Speer traf ihn im Rücken. Mit einem lauten Schrei sprang der verwundete Drache auf. Er suchte seinen Feind, konnte ihn aber nicht sehen. Das Ungeheuer wurde schwächer und schwächer. Als der Drache seinen Kopf hob, um nach oben zu sehen, sah er, dass Kadmos sich auf einem Baum versteckt hatte. Doch genau in diesem Moment nahm Kadmos sein Schwert und tötete den Drachen. „Du kannst mir nicht mehr gefährlich werden!", rief Kadmos. „Aber was soll ich hier allein in dieser Wildnis tun? Das Orakel hat gesagt, ich solle hier eine Stadt gründen. Aber wie gründe ich eine Stadt ohne Menschen?"

2 die Amphore: großes, vasenähnliches Tongefäß

„Du musst dem Drachen die Zähne aus dem Mund schlagen", hörte er eine göttliche Stimme sagen.

Vor sich sah Kadmos die Göttin Pallas Athene, seine Beschützerin. „Jeder Mensch, den dieser Drache irgendwann getötet und gefressen hat, wurde in einen neuen Zahn verwandelt. Daher hat der Drache so viele Zähne. Jetzt ist er tot und der Zauber ist weg. Nimm die Drachenzähne und säe sie hier in diese fruchtbare Erde. Nach dem ersten Regen wird dein neues Volk aus dem Boden wachsen."

Kadmos konnte diese göttlichen Worte kaum glauben. Wie sollten aus der Erde Menschen wachsen? Aber er tat, was die Göttin ihm gesagt hatte. Mit einem Stein schlug er die Zähne aus dem Maul des Drachen, einen nach dem anderen. Dann nahm er sein Schwert und zog die Furchen in die Erde und säte die Zähne hinein.

Am nächsten Morgen regnete es, und als danach die Sonne die Erde wieder erwärmte, sah Kadmos, wie sich in den Ackerfurchen Lanzenspitzen zeigten. Dann tauchten Helme auf, und nach und nach wuchsen ganze Reihen von Soldaten in eisernen Rüstungen aus der Erde heraus. Es wuchsen auch Frauen und Kinder. Und als sie die Sonne erblickten, erwachten die Menschen zum Leben. Sie sahen sich um und begannen, sich gegenseitig zu begrüßen. Ganze Familien, die das Ungeheuer irgendwann gefressen hatte, fanden sich wieder.

„Du bist unser Retter!", riefen sie Kadmos zu. „Jetzt sei unser König!"

Mit diesen Menschen gründete Kadmos seine Stadt. Er nannte sie Theben.

1. Gib den Inhalt der Sage in eigenen Worten wieder.
2. Welche Sagenmerkmale von Seite 133 erkennst du in dieser Sage wieder? Nenne Textbeispiele.
   Tipps & Hilfen (→ S. 294)
3. Untersuche, wie die Figur des Kadmos in der Sage dargestellt wird:
   - Wie verhält sich Kadmos seinem Vater gegenüber?
   - Wie verhält sich Kadmos, als er seine toten Soldaten und den schlafenden Drachen entdeckt?
   - Wie verhält sich Kadmos der Göttin Athene gegenüber?

   Begründe dein Urteil mit geeigneten Textstellen.
   Tipps & Hilfen (→ S. 294)
4. Diskutiert: Ist Kadmos eurer Ansicht nach ein Held? Begründet eure Meinung mit Textbeispielen.
   Tipps & Hilfen (→ S. 294)

Eine Sage nacherzählen

Sagen wurden über Jahrhunderte mündlich weitererzählt, bevor sie aufgeschrieben wurden. Dabei war es wichtig, die Sage möglichst genau, aber auch spannend zu erzählen.

1. Bereite eine mündliche Nacherzählung der „Kadmos"-Sage vor:
   a) Unterteile den Text dafür zunächst mithilfe der Tipps im Info-Kasten in Erzählschritte. Notiere die Zeilenangaben in deinem Heft.
   b) Notiere zu jedem Erzählschritt der „Kadmos"-Sage das Wichtigste auf einer Karteikarte.
   Tipps & Hilfen (→ S. 295)

Info: Erzählschritte erkennen

Um die einzelnen **Erzählschritte** zu erkennen, hilft es, sich die Geschichte als Bildergeschichte vorzustellen. Einen **neuen Erzählschritt** erkennst du daran, dass sich das **Bild ändert**, z. B. wenn …
- eine neue Handlung beginnt,
- eine neue Figur auftritt,
- der Ort wechselt,
- ein neuer Zeitabschnitt beginnt,
- ein Gespräch beginnt oder endet.

2. Erzähle die Sage mithilfe deiner Karteikarten mündlich nach. Lass dabei nichts Wichtiges weg, erfinde aber auch nichts hinzu. Erzähle anschaulich und verwende wörtliche Rede.
3. Eine Schülerin hat eine Nacherzählung der „Kadmos"-Sage geschrieben. Lies den Anfang dieser Nacherzählung und beschreibe, wie die Vorlage verändert wurde.

Nacherzählung von „Kadmos"

Es lebte in Griechenland vor langer Zeit der weise König Agenor. Er war am Boden zerstört, weil seine Tochter Europa schon lange verschwunden war. Deshalb holte er eines Tages Kadmos, seinen starken und mutigen Sohn, zu sich und befahl: „Mein Sohn, du weißt, deine Schwester ist verschwunden. Finde sie und komme ja nicht ohne sie wieder nach Hause."
Also machte dieser sich mit einigen seiner Soldaten auf den Weg. Aber er fragte sich: „Wo soll ich nur suchen?" …

4. Erzähle die Sage von Kadmos schriftlich nach, indem du die angefangene Nacherzählung fortsetzt. Nutze deine Notizen aus Aufgabe 1 und das Merkwissen auf Seite 159.
   Tipps & Hilfen (→ S. 295)

Sätze abwechslungsreich verknüpfen

1 Wie wirkt der folgende Anfang einer Nacherzählung der Sage „Die Burg von Shkodra" (→ S. 130) auf dich? Begründe mit Textbeispielen.

Drei Brüder bauten in Shkodra eine große Burg. Sie kamen am nächsten Tag wieder auf die Baustelle. Die Burg war über Nacht zerstört worden. Sie bauten sie wieder auf. Doch am nächsten Tag war die Burg wieder zerstört. Das wiederholte sich mehrere Male. Sie begegneten einer weisen Frau. Sie gab den Brüdern einen Tipp. Sie sollten die erste Frau einmauern, die zur Burg kommt. Sie durften aber niemanden vorher warnen. Die beiden älteren Brüder erzählten ihren Frauen aber doch davon.

2 Der Schüler, von dem die Nacherzählung verfasst wurde, hat bereits begonnen, den Text zu überarbeiten. Vergleiche die folgenden Formulierungen mit den ursprünglichen Sätzen:
- Was wurde verändert?
- Wie verändert sich die Wirkung dadurch?

Drei Brüder, die in Shkodra eine große Burg gebaut hatten, kamen am nächsten Tag wieder auf die Baustelle. Dort mussten sie feststellen, dass ihr Werk über Nacht zerstört worden war. Nachdem die drei die Burg wieder aufgebaut hatten, wurde sie über Nacht jedoch erneut zerstört. Das wiederholte sich mehrere Male.

3 Damit sich deine Nacherzählung flüssig lesen lässt, solltest du unterschiedliche Satzanfänge wählen.
Übertrage die Mindmap in dein Heft und ergänze mögliche Satzanfänge.

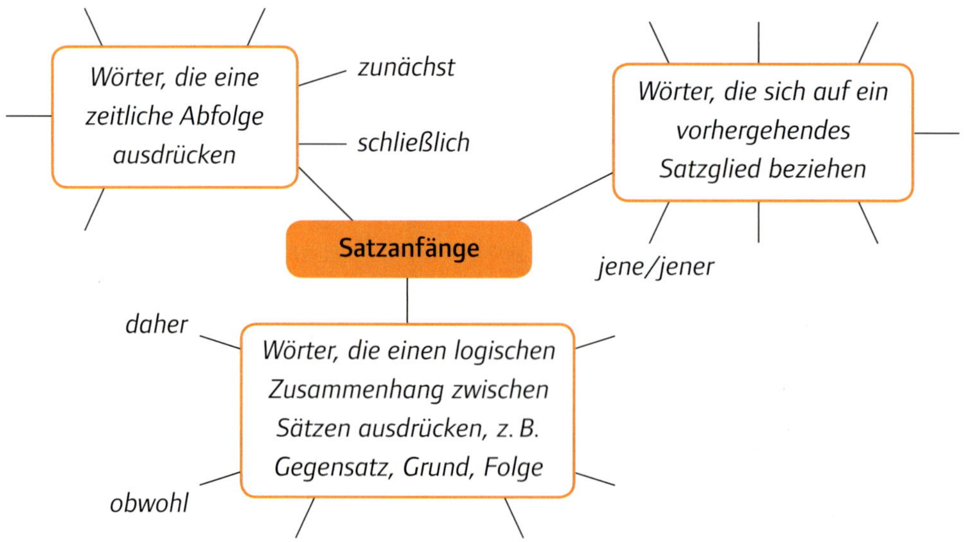

4 Überarbeite die folgenden Textstellen A und B, indem du
- unterschiedliche Satzanfänge nutzt und
- die einzelnen Sätze zu einem Hauptsatz mit Nebensätzen verknüpfst.
  Probiere verschiedene Möglichkeiten aus.

A *Schließlich begegneten sie …*

A *Sie begegneten einer weisen Frau. Sie gab den Brüdern einen Tipp. Sie sollten die erste Frau einmauern, die zur Burg kommt.*

B *Sie durften aber niemanden vorher warnen. Die beiden älteren Brüder erzählten ihren Frauen aber doch davon.*

5 Setze die Nacherzählung der Sage „Die Burg von Shkodra" fort. Nutze folgende Tipps.

Info: Sätze abwechslungsreich verknüpfen

Verknüpfe einzelne Hauptsätze zu Satzgefügen mit Haupt- und Nebensätzen.	*Drei Brüder bauten in Shkodra eine große Burg. Sie kamen am nächsten Tag wieder auf die Baustelle.* ⟶ *Drei Brüder, die in Shkodra eine große Burg gebaut hatten, kamen am nächsten Tag wieder auf die Baustelle.*
Beginne deine Sätze **mal mit einem Hauptsatz, mal mit einem Nebensatz.**	*Die Burg war zerstört, als sie wieder zur Baustelle kamen.* oder: *Als sie wieder zur Baustelle kamen, war die Burg zerstört.*
Beginne deine Sätze **mit unterschiedlichen Satzgliedern.**	*Die Brüder kehrten am nächsten Morgen zur Burg zurück.* oder: *Am nächsten Morgen kehrten die Brüder zur Burg zurück.*
Verwende zur Verknüpfung und Einleitung deiner Sätze **unterschiedliche Konjunktionen.**	*Die Brüder erfanden Ausreden, weil sie ihre Frauen retten wollten.* oder: *Die Brüder erfanden Ausreden, damit die Frauen nicht zur Burg kämen.*
Nutze verschiedene Satzverbindungen, die z. B. eine zeitliche Abfolge ausdrücken oder sich auf ein Satzglied des vorangegangenen Satzes beziehen.	- *Kurz darauf trafen die Brüder eine weise Frau.* - *Dort entdeckten sie, dass …* - *Dieses war zerstört worden.*

Eine Sage anders erzählen

Der Zankapfel *Dimiter Inkiow*

Als die wunderschöne Meeresgöttin Thetis den König Peleus heiratete, lud sie zu ihrer Prunkhochzeit alle olympischen Götter ein. Nur die Göttin Eris hatte sie absichtlich übergangen. Eris war nämlich die Göttin, die Zank und Streit verursachte. Eris ärgerte sich. „Na wartet, ihr werdet was erleben!", schimpfte sie. Als alte, gebrechliche Frau verkleidet, kam sie heimlich zum Fest. Sie setzte sich an das Ende des Tisches und überlegte, wie sie einen Streit anzetteln könnte.

Sie schaute sich die vielen Göttinnen an, die an der Tafel saßen. Plötzlich hatte sie eine Idee. Sie zauberte einen goldenen Apfel mit der Aufschrift „Für die schönste Frau an der Tafel" und ließ ihn auf dem Tisch entlangrollen.

Drei Göttinnen, Hera, Pallas Athene und Aphrodite, streckten gleichzeitig ihre Hände danach aus.

„Der Apfel gehört mir", sagte Aphrodite.

„Nein, es ist mein Apfel", meinte Hera und erklärte: „Die Schönste bin ich. Sonst hätte Zeus mich nicht geheiratet."

„Aber ich bitte dich", beharrte Aphrodite. „Die Schönste bin ich. Ich bin schließlich die Göttin der Liebe."

„Meine Lieben", sagte Pallas Athene zu den beiden, „stellen wir uns alle drei vor einen Spiegel. Dann werdet ihr beide zugeben müssen, dass ich die Schönste bin!"

Die drei Göttinnen stritten immer lauter. Weil sie sich nicht einigen konnten, wandten sie sich an einen wunderschönen jungen Mann, der ihnen gegenübersaß.

Das war der Königssohn Paris.

„Du, schöner Jüngling", rief Hera, „sei der Schiedsrichter. Entscheide, wer von uns dreien die Schönste ist. Sie soll aus deiner Hand den goldenen Apfel erhalten."

„Ja", sagten auch Pallas Athene und Aphrodite, „entscheide du und wir werden uns deinem Schiedsspruch beugen."

Lange betrachtete Paris die drei Göttinnen. Alle drei waren göttlich schön. Er war nicht in der Lage zu sagen, welche die Schönste war. Er überlegte noch verwirrt, als er eine leise Stimme hörte: „Paris, ich bin Hera. Gib mir den Apfel und ich mache dich zum mächtigsten Herrscher der Welt!"

Gleich darauf vernahm er die flüsternde Stimme der Pallas Athene: „Wenn du den Apfel mir gibst, wirst du der klügste Mann der Welt und für immer unbesiegbar sein! Ich bin Pallas Athene, die Göttin der Weisheit und des Sieges!"

Aber auch Aphrodite flüsterte ihm heimlich etwas zu: „Gibst du mir den Apfel, wirst du durch mich die schönste Frau der Welt gewinnen!"

Jetzt überlegte Paris nicht mehr lange. Er gab den Apfel Aphrodite. Verbittert verließen Hera und Pallas Athene das Hochzeitsfest.

Aphrodite feierte weiter – mit dem goldenen Apfel in der Hand.

Nun war aber die schönste Frau der Welt, die schöne Helena, bereits vergeben – sie war mit König Menelaos von Sparta verheiratet. Paris musste sie überreden, Menelaos zu verlassen und mit ihm nach Troja zu fliehen. Das tat Helena, denn Aphrodite hatte ihr die bedingungslose Liebe zu Paris eingehaucht.

Die Entführung der schönen Helena war der Grund für den Trojanischen Krieg.

Auch der Zankapfel dieser Geschichte ist sprichwörtlich geworden. Wenn Menschen immer wieder über etwas streiten, sagt man: Das ist der Zankapfel.

1 Wähle eine der folgenden drei Aufgaben aus und bearbeite sie.

2 Stellt die Sage in einer Folge von Standbildern dar. Geht dabei folgendermaßen vor:
- Wählt eine Regisseurin / einen Regisseur, der die Standbilder baut, und verteilt die Rollen.
- Teilt die Sage in Erzählschritte ein (→ S. 137), die ihr jeweils in einem Standbild darstellt.
- Die Regisseurin / Der Regisseur formt die Figuren und führt Gestik und Mimik vor. Die Spieler ahmen ihn nach. Denkt daran: Während der Bauphase eines Standbildes wird geschwiegen.

3 Erzähle die Sage aus der Sicht einer der Göttinnen (Eris, Hera, Athene oder Aphrodite) nach. Versetze dich dazu in diese Göttin hinein und beachte, welche Ereignisse sie erzählen kann.
Tipps & Hilfen (→ S. 295)

4 Stelle die Ereignisse der Sage als einfachen Comic dar:
- Überlege, ob du für jeden Erzählschritt ein eigenes Bild benötigst oder mehrere Ereignisse in einem Bild zusammenfassen kannst.
- Denke an die wörtliche Rede.

Eine Hörszene zu einer Sage verfassen

Bloß eine Unterschrift *Otfried Preußler*

Doktor Johannes Faustus, der weltweit berühmteste aller Zauberer Deutschlands, war ein Zeitgenosse Martin Luthers, stammte aus dem Schwäbischen und hat sich an mehreren hohen Schulen aufgehalten, wo er Theologie[1], Medizin und Astrologie[2], vermutlich auch Alchemie[3] studiert hat. Später zog er als Wahrsager und Kurpfuscher[4] durch die Lande und kam noch zu Lebzeiten in den Geruch[5], ein Meister der Schwarzen Magie zu sein. An seinen Namen knüpfen sich zahlreiche Geschichten, die bereits 1587 unter dem Titel „Historia von D. Johann Fausten" erstmals im Druck erschienen sind, eine bunter und abenteuerlicher als die andere. Auch als Puppenspiel ist der „Doktor Faustus" landauf, landab in den verschiedensten Varianten[6] auf Jahrmärkten und in Wirtshäusern gespielt worden. Johann Wolfgang von Goethe war es dann, der den „weitbeschreyten Zauberer und Schwartzkünstler" des Volksbuchs zum leidenschaftlichen Wahrheitssucher gemacht und ihm zu literarischem Weltruhm verholfen hat. Während Goethe jedoch

1 die Theologie: Wissenschaft von der Religion
2 die Astrologie: Lehre von der Bedeutung der Sterne, Sternbilder und Planeten für den Menschen
3 die Alchemie: mittelalterliche Geheimlehre, in der Chemie und „Zauberei" vermischt wurden
4 der Kurpfuscher: schlechter Arzt ohne Ausbildung
5 der Geruch: *hier* schlechter Ruf
6 die Variante: leicht veränderte Form

seinen Helden in letzter Stunde Gnade und Vergebung finden lässt, ist dem Faust des Puppenspiels und der Sage ein schreckliches Ende beschieden: Pünktlich nach Ablauf der Frist wird er, wie vertraglich besiegelt, vom Teufel geholt. Und dabei hatte doch alles so überaus vielversprechend begonnen, damals in Wittenberg ...

Über das Studium der Theologie und der Astrologie war er an die Geheimen Wissenschaften geraten. Wer ihm dann in Wittenberg das siebente Buch Mosis[7] zugespielt haben könnte, darüber gehen die Meinungen auseinander, vielleicht ist es schon der Teufel selber gewesen. Die Schwarze Bibel! Lange Zeit hatte Faustus vergebens danach getrachtet[8], an sie heranzukommen. Jetzt hatte sein Wunsch sich endlich erfüllt. Das verrufene Buch lag aufgeschlagen vor ihm auf dem Tisch. Sieben Nächte lang hatte der Doktor eifrig darin studiert, beim Schein einer schwarzen Kerze. Zuweilen hatte ihm bei der Lektüre vor Schauder und Staunen der Atem gestockt.

Die Seiten des Folianten[9] waren mit magischen Zahlen, mit Zeichen und Formeln bedeckt. Was für ein Buch! Es schien wirklich zu halten, was Faust sich davon erhofft hatte. Es verschaffte ihm Zugang zu den geheimen Kräften, von denen die Dinge der Welt bewegt wurden. Und es verhieß ihm Macht über alle Geister.

Sieben Nächte lang hatte Faust sich darauf beschränkt, das Buch zu studieren. Heute war er dazu entschlossen, die Probe darauf zu machen. Mit Zirkel und Kreide hatte er auf dem Fußboden der Studierstube einen Kreis geschlagen – und innerhalb dieses äußeren Kreises zwei weitere: alle drei mit dem gleichen Mittelpunkt. Die Zwischenräume waren mit magischen Zeichen bedeckt, genau wie die Schwarze Bibel es vorschrieb.

„Zwölfe hat's geschlagen!" Der Nachtwächter rief in den Straßen die Mitternachtsstunde aus. Jetzt war es so weit! Der Doktor Faustus stellte sich in die Mitte der Zauberkreise, von denen er wusste, dass sie ihn vor dem Zugriff der Geister beschützen würden; dann sprach er die erste Beschwörungsformel. Da war es, als schlüge der Wind in den Schornstein des Hauses.

Zum Ofenloch fuhr eine kleine schwarze Gestalt heraus, mit feurigen Augen und langem Schwanz, einem Affen gleich. Das äffische Wesen machte am Rand des äußersten Kreises halt und ließ sich mit quäkender Stimme vernehmen: „Zu Diensten, Meister. Du hast mich gerufen, ich bin zur Stelle. Mein Name ist Vitzliputzli, schnell bin ich wie der Pfeil, wenn er von der Sehne[10] schwirrt. Wenn du mich brauchen kannst, will ich dir dienstbar sein."

7 das Buch Mosis (Moses): Teil des Alten Testaments in der Bibel
8 nach etwas trachten: etwas erreichen wollen
9 der Foliant: schweres, großes Buch
10 die Sehne: *hier* Bogensehne

„Hinweg!", gebot ihm der Doktor Faustus. „Was soll ich mit einem Diener, der einem Affen gleicht? Apage, apage[11]!"

Das Affenwesen verschwand im Ofenloch. Doktor Johannes Faustus versuchte es mit der zweiten Beschwörungsformel. Wieder ein Windstoß, dreimal so stark wie der vorige. Aus dem Feuerloch stob eine schwarze Gestalt hervor, zottelig, oben Mensch, unten Ziegenbock, mit gehörnter Stirn, mit geschwänztem Hinterteil.

Der Bocksmensch scherte sich nicht um den äußeren Kreis, erst an der zweiten, der mittleren Linie machte er halt. In Faustens Studierstube verbreitete sich ein übler Gestank: Man weiß ja, wie Böcke stinken.

„Du hast mich gerufen, Meister, ich bin zur Stelle. Mein Name ist Auerhahn. Schnell bin ich wie der Wind, wenn er über die Dächer fegt. Wenn du mich brauchen kannst, will ich dir dienstbar sein."

„Hinweg!", gebot ihm der Doktor Faustus. „Was soll ich mit einem Diener, der wie ein Bock stinkt? Apage, apage!"

Der Bocksmensch verschwand, der Gestank verzog sich so plötzlich wieder, wie er gekommen war. Doktor Johannes Faustus versuchte es mit der dritten, der stärksten Formel. Kein Windstoß schlug in den Schornstein, kein Sturm erhob sich, kein Donner grollte. Hatte der dritte Spruch seine Wirkung verfehlt? Schon wollte der Doktor ihn wiederholen, da klopfte es an die Tür der Studierstube. Herein kam ein hagerer Mensch, gekleidet wie ein Student, von geschmeidiger Höflichkeit. Er verneigte sich vor dem Doktor und machte ihm seine Aufwartung[12].

Dass er beim Gehen ein wenig hinkte, fiel nicht besonders auf. Der Hagere achtete weder des äußeren noch des mittleren Kreises; erst an der dritten, der inneren Linie hielt er an.

„Hier bin ich, Meister. Mein Name ist Mephistopheles, das bedeutet der Listige und Gewandte. Schnell bin ich, schnell und leicht wie des Menschen Geist: gedankenschnell, um genau zu sein. Wenn du mich brauchen kannst, will ich dir dienstbar sein. Ich werde dich an die entlegensten[13] Orte führen, in ferne Zeiten, in ferne Länder, wie immer es dir gefällt. Du wirst reich sein, wirst schöne Frauen haben. Ich werde dich alle Geheimnisse dieser Welt lehren, werde dir ihre Rätsel enthüllen bis auf den letzten, den tiefsten Grund."

„Wohlan!", sprach der Doktor Johannes Faustus. „Das hört sich nicht übel an, Mephistopheles. Was verlangst du für deine Dienstbarkeit?"

Der Teufel, denn Mephistopheles war ein Teufel, wenngleich in Menschengestalt: Der Teufel war auf die Frage vorbereitet. „Bloß eine

11 „Apage, apage!": „Geh weg!"
12 die Aufwartung machen: einen höflichen Besuch machen
13 entlegen: weit entfernt

Unterschrift", sagte er leichthin, wobei er dem Doktor Faustus ein Pergament[14] vor die Nase hielt; weiß der Kuckuck, woher er es plötzlich hatte. „Wir werden einen Kontrakt[15] schließen, wie sich das gehört. Ich leiste dir meine Dienste, o Herr und Meister – und du verschreibst mir dafür deine Seele. Übrigens steht das alles auf diesem Blatt …"

Der Doktor las den Kontrakt. Mephistopheles werde ihm, stand da zu lesen, in allen Dingen Gehorsam leisten, mit einer Ausnahme lediglich: Den Ablauf der Zeit zu ändern, dazu sei er weder befugt[16] noch imstande. Der Pakt solle zweimal ein Dutzend[17] Jahre währen. Nach Ablauf der Frist verfalle die Seele des Doktor Faustus auf ewig der Hölle.

„Kein geringer Preis, den du da verlangst." Noch zögerte Faustus, noch war er unschlüssig. Reisen in ferne Zeiten, in fremde Länder, Reichtum und schöne Frauen: Ob sie das Heil seiner Seele aufwogen?

„Und die Geheimnisse dieser Welt?", fragte Mephistopheles lauernd. „Und dass ich dir ihre Rätsel enthüllen werde bis auf den letzten Grund – ist das etwa nichts?"

Was für ein Angebot! Welche Verlockung für einen forschenden Geist, einen Mann der Wissenschaft! „Wahrhaftig." Der Doktor pflichtete dem Versucher bei. „Das ist viel, das ist sehr viel. Feder und Tinte her, Mephistopheles!"

„Wozu Tinte, Meister? Man unterschreibt einen solchen Kontrakt nicht mit Tinte, ein solcher Kontrakt wird mit Blut unterschrieben."

Mephistopheles reichte Faustus den Gänsekiel[18] und ein Messerchen. „Ein kleiner Schnitt in den Arm wird reichen, Meister."

Der Doktor streifte den linken Ärmel zurück, er brachte sich mit dem Messerchen einen Schnitt bei. Doch seltsam, es trat kein Blut aus der Wunde hervor. War das die letzte Warnung, ein letztes Zeichen zur Umkehr?

„Dein Blut scheint zu stocken, Meister. Wir werden es gleich in Fluss bringen."

Mephistopheles spitzte die Lippen, er hauchte auf Faustens Arm – an der Schnittstelle zeigten sich ein paar Blutstropfen. „Das reicht aus. Und nun rasch unterschrieben, Meister!"

Faustus gehorchte dem Teufel. Er netzte[19] die Feder mit seinem Blut, dann setzte er seinen Namenszug auf das Pergament. Der Vertrag war besiegelt, der Pakt[20] mit der Hölle in Kraft gesetzt.

14 das Pergament: Schreibmaterial aus dünner Tierhaut
15 der Kontrakt: der Vertrag
16 befugt sein: die Erlaubnis haben
17 ein Dutzend: zwölf
18 der Gänsekiel: Gänsefeder zum Schreiben
19 netzen: befeuchten
20 der Pakt: der Vertrag

„Topp!" Mephistopheles rieb sich die Hände. „Von Stund an, o Herr und Meister, werde ich jedem deiner Befehle Gehorsam leisten – zweimal ein Dutzend Jahre lang."

Zweimal ein Dutzend Jahre: Für den, der an ihrem Anfang steht, eine lange, eine beruhigend lange Zeit. Hätte es nur in Faustens Studierstube nicht die Uhr gegeben!

Plötzlich, so schien es dem Doktor, tickte sie lauter als sonst gewohnt. Lauter und sehr viel schneller. Draußen ertönte der Ruf des Nachtwächters. „Eins hat's geschlagen." Die erste Stunde der Frist war verstrichen, die zweite war angebrochen. Stunden würden zu Tagen, Tage zu Wochen werden, Wochen zu Jahren. Die Zeit lief dahin, sie ließ sich nicht anhalten. Mephistopheles lächelte spöttisch, den Doktor Faustus begann es in tiefster Seele zu frösteln.

❶ Wovon handelt die Sage „Bloß eine Unterschrift"? Gib den Inhalt in eigenen Worten wieder.

❷ Vergleiche den Anfang der Sage (→ S. 142 f., Z. 1–44) mit der folgenden Textvorlage zu einer Hörszene. Orientiere dich dabei an diesen Fragen:
- Welche Textteile wurden übernommen?
- Was wurde verändert und wie wurde es verändert?

Bloß eine Unterschrift – eine Hörszene

Erzähler *(langsam und eindringlich):*
Die Schwarze Bibel! Endlich, nach langer Suche hatte Faust sie gefunden. Aufgeregt hielt er das Buch in den Händen. (Pause)
Er studierte sieben Nächte lang die magischen Zahlen, Zeichen und Formeln. Immer wieder stockte ihm der Atem.

Faust *(aufgeregt und unheimlich sprechend):*
Was für ein Buch! Ich hab's gewusst, das Buch verschafft mir Zugang zu den geheimsten Kräften. Genug studiert, lass uns den Zauber endlich ausprobieren. Endlich werde ich Macht über alle Geister besitzen.

Nachtwächter *(ruft laut von ferne):*
Liebe Leute, lasst euch sagen, zwölfe hat die Uhr geschlagen.

❸ Besprecht gemeinsam:
- Welche Rolle spielt der Erzähler in der Hörszene?
- Warum muss eine Hörszene anders gestaltet sein als ein Lesetext? Sammelt Gründe.

4 Erstellt nun selbst Hörszenen zu der Sage „Bloß eine Unterschrift“ von Otfried Preußler. Orientiert euch dabei an den Schritten im Info-Kasten unten und am Beispiel auf Seite 146.

5 Hörszenen werden auch durch Geräusche lebendig.

a) Bringt von zu Hause Hörspiele mit. Hört sie gemeinsam an und achtet beim Hören darauf,
- wie die Bewegungen und Handlungen der Figuren hörbar gemacht werden,
- wie durch Geräusche bestimmte Stimmungen erzeugt werden,
- wie durch Geräusche deutlich gemacht wird, wo sich eine Person befindet, z. B. auf einem Bahnhof, in einem Restaurant oder im Wald.

b) Ergänzt Hinweise zu passenden Geräuschen in eurer Hörszene.

c) Überlegt, mit welchen Mitteln ihr diese Geräusche erzeugen könnt.

Hörszene	Geräusche
Faust (sehr konzentriert): In Ordnung. Zunächst einen äußeren Kreis zeichnen (Pause), dann in den Kreis zwei weitere. (Pause) Alle drei müssen den gleichen Mittelpunkt haben.	Kreide an der Tafel
...	...

6 Tragt eure Hörszene mit verteilten Rollen vor.
Tipp: Stellt euch beim Vortrag z. B. hinter eine Stellwand oder einen Vorhang im Klassenraum, sodass eure Zuhörer/-innen euch nicht sehen und nur hören können.

Info: Eine Hörszene verfassen

1. Schritt: Eine Hörszene vorbereiten
- Unterteile den Text in Erzählschritte (→ S. 137).
- Unterstreiche mithilfe einer Überdeckfolie im Sagentext die wörtliche Rede der auftretenden Figuren. Verwende für jede Figur eine andere Farbe.
- Überlege, welche Inhalte der Sage durch einen Erzähler wiedergegeben werden müssen. Markiere sie mithilfe einer Überdeckfolie.

2. Schritt: Die Hörszene schreiben
- Übernimm die wörtliche Rede aus der Textvorlage und wandle wichtige Inhalte des restlichen Textes in wörtliche Rede der Figuren oder des Erzählers um.
- Ergänze wörtliche Rede, wo sie für das Verständnis der Handlung notwendig ist, z. B. wenn Gedanken der einzelnen Figuren erzählt werden.
- Gib in Klammern Hinweise (Regieanweisungen), wie die Sätze gesprochen werden sollen, z. B.: laut, flüsternd, eindringlich, gehetzt oder mit Pausen.

Filmbilder untersuchen

Percy Jackson – Im Bann des Zyklopen[1]

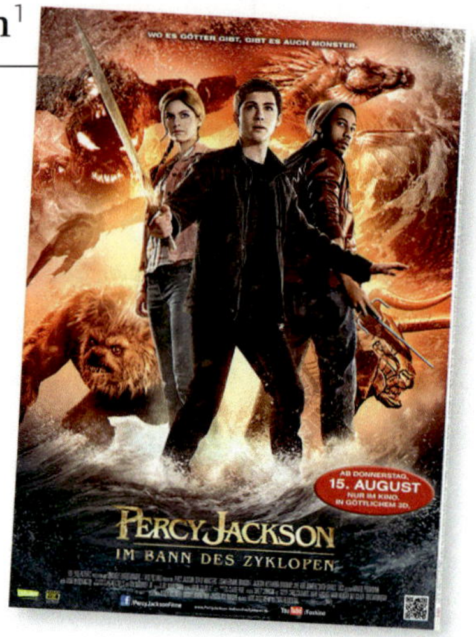

Percy Jackson ist eine Fantasy-Buchreihe des amerikanischen Autors Rick Riordan, die in Teilen auch verfilmt wurde. Die Idee der Buchreihe ist, dass der Olymp, der Sage nach Sitz der griechischen Götter, wirklich existiert und nicht mehr in Griechenland, sondern in New York liegt.

Der zwölfjährige Percy, die Hauptfigur, erfährt eines Tages, dass er eigentlich der Sohn des griechischen Meeresgottes Poseidon und damit ein Halbgott ist. Daher unterscheidet er sich in vielem von seinen Mitschülerinnen und Mitschülern und verfügt unter anderem auch über übernatürliche Kräfte. Jeden Sommer besucht Percy – zusammen mit anderen Halbgöttern – ein Trainingscamp für Halbgötter.

Als eines Tages Percys Freund Grover von Polyphem, einem Zyklopen, gefangen genommen wird, müssen Percy, sein Halbbruder Tyson und seine Freundin Annabeth zahlreiche Abenteuer bestehen, um Grover aus den Händen des Zyklopen zu befreien.

1 der Zyklop: einäugiger Riese in der griechischen Sage

1 a) Kennst du die Buchreihe oder die Filme über Percy Jackson? Erzähle.
b) Erkläre, was der Inhalt von Percy Jackson mit Sagen zu tun hat.
c) Welche Geschichte erzählen die Filmbilder auf den Seiten 149 und 150?

2 Wähle ein Bild auf der rechten Seite aus und beschreibe es:
- Was ist jeweils dargestellt?
- Welche Wirkung hat dieses Bild?
- Wie entsteht diese Wirkung?

3 a) Benenne mithilfe der Begriffe im Wortspeicher die Einstellungsgrößen der einzelnen Bilder. Informiere dich bei Bedarf im Info-Kasten auf Seite 151.
b) Welche weiteren Einstellungsgrößen kennst du? Erläutere, woran man sie erkennt und was das Besondere an ihnen ist.

Totale · Halbtotale · Panoramaeinstellung

1

2

3

❹ Stell dir vor, du willst den Kampf eines Helden mit einem Ungeheuer filmen. Wo und wie würdest du die Kamera positionieren, um die Größe der Bedrohung und die Übermacht des Wesens zu verdeutlichen? Begründe deine Überlegungen.

5 a) Vergleiche die folgenden Bilder:
- Wie wirken sie auf dich?
- Wie kommt diese Wirkung zustande?
- Wo steht die Kamera jeweils?

b) Benenne die Kameraperspektive mithilfe des Info-Kastens auf der rechten Seite.

4

5

6

Info: Einstellungsgrößen und Kameraperspektiven

Die Einstellungsgrößen einer Kamera

Eine Kamera zeigt nur einen Ausschnitt aus einer Szene. Je nachdem, welche Wirkung er erzielen will, wählt der Filmregisseur die Größe eines Bildausschnitts.
Man unterscheidet folgende Einstellungsgrößen:

Die Panoramaeinstellung

- Bei der Panoramaeinstellung sollen die Zuschauer/-innen einen Überblick über das Geschehen erhalten. Häufig werden Landschaften in dieser Einstellung gezeigt.

Die Totale

- Bei der Totalen wird eine Person oder Gruppe in einer Umgebung gezeigt. Die Zuschauer/-innen erhalten so einen Überblick über den Schauplatz.

Die Halbtotale

- Hier stehen eine oder mehrere Figuren im Mittelpunkt, die das Bild (fast) vollständig ausfüllen. Die Umgebung ist eher unwichtig.

Die Nahaufnahme

- Es wird nur das Gesicht oder das Gesicht mit dem Oberkörper einer Figur gezeigt.

Die Detailaufnahme

- Von einer Detailaufnahme spricht man, wenn ein Teil eines Gegenstandes oder einer Figur vergrößert dargestellt wird.

Die Kameraperspektiven

Neben der Größe des Bildausschnitts ist auch die Position der Kamera zu den aufgenommenen Figuren und Gegenständen wichtig. Dadurch ergibt sich jeweils ein besonderer Blickwinkel auf das Geschehen.

Die Froschperspektive (Untersicht)

Die Kamera befindet sich unterhalb des gefilmten Objekts und zeigt schräg nach oben. Diese Perspektive führt den Blick von unten nach oben und lässt Gegenstände und Figuren häufig groß, mächtig oder bedrohlich wirken.

Die Vogelperspektive (Aufsicht)

Die Kamera befindet sich oberhalb des gefilmten Objekts und zeigt nach unten. Diese Perspektive zeigt das Geschehen von oben. Gegenstände oder Figuren erscheinen dadurch häufig klein oder unterlegen.

Die Normalsicht

Die Kamera befindet sich auf Augenhöhe der handelnden Figuren.

Zum Schmökern, Schauen, Weiterdenken

Siegfried und Kriemhild *Franz Fühmann*

Damals wuchs in den Niederlanden ein Königssohn auf. Sein Vater hieß Siegmund, seine Mutter Sieglind, und seine Burg war zu Xanten am Unterrhein. Sein Name war Siegfried. […]

Eines Tages hörte Siegfried, dass in Burgund eine Jungfrau lebte, die schöner sei als alle Mädchen der Christenheit und wiese doch jeden ab, der ihre Hand begehre, und wäre es der Kaiser selbst. Da dachte Siegfried sie zu freien[1]. Bis zu dieser Stunde hatte er noch kein Herzeleid gekannt. Siegmund und Sieglind erfuhren bald von Siegfrieds Absicht und wurden bleich, denn sie kannten König Gunthers und der Seinen Hoffart[2], und sie kannten vor allem Hagen von Tronjes starren Stolz. Siegfried aber wollte von seinem Willen nicht lassen. Er sagte zu seiner Mutter: „Nie heirate ich eine andere als die, die ich liebe, und ich liebe nun einmal Kriemhild. Kann ich sie nicht in Freundschaft erringen, so werde ich es eben im Kampfe tun!"

„Lass solches Gerede, mein Sohn", sagte da Siegmund aufgebracht und ängstlich. „Niemand ist mächtig genug, Kriemhild mit Gewalt zu erobern, das ist bekannt. Aber wenn du schon reiten willst und dir's nicht ausreden lässt, lieber Sohn, dann reite wenigstens mit der stolzesten Heermacht; ich

1 freien: heiraten
2 die Hoffart: die Eitelkeit

will für dich aufbieten, wen immer ich dazu bewegen kann!“ Da lachte Siegfried und sagte: „Mein Vater, ich will Kriemhild nicht mit Heeresmacht, ich will sie mit meinem Herzen erobern, und dazu genüge ich allein! Meinethalben will ich elf meiner Schwertleitgenossen[3] zur Bedienung mitnehmen, mehr aber nicht!“ Da weinte Sieglind und sah ihren Sohn schon zerhauen, und auch die Mütter und Bräute der elf Auserwählten weinten und jammerten sehr. Siegfried aber sprach: „Seid unbesorgt und weinet nicht, wir kommen alle heil zurück! Schafft uns, statt dass Ihr weint, lieber Kleider und Waffen, wie sie noch kein Ritter getragen, damit wir zu Worms Ehre für unser Land einlegen! Kein Stern soll heller strahlen als meine Schar beim ersten Ritt in die Welt!“

Da wurde Tag und Nacht gewebt und gewirkt und gehämmert und gekettelt[4] und geschmiedet, und nie waren schließlich Gewänder so kostbar und Brünnen[5] so blitzend und Helme so fest und Schilde so breit und dennoch schön!

Nach einer Woche kamen die zwölf nach Worms. Doch schneller als der Gast kam die Kunde von ihm und seiner Pracht vor den König. Der wollte gerne wissen, wer die Gäste seien, aber niemand kannte sie. Schließlich riet Ortwin von Metz, seinen Onkel, den vielgereisten Hagen von Tronje, zu fragen. Der blickte lange aus dem Fenster auf Siegfried und dessen Schar, die sich im Burghof versammelte, und sagte schließlich: „Ich kenne die Fremden nicht, doch ich glaube, ihr Führer ist Siegfried.“

„Siegfried der Drachentöter?“, fragte König Giselher.

„Ich glaube, dass er es ist“, sagte Hagen.

„Was wisst Ihr von ihm, Freund Hagen?“, fragte König Gunther.

„Man kann ihn nicht töten“, sagte Hagen, „seine Haut ist vollständig mit Horn überzogen. Er hat sich im Blut des erschlagenen Drachen gebadet, da ist ihm ein Panzer gewachsen, der ihn unverwundbar macht. Außerdem besitzt er die Tarnhaut, mit der er sich jedem Blick entziehen kann, die hat er dem Zwerg Alberich abgenommen, dem Hüter des Nibelungenhorts[6], und er besitzt auch das Schwert Balmung, das schärfste aller Schwerter, die je ein Held geschwungen hat!“

„Was ist das für ein Hort?“, fragte König Gunther.

„Er liegt in einem Berg zu Nebelheim verschlossen“, sagte Hagen, „und er ist der größte Schatz, der jemals zusammengetragen ward. Hundert Trosswagen[7] könnten allein sein Edelgestein nicht fassen, und das rote Gold

3 die Schwertleite: der Ritterschlag; die Erlaubnis, ein Schwert zu führen
4 ketteln: *hier* Ketten für Kettenhemden herstellen
5 die Brünne: der Brustpanzer
6 Nibelungenhort: Schatz der Nibelungen, eines Volks in der germanischen Nibelungensage
7 der Tross: Gefolge der Krieger, das diese mit Essen und Munition versorgte

zählt keiner, dazu reichen die Zahlen nicht aus. Dieser Schatz gehörte zwei Brüdern, Schilbung und Nibelung, die lagen in Zwist[8] miteinander und riefen Siegfried an, den Schatz zwischen ihnen zu teilen, und sie schenkten ihm vorab auch das scharfe Schwert Balmung dafür. Aber auch Siegfried konnte das Gold nicht zählen; darüber kamen sie in Streit, und Siegfried erschlug die beiden und siebenhundert ihrer Mannen[9], die mit ihm kämpften, und zwölf Riesen, die mit ihnen verbündet waren, und tausend Zwerge Alberichs. Dann mussten der Gnomenfürst und der Rest der Nibelungen ihrem Überwinder Treue schwören, und seitdem bewachen sie als Siegfrieds Vasallen[10] den Hort."

„Und der Hort liegt in einem Berg vergraben?", fragte König Gunther. „In einem Berg hinterm Eisland im nördlichsten Norden, wo die Sonne nicht scheint und die Erde nicht grünt", sagte Hagen, „und er ist der mächtigste Hort, den ein Mensch je besaß!"

8 der Zwist: der Streit
9 die Mannen: die Gefährten, Gefolgsleute
10 der Vasall: Lehnsmann im Mittelalter, der von seinem Lehnsherren Land bekam und ihm dafür dienen musste

1. Was hat es mit dem Schatz der Nibelungen auf sich? Erkläre seine Geschichte in eigenen Worten.
2. Stell dir vor, Siegfried möchte Kriemhild beeindrucken und schildert ihr seine Erlebnisse. Erzähle die Geschichte aus Siegfrieds Sicht.
   Auf einer meiner Fahrten gelangte ich nach Nebelheim. Dort traf ich ...

Die Styx und die Ferse des Achill *Dimiter Inkiow*

Die Styx war der wirbelnde unterirdische Fluss, der die Unterwelt dreimal umkreiste.

Sogar die Götter des Olymp[1] hatten Respekt vor ihren Zauberkräften. Wenn ein Gott jemandem ein Versprechen gab und sagte: „Ich schwöre bei der Styx!", dann musste er sein Versprechen unbedingt halten. Brach er seinen Schwur, folgte eine furchtbare Strafe. Sie kam aus der Zauberkraft des Flusses. Die Styx versteinerte den Gott und verbannte ihn für neun Jahre vom Olymp. Er wurde aus der Gemeinschaft der Götter ausgestoßen.

Die Mutter von Achill, die Meeresgöttin Thetis, war eine Tochter des Nereus, eines Meeresgottes, der noch älter als Poseidon war. Sie kannte viele göttliche Geheimnisse. Zum Beispiel, dass das Wasser der Styx den menschlichen Körper unverletzbar machte.

Nachdem Thetis König Peleus geheiratet und einen sterblichen Sohn, Achill, bekommen hatte, wollte sie das Kind unverletzbar machen.

1 der Olymp: Sitz der Götter in der griechischen Sagenwelt

„Dann kann ihm nichts geschehen", sagte sie sich. Und als Achill ein Jahr alt wurde, nahm sie ihn auf den Arm und machte sich auf den Weg in die Unterwelt. An der Styx angekommen, fasste sie das nackte Kind am rechten Fuß und tauchte es kopfüber ins Wasser: einmal, zweimal, dreimal.

So wurde Achills Körper eisenstark und für jede erdenkliche Waffe auf ewig unverletzbar – bis auf eine Stelle. Das war die Ferse, an der die Göttin das Kind festgehalten hatte.

Achill wurde später ein großer Krieger. Im Trojanischen Krieg war er der Schrecken der Trojaner. Alle nannten ihn den mordenden Achill. Er selbst blieb unversehrt. Pfeile und Speere prallten an ihm ab. Schwerthiebe konnten ihm nichts anhaben. Er kämpfte immer in der ersten Reihe. Sein Ruhm verbreitete sich über die ganze Welt.

„Achill ist nicht zu besiegen! Achill ist der Größte!", sagten die Menschen.

Aber irgendwann hatten die Götter Achills Morden satt. Sie beschlossen, ihn zu töten. Gott Apollon persönlich lenkte den Pfeil, den der Prinz Paris in die Ferse des Achill schoss – dessen einzig verletzbare Stelle. Der Pfeil durchbohrte die Ferse und Achill verblutete.

Wir sprechen noch heute von der Achillesferse, wenn ein Mensch eine besonders schwache Stelle hat.

❶ Warum spricht man heute von der „Achillesferse" eines Menschen? Erkläre diese Redewendung mithilfe der Sage.

② Erstelle einen Steckbrief zu Achill und einen zu Siegfried (→ S. 152–155). Vergleiche anschließend beide Helden in ihren Eigenschaften.

Parzival *Katharina Neuschäfer*

Merlin, der Zauberer und Berater von König Artus, blieb verschwunden, und als auch Lancelot nicht wieder zurückkehrte, wurde es einsam und traurig um den Hochkönig. Sir Iwein und Sir Gawain waren immer noch nicht von ihrer Suche nach dem Heiligen Gral zurückgekehrt, und die Tafelrunde begann sich aufzulösen. Eines Tages jedoch erschien ein junger Mann am Hof von Camelot. Sein Name war Parzival. Obwohl Parzival behauptete, ein Ritter zu sein, verfügte er weder über eine Rüstung noch über ein Pferd oder höfische Manieren. Außerdem trug er das Gewand eines Narren.

Die Ritter der Tafelrunde verhöhnten[1] den anmaßenden[2] Fremden: „Was, du Bauerntölpel[3] willst ein Ritter sein? Wie kommst du zu der Behauptung?"

1 verhöhnen: auslachen
2 anmaßend: arrogant, überheblich, eingebildet
3 der Tölpel: ungeschickter Mensch

Da antwortete Parzival: „Ich bin der Sohn König Gahmurets und auch meine Mutter ist königlichen Geblüts. Doch das erfuhr ich erst vor Kurzem. Da mein Vater im Kampf starb, zog mich meine Mutter im Wald auf, damit ich nicht auch ein Ritter werden sollte. Doch als ich zum ersten Mal einen Kämpfer in schillernder Rüstung sah, wusste ich, dass dies meine wahre Bestimmung ist."

Die Ritter wollten ihm nicht glauben, zu derb[4] und unedel war sein Betragen. Schließlich forderten sie einen Beweis: „Zeige uns, wie gut du kämpfen kannst. Auch darin erkennt man einen edlen Mann."

Und sogleich galoppierte Sir Ither in einer roten Rüstung auf Parzival zu, um sich im Turnierkampf mit ihm zu messen. Parzival aber erkannte nicht, dass es nur ein Scheinkampf sein sollte, nur ein Kräftemessen, und durchbohrte den Roten Ritter mit einer Lanze. Kaum lag sein Gegner im Staub, nahm sich Parzival Pferd und Rüstung des Toten und verließ Artus' Hof in Schande. Da er kein Ziel hatte, irrte Parzival umher, und überall gab er sich als echten Ritter aus. Nach einigen Wochen jedoch erreichte er die Burg des edlen Gournemanz. Als dieser von Parzivals schrecklicher Geschichte hörte, entschloss er sich, den mutigen jungen Mann in allen ritterlichen Tugenden zu unterrichten. Endlich war die Ausbildung abgeschlossen, und niemand hätte nun daran gezweifelt, dass Parzival ein echter Ritter war. Als er von Gournemanz Abschied nahm, gab ihm der Alte noch einen Rat mit auf den Weg: „Behalte immer im Gedächtnis, dass es sich für einen Ritter nicht ziemt[5], zu viele Fragen zu stellen. Sei schweigsam und demütig."

Parzival dankte seinem Lehrer und zog erneut in die Welt hinaus.

Eines Tages suchte er nach einem Nachtquartier und gelangte an eine düstere Burg. Der Schlossherr, König Amfortas, litt an einer nicht heilenden Wunde und hatte große Schmerzen, dennoch nahm er Parzival freundlich auf, und mit ihm schien sich der ganze Hof über die Ankunft des Roten Ritters zu freuen. Als es Zeit für das Abendmahl war, geschah etwas Seltsames. Kaum dass Parzival am Tisch Platz genommen hatte, wurde eine blutige

4 derb: grob
5 sich ziemen: sich gehören

Lanze hereingetragen, Amfortas stöhnte auf und presste seine Hände auf die blutende Wunde. Parzival aber erinnerte sich an Gournemanz' Rat und schwieg. Alsbald erschienen vierundzwanzig Jungfrauen, die kostbares Tischbesteck auf die Tafel legten. Und die Königin selbst schritt in den Saal und trug einen herrlichen Kelch vor sich her, dessen Strahlen hundertmal heller waren als das Licht der Sonne. Parzival bedeckte die Augen, aber wiederum wagte er nicht zu fragen, was das seltsame Gebaren[6] zu bedeuten habe. Selbst als König Amfortas ihm sein eigenes Schwert zum Geschenk machte, schwieg Parzival. Da erhob sich großes Wehklagen, und als Parzival am nächsten Morgen aufwachte, fand er das Schloss verlassen vor. Verwundert verließ er die düstere Festung.

Er war aber noch nicht weit geritten, da hielt ihn eine Küchenmagd auf, die auch tags zuvor auf dem Schloss gewesen war.

„Habt Ihr denn kein Mitleid, Herr? Ist Euer Herz wirklich so hart, dass Ihr nicht ein einziges Mal nach meines Königs Leiden fragen wolltet?“

„Was gehen mich die Leiden eines anderen an?“, entgegnete Parzival stolz.

„Hättet sie Euch berührt, Ritter, wärt Ihr nun der neue Herrscher dieses Landes. Denn König Amfortas wurde einst von einer vergifteten Lanze verwundet, und seine Verletzung wird so lange nicht heilen, bis ein mitleidiger Mensch nach seiner Krankheit fragt. Hättet Ihr ihn gefragt, so wäret Ihr nun der Hüter des Heiligen Grals, den Amfortas auf seiner Burg verwahrt. Nun aber sollt Ihr verflucht sein, denn Ihr habt ihm und dem ganzen Volk die Erlösung versagt.“

Da erkannte Parzival, was für ein Tor[7] er gewesen war und dass er zwar seinem Benehmen nach ein Ritter geworden, sein Herz aber noch unedel war. Sofort wendete er sein Pferd, um seinen Fehler gutzumachen. Die Gralsburg aber war verschwunden.

Parzival litt sehr an seiner Schuld und stritt fortan für das Gute und bestand dabei viele Abenteuer. Eines Tages führte ihn sein Weg auch zurück nach Camelot. Da Artus inzwischen viel über den Roten Ritter und seine Taten gehört hatte, nahm er ihn herzlich in seine Tafelrunde auf und verzieh ihm auch den Mord an Sir Ither. Von nun an war Sir Parzival ein rechtmäßiger Ritter der Tafelrunde.

6 das Gebaren: das Verhalten
7 der Tor: der Narr

❶ Beschreibe die Figur des Parzival. Achte dabei auf sein äußeres Erscheinungsbild, seine Herkunft, sein Verhalten, seine Eigenschaften und seine Wünsche und Ziele.

② Vergleiche Parzival mit Siegfried aus der Sage „Siegfried und Kriemhild“ (→ S. 152–154).

③ Würdest du Parzival als Helden bezeichnen? Begründe deine Einschätzung.

Die Odyssee

1. Eine bekannte griechische Heldensage ist die „Odyssee". Sie schildert die Abenteuer des Königs Odysseus.
   Betrachte die Bildergeschichte zu „Odyssee": Welche Figuren treten hier auf? Was erfährst du über die Handlung dieser Sage?
2. Wie könnte die Handlung der Sage weitergehen? Entwirf drei weitere Bilder für den Comic.
3. Recherchiere, worum es in der Odyssee geht, und halte einen Kurzvortrag oder erstelle ein Informationsplakat.

Sagen untersuchen und nacherzählen

Merkmale von Sagen

Sagen sind alte Volksdichtungen, die lange Zeit nur durch mündliches Weitererzählen verbreitet wurden. Sie lassen sich unterscheiden in **Heldensagen** (z. B. „Kadmos“ → S. 134–136), **Göttersagen** (z. B. „Der Zankapfel“ → S. 140 f.), **Volks- und Natursagen** (z. B. „Die Burg von Shkodra“ → S. 130) und **Orts- oder Lokalsagen** (z. B. „Der Kampf mit dem Lindwurm“ → S. 132 f.).
Sagen gehen häufig auf wahre Begebenheiten zurück. Oft soll eine Sage etwas erklären, z. B.:

- die Entstehung eines Ortes (z. B. die Gründung der Stadt Klagenfurt),
- ein Naturereignis (z. B. das Nordlicht) oder
- Geschehnisse, die den Menschen als ungeheuerlich und unerklärlich erschienen (z. B. zahlreiche Schiffsunglücke auf dem Rhein nahe dem „Loreley“-Felsen).

Vieles ist aber auch erfunden. So treten oft fantastische Wesen auf wie Feen, Meerjungfrauen, Zauberer, Drachen oder Menschen mit übernatürlichen Kräften und wundersamen Eigenschaften.

Eine Sage nacherzählen

1. Schritt: Die Nacherzählung vorbereiten
Mache dir Notizen zu den einzelnen Erzählschritten (pro Erzählschritt eine Karteikarte).
Den Beginn eines neuen Erzählschritts erkennst du daran, dass …

- eine neue Handlung beginnt,
- der Ort wechselt,
- ein neuer Zeitabschnitt beginnt oder
- ein Gespräch beginnt oder endet.

2. Schritt: Die Nacherzählung schreiben

- Orientiere dich beim Nacherzählen an der **Reihenfolge** der Erzählschritte. Lass **nichts Wichtiges weg** und **erfinde nichts hinzu**.
- Erzähle **anschaulich und lebendig** und in deinen **eigenen Worten**.
- Teile die **Gedanken und Gefühle** der Hauptfiguren mit und verwende an passenden Stellen die **wörtliche Rede**.
- Verwende die **Zeitform der Textvorlage**.

3. Schritt: Die Nacherzählung überarbeiten

- Überprüfe mithilfe deiner Karteikarten noch einmal, ob sich **alle wichtigen Ereignisse und Erzählschritte** in deiner Nacherzählung wiederfinden.
- Überprüfe, ob deine Nacherzählung in der **richtigen Zeitform** steht und ob du **aussagekräftige Wörter** und **abwechslungsreiche Satzverknüpfungen** gewählt hast.

8 Gedichte malen Bilder

Gedichte verstehen und gestalten

Vormittag am Strand

Christian Morgenstern

Es war ein solcher Vormittag,
wo man die Fische singen hörte;
kein Lüftchen lief, kein Stimmchen störte,
kein Wellchen wölbte sich zum Schlag.

Nur sie, die Fische, brachen leis
der weit und breiten Stille Siegel
und sangen millionenweis'
dicht unter dem durchsonnten Spiegel.

Haiku (ohne Titel) *Issa*

Herbstnacht –
Das Loch in der Tür
Spielt Flöte.

1. Welches Gedicht auf dieser Doppelseite gefällt dir am besten? Trage es vor.
2. Wähle ein Gedicht von dieser Doppelseite aus und male ein passendes Bild dazu.

Ins Weiße blickend

Wolfgang Bächler

Schnee hat auf Katzenpfoten
den Garten zurückerobert,
die Dächer und Bäume besetzt.
Erfroren starren
die Knospen dich an,
schwarze Pupillen
im Weiß der Zweige.

3 Welche Gedichtmerkmale kennst du? Nenne Beispiele aus diesen Gedichten.

4 Gedichte malen Bilder mit Worten. Suche sprachliche Bilder in den Gedichten.

In diesem Kapitel …

- wiederholst du, wie sich Gedichte von anderen Texten unterscheiden.
- untersuchst du sprachliche Bilder in Gedichten.
- experimentierst du mit Gedichten, indem du sie vorträgst und selbst Gedichte schreibst.
- beschreibst du Gedichte.

Den Klang von Gedichten untersuchen

Er ist's *Eduard Mörike*

Frühling lässt sein blaues Band
Wieder flattern durch die Lüfte;
Süße, wohlbekannte Düfte
Streifen ahnungsvoll das Land.
Veilchen träumen schon,
Wollen balde kommen.
– Horch, von fern ein leiser Harfenton!
Frühling, ja, du bist's!
Dich hab ich vernommen!

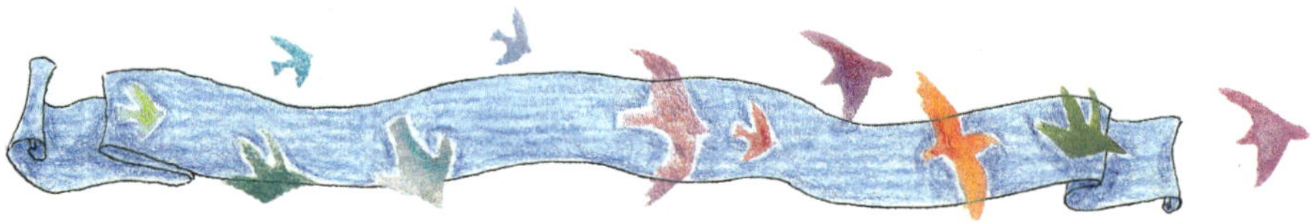

Der Frühling *Heinz Erhardt*

Wie wundervoll ist die Natur!
Man sieht so viele Blüten,
auch sieht man Schafe auf der Flur
und Schäfer, die sie hüten.
Ein leises Lied erklingt im Tal:
Der müde Wandrer singt es.
Ein süßer Duft ist überall,
bloß hier im Zimmer stinkt es!

1. Vergleiche die beiden Gedichte. Was haben sie gemeinsam? Worin unterscheiden sie sich?
2. a) Was genau reimt sich hier? Schreibe zu beiden Gedichten die Reimwörter untereinander in dein Heft und markiere farbig, was gleich klingt.
   b) Beschrifte dann die gleich klingenden Endreime mit denselben Kleinbuchstaben:

   Band a
   Lüfte b
   Düfte b
   Land a

3. Benenne die Reimschemata der Gedichte mithilfe des Merkwissens auf Seite 179.
4. Überlege, worauf sich der 8. Vers in Mörikes Gedicht reimt. Welche Wirkung wird dadurch erzielt?

5 Erarbeite das Metrum des Gedichts „Er ist's" in folgenden Schritten:
a) Trage das Gedicht laut vor und klatsche dabei zu jeder Silbe.
b) Schreibe das Gedicht mit jeweils einer Leerzeile zwischen den Versen in dein Heft. Schreibe dann für jede Silbe ein x über die Verse.
c) Lies das Gedicht noch einmal laut und klatsche dabei zu den betonten Silben laut und zu den unbetonten Silben leise. Markiere im Anschluss die betonten Silben mit einem Akzent: x́.

Er ist's
x́ x x́ x x́ x x́
Frühling lässt sein blaues Band
x́ x x́ x x́ x x́ x
Wieder flattern durch die Lüfte

6 Bestimme das Metrum mithilfe des Merkwissens auf Seite 179.
7 Schreibe das Gedicht von Heinz Erhardt von Seite 162 mit jeweils einer Leerzeile zwischen den Versen in dein Heft. Bestimme das Metrum, wie in Aufgabe 5 gezeigt.

Septembermorgen *Eduard Mörike*

Im Nebel ___ noch die Welt,
Noch träumen ___ und Wiesen:
Bald siehst du, wenn der ___ fällt,
Den blauen Himmel ___,
___ die gedämpfte Welt
In ___ Golde fließen.

spielt · ruhet
Wald · Bäume
Schleier · Goldregen
leuchten · unverstellt
herbstkräftig · herbstlich
warmem · leuchtendem

8 Welche Wörter aus dem Wortspeicher passen im Gedicht „Septembermorgen" in die Lücken? Probiere es aus, indem du das Gedicht laut liest und dabei das Metrum klatschst. Schreibe dann das Gedicht mit den passenden Wörtern in dein Heft.
Tipps & Hilfen (→ S. 296)
9 Bestimme mithilfe des Merkwissens auf Seite 179 das Reimschema und das Metrum des Gedichts „Septembermorgen".

Sprachliche Bilder erschließen

Die Frühlingssonne *Christine Busta*

Unhörbar wie eine Katze
kommt sie über die Dächer,
springt in die Gassen hinunter,
läuft durch Wiesen und Wald.

Oh, sie ist hungrig! Aus jedem
verborgenen Winkel schleckt sie
mit ihrer goldenen Zunge den Schnee.

Er schwindet dahin wie Milch
in einer Katzenschüssel.
Bald ist die Erde wieder blank.

Die Zwiebelchen unter dem Gras
spüren die Wärme ihrer Pfoten
und beginnen neugierig zu sprießen.

Eins nach dem andern blüht auf:
Schneeglöckchen, Krokus und Tulpe,
weiß, gelb, lila und rot.
Die zufriedene Katze strahlt.

1 a) Trage das Gedicht laut vor. Wie wirkt es auf dich? Begründe.
b) Mit wem wird die Frühlingssonne hier verglichen? Nenne Textstellen als Beleg.
c) Findest du den Vergleich passend? Begründe.
d) Lege nach dem folgenden Muster eine Tabelle in deinem Heft an. Trage in die linke Spalte ein, was du über die Sonne erfährst. Erkläre rechts, was die Vergleiche aussagen.
Tipps & Hilfen (→ S. 296)

Sonne	Erklärung
wie eine Katze (Vers 1)	*leise, vorsichtig*

2 Informiere dich im Info-Kasten auf Seite 165, wie diese „Verlebendigung" genannt wird.

April *Rose Ausländer*

Da kommt er
wirft Luftlappen ins Gesicht
drückt Sonne auf den Rücken
lacht überlaut wickelt den
Park in grünen Taft zerreißt
ihn wieder stellenweise
pufft die Kinder spielt mit den
Röcken erschreckter Gouvernanten[1]
drückt alle Regenhebel
macht los die Nordhunde von den Ketten und
lässt sie laufen nach Windlust

Ein toller Geselle
eine Art Eulenspiegel
auch gangsterhafte Gesten hat er
(jaja mein Lieber du
machst es uns nicht leicht
dich lieb zu haben)

und doch und doch
im Großen und Ganzen
ein prächtiger Kerl
dieser April

1 die Gouvernante: Erzieherin

3 Wie wird der April in diesem Gedicht beschrieben? Nenne Textstellen als Beleg.

4 Welche menschlichen Eigenschaften werden hier mit dem April verbunden? Begründe.
Tipps & Hilfen (→ S. 296)

Gewalt · Übermut · Zwang · Unnachgiebigkeit · Spielerisches · Zerstörerisches

Info: Sprachliche Bilder – Vergleich und Personifikation

Gedichte können mit Wörtern „malen“. Sprachliche Bilder, die häufig in Gedichten verwendet werden, sind:
- **der Vergleich**, z. B.: *unhörbar wie eine Katze*
- **die Personifikation** (Vermenschlichung und Verlebendigung), z. B.: *ein toller Geselle*

Wenn es Winter wird *Christian Morgenstern*

Der See hat eine Haut bekommen,
sodass man fast drauf gehen kann,
und kommt ein großer Fisch geschwommen,
so stößt er mit der Nase an.

Und nimmst du einen Kieselstein
und wirfst ihn drauf, so macht es klirr
und titscher – titscher – titscher – dirr...
Heißa, du lustiger Kieselstein!
Er zwitschert wie ein Vögelein
und tut als wie ein Schwälblein fliegen –
doch endlich bleibt mein Kieselstein
ganz weit, ganz weit auf dem See draußen liegen.

Da kommen die Fische haufenweis
und schaun durch das klare Fenster von Eis
und denken, der Stein wär etwas zum Essen;
doch sosehr sie die Nase ans Eis auch pressen,
das Eis ist zu dick, das Eis ist zu alt,
sie machen sich nur die Nasen kalt.
Aber bald, aber bald
werden wir selbst auf eignen Sohlen
hinausgehn können und den Stein wiederholen.

5 a) Untersuche das Gedicht. Welche sprachlichen Bilder entdeckst du?
b) Erkläre mithilfe des Info-Kastens, warum es sich bei den Begriffen *Haut* (Vers 1) und *Fenster* (Vers 14) um Metaphern handelt.

6 Erkläre, was die folgenden Metaphern bedeuten.

Spiegel · Schnee von gestern · Eiszeit · Aufwind haben · Blitzlichtgewitter · strahlen

Info: Sprachliche Bilder – Metaphern

Unter **Metapher** versteht man die **Verwendung eines Wortes im übertragenen Sinn**: Im Unterschied zum Vergleich fehlt bei der Metapher das Vergleichswort.

Metapher:	Eigenschaften:	übertragene Bedeutung:
Spiegel	*glatt, glänzend, spiegelnd*	*glatte Wasseroberfläche*

Sprachliche Bilder finden

MAI II *Rose Ausländer*

Mit Maiglöckchen
läutet das junge Jahr
seinen Duft

Der Flieder ___ (1)
aus Liebe zur Sonne
Bäume ___ (2) wieder ihr Laub
und ___ (3)

Wolken ___ (4) die Erde
mit silbernem Wasser
da wächst alles besser

Schön ist's im Heu zu träumen
dem ___ (5) der Vögel zu lauschen

Es ist Zeit sich zu freuen
an ___ (6) Farben
zu trauen dem blühenden Wunder

Ja es ist Zeit
sich zu öffnen
allen ein Freund zu sein
das Leben zu rühmen

1 a) Notiere in deinem Heft alles, was dir zum Thema „Frühling" einfällt.
b) Wie wird der Frühlingsmonat Mai in diesem Gedicht beschrieben? Schreibe das Gedicht in dein Heft. Ergänze in den Textlücken passende Wörter aus dem Wortspeicher. Begründe deine Entscheidungen.
Tipps & Hilfen (→ S. 297)

1. Lücke	2. Lücke	3. Lücke	4. Lücke	5. Lücke	6. Lücke
sprießt erwacht steht	erfinden entfalten erhalten	ergrünen rascheln im Wind führen Gespräche	begießen umarmen beregnen	Gesang Glück Lied	strahlenden berauschenden atmenden

Parallelgedichte schreiben

Ich male mir den Winter *Josef Guggenmos*

Ich male ein Bild,
ein schönes Bild,
ich male mir den Winter.
Weiß ist das Land,
schwarz ist der Baum,
grau ist der Himmel dahinter.

Sonst ist da nichts,
da ist nirgends was,
da ist weit und breit nichts zu sehen.
Nur auf dem Baum,
auf dem schwarzen Baum
hocken zwei schwarze Krähen.

Aber die Krähen,
was tun die zwei,
was tun die zwei auf den Zweigen?
Sie sitzen dort
und fliegen nicht fort.
Sie frieren nur und schweigen.

Wer mein Bild besieht,
wie's da Winter ist,
wird den Winter durch
und durch spüren.
Der zieht einen dicken Pullover an
vor lauter Zittern und Frieren.

1 a) Wie sieht der Winter aus, der in diesem Gedicht „gemalt" wird? Male ein Bild dazu.
b) Welche Seiten des Winters werden hier betont, welche werden nicht berücksichtigt?
Tipps & Hilfen (→ S. 297)

2 Schreibe ein Parallelgedicht zu deiner Lieblingsjahreszeit, zum Beispiel so:
Ich male ein Bild, / ein schönes Bild, / ich male mir den Herbst. / …
Tipps & Hilfen (→ S. 297)

Sommer *Ilse Kleberger*

Weißt du, wie der Sommer ___ ?
Nach Birnen und nach Nelken,
nach Äpfeln und Vergissmeinnicht,
die in der Sonne welken,
nach heißem Sand und kühlem See
und nassen Badehosen,
nach Wasserball und Sonnencreme,
nach Straßenstaub und Rosen.

Weißt du, wie der Sommer ___ ?
Nach gelben Aprikosen
und Walderdbeeren, halb versteckt
zwischen Gras und Moosen,
nach Himbeereis, Vanilleeis
und Eis aus Schokolade,
nach Sauerklee vom Wiesenrand
und Brauselimonade.

Weißt du, wie der Sommer ___ ?
Nach einer Flötenweise,
die durch die Mittagsstille dringt,
ein Vogel zwitschert leise,
dumpf fällt ein Apfel in das Gras,
ein Wind rauscht in den Bäumen,
ein Kind lacht hell, dann schweigt es schnell
und möchte lieber träumen.

3 a) Welche Sinne werden in diesem Gedicht angesprochen? Vervollständige den ersten Vers in jeder Strophe mit einem passenden Verb. Achte dabei auch auf den Reim.

b) Empfindest du den Sommer ähnlich wie im Gedicht dargestellt? Welche Sinneseindrücke würdest du ergänzen? Mache Vorschläge.

Tipps & Hilfen (→ S. 297)

4 Schreibe ein eigenes Sinne-Gedicht zu einer anderen Jahreszeit. In der Auswahl von Reim und Metrum bist du frei.

Ein Gedicht beschreiben

Die Welt ist allezeit schön

Barthold Heinrich Brockes (1680–1747)

Im Frühling prangt[1] die schöne Welt
In einem fast smaragdnen[2] Schein.

Im Sommer glänzt das reife Feld
Und scheint dem Golde gleich zu sein.

Im Herbste sieht man als Opalen,[3]
Der Bäume bunte Blätter strahlen.

Im Winter schmückt ein Schein, wie Diamant
Und reines Silber, Flut und Land.

Ja, kurz, wenn wir die Welt aufmerksam sehn,
Ist sie zu allen Zeiten schön.

1 prangen: *hier* blühen, angefüllt sein mit
2 der Smaragd: Edelstein, der grün schimmert
3 der Opal: Edelstein, der in vielen verschiedenen Farben leuchten kann

1 Welche Stimmung wird in diesem Gedicht erzeugt?
Beschreibe sie kurz und begründe mit Beispielen aus dem Text.
Das Gedicht erzeugt eine ... Stimmung.
Das zeigt sich z. B. ... oder ...

2 a) Untersuche, welche Reimschemata in dem Gedicht vorkommen. Schreibe dafür die Reimwörter untereinander in dein Heft und bezeichne gleich klingende Reime mit demselben Kleinbuchstaben:

Welt a
Schein b
Feld a
sein b

b) Kläre mithilfe des Merkwissens (→ S. 179), wie die beiden Reimschemata heißen.

c) Formuliere einen Satz zum Reim in diesem Gedicht.
In dem Gedicht gibt es zwei verschiedene Reimschemata: Die Verse ... bis ... weisen einen ... auf, die Verse ...

3 a) Untersuche das Metrum (Versmaß). Sprich dazu das Gedicht laut und klatsche zu den unbetonten Silben leise und zu den betonten laut.

b) Schreibe die ersten vier Verse des Gedichts mit jeweils einer Zeile Abstand in dein Heft und kennzeichne die unbetonten Silben mit einem x und die betonten Silben mit einem x́.

c) Kläre, wie das Metrum heißt, und formuliere einen Satz zum Metrum des Gedichts.

Beim Metrum (Versmaß) des Gedichts handelt es sich um ...

4 a) Betrachte die Sprache des Gedichts. Schreibe dazu alle Verben und Adjektive heraus. Was fällt dir auf?

b) In dem Gedicht finden sich mehrere Vergleiche. Suche sie und schreibe sie heraus. Was bewirken diese Vergleiche?

c) Beschreibe die Sprache des Gedichts in wenigen Sätzen.

Durch die Sprache des Gedichts wird die Schönheit der vier Jahreszeiten veranschaulicht. So enthält das Gedicht zahlreiche ... . Vergleiche, wie ..., lassen Bilder im Kopf entstehen.

5 Lies die folgende Gedichtbeschreibung. Erläutere anschließend mithilfe der Randspalte, wie die Gedichtbeschreibung aufgebaut ist.

Gedichtbeschreibung zu dem Gedicht „Die Welt ist allezeit schön"

Das Gedicht „Die Welt ist allezeit schön" wurde von Barthold Heinrich Brockes (1680–1747) geschrieben.	*Titel, Autor*
In dem Gedicht werden die vier Jahreszeiten mit sprachlichen Bildern beschrieben. Jede Jahreszeit leuchtet in der Farbe eines Edelsteins oder Edelmetalls: Im Frühling glänzt die Welt wie ein Smaragd, im Sommer schillern die Felder golden, im Herbst funkeln die Blätter der Bäume wie Opale, im Winter glitzert der Schnee wie ein Diamant oder wie reines Silber.	*Thema, Inhalt der Strophen*
Die ersten vier Verse bilden einen Kreuzreim (ab ab: Welt, Schein, Feld, sein), die letzten sechs Verse sind jeweils Paarreime (aa bb cc: Opalen/strahlen, Diamant/Land, sehn/schön).	*Reim-schema*
Beim Metrum des Gedichts handelt es sich um einen Jambus. Dabei wechseln sich unbetonte und betonte Silben ab, wobei jeder Vers mit einer unbetonten Silbe beginnt.	*Metrum*

6 a) Untersuche Morgensterns Gedicht „Vormittag am Strand" auf Seite 160 in denselben Schritten (Aufgaben 1–4).

b) Verfasse dann selbst eine Gedichtbeschreibung zu diesem Gedicht nach dem Muster in Aufgabe 5.

Zum Schmökern, Schauen, Weiterdenken

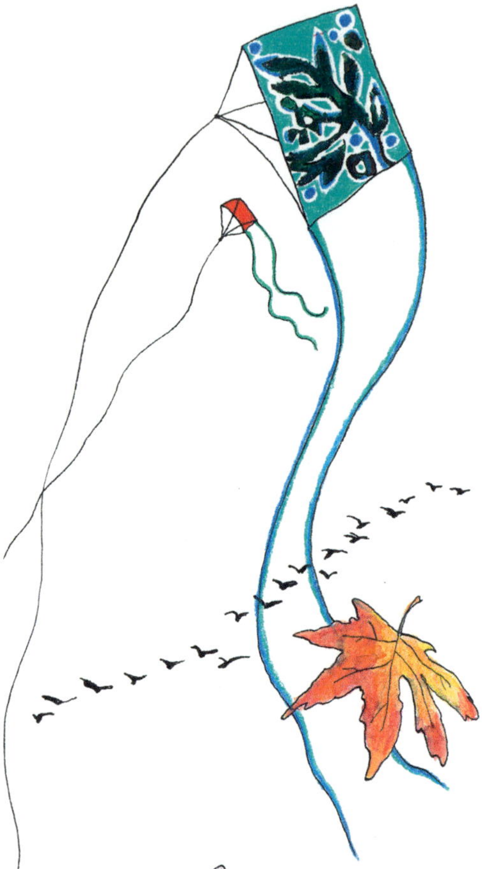

Grad heute Morgen
Fiel leise und ganz heimlich
Das erste Blatt ab.
Issa

Voreilig glaubt man,
Das Rot des Abends käme:
Es ist das Herbstlaub.
Issa

Altweibersommer –
Und jeder Schlag der Hacke
Geruch von Erde.
Rankô

Am flachen Strande
Das Wasser leise aufschäumt:
Der erste Herbststurm.
Sentoku

1. Diese Gedichte sind Haikus, eine aus Japan stammende Gedichtform. Haikus sind nach strengen Regeln aufgebaut. Versuche, diese Regeln herauszufinden.
   Tipp: Achte besonders auf die Anzahl der Silben und auf den Inhalt des dritten Verses.
2. Verfasse selbst ein Haiku. Wähle eine Jahreszeit aus und beachte beim Schreiben alle Merkmale dieser Gedichtform.
3. Wähle ein Haiku aus und gestalte dazu ein Plakat mit dem Text und einem passenden Bild. Du kannst selbst ein Bild malen oder eine Collage erstellen.

Das Gefieder der Sprache *Hilde Domin*

Das Gefieder der Sprache streicheln
Worte sind Vögel
mit ihnen
davonfliegen.

blüte blüte blüte *Eugen Gomringer*

				blüte	blüte	blüte
			zweig	blatt	blüte	
		blüte	zweig	blatt		
	blatt	blüte	zweig			
zweig	blatt	blüte				

Wörter *Horst Bienek*

Wörter
meine Fallschirme
mit euch
springe
ich
ab
Ich fürchte nicht die Tiefe
wer euch richtig
öffnet
schwebt

Der verdrehte Schmetterling *Mira Lobe*

Ein Metterschling
mit flauen Blügeln
log durch die Luft.
Er wurde einem Computer entnommen,
dem war was durcheinandergekommen:
irgendein Rädchen,
irgendein Drähtchen,
und als man es merkte,
da war's schon zu spätchen,
da war der Metterschling schon feit wort
wanz geit
Mir lut er teid.

1. Welche Besonderheiten zeichnen diese vier Gedichte aus? Sammelt alles, was euch auffällt.
2. Erfinde selbst Gedichte, bei denen du mit der Sprache und der Gestaltung spielst.
3. Gestalte mithilfe des Computers ein „verdrehtes" Gedicht wie das von Mira Lobe.
4. Wähle ein Gedicht aus und entwirf, z. B. mithilfe des Computers, eine Bild-Text-Collage dazu.

Frühling *Hans Manz*

Die Knospen knospen und sind schon wach,
die Keime keimen noch schüchtern und schwach,
die Weiden weiden das Gras ab am Bach.

Die Bäume baumeln (das ist ihre Pflicht),
Die Sträucher straucheln im Dämmerlicht,
die Stämme stammeln ein Frühlingsgedicht.

Die Hecke heckt neue Streiche aus,
der Rasen rast wie rasend ums Haus,
der Krokus kroküsst die Haselmaus.

Die Drossel erdrosselt den Regenwurm,
das Rebschoß[1] erschoss nachts die Reblaus im Turm,
drum erlaubt sich das Laub ein Tänzchen im Sturm.

Es himmelt der Himmel ein Wölklein an,
es windet der Wind sich durch Löwenzahn,
und bereits blättern Blätter im Sommerfahrplan.

1 Rebschoß: kleiner Sprössling am Weinstock

1. Wodurch wirkt das Frühlingsgedicht von Hans Manz komisch? Erkläre den „Sprachtrick".
2. Beschreibe Strophen, Reimschema und Betonungsfolge in diesem Gedicht. Worin besteht das Besondere?
3. Ergänze eine bis zwei weitere Strophen nach demselben Muster. Beginne z. B. mit:
   - *Die Sonne …*
   - *Der Igel …*
   - *Der Tau …*

   Schreibe in dein Heft.

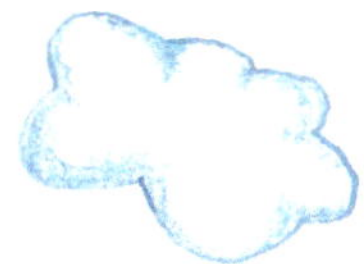

Sommerfrische *Joachim Ringelnatz*

Zupf dir ein Wölkchen aus dem Wolkenweiß,
Das durch den sonnigen Himmel schreitet.
Und schmücke den Hut, der dich begleitet,
Mit einem grünen Reis[1].

Verstecke dich faul in der Fülle der Gräser.
Weil's wohltut, weil's frommt[2].
Und bist du ein Mundharmonikabläser
Und hast eine bei dir, dann spiel, was dir kommt.

Und lass deine Melodien lenken
Von dem freigegebenen Wolkengezupf.
Vergiss dich. Es soll dein Denken
Nicht weiter reichen als ein Grashüpferhupf.

1 das Reis: der Zweig
2 frommen: nutzen, helfen

Sommer *Ingrid Herta Drewing*

Die Federwolken,
weiß in den Himmel getuscht,
zarte Windspiele.

Oleanderduft,
rosafarbene Blüten,
des Südens Träume,
erwachen auf dem Balkon,
erhellen das Großstadtgrau.

Hoch auf dem Dache
Ringeltaubengeschwister
träumen vom Sommer.

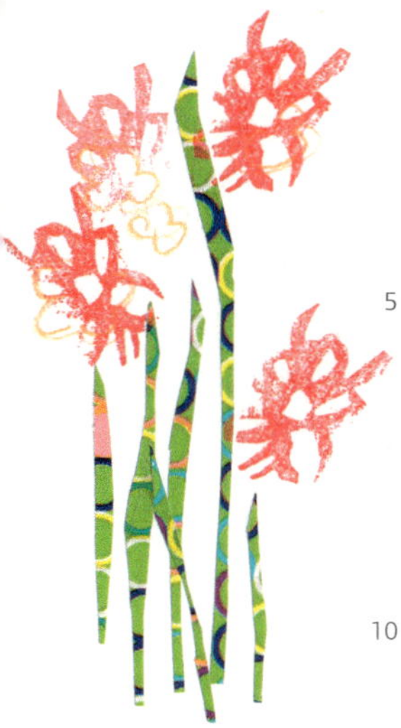

1. Wie wird der Sommer in den beiden Gedichten beschrieben? Vergleiche.
2. Male zu einem der beiden Gedichte ein Bild und erkläre es in einem kurzen Text.
3. Erstelle mit den Wörtern aus den Gedichten und eigenen Sommerwörtern Wortfelder zum Sommer.

Fröhlicher Regen *Georg Britting*

Wie der Regen tropft,
An die Scheiben klopft,
Jeder Strauch ist nass bezopft.

Wie der Regen springt!
In den Blättern singt
Eine Silberuhr.
Durch das Gras hin läuft,
Wie eine Schneckenspur,
Ein Streifen weiß beträuft[1].

Das stürmische Wasser schießt
In die Regentonne,
Dass sie überfließt
Und in breitem Schwall
Auf den Weg bekiest,
Stürzt Fall um Fall.

Und der Regenriese,
Der Blauhimmelhasser,
Silbertropfenprasser,
Niesend fasst er in der Bäume Mähnen,
Lustvoll schnaubend in dem herrlich vielen Wasser.

Und er lacht mit fröhlich weißen Zähnen
Und mit kugelrunden, nassen Freudentränen.

1 beträuft: betropft, bestrichen

1 a) Wie stellst du dir einen „fröhlichen Regen" vor? Notiere deine Vorstellungen, z. B.:
Regentropfen hört/sieht man …
Regentropfen sehen aus wie …
b) Wie wird der Regen in Georg Brittings Gedicht dargestellt? Nenne Textbeispiele.

2 Im Gedicht werden neue Wörter erfunden, z. B. „Regenriese" (Vers 16). Suche weitere Wortschöpfungen und versuche, sie zu erklären.

3 Erfinde selbst neue Wörter für den Regen.

Oktober *Ursula Wölfel*

Oktober kommt mit blauem Rauch,
der Wind will Äpfel pflücken
und gelbe Birnen gibt es auch
und Süßes reift im Brombeerstrauch,
du brauchst dich nur zu bücken!

So rot und gold wie Feuerschein
steht nun der Wald am Hügel.
Das Eichhorn sammelt Nüsse ein,
der Falter sitzt am warmen Stein
und breitet weit die Flügel.

Ein Spinnwebfaden fließt im Wald,
es raschelt auf den Wegen.
Der Häher[1] schreit, die Nacht wird kalt
und auf die Wiesen wird sich bald
der erste Raureif legen.

1 der Häher: Rabenvogel

Flugzeit *Rainer Brambach*

Laub fällt, und sichtbar werden
leere Vogelnester im Geäst.
Es regnet, regnet weiter
bis zum Schnee –
Kommt noch ein Tag, auf Nebelhörnern
kühl November blasend,
stehn wir in Wolle eingewickelt
bis zum Kinn und prüfen unser Dach.
Die offnen Stellen füllen wir mit Sorge.
Zeit wär's zu fliegen.

1. Wie wird der Herbst in den beiden Gedichten dargestellt? Vergleiche die Wirkung.
2. Male zu einem der beiden Gedichte ein Bild, das die Stimmung im Text wiedergibt.
3. Schreibe ein Parallelgedicht zu einem der beiden Gedichte.

Ein Lied hinterm Ofen zu singen *Matthias Claudius*

Der Winter ist ein rechter Mann,
Kernfest und auf die Dauer;
Sein Fleisch fühlt sich wie Eisen an
Und scheut nicht Süß noch Sauer.

War je ein Mann gesund wie er?
Er krankt und kränkelt nimmer,
Er trotzt der Kälte wie ein Bär
Und schläft im kalten Zimmer.

Er zieht sein Hemd im Freien an
Und lässt's vorher nicht wärmen
Und spottet über Fluss im Zahn[1]
Und Kolik[2] in Gedärmen.

Aus Blumen und aus Vogelsang
Weiß er sich nichts zu machen,
Hasst warmen Drang und warmen Klang
Und alle warmen Sachen.

Doch wenn die Füchse bellen sehr,
Wenn's Holz im Ofen knittert
Und um den Ofen Knecht und Herr
Die Hände reibt und zittert;

Wenn Stein und Bein vor Frost zerbricht
Und Teich' und Seen krachen –
Das klingt ihm gut, das hasst er nicht,
Dann will er tot sich lachen.

Sein Schloss von Eis liegt ganz hinaus
Beim Nordpol an dem Strande;
Doch hat er auch ein Sommerhaus
Im lieben Schweizerlande.

Da ist er denn bald dort, bald hier,
Gut Regiment zu führen.
Und wenn er durchzieht, stehen wir
Und sehn ihn an und frieren.

1 Fluss im Zahn: Gemeint ist vermutlich eine eiternde Zahnentzündung.
2 die Kolik: krampfartig auftretende Schmerzen, meist im Magen-Darm-Bereich

1. Wie wird der Winter beschrieben? Nenne Beispiele aus dem Text.
2. Verfasse eine Suchanzeige für den Winter.
3. Was für ein „Typ" könnte der Sommer sein? Schreibe ein Parallelgedicht, in dem du den Charakter des Sommers darstellst.

Gedichte untersuchen

Merkmale eines Gedichts	Beispiele
Vers und Strophe Die Zeilen eines Gedichts nennt man **Verse**. Als **Strophe** bezeichnet man einen Abschnitt aus mehreren Versen.	
Reim Das Muster des Endreims nennt man Reimschema. Man unterscheidet z. B.: **Paarreim** aa bb **Kreuzreim** ab ab **umarmenden Reim** ab ba	 Band – Land – Lüfte – Düfte *aa bb* Band – Lüfte – Land - Düfte *ab ab* Band – Lüfte – Düfte – Land *ab ba*
Metrum (Versmaß) Das Metrum (Versmaß) ist eine regelmäßige Abfolge **betonter (x́)** und **unbetonter (x) Silben**. Man unterscheidet z. B.: - **Jambus**: x x́ x x́ und - **Trochäus**: x́ x x́ x	 *x x́ x x́ x x́ x x́* *Ok-to-ber kommt mit blau-em Rauch* *x́ x x́ x x́* *Wie der Re-gen tropft*
Sprachliche Bilder Gedichte können mit Worten „malen". Häufige sprachliche Bilder sind z. B.: - der Vergleich, - die Personifikation (Vermenschlichung oder Verlebendigung) und - die Metapher.	 - *Unhörbar wie eine Katze ...* - *Da kommt er, wirft Luftlappen ins Gesicht ...* - *Spiegel* (glatte Wasseroberfläche), *Schnee von gestern* (etwas Veraltetes)

9 Abenteuer Forschung

Sachtexte erschließen

Amelia Earhart

Earhart, Amelia,* 24. Juli 1897 in Atchinson, Kansas, † 2. Juli 1937 im Stillen Ozean; US-amerikanische Fliegerin. Sie war die erste ausgebildete Pilotin der Welt, machte als „Tochter des Himmels“ immer wieder Schlagzeilen und wurde als Vorkämpferin für die Rechte der Frauen wahrgenommen. 1932 überquerte sie als erste Frau im Alleinflug den Atlantik.

1. Was möchtest du gerne über Fridtjof Nansen und Amelia Earhart wissen? Formuliere deine Fragen.
2. Überfliege das Kapitel:
   - Auf welchen Seiten erfährst du etwas über Fridtjof Nansen?
   - Wo findest du Informationen zu Amelia Earhart?

3. Wer hat als erster Mensch mit dem Flugzeug den Atlantik überquert?
   Wer war zuerst am Südpol?
   Wer hat als Erster die Sahara durchquert?
   …?
   Welche Fragen würdest du gerne zum Thema „Abenteuer Forschung“ stellen? Notiere sie.
4. Wie gehst du vor, wenn du Antworten auf deine Fragen finden möchtest? Erkläre es.

Fridtjof Nansen

Nansen, Fridtjof, * 1861, † 1930; norwegischer Polarforscher, Zoologe und Diplomat. Er durchquerte 1888/1889 als Erster Grönland über das Inlandeis von Osten nach Westen. 1893–1896 unternahm er eine spektakuläre Driftfahrt durch das Nordpolarmeer. Nansen wurde später Professor für Meeresbiologie und erhielt 1922 den Friedensnobelpreis für seinen unermüdlichen Einsatz für die Opfer des Ersten Weltkrieges.

In diesem Kapitel …

- stellst du Forscherfragen.
- wertest du Sachtexte, Bilder, Grafiken und Karten aus, um deine Fragen zu beantworten.
- wiederholst du bekannte Strategien zur Erschließung von Texten und lernst neue Strategien kennen.
- übst du, in Bibliotheken und im Internet gezielt nach Informationen zu suchen.

Einen Text mithilfe bekannter Strategien erschließen

Fridtjof Nansens erste Forschungsreise

Hans-Joachim Löwer, Alexandra Schlüter

Fridtjof Nansen studiert in Oslo Zoologie und ist seit einer Fahrt mit norwegischen Robbenjägern an die Ostküste Grönlands fasziniert von der Arktis. Nachdem er 1882 bis 1886 als wissenschaftlicher Mitarbeiter am Naturhistorischen Museum der norwegischen Stadt Bergen gearbeitet hat, stellt er seinen Kollegen den Plan vor, Grönland zu durchqueren.

Sie halten Nansen für verrückt, keiner hat den Weg durchs Eis bisher geschafft. Es ist so gut wie gar nichts über das Innere Grönlands bekannt. Doch Nansen hat Glück und findet einen Förderer, der ihm 5000 Kronen zur Verfügung stellt.

Im Juli 1888 erreicht der angehende Arktisforscher mit fünf Begleitern Grönlands Ostküste. Von dort brechen sie am 17. August ins Binneneis auf. Nansens Parole lautet: „Die Westküste oder der Tod!" Der Schnee ist locker, sie müssen tückische Spalten queren. Schneebrücken brechen ein, vor dem Absturz ins Nichts bewahrt nur ein horizontal gehaltener Skistock. Nansen und sein Begleiter Sverdrup seilen sich wie Bergsteiger aneinander. Auf dem Plateau reisen sie nachts, dann ist es kälter, Schlitten und Skier gleiten besser. Sie schlafen tags – drei Männer in einem einzigen Schlafsack, so müssen sie weniger Gepäck transportieren. An manchen Tagen legen sie nur sieben Kilometer zurück. Wenn es zum Beispiel schneit, bremst die Unterlage. An anderen Tagen liegen spiegelglatte Eisflächen vor ihnen und sie kommen gut voran. […]

Die Eisfläche steigt immer höher an. Die Kälte nimmt zu, einmal sind es minus 40 Grad im Zelt. Sie erreichen den höchsten Punkt ihrer Tour, 2716 Meter. Von da ab neigt sich das Land nach Westen. Sie setzen Segel über den Schlitten auf, nun jagen sie mit Windunterstützung dahin. Am 26. September erreichen sie die Westküste und steigen hinab zum Ameralik-Fjord. Nansen hat damit als Erster das grönländische Binneneis durchquert. In 40 Tagen haben er und seine Männer 560 Kilometer zurückgelegt. Sie berichten, dass Grönland unter einem geschlossenen Eisschild liegt. Das letzte Schiff nach Europa vor dem Winter ist allerdings längst abgefahren. Die Expedition überwintert vor Ort. Nansen studiert die Bräuche der Eskimos, lernt ihre Sprache, wird ein Buch darüber schreiben.

Fridtjof Nansen hat sich durch seine Leistung in die erste Riege der Arktisforscher gestellt. Doch auch sein nächstes Vorhaben halten alle erst einmal wieder für verrückt. Nansen hat einen Bericht gehört, dass Wrackteile der 1881 vor den Neusibirischen Inseln gesunkenen „Jeanette" vor der Südwestküste Grönlands aufgetaucht sind. Es muss also eine Strömung geben, die von Ostsibirien über das Nordpolarmeer – vielleicht sogar den Pol – nach Grönland führt. Dann müsste man sich eigentlich mit einem Schiff vor Sibirien im Packeis einfrieren und durch die Eisdrift nach Norden tragen lassen können. [...]

Grönland [„Grünland!"],

größte Insel der Erde, im Nordosten von Nordamerika, in der Arktis, 56 000 Einwohner. Hauptort ist Nuuk (dänisch Godthåb). Die Insel ist im Innern von einer Eisdecke bedeckt, die bis 3000 m mächtig ist. Die Bewohner leben vor allem an der Westküste, die eisfrei ist. Politisch gehört Grönland zu Dänemark.

1 Erschließe den Text über Nansens erste Forschungsreise mithilfe der folgenden Strategien:
- **Sich einen Überblick verschaffen:** Überfliege den Text und kläre, worum es geht.
- **Informationen markieren:** Markiere mithilfe einer Überdeckfolie in jedem Absatz die wichtigsten Informationen.
- **Einen Text gliedern:** Formuliere zu jedem Absatz des Textes eine Zwischenüberschrift.
- **Unbekannte Begriffe klären:** Kläre die folgenden Begriffe aus dem Textzusammenhang. Schlage nach, wenn du unsicher bist:
  - Binneneis (Z. 7)
  - horizontal (Z. 10)
  - Plateau (Z. 12)
  - Eisdrift (Z. 36)

2 Fasse die Informationen des Textes mündlich zusammen. Kläre dabei auch, welche Erkenntnisse über Grönland wir Nansens Expedition verdanken.

3 Welche weiteren Fragen wirft der Text auf? Notiere sie.

Strategie: Informationen aus Texten und Bildern verknüpfen

Gefangen im Eis *Birgit Lutz-Temsch*

Diese Reise durchs Eis ist eines der größten Abenteuer in der Geschichte der Menschheit. Der norwegische Polarforscher Fridtjof Nansen, geboren vor 150 Jahren, wollte mit ihr die Existenz einer Drift[1] von der sibirischen Küste hinüber nach Grönland beweisen – und mit dieser Drift zum Nordpol gelangen.

Viele Expeditionen vor und nach ihm hatten sich an dieses Ziel gemacht. Etliche Schiffe wurden zerquetscht in den Eismassen des Polarmeers, zersplitterten in den gewaltigen Pressungen.

Deshalb lässt Nansen ein neues Schiff bauen – eines, das diesen Kräften standhält, oder besser, sich ihnen erst gar nicht aussetzt: die *Fram*. „Vorwärts“ heißt dieser Name auf Deutsch, und vorwärts sollte das Segelschiff schließlich nicht nur Nansen bringen, sondern später auch noch einen anderen großen norwegischen Polfahrer, Roald Amundsen. […]

Am 21. Juli 1893 läuft sie aus Vardø[2] aus, beginnt ihre Reise ins Ungewisse.

Zwei Monate später friert sie nahe der Neusibirischen Inseln im Eis ein. Bei der ersten Eispressung, die das Schiff erzittern lässt, notiert Nansen in seinem Tagebuch: „Die Fram verhielt sich wundervoll, wie ich es von ihr erwartet hatte. Mit stetigem Druck schob sich das Eis heran, musste jedoch unter uns durchgehen, und wir wurden langsam in die Höhe gehoben.“ […]

1 die Drift: Strömung an der Meeresoberfläche
2 Vardø: Stadt in Norwegen

Das Schiff wird nicht zerdrückt, doch seine Reise verläuft anders, als Nansen gehofft hat – weit südlicher. Er trifft deshalb einen wagemutigen Entschluss: Nach anderthalb Jahren des Driftens verlässt er die *Fram* im März 1895, um den Pol auf Skiern zu erreichen. Hjalmar Johansen, als Heizer an Bord, begleitet ihn; an Bord bleiben zehn Kameraden und der Kapitän Otto Sverdrup. [...]

Doch den Pol erreichen sie nicht. Knapp über dem 86. Breitengrad drehen sie um, zu langsam kommen sie voran mit ihren schweren Schlitten, zu aufgeworfen ist das Eis. Mit viel Mühen kämpfen sie sich tatsächlich nach Franz-Joseph-Land[3], wo sie in jener Hütte überwintern, deren Reste heute noch zu sehen sind. [...]

Im darauffolgenden Sommer schlagen sich die Männer nach Süden durch, und es kommt zu einem der größten Zufälle der Geschichte. In der Nähe Kap Floras, auf einer der südlichsten Inseln des Archipels[4], hören sie Hundegebell; wenig später treffen sie auf die Expedition des Briten Frederick George Jackson – ihre Rettung. Mit seinem Schiff gelangen sie ins norwegische Vardø zurück, am 13. August 1896. Mehr als drei lange Jahre nach der Abfahrt.

3 Franz Joseph Land: Inselgruppe, die ca. 900 km vom Pol entfernt liegt
4 der Archipel: Inselgruppe

1. Überfliege den Text und fasse die Informationen in eigenen Worten zusammen.
2. Lies den Text genauer: Markiere mithilfe einer Überdeckfolie Wichtiges und formuliere für jeden Sinnabschnitt eine Zwischenüberschrift. Schreibe in dein Heft.
   1. Sinnabschnitt (Zeile 1–9): Ziel der Forschungsreise
   2. Sinnabschnitt (Zeile 10–...): ...
   ...
   Tipps & Hilfen (→ S. 298)

3. Erläutere anhand der Karte den Weg von Nansens Driftfahrt.
4. Erkläre, was Nansens Forschungsreise so spektakulär macht und warum sie drei Jahre dauerte.
5. Verfasse auf der Grundlage des Lexikonartikels auf Seite 180, des Textes von Seite 182 f., der Karte und des Textes auf dieser Doppelseite einen kurzen Artikel für ein Kinderlexikon über die spektakulären Forschungsreisen Fridtjof Nansens.
   Beantworte in diesem Artikel folgende Fragen:
   - Wer war Nansen?
   - Welche Forschungsreisen unternahm er?
   - Was war das Besondere an Nansens Forschungsreisen?
   Tipps & Hilfen (→ S. 298)

Strategie: Informationen aus verschiedenen Texten verknüpfen

Text 1 Der Beginn eines neuen Lebensabschnitts

Joseph Quadflieg

Inzwischen hatte in Europa der Erste Weltkrieg gewütet und war nach den sinnlosen Feindseligkeiten unter den Völkern unter schweren Verlusten im Jahre 1918 zu Ende gegangen. Und ebendieses Jahr 1918 sollte für den 57-jährigen Fridtjof Nansen eine entscheidende Wende bringen, einen entscheidenden Neuanfang. Durch seine wissenschaftlichen Arbeiten war er zu großen Ehren gekommen, mit seinen Expeditionen hatte er seinem Vaterland in der ganzen Welt Ruhm verschafft. Nun spürte er, dass Ruhm und Ehre nicht alles war, um derentwillen es sich zu leben und sich anzustrengen lohnt. „Mir ist", schrieb er zu Weihnachten an seine Frau, „als liefe ich herum und würde auf etwas wirklich Großes warten, für das ich alle meine Kräfte brauche." Und in der Tat: Das neue Jahr 1919 wurde der Beginn eines neuen Lebensabschnitts, der Beginn seiner zehn letzten Jahre, in denen er alle seine Kräfte für eine ganz andere, für eine „wirklich große" Sache einsetzte: für den Dienst an den vom Krieg heimgesuchten und geschundenen Menschen.

Text 2 Nansens Verdienste in der Flüchtlingshilfe

Nansen erlangte nicht nur durch seine spektakulären Expeditionen internationalen Ruhm, sondern auch, weil er sich nach dem Ersten Weltkrieg für die Flüchtlinge und Kriegsgefangenen in ganz Europa einsetzte. So unterstützte er unter anderem mit privaten Geldern die Lebensmittelversorgung für Millionen hungernder Menschen.

Außerdem erfand er den sogenannten Nansen-Pass. Dieser Pass war ein Passersatz für Menschen, die keine Staatsbürgerschaft hatten und damit staatenlos waren. Der Nansen-Pass war für ein Jahr gültig und ermöglichte es diesen Menschen, wieder in ihr Heimatland zurückzukehren. Damit hatte der Nansen-Pass eine wichtige Bedeutung für viele Staatenlose.

Für seine Verdienste in der Flüchtlingshilfe wurde Nansen 1922 mit dem Friedensnobelpreis ausgezeichnet. Das gesamte Preisgeld spendete er der Flüchtlingshilfe.

Text 3 Staatsbürgerschaft und Staatenlosigkeit

In der Regel ist jeder Mensch Staatsbürger des Landes, in dem er geboren wurde oder aus dem seine Eltern stammen. Jeder Staatsbürger hat das Recht, einen Pass oder einen Ausweis in diesem Land zu beantragen, mit dem er sich frei innerhalb und außerhalb seines Heimatlandes bewegen kann und der ihm jederzeit die Rückkehr in sein Heimatland ermöglicht.

Es gibt aber auch Menschen, die keinem Staat oder Land angehören. Das kann z.B. daran liegen, dass die Staaten, deren Staatsbürgerschaft diese Menschen hatten, aufgelöst wurden und nicht mehr existieren oder dass Menschen aus ihren Heimatländern vertrieben und ihnen die Staatsbürgerschaft entzogen wurde. Diese Menschen gelten als staatenlos.

Text 4 Der Friedensnobelpreis

Der Friedensnobelpreis ist eine Auszeichnung für besondere Verdienste in der Friedensarbeit. Er wurde vom schwedischen Erfinder und Industriellen Alfred Nobel gestiftet. Diese Auszeichnung wird seit 1901 jedes Jahr am Todestag Alfred Nobels, dem 10. Dezember, in Oslo verliehen.

1 Überfliege die Texte auf dieser Doppelseite. Welche Informationen enthalten sie? Mach dir zu jedem Text Notizen.

Text 1: Nansens Tätigkeit nach 1918

Text 2: …

2 Erläutere in eigenen Worten die Begriffe
- Nansen-Pass,
- Staatenlosigkeit,
- Friedensnobelpreis.

Tipps & Hilfen (→ S. 298)

3 Formuliere einen kurzen Text über Nansens Leistungen nach 1918. Ergänze eine passende Überschrift.

Tipps & Hilfen (→ S. 299)

Strategie: Textinhalte in einer anderen Form darstellen

Amelia Earhart *Andrea Schweers*

US-amerikanische Fliegerin
geboren am 24. Juli 1897 in Atchinson, Kansas
verschollen am 2. Juli 1937 im Stillen Ozean

„Sportlich, lässig, kompetent, emanzipiert“, eine große, schlanke Frau mit blondem Kurzhaarschnitt, im ledernen Fliegeranzug ebenso beeindruckend wie im eleganten Abendkleid (worauf sie auch Wert legte), war Amelia Earhart Vorbild einer ganzen Frauengeneration.

Mit ihren wagemutigen Alleinflügen und sensationellen Rekorden verfolgte sie nicht nur sportliche und wissenschaftliche Ziele, sondern wollte auch beweisen, dass Frauen zu technischen Höchstleistungen in der Lage waren. [...]

Nach zwei kurzen Abstechern „ins Soziale“ – 1917 versorgte sie als Schwesternhelferin verletzte Militärpiloten, einige Jahre später arbeitete sie als Sozialarbeiterin in einem armen Stadtteil von Boston – widmete sich die junge Amerikanerin ganz ihrem Traum vom Fliegen. Sie suchte sich eine Fluglehrerin, Neta Snook, und kaufte mithilfe ihrer Mutter ein gebrauchtes Flugzeug.

1928 wurde sie auf einen Schlag berühmt – als erste Frau überquerte sie in einem Flugzeug den Atlantik, allerdings, zu ihrem Ärger, nur als Passagierin, wurde aber bei der Landung in Wales und der Rückkehr nach New York begeistert gefeiert [...] und wurde zur „Frau des Jahres“ gewählt.

1929 nahm sie am ersten Überlandflugwettbewerb für Pilotinnen teil, von den Journalisten ironisch „Puderquastenrennen" genannt. In den folgenden Jahren reihte sie einen Rekord an den anderen. Ihr größtes Abenteuer wagte sie 1932 – fünf Jahre nach Lindberghs[1] Transatlantikflug überquerte sie als erste Frau im Alleinflug den Ozean.

Wenige Monate vor ihrem 40. Geburtstag nahm sie sich dann etwas vor, was noch niemand geschafft hatte, sie wollte die Erde in Äquatorhöhe umrunden. Am 21. Mai 1937 startete sie mit einem Navigator[2] von Oakland in Richtung Osten. Am 2. Juli hatten sie drei Viertel der Strecke zurückgelegt, vor ihnen lag das gefährlichste Stück – der Pazifische Ozean. 20 Stunden nach dem Start erhielt ein Küstenwachboot die letzten Funksignale von der „Elektra" – dann nichts mehr. Seitdem gilt Earhart als verschollen. Trotz vieler Gerüchte – War sie eine Spionin? Wurde sie von den Japanern aufgefischt und gefangen gehalten? – konnte ihr Schicksal nie aufgeklärt werden.

1 Charles Lindbergh (1902-1974): unternahm 1927als Erster einen Nonstop-Flug über den Atlantik, von New York nach Paris
2 der Navigator: Offizier, der für die Navigation („Steuermannskunst") zuständig ist

1 Worum geht es in dem Text? Fasse den Inhalt kurz zusammen.

2 Bilde Sinnabschnitte, indem du die entsprechenden Zeilenangaben notierst, und formuliere zu jedem Abschnitt eine passende Zwischenüberschrift.
Tipps & Hilfen (→ S. 299)

3 Markiere mithilfe einer Überdeckfolie in zwei unterschiedlichen Farben im Text …
- Informationen über Amelia Earhart,
- Bewertungen von Amelia Earhart.

Tipps & Hilfen (→ S. 299)

4 Welches der folgenden Adjektive gibt die Bewertung Amelia Earharts im Text am besten wieder? Begründe mit entsprechenden Textstellen.

mutig · waghalsig · abenteuerlustig

5 Erkläre die folgenden Begriffe aus dem Textzusammenhang. Nutze ein Wörterbuch, wenn du unsicher bist.

kompetent (Z. 1 f.) · emanzipiert (Z. 2)

6 Erstelle einen Zeitstrahl zum Leben von Amelia Earhart.
Trage alle wichtigen Jahreszahlen und Ereignisse mithilfe der Informationen aus dem Text ein.
Tipps & Hilfen (→ S. 299)

Theorien zu Earharts Verschwinden

Es gibt allerdings Hinweise, nach denen Earhart und ihr Begleiter Fred Noonan auf Gardner Island (seit 1979 Nikumaroro), einem unbewohnten Atoll[1] der Phönixinseln, notgelandet sind und dort eine kurze Zeit überlebt haben. Eine Woche nach Earharts Verschwinden wurden dort von einem Suchflugzeug aus Hinweise auf ein kürzlich genutztes Biwak[2] gesichtet. Auch aufgefangene Notfunksprüche, die in den Tagen nach dem Verschwinden belegt sind, stammten möglicherweise von Earhart.

1940 fand man auf Gardner Island einen Damenschuh, eine leere Sextantenkiste[3] (möglicherweise von Noonan) und ein unvollständiges Skelett, das zunächst einer männlichen Person zugeordnet wurde. Die Knochen gingen allerdings auf den Fidschi-Inseln, wohin sie zur Untersuchung gebracht worden waren, verloren, ihr Verbleib ist unklar.

1998 wurde aufgrund der Analysedaten von 1940 das Skelett jedoch als vermutlich einer weiblichen Person zugehörig mit dem ungefähren Alter und Gewicht Earharts identifiziert. 2007 fand man Reste eines Damenschuhs aus den Dreißigerjahren der Marke „Cat's Paw", die auch Earhart trug, einen Männerschuhabsatz, einen Reißverschluss, der von einer Fliegerjacke stammen könnte, den Spiegel einer Puderdose, mehrere Knöpfe, einfache Werkzeuge, Acrylglas und Aluminiumblech, das ebenfalls vom Flugzeug stammen könnte.

2010 wurden bei Ausgrabungen einige Gegenstände sichergestellt: altes Make-up, Glasflaschen und Muschelschalen. Auch entdeckte man Knochenfragmente an der Stelle, wo 1940 die Reste des nicht mehr auffindbaren Skeletts gefunden worden waren. Diese Bruchstücke ähnelten Knochenteilen eines Wirbels und eines Fingers. Ein DNA-Vergleich[4] der Knochen erwies sich allerdings als nicht möglich; es ließ sich nicht einmal mit Sicherheit feststellen, ob die Knochen menschlichen Ursprungs sind.

Das bisherige Nichtauffinden des Flugzeugwracks wird dadurch erklärt, dass es nach einer Notwasserung Earharts vor der Küste des Atolls nach einigen Tagen durch die Strömung über das Korallenriff gezogen wurde. Der Meeresboden fällt dort steil auf mehrere hundert Meter ab.

Im Juli 2012 suchte eine Expedition mit einem Roboter-U-Boot den Meeresboden nach Wrackteilen ab. Das Unternehmen kostete zwei Millionen Dollar. Teile des Flugzeugs konnten nicht gefunden werden.

1 das Atoll: Inselgruppe
2 das Biwak: Übernachtungslager, Zeltlager
3 der Sextant: Messinstrument zur Navigation auf dem Meer
4 der DNA-Vergleich: Erbgut-Vergleich

Der Leiter der Expedition, Ric Gillespie, sprach allerdings davon, dass ein Experte für die Auswertung von Bildmaterial ein mögliches Trümmerfeld identifiziert habe.

Gegen diese Theorie spricht, dass auf der Insel keine weiteren Funde von Ausrüstung oder eines Wracks belegt sind, obwohl sie ab 1937 regelmäßig besucht wurde, sich dort während des Zweiten Weltkriegs eine Fernmeldebasis der US Navy befand und die Insel bis 1963 dauerhaft besiedelt war. Dort gefundene Wrackteile lassen sich größtenteils Kampfflugzeugen zuordnen; kein Teil stammt mit Sicherheit von Earharts Flugzeugtyp. Umstritten ist auch, ob der an Bord befindliche Treibstoff überhaupt bis Gardner Island ausgereicht hätte.

Weitere Theorien, die im Laufe der Jahre geäußert wurden, lassen sich vermutlich dem Reich der Legenden zuordnen; so soll Earhart sich auf Inseln der Südsee versteckt haben, von japanischen Truppen gefangen genommen oder unter neuem Namen in den USA untergetaucht sein.

7 Überfliege den Text und fasse kurz zusammen, welche Theorien es zu Amelia Earharts Verschwinden gibt.
Tipps & Hilfen (→ S. 299)

8 Übertrage die Mindmap in dein Heft und ergänze sie mit Informationen aus dem Text.
Tipps & Hilfen (→ S. 299)

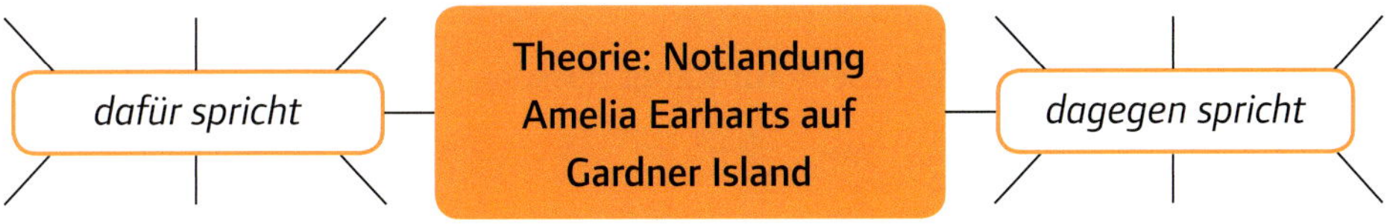

9 Wähle eine der beiden folgenden Aufgaben aus:

a) Halte anhand deiner Mindmap einen Fünf-Minuten-Vortrag über die Theorien zu Amelia Earharts Verschwinden.

b) Bereite auf der Grundlage der Texte auf Seite 188 f. und auf dieser Doppelseite einen Kurzvortrag zum Thema „Amelia Earhart – ihr Leben und ihre Leistungen" vor.

Diagramme und Tabellen erschließen

Klimadiagramm Nuuk (Godthåb)

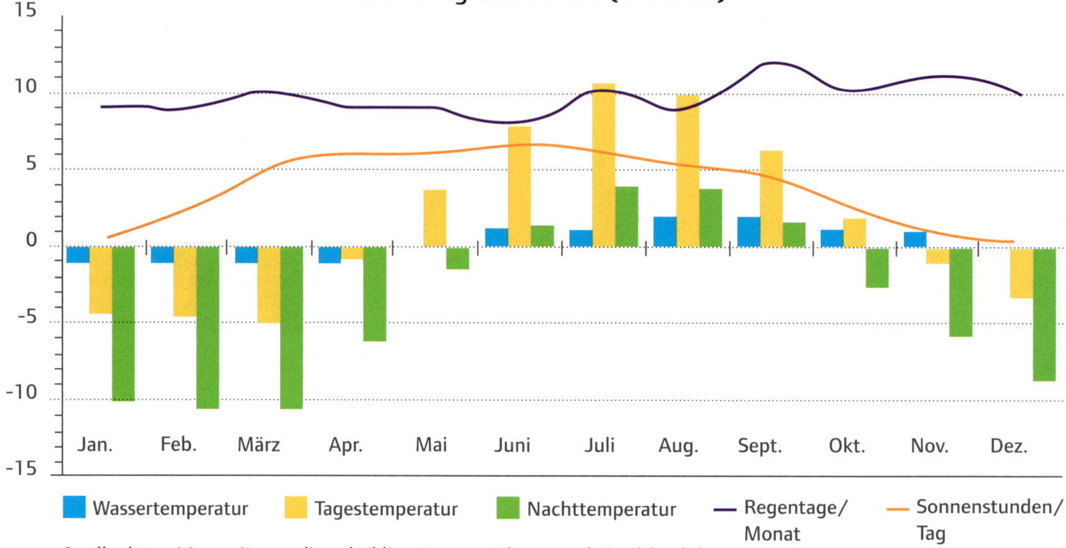

Quelle: http://www.iten-online.ch/klima/europa/daenemark/godthaab.htm

1. Beschreibe das Klimadiagramm, das Auskunft über das Klima in Nuuk (Godthåb), der Hauptstadt Grönlands, gibt.
2. Bestimme mithilfe des Info-Kastens rechts, um welche Art Diagramm es sich handelt.
3. Untersuche das Diagramm genauer:
   - Kläre die Maßeinheit. Welches Problem stellst du dabei fest?
   - Beschreibe die Säulen: Welches sind die höchsten und welches die niedrigsten Werte?
   - Beschreibe die Kurven: Wie verändern sie sich im Jahreslauf?
   - Fasse die Ergebnisse in eigenen Worten zusammen.

4. Lege in deinem Heft eine Tabelle nach folgendem Muster an und fülle sie mit Daten aus dem Klimadiagramm von Nuuk (Godthåb).

Klimatabelle für Kangerlussuaq

	Jan.	Feb.	März	Apr.	Mai	Juni	Juli	Aug.	Sept.	Okt.	Nov.	Dez.	
Max. Temperatur (°C)	−14,5	−16,4	−12,4	−2,2	7,6	13,9	16,3	13,4	7,5	−1,8	−7,6	−11,0	Ø −0,5
Min. Temperatur (°C)	−24,4	−26,7	−24,0	−13,3	−2,5	3,3	4,8	3,0	−1,4	−9,8	−16,4	−20,8	Ø −10,6
Sonnenstunden (h/d)	0,1	2,5	5,4	7,1	7,4	8,2	8,1	6,0	4,8	2,6	0,6	0,0	Ø 4,4
Regentage (d)	1	1	1	2	2	4	6	5	4	4	4	2	Σ 36

Quelle: http://www.klima.org/groenland/klima-kangerlussuaq/

Ø= Durchschnitt, Σ = Summe

5. Beschreibe die Klimatabelle für Kangerlussuaq, einen Ort nördlich der Hauptstadt Nuuk (Godthåb).
6. Zeichne nach dem Muster von Seite 192 ein Säulendiagramm mit Angaben zur maximalen und minimalen Temperatur in den einzelnen Monaten.
7. Vergleiche die Temperaturen von Kangerlussuaq mit denen in Nuuk (Godthåb).
8. Diskutiert: Welche Vor- und Nachteile haben Tabellen und welche Diagramme? Begründet eure Einschätzungen mit Beispielen.

Info: Tabellen und Diagramme lesen und auswerten

Tabellen und **Diagramme** stellen die Ergebnisse von Untersuchungen (Statistiken) geordnet und übersichtlich dar. Bei Diagrammen unterscheidet man verschiedene Arten, z. B.:

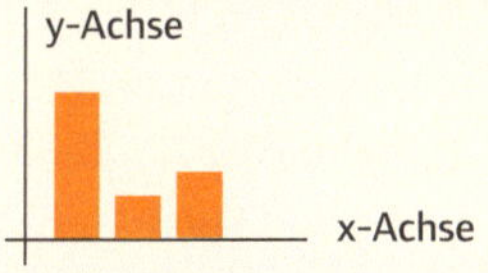

Säulendiagramm

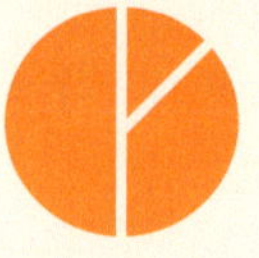
Kreisdiagramm

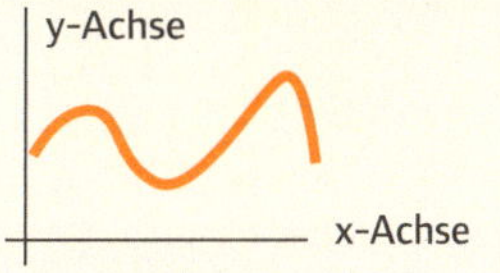

Kurvendiagramm

1. Schritt: Verschaffe dir einen Überblick.
- Lies die Überschrift oder die Unterschrift.
- Benenne das Thema in eigenen Worten.
- Kläre, woher die Informationen stammen.

2. Schritt: Untersuche die Angaben genauer.
- Kläre die Maßeinheiten in der Tabelle oder im Diagramm.
- Untersuche, was …
  - in den Spalten und in den Zeilen der Tabelle dargestellt wird,
  - auf der x-Achse und der y-Achse des Diagramms dargestellt wird.
- Achte darauf, ob eine Legende mit zusätzlichen Erklärungen (meist unten und klein gedruckt) enthalten ist.

3. Schritt: Beschreibe die einzelnen Angaben und werte sie aus.
- Welches ist der höchste / der niedrigste Wert? Welche Werte sind gleich oder ähnlich groß?
- Welche Entwicklungen kann man ablesen?
- Was ist besonders auffällig? Was überrascht dich?

4. Schritt: Fasse die Ergebnisse in eigenen Worten zusammen.

5. Schritt: Stelle weitere Überlegungen zu deinen Ergebnissen an.
- Kannst du Ursachen für Einzelergebnisse angeben?
- Gibt es Ergebnisse, die du nicht nachvollziehen kannst?
- Lassen sich Schlussfolgerungen aus den Ergebnissen ableiten?

Recherchieren

Informationen in Bibliotheken und Büchern suchen

Inhalt (Auszug)

Register (Auszug)

1 Beschreibe, wie du vorgehst, wenn du in der Bücherei ein Buch zu einem bestimmten Thema suchst.

2 a) Formuliere Fragen, zu deren Beantwortung du geeignete Literatur suchst.
b) Unterstreiche in deinen Fragen wichtige Stichwörter, die du für deine Suche nutzen kannst, z. B.:
Gab es neben Amelia Earhart noch andere Frauen als Flugpioniere?

❸ Informiere dich im Info-Kasten, wie du bei der Recherche in einer Bibliothek vorgehst. Recherchiere anhand deiner Stichwörter aus Aufgabe 2, ob deine Bibliothek geeignete Bücher anbietet.

❹ Überprüfe anhand des abgebildeten Inhaltsverzeichnisses und des Sachwortregisters auf der linken Seite, ob du in diesem Buch voraussichtlich Informationen über
- Fridtjof Nansen,
- Amelia Earhart,
- die Entdeckung des Südpols,
- den Entdecker Roald Amundsen

findest. Notiere die Seitenangaben.

Info: Informationen in Bibliotheken und Büchern suchen

1. Schritt: Fragen formulieren
- Formuliere **eine Frage oder mehrere Fragen**, die du beantworten möchtest.

2. Schritt: Geeignete Bücher in der Bücherei/Bibliothek suchen

Den Aufbau der Bücherei/Bibliothek kennen lernen
- Mache dich mit der **Systematik deiner Bücherei** vertraut. Meist haben Lexika ihren eigenen Ort. Viele Bücher sind nach Sachgebieten, z. B. „Abenteuer", „Technik" oder „Natur", aufgestellt.

Den Bibliothekscomputer nutzen
- Überlege, welche **Suchbegriffe** für die Beantwortung deiner Fragen am wichtigsten sind, und notiere sie.
- Gib deine **Suchbegriffe** in das **Stichwortfeld der Suchmaske** im **Bibliothekscomputer** ein.
- Klicke auf den Titel und prüfe mithilfe der **Kurzbeschreibung**, ob sich der Titel voraussichtlich zur Beantwortung deiner Fragen eignet.
- Notiere die **Signatur** des Buches. Sie besteht in der Regel aus einer Kombination aus Buchstaben und Zahlen, z. B. *Lex ab 10*. Die Signatur gibt den **Standort des Buches in der Bibliothek** an.

Tipp: Frage die Mitarbeiter/-innen der Bibliothek, wenn du Hilfe benötigst.

3. Schritt: Ausgewählte Bücher auf ihre Eignung hin überprüfen
- Eine erste Orientierung über ein Thema bieten **Nachschlagewerke**, z. B. **Jugendlexika** oder **Sammelbände** zu bestimmten Themen. Die einzelnen Einträge in den Lexika sind alphabetisch geordnet.
- Prüfe mithilfe des **Inhaltsverzeichnisses** und des **Sachwortregisters** am Ende des gefundenen Buches, ob es tatsächlich Informationen zu deinen Stichwörtern enthält.
- **Überfliege Einträge, Artikel oder Kapitel,** die dir sinnvoll erscheinen, und überprüfe, ob sie tatsächlich Antworten auf deine Fragen enthalten.

Informationen im Internet suchen

Eldorado – Auf der Suche nach der goldenen Stadt

Schon vor 500 Jahren machten sich die spanischen Eroberer Südamerikas auf die Suche nach El Dorado, der sagenhaften Goldstadt, oder gar nach einem legendären Goldland. Zahlreiche Abenteurer und Forschungsreisende haben es ihnen in den folgenden Jahrhunderten gleichgetan.

1 Was möchtest du gerne über Eldorado wissen? Formuliere Forscherfragen.
Wo liegt Eldorado?
Wann ...?

2 a) Beschreibe, wie du vorgehst, wenn du im Internet Antworten auf deine Fragen finden möchtest.
b) Gib bei einer Internet-Suchmaschine deiner Wahl (→ S. 197) den Begriff *Eldorado* ein. Welche Ergebnisse erhältst du bei der ersten Seite deiner Suchergebnisse?
c) Probiere auch eine andere Suchmaschine (→ S. 197) aus. Inwiefern unterscheiden sich deine Suchergebnisse? Nenne Beispiele.

3 a) Grenze deine Suchergebnisse ein, indem du mithilfe deiner Forscherfragen aus Aufgabe 1 Begriffe sammelst, die dir als zusätzliche Stichwörter für deine Suche dienen können.
b) Bilde sinnvolle Kombinationen mit deinen Suchbegriffen und überprüfe, welche Kombinationen dir bei der Beantwortung deiner Fragen am ehesten weiterhelfen.
Eldorado + Lage

4 Das bekannteste Internet-Lexikon ist „Wikipedia". Untersuche den Ausschnitt aus dem Artikel zu *Eldorado* auf der rechten Seite anhand folgender Fragen:
- Wie ist der Artikel aufgebaut?
- Welche Funktion haben die blauen Begriffe? Gibt es etwas Vergleichbares in einem gedruckten Lexikon? Wenn ja, wie sieht es dort aus?

5 In welchen Abschnitten des Wikipedia-Artikels findest du Antworten auf die folgenden Fragen? Orientiere dich am Inhaltsverzeichnis und probiere es aus.
- Wie entstand der Mythos von Eldorado?
- Gibt es tatsächlich einen oder mehrere Orte mit dem Namen Eldorado?
- Worum geht es in dem Film „Eldorado"? Wann wurde er gedreht?

Quelle: Seite „Eldorado". In: Wikipedia, Die freie Enzyklopädie. Bearbeitungsstand: 30. Juni 2015, 23:50 UTC.
URL: https://de.wikipedia.org/w/index.php?title=Eldorado&oldid=143630021 (Abgerufen: 22. Juli 2015, 13:08 UTC)

Info: Im Internet recherchieren

Neben den bekannten Suchmaschinen, wie *www.google.de* oder *www.bing.de*, gibt es spezielle Suchmaschinen für Jugendliche, z. B.: *www.blinde-kuh.de*, *www.fragfinn.de* oder *www.helles-koepfchen.de*. Gehe bei deiner Suche in folgenden Schritten vor:

1. Schritt: Fragen formulieren

- Formuliere Fragen, die du mithilfe deiner Recherche beantworten möchtest.

2. Schritt: Geeignete Suchbegriffe sammeln

- Überlege, welche Suchbegriffe für die Beantwortung deiner Fragen wichtig sind.
- Kombiniere mehrere Suchbegriffe, z. B.: *El Dorado + Lage + Legende*. Damit schränkst du die Suchergebnisse auf die Seiten ein, die alle diese Begriffe enthalten. Das bringt dich meist schneller ans Ziel. Probiere unterschiedliche Begriffe und Kombinationen aus.

3. Schritt: Suchergebnisse auswerten und archivieren

- Versuche, dir anhand deiner Ergebnisliste ein Bild davon zu machen, welche Einträge für die Beantwortung deiner Fragen sinnvoll und welche weniger sinnvoll sind.
- Folge den Links, für die du dich entschieden hast, und überfliege zunächst die Ergebnisse. Behalte dabei immer deine Fragen im Auge.
- Hast du eine passende Seite gefunden, kopiere die *www*-Adresse in ein extra Dokument. Notiere kurz, welche Informationen du unter diesem Link gefunden hast.

Zum Schmökern, Schauen, Weiterdenken

Extrem-Forscher: Eiskalt, tropfnass, glutheiß *Susan Schädlich*

Im Eis *Elke Ludewig, 28 Jahre alt*

KinderZEIT: Was erforschen Sie?

Elke Ludewig: Ich bin Klimaforscherin und arbeite zurzeit auf der Neumayer-Forschungsstation. Die steht im Norden der Antarktis und sieht aus wie eine bunte Lagerhalle auf Stelzen. Wenn ich aus dem Fenster schaue, sehe ich viel weiße Landschaft in der Dunkelheit. Denn hier ist gerade Winter und dann scheint etwa zwei Monate lang nie die Sonne. Ich überwache die Geräte, die ständig die Temperatur, die Feuchte und die Strahlung messen. Außerdem beobachte ich das Wetter. Meteorologen, also Wetterforscher, auf der ganzen Welt nutzen die Daten für ihre Vorhersagen. Auch andere Klimaforscher verwenden sie für ihre Arbeit.

KinderZEIT: Wie arbeiten Sie genau?

Ludewig: Alle drei Stunden gebe ich in einen Computer ein, wie die Wolken aussehen, wie weit man in die Ferne gucken kann und wie der Schnee beschaffen ist. Einmal am Tag ziehe ich mich dick an und gehe raus in die Kälte, etwa minus 30 Grad Celsius ist es da. Ich mache meine Wetterbeobachtungen und laufe zu meinem Messfeld. Dort steht zum Beispiel ein 15 Meter hoher Mast mit Sensoren. Meist klettere ich hinauf und reinige die Messgeräte. Manchmal versinke ich in einer Schneedüne. Aber das passiert selten. Meist ist der Schnee fest zusammengepresst und fühlt sich unter den Füßen wie eine harte Wiese an.

KinderZEIT: Was ist Ihr wichtigstes Arbeitsgerät?

Ludewig: Der Computer, besonders eine Internetseite von unserer Forschungsstation. Da sehe ich alle Daten, die gemessen werden. Und wenn etwas nicht stimmt, kann ich das dort sofort erkennen.

KinderZEIT: Ist Ihre Arbeit abenteuerlich?

Ludewig: Spannend ist es, wenn wir auf dem Meereis arbeiten und Pinguine gucken kommen. Einmal im Monat messen wir, wie dick das Meereis ist. Vorher müssen wir ein Loch durch den zwei bis drei Meter hohen Schnee graben. Dafür buddeln wir zu viert etwa eine halbe Stunde, danach bohren wir durchs Eis. Das riechen die Pinguine. Einmal kamen zwanzig von ihnen auf uns zu gelaufen! Ich mag die Tiere sehr. Aber wir haben strenge Regeln und dürfen nicht näher als 20 Meter an sie herangehen. Wir mussten das Loch total schnell wieder zuschaufeln, damit kein Pinguin hineinfällt. Das war echt stressig.

Im Dschungel *Florian Wittmann, 46 Jahre alt*

KinderZEIT: Was erforschen Sie?

Florian Wittmann: Ich untersuche Bäume in Überschwemmungswäldern in Brasilien. Das sind Wälder, die an den riesigen Flüssen des Tropenwaldes im Amazonasgebiet liegen. Viele Bäume hier werden jedes Jahr monatelang bis zu acht Meter hoch überflutet. Es gibt etwa 2500 Baumarten und viele Pflanzen, die nur hier vorkommen. Sie sind wichtig, zum Beispiel als Nahrung für Tiere. Aber die Wälder sind stark gefährdet. Bauern und Händler holzen sie ab. Neuerdings werden auch viele Flüsse für Wasserkraftwerke angestaut. Dadurch ändern sich die Wasserstände und viele Arten verschwinden.

KinderZEIT: Wie arbeiten Sie genau?

Wittmann: Manchmal fahre ich mehr als tausend Kilometer mit einem Boot, um die Überschwemmungswälder an einem entlegenen Fluss zu erreichen. Dorthin bin ich viele Tage unterwegs. Meine Kollegen und ich markieren dann in einigen Bereichen alle Bäume. Wir bestimmen ihre Art und schauen uns andere Merkmale an – zum Beispiel, wie hoch sie überschwemmt werden, wie dick ihr Stamm ist und wie hoch sie sind.

KinderZEIT: Was ist Ihr wichtigstes Arbeitsgerät?

Wittmann: In der Regel schreibe ich im Wald alles mit einem Stift in ein Notizbuch und gebe es später in den Computer ein. Wichtig sind auch das Navigationsgerät und Maßbänder. Und wir haben spezielle Scheren, um Blätter, Blüten und Früchte zu sammeln, die wir anschließend pressen. So können wir die Arten vergleichen und exakt bestimmen.

KinderZEIT: Ist Ihre Arbeit abenteuerlich?

Wittmann: Auf fast jeder Exkursion passiert etwas Unerwartetes. Einmal habe ich mit zwei Kollegen im Wald gearbeitet, als plötzlich ein Jaguar keine zehn Meter entfernt hinter einem Baum auftauchte. Wir hatten große Angst, denn Jaguare können gefährlich sein. Deshalb haben wir unser Gerät zusammengerafft und sind zwei Kilometer durch den Wald zu unserem Boot gelaufen. Dabei haben wir ständig in die Hände geklatscht und gerufen. Jaguare sind nämlich scheu und lassen sich mit Lärm vertreiben. Dieses Tier war aber unbeeindruckt und hat uns die ganze Strecke begleitet. Erst als wir das Boot erreichten, verschwand es im Wald. Vielleicht war der Jaguar einfach neugierig. Wahrscheinlich hatte er noch nie drei so seltsame zweibeinige Tiere gesehen.

In der Wüste *Kai Mangelsdorf, 46 Jahre alt*

KinderZEIT: Was erforschen Sie?

Kai Mangelsdorf: Ich versuche herauszufinden, ob die Trockengebiete der Erde schon immer so trocken waren wie jetzt – oder ob es in der Vergangenheit Zeiten gegeben hat, in denen es mehr geregnet hat und in denen dort Pflanzen gewachsen sind. Ich bin also an der Geschichte des Klimas interessiert. Im Süden von Afrika liegt das Land Namibia. Dort gibt es große Gebiete, die sehr trocken sind. Manche sind bereits richtige Wüsten mit endlosen Sanddünen. In den Wüsten findet man ausgetrocknete Wasserbecken, sogenannte Salzpfannen. Dort liegt viel Salz an der Oberfläche, das übrig blieb, als das Wasser verdunstet ist. Da arbeite ich.

KinderZEIT: Wie arbeiten Sie genau?

Mangelsdorf: In der Wüste ist es sehr heiß und ich komme oft ins Schwitzen. Denn für meine Arbeit bohre oder grabe ich ein Loch in den Boden der Salzpfanne, um an Ablagerungen aus vergangenen Zeiten heranzukommen. Sedimente nennt man die, und je tiefer man bohrt, umso älter sind diese Sedimente. Darin suche ich nach kleinsten Teilchen von Pflanzen und Lebewesen. So erfahre ich, wie die Umwelt an der Stelle vor langer Zeit ausgesehen hat. Es ist wie ein Blick in die Vergangenheit.

KinderZEIT: Was ist Ihr wichtigstes Arbeitsgerät?

Mangelsdorf: Das ist unser Bohrgerät – ein Rohr mit einem Rüttler am Kopfende. Der Rüttler versetzt das Rohr in Vibration, und so rüttelt es sich in den Boden. Links und rechts am Rohr gibt es Griffe. Zwei Personen hängen sich da ran und drücken das Rohr nach unten. Dabei wird man ganz schön durchgeschüttelt. Anschließend wird das Rohr nach oben gezogen und geöffnet. Darin befinden sich dann die Sedimente, die wir untersuchen.

KinderZEIT: Ist Ihre Arbeit abenteuerlich?

Mangelsdorf: Weil die Salzpfannen oft weit von Dörfern oder Städten entfernt sind, müssen wir häufig campen. Das ist abenteuerlich. Wir haben Aufklappzelte, die auf die Dächer unserer Expeditions-Autos montiert sind. So schlafen wir recht sicher vor Schlangen, Skorpionen, Löwen und anderen Tieren. Ein tolles Erlebnis ist auch der nächtliche Sternenhimmel des Südens. Er ist vielleicht nirgends so klar wie in der Wüste von Namibia.

7 Was erforschen die drei Forscher/-innen jeweils? Notiere zu jedem Forscher einen Satz.

2 Lege für jede Forscherin / jeden Forscher einen Forschersteckbrief an. Orientiere dich bei deinen Angaben an den Fragen der KinderZEIT, z. B.:
Name, Alter, Forschungsgegenstand, wichtigstes Arbeitsgerät ...

Wettlauf nach Timbuktu *Katharina Beckmann*

Anfang des 19. Jahrhunderts haben viele Europäer davon gehört, doch keiner hat sie je gesehen: die sagenhafte Wüstenstadt Timbuktu. So machen sich 1825 zwei Männer auf, diesen Ort zu finden. Es ist ein Rennen um Ruhm und Ehre. Und am Ende auf Leben und Tod.

7. September 1828, die französische Botschaft in Tanger, Marokko: Als der Abend dämmert, schleicht sich eine gebeugte Gestalt ins Zimmer des Vizekonsuls[1] Delaporte. Das Gewand des Fremden ist schmutzig, zerlumpt; sein Gesicht eingefallen. Kraft- und tonlos spricht er seinen Namen: René Caillié, Franzose, 28 Jahre. Und er behauptet, dass er in Timbuktu gewesen sei, dieser sagenhaften Wüstenstadt im Süden der Sahara, aus der noch kein Europäer je lebend zurückgekommen ist. Bis jetzt.

Der Vizekonsul braucht einen Moment, um zu begreifen. Dann meldet er die Sensation in die Heimat. Caillié wird in Frankreich sofort als Held gefeiert. Doch: Der Held kann sich nicht freuen. „Betrüger!", brüllen ihm Zweifler entgegen. Und behaupten, dass er nie in Timbuktu gewesen sei. Caillié habe die Schilderungen von Alexander Gordon Laing gestohlen und abgeschrieben – einem britischen Major, der sich ebenfalls auf den Weg nach Timbuktu gemacht hatte und seither verschollen ist. Wer hat denn nun recht?

Die Vorgeschichte: Anfang des 19. Jahrhunderts kennen die Europäer nicht mehr als die Küsten des afrikanischen Kontinents. Von seinem Inneren wissen sie nur, dass dieses sengend heiß und sandig ist. Und dass es

1 der Vizekonsul: Regierungsbeamter

Timbuktu birgt, die „Königin der Wüste", diese um 1100 gegründete Stadt, die noch kein Europäer gesehen hat. Vom Hörensagen aber heißt es: Sie soll fabelhaft sein. Wasser plätschere dort mitten in der Wüste – aus goldenen Brunnen. Prächtige Paläste gebe es, Mosaike, Marmor, Moscheen. Geschichten wie diese machen die Europäer neugierig. Sie wollen unbedingt nach Timbuktu vordringen.

Im **Jahr 1824** setzt die französische Geografische Gesellschaft darum ein Preisgeld in Höhe von 10 000 Francs aus „für den Entdecker, der es nach Timbuktu schafft und mit Berichten von dort zurückkehrt". Ein Rennen beginnt, von dem die beiden Beteiligten anfangs gar nicht wissen, dass es stattfindet.

Februar 1825: Major Alexander Gordon Laing – ein angesehener britischer Soldat – bricht auf, als Erster Timbuktu zu erreichen. Er reist nach Tripolis, der heutigen Hauptstadt Libyens, und schließt sich dort einer Karawane durch die Sahara bis zum Unterlauf des Niger an, wo er Timbuktu vermutet. Spitznäsig und starrköpfig ist Laing. In Uniform und seidenen Strümpfen sitzt er auf dem Kamelrücken, und dauernd herrscht er seine Helfer im Offizierston an.

Etwa zur selben Zeit macht sich auch René Caillié vom Senegal aus auf den Weg: ein Schusterlehrling aus Frankreich, der angeblich schon als 17-Jähriger beschlossen hat, er wolle „Timbuktu sehen oder untergehen".

Caillié besitzt jede Menge Mut, aber kaum Mittel, um die Reise zu bezahlen. In Sierra Leone bieten ihm die britischen Kolonialherren einen gut bezahlten Job an, den er ausschlägt. Denn: Es ist nichts als ein hinterhältiges Angebot, findet Caillié heraus. Die Briten wollen ihn festhalten, damit er ihrem Landsmann Laing bei der Suche nach Timbuktu nicht in die Quere kommt. Caillié weiß nun, dass er einen Konkurrenten hat.

Der erreicht im **Dezember 1825** bereits die Oase In-Salah, erschöpft und entnervt von den Einheimischen, die Laing als „gesetzlose Banditen" beschreibt. Und im **Sommer 1826** geschieht tatsächlich das Befürchtete: Wenige Tagesmärsche vor Timbuktu wird Laing von Nomaden[2] überfallen, fast totgeschlagen. Auf ein Kamel geschnürt, setzt er die Reise fort. Der Kiefer gebrochen, das Ohr aufgeschlitzt, doch ansonsten wohlauf – schreibt er noch trocken in einem Brief. Man wird nie wieder von ihm hören.

Forscher aus Europa gelten in der Wüste als Spione, als Eindringlinge, die man am besten gleich tötet. Um dieser Gefahr zu entgehen, fasst Caillié einen Plan: Er will getarnt als Tuareg[3] durch die Wüste reisen. Als er sich am **19. April 1827** in Kakondy in Guinea einer kleinen Karawane Richtung Norden anschließt, ist er auf alles vorbereitet. Der Franzose hat Arabisch gelernt, trägt den Namen „Abdallah" und hat sich sogar eine neue Lebensgeschichte zugelegt: Als Kind, so erzählt er, hätten ihn französische Soldaten aus Ägypten entführt. Nun wolle er zurück zu seinen Wurzeln und auf dem Weg dorthin über Timbuktu reisen.

Es ist ein Treck ins Ungewisse. Caillié hat zwar – wie Laing – erfahren, dass Timbuktu am Niger liegt. Aber er hat keine Ahnung, wie weit es bis dorthin ist, besitzt keine Karte. Sämtliche Aufzeichnungen muss er heimlich machen; erwischt ihn jemand, ist er in Lebensgefahr.

Cailliés Karawane zieht zunächst durch das Bergland Guineas. Eine Tortur: Der Proviant ist viel zu knapp, die Sandalen sind zu klein. Caillié geht barfuß, läuft sich so die Fersen wund bis aufs Fleisch und muss Anfang August 1827 in einem ärmlichen Wüstendorf pausieren. Dabei erkrankt er auch noch an Skorbut[4], verliert einige Zähne und seinen Mut. Er notiert später: „Die Schmerzen raubten mir jeden Gedanken. Ich dachte nur noch an den Tod."

Erst **Mitte Januar 1828** geht es weiter, nach Djenne, Mali. Dort kommt Caillié zu Ohren, ein Christ habe bereits Timbuktu erreicht, sei dann aber gestorben. Ein Christ? Major Laing? Ist das Rennen damit verloren? Caillié hofft und bangt und bangt und hofft in den kommenden Wochen seiner

2 Nomaden: Angehörige eines umherziehenden Hirtenvolks
3 Tuareg: Bevölkerungsgruppe in der Sahara
4 der Skorbut: Krankheit, die durch Vitamin-C-Mangel entsteht und zu Blutungen und Zahnausfall führt

Reise, die ihn auf einem maroden Schiff durch die unendlichen Windungen des Nigers führt. Und dann, nach einem weiteren Fußmarsch durch glühende Hitze, taucht sie am **20. April 1828** endlich auf: Timbuktu, die sagenumwobene Stadt!

Caillié hat geschafft, wovon er so lange geträumt hat – und ist beim Anblick doch deprimiert. Er sieht zwar Moscheen und riesige Märkte. Doch wo sind die goldglänzenden Brunnen? Die prächtigen Paläste? „Da lagen nur lauter schlecht gebaute Lehmhäuser", schreibt er. Und: Alles atme „tiefe Traurigkeit". Nur 13 Tage hält er es in Timbuktu aus, 13 Tage, in denen er versucht, Genaueres über Laings Schicksal herauszufinden. Man munkelt, dass sich der Major auf dem Rückweg geweigert habe, sich zum Islam zu bekennen. Daraufhin habe man ihn erdrosselt. Man zeigt Caillié später sogar die Stelle im Wüstensand, wo Laing gestorben sei. Aber: Wo sind Laings Aufzeichnungen, wo ist seine Ausrüstung? Ist Laing womöglich längst wieder in der Heimat?

Im **Mai 1828** macht sich René Caillié auf, zurück Richtung Frankreich. Es geht nordwärts durch die Sahara. Tag um Tag um Tag grenzenloses Nichts. Er leidet Hunger, seine Begleiter müssen ein Kamel töten, um das Wasser aus dessen Magen zu trinken. Caillié verflucht Timbuktu, dieses Rennen, alles. Dass er die französische Botschaft in Tanger lebend erreicht, grenzt an ein Wunder. Über 500 Tage hat seine Reise nach Timbuktu und zurück gedauert. Doch noch viel länger ist unklar, wer der wahre Sieger dieses Rennens dorthin ist.

Endgültig geklärt wird diese Frage erst 25 Jahre später, als der Deutsche Heinrich Barth nach Timbuktu kommt. Er bestätigt: Laing war zwar dort, wurde aber ermordet. Caillié ist damit der erste Europäer, der lebend von dort zurückgekehrt ist, der Sieger.

Doch der erlebt seinen Sieg gar nicht mehr. René Caillié verstirbt am **17. Mai 1838** mit nur 38 Jahren – wohl an Tuberkulose[5], einer Krankheit, die er sich auf seiner Afrikareise zugezogen hat.

5 die Tuberkulose: Lungenkrankheit

1. Wer hat den Wettlauf nach Timbuktu gewonnen und warum gilt er als Gewinner? Begründe mit Informationen aus dem Text.
2. Erläutere anhand der Karte auf Seite 202 und der Informationen aus dem Text, auf welchem Weg die beiden Konkurrenten nach Timbuktu gelangten.
3. Lege einen Zeitstrahl an, auf dem du die einzelnen Stationen des Wettlaufs nach Timbuktu einträgst.
4. Informiere dich über die Geschichte der Stadt Timbuktu und bereite ein Kurzreferat vor.

Sachtexte erschließen

Strategie: Forscherfragen stellen

- Überlege vor dem Lesen, welche Ziele du mit der Lektüre verfolgst, z. B., ob du dich über ein Thema allgemein informieren oder nur bestimmte Fragen klären willst.
- Formuliere Leitfragen für deine Lektüre.

Strategie: Sich einen Überblick verschaffen

- Lies die Überschrift und betrachte die Abbildungen, falls vorhanden. Was erfährst du bereits hier über das Thema des Textes?
- Lies den gesamten Text einmal zügig durch: Zu welchen Themen liefert er Fakten? Welche Fragen beantwortet er?

Strategie: Informationen in Texten markieren

- Markiere wichtige Begriffe oder Textteile farbig. Nutze verschiedene Farben für unterschiedliche Informationen.

Strategie: Einen Text gliedern

- Kläre, ob der Text bereits gegliedert ist, z. B. in Absätze oder durch Zwischenüberschriften. Unterteile ihn in Sinnabschnitte, falls er noch nicht gegliedert ist.
- Formuliere zu jedem Absatz/Abschnitt eine Frage oder eine Zwischenüberschrift, z. B.:
  - *Was wollte Amelia Earhart beweisen?*
  - *Nansens politische Tätigkeiten*

Strategie: Schwierige und unbekannte Begriffe klären

- Versuche, schwierige und unbekannte Begriffe aus dem Zusammenhang zu erschließen.
- Schlage in einem Lexikon nach oder informiere dich im Internet, wenn du unsicher bist.

Strategie: Informationen aus verschiedenen Texten und Bildern verknüpfen

- Kläre, welche deiner Fragen der Text nicht beantwortet. Hast du andere Texte zur Verfügung, die dir bei der Beantwortung dieser Fragen helfen?
- Prüfe, welche zusätzlichen Informationen das Bildmaterial liefert. Werte es aus.
- Trage die Informationen aus allen vorliegenden Materialen zusammen.

Strategie: Textinhalte in einer anderen Form wiedergeben

- Übertrage die Informationen aus dem Text in eine andere Form, z. B. in eine Liste, eine Tabelle, eine Mindmap, einen Zeitstrahl oder eine Zeichnung. Wähle abhängig vom Text eine geeignete Form aus.

10 Von Hogwarts nach Wittenberg

Sprache erforschen

1. Schulgebäude können ganz unterschiedlich aussehen. Beschreibt und vergleicht die Bilder auf dieser Doppelseite.
2. Welche Wortart habt ihr für die Beschreibung vor allem verwendet? Nennt Beispiele.
3. Tragt zusammen, was ihr über Wortarten und ihre Eigenschaften wisst.
4. Untersucht den folgenden Satz:
   - Bestimmt die Wortarten der unterstrichenen Wörter.
   - Bestimmt die Satzglieder.

   Erklärt im Anschluss, wie ihr dabei vorgegangen seid.

In Hogwarts steht auch Zauberunterricht auf dem ungewöhnlichen Stundenplan.

In diesem Kapitel ...

- wiederholst du bekannte Wortarten und lernst weitere Wortarten kennen.
- lernst du, wie die Verwendung von Aktiv und Passiv die Sicht auf eine Handlung verändert.
- wiederholst du, wie Sätze, Satzreihen und Satzgefüge aufgebaut sind.
- erweiterst du dein Wissen über Sätze und Zeichensetzungsregeln.
- wendest du dein Wissen über Wortarten, Satzglieder und den Satzbau zur Überarbeitung von Texten an.
- untersuchst du die Bedeutung und die Bildung von Wörtern.
- erfährst du etwas über die Geschichte der deutschen Sprache.

Wortarten wiederholen

Wortarten unterscheiden

Schule früher und heute

Viele Jahrhunderte lang war Schulbildung ein Vorrecht der Reichen und Mächtigen, denn Wissen bedeutet Macht. Die Schulpflicht für alle gibt es in Deutschland erst seit dem 19. Jahrhundert. Von den ersten Schulen in Griechenland bis hin zum heutigen Schulsystem war es ein langer Weg. Was und wie in der Schule gelernt werden soll, ist bis heute noch jedem Staat selbst überlassen und sorgt häufig für Diskussionen. In diesem Kapitel erfährst du einiges darüber, wie Schule früher war, zum Beispiel im alten Rom oder vor zweihundert Jahren in Deutschland, aber auch darüber, wie sie in der Literatur dargestellt wird und wie sie in der fernen Zukunft aussehen könnte.

1. Was möchtest du über Schülerinnen und Schüler in vergangenen Jahrhunderten oder in fernen Ländern erfahren? Sammle deine Fragen.
2. a) Nenne Beispiele aus dem Text für alle Wortarten, die du kennst.
   b) Übernimm die Tabelle und ergänze für jede Wortart mindestens zwei Beispiele aus dem Text. Ergänze anschließend die Überschriften.

Wortart: ______	Wortart: ______	Wortart: ______	Wortart: ______	Wortart: ______
- Kapitel - …	- der …	- alten - …	- du - …	- erfährst - …

3. Du weißt bereits, dass sich einige Wörter verändern, wenn sie in einem Satz verwendet werden, und andere unveränderlich sind.
   a) Übertrage die Mindmap in dein Heft und sortiere die Wörter im Wortspeicher danach, ob sie sich im Satz verändern oder nicht.
   b) Überprüfe deine Einordnung, indem du zu jedem Wort Beispielsätze bildest.

heute · wer · Mädchen · gehen · nie · einhundert · weil · sonntags · Montag · oh! · grün · oft

Nomen/Substantive und Adjektive

1 Nach welchen Gesichtspunkten kannst du die Nomen im Wortspeicher sortieren?

Eingang · Portal · Statuen · Museen · Atlanten · Lexika · Mumie · Räume

2 a) Schreibe den Lückentext ab und setze das Nomen *Museum* in der jeweils richtigen Form ein. Manchmal musst du einen bestimmten oder unbestimmten Artikel ergänzen.
b) Bestimme bei jedem eingesetzten Nomen den Numerus (Singular oder Plural) und den Kasus (Fall). Nutze die Frageprobe.

Nicht nur in der Schule kann man etwas lernen, sondern z. B. auch in ___ . Früher waren ___ oft langweilige Orte für Kinder und Jugendliche. Heutzutage werden aber auch diese als Besucher ___ ernst genommen. Fast alle ___ bieten gesonderte Führungen für Kinder an. Darum gehen viele Kinder inzwischen sogar freiwillig in ___ .

3 a) Welche Eigenschaften können Statuen, Museen oder Räume haben? Notiere sie.
b) Wähle zu jedem Nomen zwei Adjektive aus und bilde Sätze mit ihnen. Wie verändern sich die Adjektive jeweils? Markiere diese Veränderungen.
Die zierliche Statue stammt aus Griechenland.

4 a) Adjektive können – bis auf wenige Ausnahmen – auch gesteigert werden. Welche Adjektive im folgenden Wortspeicher lassen sich nicht steigern? Begründe.
b) Bilde mit den anderen Adjektiven Beispielsätze in allen drei Steigerungsstufen.

alt · schnell · mündlich · jung · tot · kalt · heiß · weiß

Merke **Nomen/Substantive und Adjektive**

Nomen/Substantive und **Adjektive** gehören zu den **veränderlichen Wortarten**.
Das **Nomen/Substantiv und seine Begleiter** werden im Satz **dekliniert**, z. B.:

Nominativ (1. Fall): *Die Schule war früher den Reichen vorbehalten.*	**Frage:** *Wer?/Was?*
Genitiv (2. Fall): *Die Aufgabe der Schule ist die Vermittlung von Wissen.*	**Frage:** *Wessen?*
Dativ (3. Fall): *Der Schule verdanken viele ihre Bildung.*	**Frage:** *Wem?*
Akkusativ (4. Fall): *Viele behalten ihre Schule in guter Erinnerung.*	**Frage:** *Wen?/Was?*

Adjektive werden ebenfalls **dekliniert, wenn sie ein Nomen begleiten,** und lassen sich außerdem **steigern**, z. B.: *Unser Klassenraum ist groß (Positiv). Der Raum der Klasse 6 a ist jedoch noch größer (Komparativ). Am größten (Superlativ) ist aber der Raum der Klasse 5 b.*

Präpositionen

Liebe Eltern der Klasse 6b,
___ ersten Donnerstag ___ den Ferien wollen wir die hiesige Filiale der Stadtbibliothek besuchen. ___ diesem Tag werden Ihre Kinder auch die Möglichkeit haben, ___ der Filiale der Stadtbibliothek einen Leseausweis zu beantragen. Wir werden uns ___ 8:00 Uhr ___ Foyer der Schule treffen und dann gemeinsam ___ die Innenstadt fahren. ___ der Bibliothek wird es viele spannende Bücher zu entdecken geben. Bitte geben Sie Ihrem Kind ein Passbild ___ den Leseausweis und ausreichend Getränke ___ die Pause mit. ___ das Foto kann leider kein Leseausweis ausgestellt werden. ___ die Mittagszeit werden wir wieder ___ der Schule sein.
Mit freundlichen Grüßen
Simone Berger

1 Welche der folgenden Präpositionen (Verhältniswörter) passen in welche Lücke? Schreibe den Text ab und ergänze sie. Manche Präpositionen musst du dabei mehrmals verwenden.

um · im (= in + dem) · am (= an + dem) · in · nach · für · ohne · an

2 a) Übertrage die Tabelle in dein Heft und ergänze jeweils eine Präposition aus dem Text, die ein räumliches Verhältnis ausdrückt, und eine, die ein zeitliches Verhältnis ausdrückt.
b) Suche für jede Art der Präposition weitere Beispiele.

Räumliches Verhältnis (lokal) *Wo? Wohin?*	**Zeitliches Verhältnis** (temporal) *Wann?*
– *in* – …	– *am (= an dem)* – …

3 a) Schreibe zu jeder Präposition in der Tabelle einen Beispielsatz in dein Heft.
b) Unterstreiche die Präpositionalgruppe (Präposition + folgendes Nomen oder Pronomen). In welchem Kasus (Fall) steht die Präpositionalgruppe jeweils?
in: In der Bibliothek leihe ich mir meistens Spiele und DVDs aus. ⟶ Dativ

4 a) Im Brief oben taucht in Zeile 5 und 6 die Präposition *in* zweimal auf:
Wir werden … in die Innenstadt fahren. In der Bibliothek wird es viele spannende Bücher zu entdecken geben.
Erfrage die unterstrichenen Präpositionalgruppen. Was stellst du fest?
b) Ergänze die folgende Regel. Schreibe in dein Heft:
Merke: Verweist die Präposition auf einen Ort, fragt man ___ . Darauf folgt der Dativ. Verweist die Präposition auf eine Richtung, fragt man ___ . Darauf folgt der Akkusativ.

5 Überprüfe die Regel aus Aufgabe 4, indem du zu den Präpositionen *an, auf, hinter, in, neben, über, vor* und *zwischen* je einen Beispielsatz bildest, in dem das nachfolgende Nomen oder Pronomen im Dativ steht, und einen, in dem es im Akkusativ steht.

6 Menschen, die Deutsch als Fremdsprache lernen, haben mit dem richtigen Kasus (Fall) bei den Präpositionen oft Schwierigkeiten. Berichtigt die folgende E-Mail, die eine Schülerin von einem Freund aus den USA erhalten hat.

> Lara

Hi, Lara,

ich schreibe dir heute, weil ich dir unbedingt erzählen muss, was mir gestern nach die Schule passiert ist: Herr Bishop hat schon vor einige Tage gesagt, dass er für seinem Baseball-Team Leute sucht. Auf die Stelle habe ich mir gedacht: Wow! Da will ich mitmachen! Über der Mannschaft von Herrn Bishop musst du nämlich wissen, dass es die beste Jugendmannschaft in die Stadt ist. Und stell dir vor: Ich bin in der Mannschaft gewählt worden! Ist das nicht sensationell? Schreib mir doch auch eine E-Mail aus deine Schule.

Bye-bye
Jason

Merke **Präpositionen**

Präpositionen sind kleine, **unveränderbare Wörter**. Sie stellen Beziehungen zwischen den Wörtern und Wortgruppen im Satz her, z. B.:
Am (= an dem) ersten Donnerstag nach den Ferien gehen wir in die Stadtbibliothek.

Präpositionen stehen in der Regel **vor dem Nomen oder Pronomen** und **bestimmen dessen Kasus (Fall),** z. B.:
aus, bei, mit, nach, seit, von, zu → verlangen den **Dativ**
durch, für, gegen, ohne, um → verlangen den **Akkusativ**

Hinzu kommen die sogenannten **Wechselpräpositionen.** Dazu gehören:
an, auf, hinter, in, neben, über, unter, vor, zwischen.
Auf diese Präpositionen folgt der **Dativ, wenn auf einen Ort verwiesen wird** (Frage: *Wo?*), und der **Akkusativ, wenn auf eine Richtung verwiesen wird** (Frage: *Wohin?*), z. B.:
Das Bild hängt an der Wand. (Dativ)
Ich hänge das Bild an die Wand. (Akkusativ)

Personal- und Zeitformen der Verben

Die Schule der Zauberlehrlinge *Katharina Beckmann*

Sie lassen Bälle verschwinden und lösen Knoten in Luft auf: In einem Schloss bei Köln lernen Zauberschüler verblüffende Tricks. Wie die funktionieren, dürfen sie niemandem verraten. Denn nur wer diese Geheimnisse bewahrt, kann die Zuschauer wahrlich zum Staunen bringen.

[...] Diese magische Schule liegt in Rösrath bei Köln: Eine alte Steintreppe führt hinunter in den Zauberkeller von Schloss Eulenbroich. Ein uraltes Gewölbe – verwinkelte Gänge enden in niedrigen Räumen. Es gibt keine Fenster. Der Geruch von Lehm liegt in der Luft. Nur der Zauberlehrer, der die Kinder am frühen Nachmittag begrüßt, passt nicht ganz in diese Umgebung. Peter Helten trägt keine dunkle Robe, keinen spitzen Hut. Stattdessen eine bunte Weste, gelbe Hosen, orangefarbenes Hemd. Und dann, als er mit seinen Lehrlingen im Stuhlkreis sitzt, sagt er auch noch: „Niemand kann zaubern! Übersinnliche Kräfte gibt es nicht!" Moritz lässt seinen Kopf in den Nacken fallen, als er das hört. Hinter ihm im Regal stehen vier „Harry Potter"-Bände. Das ist pure Fantasie, der Elfjährige weiß das. Aber ein bisschen so wie Harry würde auch er gern sein. Da tippt ihm Peter Helten aufs Knie. „Wir können die Menschen trotzdem bezaubern", sagt er. „Wenn sie unsere Tricks mit offenem Mund und strahlenden Augen bewundern – das ist dann wahre Magie!" Der Zauberlehrer steht auf und holt mit einer flinken Handbewegung einen Ball aus Alices Ohr. Die Kinder staunen. „Seht ihr!", sagt der 53-Jährige. „Also los!"

1 a) Untersuche die blau gedruckten Verben im Text. Wonach richtet sich ihre Form?
b) In einem Satz des Textes fehlt das Verb. Schreibe diesen Satz ab und ergänze ihn zu einem vollständigem Satz.

2 Wähle ein Verb aus dem Text aus und konjugiere es wie im Beispiel:

	1. Person	2. Person	3. Person
Singular	ich lasse	du lässt	er/sie/es lässt
Plural	wir lassen	ihr lasst	sie lassen

3 a) Im Wörterbuch stehen Verben nicht in ihrer konjugierten Form, sondern im Infinitiv, der sogenannten Grundform. Suche im Text drei Verben im Infinitiv.
b) Wähle fünf andere Verben aus dem Text aus und setze sie in den Infinitiv.

4 Du weißt, dass man mithilfe der Tempusformen (Zeitformen) der Verben angeben kann, ob etwas in der Vergangenheit, in der Gegenwart oder in der Zukunft passiert.

a) Formuliere den Text auf Seite 210 folgendermaßen um: Setze
- die Zeilen 1–4 ins Futur (Zukunftsform) und
- die Zeilen 5–14 ins Präteritum (die einfache Vergangenheit).

b) Wofür könnten sich die veränderten Texte eignen, z. B. für einen Zeitungsbericht, eine Erzählung oder eine Fantasiegeschichte? Begründe.

5 Erkläre anhand der Verben *lernen* und *liegen*, wie das Futur und das Präteritum gebildet werden.

6 a) Was passierte zuerst und was anschließend? Schreibe die folgenden Sätze ab und setze die Verben in Klammern in der jeweils passenden Zeitform ein.
Begründe deine Entscheidungen.

b) Welche Zeitformen hast du verwendet? Erkläre, wie sie gebildet werden.

Nachdem die Kinder den ganzen Nachmittag für die Vorstellung *geübt hatten* (üben), ___ (sein) es endlich so weit: Sie ___ (dürfen) das Gelernte ihren Eltern vorführen. Jana zitterte vor Aufregung am ganzen Körper, während sie ihren Zauberkoffer ___ (öffnen) und dem Publikum den leeren Koffer ___ (zeigen). Nachdem sie ihn vorsichtig ___ (schließen) und wieder ein klein wenig ___ (öffnen), zog sie zur Überraschung aller ein grünes Tuch hervor. Anschließend ___ (holen) sie noch ein langes Seil hervor. Da der Trick auf Anhieb ___ (funktionieren), atmete Jana erleichtert auf, während das Publikum ___ (applaudieren). Weil die Vorstellung offensichtlich allen Zuschauern ___ (gefallen), ___ (gehen) Jana glücklich von der Bühne.

Merke **Verben**

Auch **Verben** sind **veränderbar**. Sie lassen sich **konjugieren**, z. B.:
ich lerne, du lernst, er/sie/es lernt, wir lernen, ihr lernt, sie lernen.
Die nach Person und Numerus konjugierten Verbformen nennt man **finite Verbformen.**
Im Wörterbuch erscheinen die Verben im Infinitiv, **der Grundform**, z. B. *lernen* oder *zaubern*.
Von Verben kannst du außerdem verschiedene **Tempusformen** bilden. Neben dem **Präsens** sind das z. B. das **Präteritum**, das **Perfekt**, das **Plusquamperfekt** und das **Futur**.

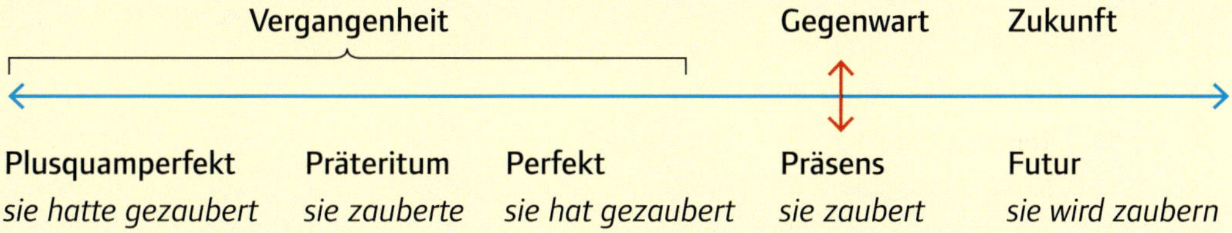

Mit dem Passiv die Sicht auf eine Handlung verändern

Passivsätze bilden und verwenden

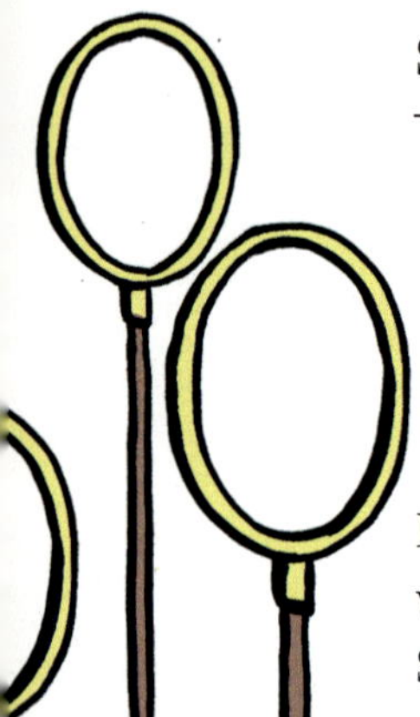

Schulsport in Hogwarts

Die Zauberschüler in Hogwarts spielen als Schulsport Quidditch. Hierbei verwenden sie Besen, auf denen sie reiten. Beim Quidditch benutzen die Spieler vier Bälle unterschiedlicher Größe. Einen Ball nennen sie „Quaffel“, zwei „Klatscher“ und den vierten „goldenen Schnatz“. Jede Mannschaft schickt sieben Spieler in den Wettbewerb.

An jedem Ende eines Quidditch-Feldes stehen drei goldene Pfeiler mit Ringen an den Spitzen. Ähnlich wie beim Basketball werfen die **drei Jäger** den Quaffel durch einen der drei gegnerischen Ringe. **Ein Hüter** verteidigt als eine Art Tormann die drei eigenen Ringe. Die beiden Klatscher sind Bälle, die durch Zauberkraft durch die Luft schießen und versuchen, die Spieler von den Besen zu stoßen. **Zwei Treiber** schützen die Jäger vor den Klatschern. Hierbei jagen sie die Klatscher auf die gegnerische Mannschaft. **Der Sucher** fängt den goldenen Schnatz und holt für seine Mannschaft zusätzlich hundertfünfzig Punkte und damit den Sieg. Er beendet hierdurch das Quidditch-Spiel. Das bedeutet, dass ein Spiel ewig lange dauern kann. Der Rekord liegt bei drei Monaten.

1. Lies den Text und fasse die Regeln für das Quidditch-Spiel in eigenen Worten zusammen.
2. a) Oliver Wood, der Hüter von Gryffindor, hat eine Kurzbeschreibung des Quidditch-Spiels verfasst. Übertrage sie in dein Heft und fülle die Lücken.
   b) Wodurch unterscheidet sich diese Kurzbeschreibung vom Text? Nenne Beispiele.

Der Quaffel ___ durch einen der drei gegnerischen Ringe ___.
Die drei eigenen Ringe ___ ___.
Die Jäger ___ vor den Klatschern ___.
Der goldene Schnatz ___ ___.
Das Quidditch- Spiel ___ beendet.

3 a) Übertrage die beiden folgenden Satzpaare in dein Heft. Unterstreiche jeweils Subjekt und Objekt in unterschiedlichen Farben. Was fällt dir auf?

b) Markiere die Verben und beschreibe die Unterschiede zwischen den Sätzen auf der linken und der rechten Seite.

c) Wie verändert sich die Aussage der Sätze durch die Umwandlung? Begründe.

Die Spieler fangen den goldenen Schnatz.	⟶	Der goldene Schnatz wird von den Spielern gefangen.
Die Jäger werfen den Quaffel durch die Ringe.	⟶	Der Quaffel wird von den Jägern durch die Ringe geworfen.

4 Bei den Sätzen auf der linken Seite in Aufgabe 3 handelt es sich um sogenannte Aktivsätze, bei den Sätzen auf der rechten Seite um sogenannte Passivsätze.
Ergänze die folgende Regel für die Bildung von Passivsätzen.

Merke: Das Passiv wird mit einer Form von ___ und dem Partizip II des Verbs gebildet.
Das Akkusativobjekt im Aktivsatz wird im Passivsatz zum ___ .

5 Übertrage die ersten drei Sätze der ausführlichen Spielbeschreibung „Schulsport in Hogwarts" in dein Heft und forme sie in Passivsätze um.

Als Schulsport …
Beim Quidditch …
…

6 Sind die folgenden Sätze auch Passivformen? Begründe deine Entscheidung.

Morgen werde ich zum Training gehen.
Wir werden Fußball spielen.

Schulsport in den USA

Kai ist mit seiner Familie in die USA gezogen und berichtet seinem Freund Alex von den ersten Wochen an seiner neuen Schule.

> Alex

Hi, Alex,

ich bin jetzt schon zwei Wochen in den USA. Hier an meiner Schule wird viel mehr Sport getrieben als an unserem Gymnasium zu Hause. Ein normaler Schultag beginnt um 8:00 Uhr und endet, wenn man an den sogenannten „Extracurricular Activities" (so etwas wie AGs bei uns) teilnimmt, erst um 18:00 Uhr. Von meiner Schule werden sehr viele Sportarten angeboten: Golf, Cheerleading, Track & Field, Soccer, Baseball und noch viele mehr. Du kannst hier aber nicht einfach so an einer Sportart teilnehmen, sondern du wirst in sogenannten „Try-Outs" (so einer Art Sichtungstraining) über mehrere Tage von den Sportlehrern geprüft. Danach entscheiden die Trainer, wer was spielen darf. Während ihr zu Hause im Fußballverein das ganze Jahr über von eurem Trainer trainiert werdet, gibt es hier viele Sportarten nur zu einer bestimmten Jahreszeit. Dadurch können die Schülerinnen und Schüler in mehr als einem Team spielen. Football gibt es jetzt im Herbst. Ich darf am Training des Footballteams teilnehmen. Das ist eine große Ehre, denn das Team ist der Stolz der ganzen Schule. Wir werden von den Trainern zwar stark gefordert, genießen aber bei unseren Mitschülern großes Ansehen. Von meinen Mitschülern werde ich oft gefragt, warum in Deutschland so wenig Football gespielt wird. „Keine Ahnung", sage ich dann immer. So, und jetzt muss ich zum Training.

Viele Grüße
dein Kai

7 Übertrage die Tabelle in dein Heft. Suche im Text alle Passivformen und trage sie in die passende Spalte ein.

	Singular	Plural
1. Person	(ich) werde …	(wir) …
2. Person	(du) …	(ihr) …
3. Person	(er, sie, es) wird getrieben	(sie) …

In Deutschland beliebt: Zirkeltraining

Zirkeltraining ist im deutschen Schulsport sehr beliebt, weil es sich auch für größere Gruppen eignet und sehr vielseitig ist.
Beim Zirkeltraining werden einzelne Stationen in einer vorgegebenen Reihenfolge durchlaufen:
1. Station: Hier werden Liegestütze auf dem Kasten gemacht.
2. Station: Bei Crunches wird der Oberkörper eingerollt.
3. Station: Beim Hoch- und Tiefsprung werden die Bein- und Hüftmuskulatur trainiert.

8 a) Lies die Beispiele für die Übungen beim Zirkeltraining. Erkläre, warum die Handelnden hier ganz weggelassen werden können.
b) Formuliere die folgenden Sätze nach demselben Muster in Passivsätze um.

4. Station: Bring den Oberkörper in die Waagerechte und senke ihn wieder.
5. Station: Mache Klimmzüge in Schräglage.
6. Station: Hebe die Beine in Rückenlage an.

Merke **Aktiv und Passiv**

In einem **Aktivsatz** liegt die Betonung auf der/dem Handelnden, z. B.:
Der Hüter verteidigt die drei eigenen Ringe.

In einem **Passivsatz** wird dagegen der Vorgang betont, z. B.:
Die drei eigenen Ringe werden von einem Hüter verteidigt.
In der Regel wird der Handelnde ganz weggelassen, weil er unwichtig, unbekannt oder selbstverständlich ist oder weil er bewusst verschwiegen werden soll. Dann spricht man vom **täterlosen Passiv,** z. B.:
Bäume werden nur im Winterhalbjahr gefällt. *Der Fahrraddieb wurde beobachtet.*

Das Passiv wird mit den **konjugierten Formen von *werden*** und dem **Partizip II** des Verbs gebildet, z. B.: *Ich werde gefragt.* *Du wirst gefragt.*

Formt man einen Aktivsatz in einen Passivsatz um, so wird das **Objekt des Aktivsatzes** zum **Subjekt des Passivsatzes**:
Der Hüter verteidigt *die drei eigenen Ringe.*
Die drei eigenen Ringe werden vom Hüter verteidigt.

Vorgangs- und Zustandspassiv unterscheiden

Das Ende der Sportstunde

Im Sportunterricht muss man sich an Regeln halten. Das gilt auch für das Ende der Sportstunde und das Verlassen der Turnhalle.
Rechts siehst du die Hallenordnung der Anna-Seghers-Schule.

Hallenordnung
Liebe Schülerinnen und Schüler, bitte denkt daran, ...
1. die Matten ordentlich auf dem Wagen zu stapeln.
2. alle beweglichen Turngeräte in den Geräteraum zu bringen.
3. die Tür des Geräteraums zu schließen.
4. die Fenster zu schließen.

1 Formuliere die Hallenordnung so um, dass Passivsätze entstehen.
Am Ende der Sportstunde ...
- *werden die Matten ordentlich auf dem Wagen gestapelt.*
- *...*

2 In welchem Zustand befindet sich die Turnhalle, wenn die Schülerinnen und Schüler alles richtig gemacht haben? Ergänze die fehlenden Sätze:
- *Die Matten sind ordentlich auf dem Wagen gestapelt.*
- *...*

3 Vergleiche die Passivsätze aus Aufgabe 1 und 2. Erkläre, worin sich ihre Aussage unterscheidet und in welchem Zusammenhang man sie jeweils verwenden könnte.

4 Sind die folgenden Sätze auch Passivformen? Begründe deine Entscheidung.

Die Matten sind blau. Die Turngeräte sind groß.

Merke **Vorgangs- und Zustandspassiv**

Die Passivform, die den Vorgang einer Handlung oder eines Ereignisses beschreibt, heißt **Vorgangspassiv**, z. B.:

Die Fenster werden geschlossen.

Die Passivform, die beschreibt, in welchem Zustand etwas am Ende eines Vorgangs ist, nennt man **Zustandspassiv**, z. B.:
Die Fenster sind geschlossen.
Das **Zustandspassiv** wird mit den **konjugierten Formen von *sein*** und dem **Partizip II des Verbs** (→ S. 314) gebildet.

Mithilfe des Passivs abwechslungsreich schreiben

Baseball als Schulsport

Baseball spielt man mit zwei Teams zu je neun Spielern. Punkte erringt man durch das Ablaufen der Bases. Wenn man die Bases in der Reihenfolge 1st, 2nd, 3rd und Homeplate abläuft, bekommt man einen Punkt. Nur wenn man das Angriffsrecht hat, kann man Punkte erzielen. Bevor man laufen darf, muss man einen vom gegnerischen Pitcher geworfenen Ball ins Feld schlagen. [...]

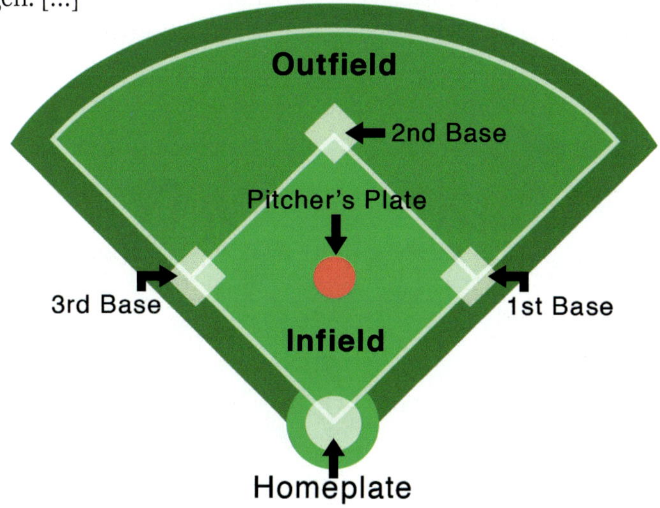

1. Warum klingt der Text langweilig und schlecht formuliert? Begründe.
2. Formuliere den Text ins Passiv um. Vergleiche im Anschluss deinen Text mit dem Text oben.
3. Beschreibe eine Sportart deiner Wahl in einem sprachlich abwechslungsreichen Text. Verwende dabei sowohl das Passiv als auch Ersatzformen aus dem Wortspeicher.

Ersatzformen für das Passiv	Beispiel
- *man*-Form	- *Baseball spielt man mit zwei Teams zu je neun Spielern.*
- *sich lassen* + Infinitiv	- *Baseball lässt sich nur mit zwei Teams zu je neun Spielern spielen.*
- Verbform von *sein* + Infinitiv mit *zu*	- *Baseball ist mit zwei Teams zu je neun Spielern zu spielen.*
- Verbform von *sein* + Adjektiv mit Endung *-bar, -lich, -fähig*	- *Baseball ist mit zwei Teams zu je neun Spielern spielbar.*

Mit Adverbien genaue Angaben machen

Ludus litterarius – Schule im alten Rom

Schule im alten Rom sah folgendermaßen aus: Auf der Elementarschule (ludus litterarius) wurden Kinder im Alter von sieben bis elf Jahren im Lesen und Schreiben unterrichtet. Der Unterricht begann damals bereits vor Sonnenaufgang und die Schüler saßen mit ihren Griffeln und Wachstafeln hinten im Zimmer auf Stühlen oder Bänken – Tische gab es nicht –, während der Lehrer vorn auf einem bequemeren Sessel saß. Die Klassenzimmer waren äußerst einfach und nur behelfsmäßig eingerichtet und manchmal zur Straße hin offen. Es gab kein kostenloses Schulsystem. Der Unterricht musste deswegen von den Eltern bezahlt werden. Das konnten sich damals nicht alle Eltern leisten. Daher besuchten viele Kinder keine Schule.

1 Worin unterscheidet sich das Schulsystem im alten Rom von unserem heutigen? Erstelle eine Übersicht mit Gemeinsamkeiten und Unterschieden. Verwende dabei die markierten Wörter.

Schule im alten Rom	Schule heute
– *Der Unterricht begann damals bereits vor Sonnenaufgang.* – …	– *Der Unterricht beginnt normalerweise zwischen 7:30 und 8:00 Uhr.* – …

2 Untersuche anhand der folgenden Beispiele, wie sich die Aussage eines Satzes durch das unterstrichene Adverb verändert.

Der Unterricht begann vor Sonnenaufgang.	Der Unterricht begann <u>bereits</u> vor Sonnenaufgang.
Der Lehrer saß.	Der Lehrer saß <u>vorn</u>.

3 a) Sortiere die Adverbien aus Aufgabe 1 nach der Art der Information, die sie geben.
b) Ergänze in jeder Spalte mindestens drei weitere Adverbien und formuliere zu jeder Art des Adverbs einen Beispielsatz.

Adverbien der Zeit (Temporal-adverbien) *Wann?*	Adverbien des Ortes (Lokaladverbien) *Wo?*	Adverbien des Grundes / der Folge (Kausaladverbien) *Warum?*	Adverbien der Art und Weise (Modaladverbien) *Wie?*
damals	...	...	...

4 Untersuche die folgenden Beispiele: Worauf beziehen sich die Adverbien jeweils? Nenne die Bezugswörter in jedem Satz.

- Die Kinder wurden damals von einem Sklaven in die Schule gebracht, heute fahren sie mit dem Rad oder mit dem Bus in die Schule.
- Die Klassenzimmer waren oft sehr einfach eingerichtet. Heutzutage sind die Schulen meistens gut ausgestattet.
- Der Unterricht fand damals wie heute nur wochentags statt.
- In den meisten Schulen ist heutzutage montags bis freitags Unterricht.

5 Versuche, die Adverbien in den Sätzen oben umzustellen. Was stellst du fest?

6 Anders als Adjektive verändern sich Adverbien im Satz nicht. Untersuche mithilfe von Beispielsätzen, welche der folgenden Wörter Adjektive und welche Adverbien sind.

schön · gern · lieb · besonders · überall · rechts · schnell · klein

Merke **Adverbien**

Adverbien gehören zu den **unveränderlichen Wortarten**. Sie machen genauere Angaben zum Prädikat oder zu einzelnen Satzgliedern. Adverbien geben Antwort auf die Fragen:

Wann?	*Wo?*	*Wie?*	*Warum?*
Temporaladverb (Adverb der Zeit)	**Lokaladverb** (Adverb des Ortes)	**Modaladverb** (Adverb der Art und Weise)	**Kausaladverb** (Adverb des Grundes)

Adverbien erfüllen im Satz meist die **Funktion der adverbialen Bestimmung** (→ S. 235 f.) und sind dann frei im Satz verschiebbar, z. B.:
Der Unterricht begann damals vor Sonnenaufgang. → Damals begann der Unterricht …
Achtung: Adverbien können leicht mit Adjektiven verwechselt werden. Im Gegensatz zu diesen verändern sie sich aber nicht im Satz und lassen sich in der Regel nicht steigern.

Mit Pronomen Bezüge im Satz herstellen

Die Demonstrativpronomen

1 Arbeitet zu zweit. Zeigt auf die Teile der Burganlage, die ihr meint, und erklärt sie, z. B.:
Dieses Gebäude muss die Burgkapelle sein. Das ist der Ort, den die Burgbewohner besuchten, um zu beten.

der · die · das

dieser · diese · dieses

derselbe · dieselbe · dasselbe

jener · jene · jenes

der Bergfried: Hauptturm der mittelalterlichen Burg
die Kemenate: mittels Kamin oder Kachelofen beheizbarer Wohn- und Arbeitsraum in der Burg
der Palas: Saalbau in der Burg; Sitz des Burggerichts und Ort für Feste
die Schießscharte: Öffnung in der Befestigungsmauer, aus der man schießen konnte, ohne aus der Deckung zu gehen
die Wehrmauer: Mauer um die Burg zur Abwehr von Feinden
die Zugbrücke: Brücke, die bei Gefahr hochgezogen wurde, damit Feinde nicht in die Burganlage eindringen konnten
der Zwinger: zwischen zwei Wehrmauern gelegener Bereich

2 Übertrage die Tabelle in dein Heft und ordne die Sätze mit den markierten Demonstrativpronomen danach,
- ob die Demonstrativpronomen ein Nomen begleiten oder
- ob sie ein Nomen ersetzen.

Diesen Museumsbesuch fand ich, anders als den beim letzten Wandertag, sehr interessant. Besonders gut haben mir die glänzenden Rüstungen gefallen. Auch das Modell der Burg fand ich interessant. Das hat schön gezeigt, wie eine solche Burg aufgebaut ist. Ich glaube, dass ich bald noch mal in dieses Museum gehen werde.

Ich habe mich sehr gewundert, wie sich die Ritter mit ihren Rüstungen überhaupt bewegen konnten. Die sind ja so schwer, dass man sie kaum hochheben kann. Gut gefallen haben mir die Schilde mit den Wappen. Über solche Wappen hat mein Vater auch ein dickes Buch zu Hause.

Das Demonstrativpronomen begleitet ein Nomen	Das Demonstrativpronomen ersetzt das Nomen oder eine Wortgruppe
Diesen Museumsbesuch … *…*	*… anders als den (= Museumsbesuch) beim letzten Wandertag …*

3 a) Schreibe den folgenden Text über das Leben auf einer mittelalterlichen Burg ab und ergänze passende Demonstrativpronomen in der richtigen Form.
b) Unterstreiche im Heft die Textstellen, auf die sich die Demonstrativpronomen beziehen.

Das Leben auf einer mittelalterlichen Burg

Auf einer mittelalterlichen Burg lebten manchmal mehrere hundert Menschen. ___ gehörten nur zum Teil zur Familie des Burgherren, denn zusätzlich lebten dort auch viele Bedienstete. ___ waren vor allem für das Wohlergehen der Burgherrenfamilie zuständig. Zudem gab es zahlreiche Mägde und Knechte. Während ___ vor allem für die Burgherrin zuständig waren, kümmerten sich ___ hauptsächlich um die Felder, Weinberge und Wälder. Daneben gab es Zimmerleute und Steinmetze. ___ hatten die Aufgabe, die Gebäude zu unterhalten.

Eine besondere Bedeutung hatte der Burgvogt. ___ organisierte das Leben auf der Burg und überwachte die Arbeiten der Handwerker. Seine wichtigste Rolle war jedoch ___ des Richters.

der/die/das • dieser/diese/dieses • jener/jene/jenes

4 a) Die folgenden Redensarten stammen aus dem Mittelalter. In welchen Situationen werden sie heute gebraucht? Nenne Beispiele.

b) Untersuche die Erklärungen daraufhin, ob es sich bei den Wörtern *der, die, das* um Artikel oder um Demonstrativpronomen handelt. Begründe deine Entscheidung jeweils.

Jemandem nicht das Wasser reichen können

Die Menschen im Mittelalter aßen meist mit den Händen. In vornehmen Kreisen brachten die Diener im Anschluss an die Mahlzeit ein Schälchen mit Wasser zum Händewaschen. Das war jedoch nicht allen Dienern erlaubt. Manche waren in der Rangordnung so weit hinten, dass sie ihren Herrschaften nicht einmal das Wasser reichen durften.

Am Pranger stehen

Auch die Redensart stammt aus dem Mittelalter. Wenn jemand am Pranger steht, heißt das, dass er öffentlich für etwas beschuldigt wird. Das kommt daher, weil ein Verurteilter im Mittelalter – neben anderen Strafen – an einen Pfahl gekettet und z.B. auf dem Marktplatz öffentlich zur Schau gestellt wurde. Die Bevölkerung durfte ihn auslachen oder beschimpfen. Das war eine große zusätzliche Demütigung für die Verurteilten.

Merke **Das Demonstrativpronomen**

Die **Demonstrativpronomen** *der/die/das, dieser/diese/dieses, jener/jene/jenes, solcher/solche/solches, derselbe/dieselbe/dasselbe* weisen auf etwas vorher oder nachher Genanntes hin.

Sie können sowohl als Begleiter als auch als Stellvertreter eines Nomens oder einer Wortgruppe verwendet werden, z. B.:

In diesem Modell einer Burg ist das mittelalterliche Leben anschaulicher dargestellt als in vielen Büchern.

Den Museumsbesuch fand ich interessanter als jenen vor einem Jahr.

Personal- und Possessivpronomen

Der Türmer – ein wichtiges Amt im Mittelalter

Der Türmer hatte ein wichtiges Amt im Mittelalter. Der Arbeitsplatz des Türmers war hoch über den Dächern einer Stadt, oben in der Turmstube eines Kirchturms. Von dort aus konnte der Türmer die ganze Stadt überblicken. Die Aufgabe des Türmers war es, die Stadtbevölkerung - vor allem nachts - bei Ausbruch eines Feuers oder bei der Annäherung von Feinden zu warnen. Drohte eine Gefahr, so blies der Türmer das sogenannte Türmerhorn. Durch den Klang des Türmerhorns wurden die Menschen geweckt und konnten das Feuer löschen oder die Feinde abwehren. Auch heute gibt es in manchen Städten noch einen Türmer. Eine so wichtige Rolle wie im Mittelalter hat der Türmer allerdings nicht mehr.

1. Beschreibe den Beruf des Türmers mit eigenen Worten.
2. Der Text enthält an einigen Stellen unnötige Wortwiederholungen. Mache Vorschläge, wie du diese vermeiden kannst.
   Der Türmer hatte ein wichtiges Amt im Mittelalter. Sein Arbeitsplatz …
3. Entscheide bei den unterstrichenen Wörtern im folgenden Text, ob es sich um ein Personal- oder ein Possessivpronomen handelt. Nutze den Merkkasten.

Höfische Damen wurden im Mittelalter verehrt, indem sogenannte Minnesänger ihnen ihre Verehrung mit kunstvoll gedichteten Liebesliedern, den Minneliedern, erwiesen. In ihnen priesen sie die Schönheit der Damen, ihre Anmut, aber auch ihre Unerreichbarkeit für den Sänger. Zunächst sangen Adlige und Ritter ihren angebeteten Damen diese Minnelieder. Später gab es bekannte Minnesänger, die den Minnesang als ihren Beruf ausübten, von Hof zu Hof zogen und ihr Publikum mit ihren Liedern unterhielten.

Merke **Personal- und Possessivpronomen**

Die **Personalpronomen** *er, sie, es* im Singular und *sie* im Plural können Nomen ersetzen, die zuvor schon genannt wurden, z. B.: *Der Türmer hatte im Mittelalter einen wichtigen Beruf. ~~Der Türmer~~ Er weckte die Stadtbewohner, wenn Gefahr drohte.*
Die Personalpronomen werden im Satz wie die Nomen dekliniert (gebeugt).

Die **Possessivpronomen** *mein, dein, sein/ihr, unser, euer, ihr* geben an, zu wem etwas gehört. Sie begleiten meist ein Nomen und stehen im selben Kasus wie dieses, z. B.:
Jede Stadt hatte ihren Türmer. Seine Aufgabe war sehr wichtig.

Wortbildung und Wortbedeutung

Zusammensetzungen und Ableitungen

1 Wer bildet in einer Minute die längste Wörterschlange mit einem der folgenden Wörter? Probiert es aus.

Haustür ⟶ Türschloss ⟶ Schlosspark ⟶ …

2 a) Erkläre die Bedeutung der zusammengesetzten Wörter aus Aufgabe 1.

Eine Haustür ist die Tür eines … *Ein Türschloss …* *Ein Schlosspark …*

b) Erkläre an diesen drei Beispielen die Begriffe *Grundwort* und *Bestimmungswort*.

3 a) Sortiere die Wörter im Wortspeicher danach, zu welcher Wortart das jeweils erste Wort (das Bestimmungswort) gehört.

b) Wie erklärst du dir, dass alle Wörter großgeschrieben werden? Begründe.

das Schlaginstrument · der Frohsinn · der Laubbaum · das Gipfelkreuz · der Spätzünder · der Frühaufsteher · die Eisenpfanne · die Trinkflasche · der Baumstamm · das Zupfinstrument · der Topfdeckel · der Bösewicht

Nomen als Bestimmungswort	Adjektiv als Bestimmungswort	Verb als Bestimmungswort
der Laubbaum, …	*…*	*…*

4 Untersuche Schritt für Schritt, wie die folgenden Zusammensetzungen gebildet sind.

Geburtstagseinladung · Kinderferienspiele · Fernverkehrsstraße

1. Schritt: Geburtstagseinladung: Geburtstag (Bestimmungswort) + Fugen-s + Einladungen (Grundwort)

2. Schritt: Geburtstag: Geburt (Bestimmungswort) + Fugen-s + Tag (Grundwort)

5 a) Auch durch sogenannte Ableitungen kann man neue Wörter bilden. Bilde mithilfe der Wortbausteine möglichst viele Wörter.
Achte auf die richtige Groß- und Kleinschreibung.
b) Verwende jedes der neu gebildeten Wörter in einem Satz.
Schreibe in dein Heft.
Der Ball war unhaltbar.

Präfixe	HALT	Suffixe
un- · be- · ent- · er- · ver-		-bar · -ung · -en · -keit

6 Bilde Sätze mit den Wörtern im Wortspeicher und erkläre die Bedeutung des Präfixes *ent-*.

entnehmen · entreißen · entkommen · entfliehen · entgleiten · entspringen

7 a) Präfix *ent-* oder Stamm *-end-*? Sortiere die folgenden Wörter in deinem Heft.
Unterstreiche den Stamm *-end-* blau und das Präfix *ent-* rot.
b) Überprüfe: Haben die Wörter, bei denen du *-end-* geschrieben hast, mit *Ende* zu tun?

en?lich · en?setzlich · en?laufen · en?los · en?nehmen · unen?lich · en?erben · en?gültig · en?flohen · die En?station · en?gangen · der En?punkt · die En?runde

8 a) Bilde zehn Wörter mit dem Präfix *un-* und dem Suffix *-bar*.
unbelehrbar, undenkbar, ...
b) Untersuche: Von welcher Wortart kann man Adjektive mit dem Suffix *-bar* ableiten?
c) Erkläre, was an dem Werbespruch *„Das Spielzeug ist absolut unkaputtbar"* falsch ist.

Merke **Zusammensetzungen und Ableitungen**

Bei einer **Zusammensetzung** mehrerer Wörter ist immer das letzte Wort das **Grundwort**, das die Wortart des neuen Wortes festlegt, und das erste das **Bestimmungswort**, z. B.:
froh + Sinn = Frohsinn   Blitz + schnell = *blitzschnell*.

Manchmal braucht man auch ein **Fugenelement** (-s-, -e-, -es-, -n-, -er-, -en-) zwischen den Bestandteilen, z. B.:
Esel-s-ohr, Hund-e-schlitten, Wind-es-eile, rabe-n-schwarz, Kind-er-bett, Krank-en-bett.

Von einer **Ableitung** spricht man, wenn man mithilfe von Präfixen und Suffixen aus einem Wortstamm weitere Wörter ableitet, z. B.:
danken ⟶ verdanken ⟶ bedanken ⟶ dankbar.

Ober- und Unterbegriffe

1 a) Was ist auf den Fotos abgebildet? Notiere zu jedem Foto einen passenden Begriff.
b) Suche einen Oberbegriff für alle drei Begriffe.

2 Ordne die folgenden Wörter zu sinnvollen Gruppen und suche passende Oberbegriffe für jede Gruppe:

der Regen · die Milchproduktion · der Bauer · das Nomen · das Verb · das Huhn · der Hagel · die Kuh · der Sturm · der Stall · das Adjektiv · der Schnee · die Sonne · der Acker · der Maisanbau · die Konjunktion · die Kälte · die Wärme · die Präposition · der Traktor · der Wind · das Adverb · das Kornfeld

3 Die Ordnung von Wörtern nach Ober- und Unterbegriffen hilft dir z. B. bei der Vorbereitung eines Referats. Ordne die folgenden Notizen, indem du die Karten in dein Heft überträgst und jeweils passende Ober- und Unterbegriffe ergänzt.

Die Schliefer

Schliefer leben wie Erdmännchen in Kolonien zu etwa 30 Tieren; sind so groß wie Kaninchen, können durch Muskelkraft die Mitte der Sohle einziehen, sodass ein Vakuum wie bei einem Saugnapf entsteht; sehen wie Nagetiere aus; sind Säugetiere; Schnauze ist kurz, ebenso die Ohren und die Beine; reine Pflanzenfresser; genetisch gesehen nächste Verwandten Elefanten; werden von vielen Biologen zusammen mit den Elefanten und den Seekühen zu einer Gruppe von Säugetieren zusammengefasst; haben aber keinen Rüssel; 90 Prozent ihrer Gene stimmen mit Elefanten überein, fast so viele wie bei Mensch und Schimpanse.

____
- *Größe eines Kaninchens*

Lebensweise
- *…*

____
- *Elefanten*
- *…*

Synonyme, Antonyme, Homonyme

1 a) Überprüfe, ob es sich bei den folgenden Wortpaaren um Synonyme oder Antonyme handelt.

gehen – laufen · schleichen – trampeln · hüpfen – hopsen · sich beeilen - trödeln

b) Suche zu jedem Wort der folgenden Wörter mindestens ein Synonym und ein Antonym.
c) Erkläre anhand deiner Synonyme, warum diese nur eine fast gleiche Bedeutung haben.

reden · reich · bekannt · dünn

2 a) Betrachte die folgenden Abbildungen. Was wird hier dargestellt? Suche passende Begriffe.
b) Erläutere, was das Besondere an diesen Begriffen ist.

3 Suche weitere gleichlautende Wörter, die zwei oder mehrere ganz unterschiedliche Bedeutungen haben.

Merke **Synonyme, Antonyme und Homonyme**

Wörter mit **(fast) gleicher Bedeutung** nennt man **Synonyme**, z. B.: *intelligent/klug* oder *rennen/sprinten.*
Mit einem **Antonym** kannst du einen **Gegensatz** ausdrücken, z. B.: *dunkel – hell, langsam – schnell* oder *arm – reich.*
Gleichlautende Wörter, die aber eine doppelte oder mehrfache Bedeutung haben, nennt man **Homonyme**, z. B.:
- *Zelle* (Raum in einem Gefängnis oder kleinste Einheit eines Lebewesens),
- *Schloss* (Vorrichtung zum Verriegeln von Türen oder prachtvolles Bauwerk).

Der Satz und seine Gliederung

(1) Einige Kinder hatten am Montag mit dem Ball ungewollt eine Fensterscheibe zerstört. (2) Dieses Versehen hatte Konsequenzen. (3) Schon am nächsten Tag verbot die Schulleiterin allen das Ballspielen. (4) Die Schülerinnen und Schüler reagierten enttäuscht. (5) Besonders die Jungs brauchen in den Pausen Bewegung. (6) Sollen sie jetzt in der Pause immer nur herumsitzen?

1 a) Suche in den Sätzen (1) bis (5) die Prädikate.
b) Erkläre, wie du die Satzglieder ermitteln kannst.

2 Übertrage die folgende Übersicht über die Satzfelder in dein Heft und trage die blau markierten Sätze wie im Beispiel ein.

Satzklammer

Vorfeld	Linke Satzklammer: finiter Prädikatsteil	Mittelfeld	Rechte Satzklammer: 2. Teil des Prädikats
(1) Einige Kinder	*hatten*	*am Montag mit dem Ball ungewollt eine Fensterscheibe*	*zerstört.*
…	…	…	…

3 Ordne den einzelnen Satzgliedern der Sätze (2) und (3) die korrekten Bezeichnungen zu. Nutze die Frageprobe.

Subjekt	Akkusativobjekt	Dativobjekt	Adverbiale Bestimmung
Wer?/Was?	*Wen?/Was?*	*Wem?*	*Wann? Wo?/Wohin? Warum? Wie?*

Merke **Die Satzglieder**

Als **Satzglieder** bezeichnet man Wörter und Wortgruppen, die beim Umstellen des Satzes **(Umstellprobe)** immer zusammenbleiben und **die im Vorfeld des Satzes** stehen können.

Die Kinder | haben | aus Versehen | die Fensterscheibe | eingeworfen.
Aus Versehen | haben | die Kinder | die Fensterscheibe | eingeworfen.

Um welches Satzglied es sich jeweils handelt, kannst du mithilfe der **Frageprobe** bestimmen.

④ Untersuche Satz Nummer (6) aus dem Text mithilfe der Tabelle in Aufgabe 3. Was stellst du fest?

⑤ a) Ordne die folgenden Sätze danach, an welcher Satzgliedstelle das finite Verb steht.
b) Untersuche die Sätze: Um welche Satzarten handelt es sich jeweils?

Das finite Verb steht an erster Satzgliedstelle (Verb-Erstsatz): D, …
Das finite Verb steht an zweiter Satzgliedstelle (Verb-Zweitsatz): A, …

A Die Kinder suchen Argumente gegen die Entscheidung der Schulleiterin.
B Womit können die Schülerinnen und Schüler sie am besten überzeugen?
C Auch die Lehrerinnen und Lehrer diskutieren das Thema.
D Ist ein generelles Ballspiel-Verbot sinnvoll?
E Drohen Konzentrationsprobleme im Unterricht durch den Bewegungsmangel?
F Lasst uns eine gemeinsame Lösung finden!

⑥ a) Schreibe die beiden Endlossätze als „richtige“ Sätze mit korrekter Groß- und Kleinschreibung und passenden Satzschlusszeichen in dein Heft. Bestimme die Satzglieder.
b) Entscheide, um welche Satzart es sich jeweils handelt.

spiel spielst du mit welchem

eine neue decke auf den tisch

Merke **Der Satz und seine Gliederung**

Sätze kann man in **Felder** unterteilen: ein **Vorfeld,** ein **Mittelfeld** und ein **Nachfeld.** Das **mehrteilige Prädikat** rahmt das Mittelfeld ein und bildet die **Satzklammer.** Ist das Prädikat nur einteilig, bleibt die rechte Satzklammer leer.

Satzklammer

Vorfeld	linke Satzklammer: finiter Prädikatsteil	Mittelfeld	rechte Satzklammer 2. Teil des Prädikats	Nachfeld
Die Kinder	*haben*	*auf dem Hof Fußball*	*gespielt.*	–
Die Kinder	*spielen*	*gerne draußen.*	–	–

Nach der Stellung des finiten Verbs im Satz unterscheidet man z. B. **Verb-Erstsätze** und **Verb-Zweitsätze.**
Verb-Erstsatz: *Kann mir bitte jemand beim Aufräumen helfen?*
Verb-Zweitsatz: *Ich kümmere mich um das Thema. Wer kann mich dabei unterstützen?*

Satzglieder und Satzgliedteile

Die Objekte

Die Nachtschule *Walter Moers*

Käpt'n Blaubär besucht im 6. Kapitel des Buches „Die 13½ Leben des Käpt'n Blaubär" auf seiner Reise die Nachtschule von Professor Dr. Abdul Nachtigaller. Hier geht Erstaunliches vor sich …

„Wissen", brüllte Professor Nachtigaller in den Klassenraum und riss dabei seine Augen auf, bis sie so groß wie Untertassen waren, „Wissen ist Nacht!" Das war ein Lehrsatz der Eydeetischen Philophysik, ein Fach, das nur an der Nachtschule gelehrt wurde.

Professor Nachtigaller sagte öfter solche Sachen, wahrscheinlich, um uns aus der Fassung zu bringen. Es steckte Methode in diesen scheinbar sinnlosen Behauptungen: Bevor man dahinterkam, dass sie völlig blöde waren, hatte man in alle möglichen Richtungen gedacht. Und das war genau, was Professor Nachtigaller wollte: Wir sollten denken lernen, und zwar in möglichst viele verschiedene Richtungen.

In diesem Fall steckte allerdings eine gewisse Wahrheit in dem, was er gesagt hatte, denn Professor Nachtigaller war ein Eydeet. Eydeete sind die intelligentesten Wesen Zamoniens (und vermutlich der ganzen Welt, wenn nicht sogar des Universums). Bei normaler Beleuchtung haben sie einen Intelligenzquotienten von 4000, aber wenn es dunkel wird, steigert er sich ins Unvorstellbare. […] Ein normaler Eydeet hat drei Gehirne, ein begabter vier, ein Eydeet mit Geniestatus fünf, Professor Nachtigaller hatte sieben. Eins davon befand sich im Kopf, vier wuchsen ihm aus der Schädelplatte, eins saß da, wo normalerweise die Milz ist, und wo das siebte Gehirn war, blieb ewiger Gegenstand der Spekulation seiner Schüler. […] Tatsächlich durfte ich einmal beobachten, wie der Professor eine Dose Ölsardinen durch bloßes Nachdenken geöffnet hat. […]

Grundsätzlich nahm Professor Nachtigaller nur Lebewesen auf, von denen es nachweislich nur noch ein einziges Exemplar auf der Welt gab – die Nachtschule war eine echte Eliteakademie.

1 Wodurch zeichnet sich ein Eydeet aus? Nenne Beispiele.

2 Bestimme in den folgenden Sätzen die Objekte. Nutze die Umstell- und die Frageprobe.
Professor Nachtigaller besaß [*sieben Gehirne*]. ⟶ [*Sieben Gehirne*] *besaß Professor Nachtigaller.*
⟶ Wen oder was besaß Professor Nachtigaller? ⟶ Akkusativobjekt

A Professor Nachtigaller besaß sieben Gehirne.
B Professor Nachtigaller hatte einen außergewöhnlich hohen Intelligenzquotienten.
C Er konnte eine Dose Ölsardinen durch bloßes Nachdenken öffnen.
D Der Professor gab nur bestimmten Schülern einen Platz.
E Allen anderen war der Zugang zur Nachtschule verwehrt.

3 Formuliere mindestens zwei Aussagen über Professor Nachtigaller, in denen entweder ein Akkusativobjekt, ein Dativobjekt oder sowohl ein Akkusativobjekt als auch ein Dativobjekt vorkommen.
Professor Nachtigaller …

4 Ob in einem Satz ein Dativobjekt, ein Akkusativobjekt oder gar kein Objekt auftaucht, hängt vom Verb ab.
a) Bilde Beispielsätze mit den Verben im Wortspeicher.
Nur besondere Lebewesen besuchen die Nachtschule.
b) Übertrage die Tabelle in dein Heft und ordne die Verben anhand deiner Beispielsätze danach, wie viele und welche Art von Objekten sie an sich binden können.

besuchen · lernen · leben · geben · anmalen · heißen · belehren · beibringen · unterrichten · schreiben · fehlen · gefallen · verbieten · erlauben · schließen · öffnen · nennen · beenden

kein Objekt	ein Akkusativobjekt	ein Dativobjekt	ein Akkusativ- und ein Dativobjekt
leben …	*besuchen*	…	…

5 a) Schreibe die folgenden Sätze ab und ergänze die Ausdrücke in Klammern als Objekte.
b) Diese Art von Objekten werden als „Präpositionalobjekte" bezeichnet. Suche eine Erklärung dafür.

A Professor Nachtigaller beginnt jede Stunde … (der Satz „Wissen ist Nacht").
B Weil es in der Nachtschule immer dunkel ist, träumen viele Schüler … (die Sonne).
C Der Professor aber spricht niemals über das Licht, sondern immer nur … (die Dunkelheit).
D Weil es immer nur Ölsardinen zu essen gibt, träumt so mancher Schüler der Nachtschule sicher … (eine Pizza oder ein großes Eis).
E Außerhalb der Schulstunden kümmert sich der Professor aber nicht …, sondern nur … (seine Schüler / die Dunkelheitsforschung).
F Natürlich hoffen alle Schüler … (eine Zeit nach der Nachtschule).

6 a) Formuliere mit den Wendungen im Wortspeicher Beispielsätze mit Präpositionalobjekten und unterstreiche diese.
Professor Nachtigaller kümmert sich in seltsamer Weise um seine Schüler.

sich kümmern um · denken an · sich erinnern an · fragen nach · sich fürchten vor · hoffen auf · träumen von

b) Bestimme mithilfe der Frageprobe, in welchem Kasus das Präpositionalobjekt jeweils steht.
– *Um wen / Worum kümmert sich Professor Nachtigaller in seltsamer Weise?*
⟶ um seine Schüler ⟶ Präpositionalobjekt im Akkusativ

Merke **Das Präpositionalobjekt**

Manchmal fordern Verben eine **bestimmte Präposition, mit der das Objekt ergänzt wird.** Der Kasus (Fall) des Objekts wird dann nicht vom Verb bestimmt, sondern von der Präposition. Diese Form des Objekts wird als **Präpositionalobjekt** bezeichnet, z. B.:

Verben	*Präpositionen* ⟶	*geforderter Kasus*
informieren, berichten, diskutieren	*über*	*Akkusativ*
wissen, träumen	*von*	*Dativ*
fragen, sich erkundigen	*nach*	*Dativ*
sich bewerben, sich kümmern	*um*	*Akkusativ*
warnen, fürchten	*vor*	*Dativ*
hoffen	*auf*	*Akkusativ*
denken	*an*	*Akkusativ*

Bei der Frageprobe nach einem Präpositionalobjekt bleibt die Präposition immer erhalten, z. B.: *Wor**um**? / **Um** wen?; Wor**an**? / **An** wen oder was?; Wor**auf**? / **Auf** wen oder was?*

Die adverbialen Bestimmungen (Adverbiale)

Eine Schule nach Wunsch *Katharina Beckmann*

In der Ban-Phatai-Schule in Thailand ist Unterricht anders als an vielen anderen Schulen. Hier unterrichten sich die Kinder selbst! Mit Erfolg.

Am Morgen steht Mathematik auf dem Stundenplan. Wilai hockt im Klassenzimmer auf dem Boden und notiert Aufgaben auf einem großen Bogen Papier. Sorgfältig schreibt sie Zahl an Zahl und schaut dann ihre Mitschüler um sie herum auffordernd an. Die schweigen, grübeln, gucken verlegen zur Seite. Auf die richtige Lösung aber kommen sie nicht. „Soll ich euch helfen?", fragt die Zwölfjährige schließlich. Die anderen nicken. Geduldig erklärt Wilai jeden Rechenschritt noch einmal.

Immer mehr Mitschüler drängen sich um das Mädchen, bis alle den Lösungsweg verstanden haben. „Prima!", ruft die Lehrerin. Nur zum Loben oder dann, wenn es gar nicht weitergeht, mischt sie sich ein. Ansonsten haben an der Ban-Phatai-Schule die Kinder das Sagen! Während in den meisten anderen thailändischen Schulen der Lehrer redet und redet und mit harten Strafen droht, falls jemand nicht zuhört, entscheiden hier die Kinder, wer ihnen etwas beibringt. Ist jemand wie Wilai in der Klasse, die gut erklären kann, hält die Lehrerin den Mund. „So lernen die Kinder zusammenzuarbeiten und sind stolz, allein auf das Ergebnis gekommen zu sein", erklärt sie. Nur ganz am Ende der Stunde hat die Lehrerin das Wort: „Pause!" Das lassen sich Wilai und die anderen gern sagen. […]

1 Welche Fragen würdest du Wilai gerne stellen? Formuliere W-Fragen und unterstreiche die Fragewörter.

Seit wann wird an eurer Schule so unterrichtet?
Wie oft …

2 a) Tauscht eure Fragen aus und versucht, sie schriftlich mithilfe der Informationen aus dem Text zu beantworten. Ihr könnt euch auch sinnvolle Antworten ausdenken.

b) Unterstreiche in deinen Antworten die Informationen, die auf die W-Fragen antworten, und bestimme das unterstrichene Satzglied.

In unserer Schule wird seit sieben Jahren so unterrichtet. = adverbiale Bestimmung der Zeit

3 Adverbiale Bestimmungen und Präpositionalobjekte kann man leicht verwechseln. Anders als bei adverbialen Bestimmungen ist beim Präpositionalobjekt die Präposition aber nicht austauschbar.
Überprüfe, ob es sich in den folgenden Sätzen um eine adverbiale Bestimmung oder um ein Präpositionalobjekt handelt.

Viele Schüler denken schon im Unterricht an (~~in~~, ~~um~~) die Pause. → Präpositionalobjekt
Die Lehrerin steht an (hinter, neben) der Tafel. → adverbiale Bestimmung

Viele Schüler denken schon im Unterricht an die Pause.
Die Lehrerin steht an der Tafel.

Die Kinder sitzen um den Tisch.
Viele Schülerinnen und Schüler bewerben sich um einen Platz in der Nachtschule.

Peter erkundigt sich nach der Uhrzeit.
Die Mittagspause beginnt nach 12:00 Uhr.

4 a) Entwerft in Partnerarbeit einen Fragebogen zum Thema „Schule" mit den Fragewörtern im Merkkasten.
b) Beantwortet eure Fragen schriftlich und unterstreicht im Anschluss die Präpositionalobjekte und die adverbialen Bestimmungen in verschiedenen Farben.

Merke **Die adverbialen Bestimmungen (Adverbiale)**

Die **adverbialen Bestimmungen** sind Satzglieder, die zusätzliche Informationen in einem Satz liefern. Man unterscheidet zwischen
- adverbialen Bestimmungen des **Ortes** (Fragen: *Wo?/Woher?/Wohin?*),
- adverbialen Bestimmungen der **Zeit** (Fragen: *Wann?/Wie lange?*),
- adverbialen Bestimmungen des **Grundes** (Fragen: *Warum?/Weshalb?*),
- adverbialen Bestimmungen der **Art und Weise** (Fragen: *Wie?/Womit?*).

Achtung:
Adverbiale Bestimmungen kann man leicht mit Präpositionalobjekten verwechseln. Anders als bei der adverbialen Bestimmung ist beim Präpositionalobjekt die Präposition vom Verb vorgegeben und nicht austauschbar (→ Merkwissen S. 234), z. B.:

Die Jugendlichen träumen von (~~an~~, ~~über~~) den Ferien. → Präposition ist nicht austauschbar. → Präpositionalobjekt

Die Kinder wohnen neben (vor, hinter) der Schule. → Präposition ist austauschbar. → adverbiale Bestimmung

Schule im 19. Jahrhundert

Obwohl im 18. Jahrhundert in den deutschsprachigen Gebieten bereits die Schulpflicht eingeführt worden war, fand der Ausbau des Volksschulwesens erst Anfang des 19. Jahrhunderts im Gefolge der großen Reformen der höheren Schulen und Universitäten statt. Hier vermittelte ein Volksschullehrer den Schülern die grundlegendsten, aber auch entscheidendsten Fähigkeiten – Lesen und Schreiben.

1 a) Wähle einen Schüler auf dem Bild aus und beschreibe ihn, indem du die folgenden Sätze ergänzt.
Ich sehe einen Schüler. Der Schüler hat … Haare. Er trägt … Hosen. Außerdem hat er eine … Jacke an.
b) Besprecht, anhand welcher Aussagen ihr die Schüler erkannt habt.
c) Untersuche den Erläuterungstext zu dem Bild. Auf welche Wörter beziehen sich die unterstrichenen Wörter jeweils? Welche Aufgabe haben sie im Text?

2 Versuche, die unterstrichenen Wörter in den Sätzen umzustellen. Was stellst du fest?

Merke **Das Attribut**

Ein **Attribut** bestimmt sein **Bezugswort** genauer. Bei der **Umstellprobe** bleibt das **Attribut immer bei seinem Bezugswort.** Daher ist ein **Attribut** auch **kein eigenständiges Satzglied,** sondern immer Teil eines anderen Satzglieds.

Die „Höhere Töchterschule" – eine Schule für Mädchen

Bis zum Ende des 19. Jahrhunderts war die höhere Bildung den Jungen vorbehalten, nur sie konnten die auf das Studium vorbereitenden Gymnasien besuchen. Die einzige Einrichtung ähnlicher Art, die Mädchen wohlhabender Familien eine gewisse Bildung vermittelte, war die „Höhere Töchterschule", eine Schule für Mädchen aus reichem Haus. Die Ausbildung sollte jedoch nicht auf das Studium an den Universitäten vorbereiten, sondern vielmehr auf die Haushaltsführung in der Ehe. Sie endete mit dem vollendeten 15. oder 16. Lebensjahr. Eltern, denen an „richtiger" Bildung ihrer Töchter gelegen war, schickten diese deshalb auf private Mädchenschulen oder Pensionate, Internate für Mädchen, bis Ende des 19. Jahrhunderts schließlich die ersten städtischen Mädchengymnasien eröffnet wurden.

3 Beschreibe die Schulszene auf der Abbildung. Verwende dazu passende Attribute.

4 Das Attribut kann in verschiedenen Formen erscheinen. Untersuche die farbig markierten Attribute im Text und ordne sie mithilfe der Beispiele im Merkkasten nach ihrer Form.

Adjektivattribut oder Partizip als Attribut	Genitivattribut	Präpositionalattribut	Apposition
- höhere (Z. 1) - vorbereitende (Z. 3)	...	...	...

Merke **Arten des Attributs**

Vor dem Bezugswort stehen …

- das **Adjektivattribut/Partizip als Attribut**, z. B.: *die städtische Schule / eine schleichende Veränderung.*

In der Regel nach dem Bezugswort stehen …

- das **Genitivattribut**, z. B.: *die Schule des 19. Jahrhunderts,*
- das **Präpositionalattribut**, z. B.: *die Schule in Deutschland,*
- die **Apposition** (nachgestellte Erläuterung), z. B.: *Das Lyzeum, „die Höhere Töchterschule", war nur für Mädchen aus reichem Hause.*

5 Attribute können, anders als adverbiale Bestimmungen, in der Regel nur zusammen mit ihrem Bezugswort umgestellt werden, ohne dass sich der Sinn des Satzes ändert. Überprüfe mithilfe der Umstellprobe, ob es sich bei den markierten Satzteilen um Attribute oder adverbiale Bestimmungen handelt.

Schulen auf dem Land

Die Schule auf dem Land war die Dorfschule.
In den Dörfern gingen Jungen und Mädchen meist gemeinsam in die Schule.

Kinder mehrerer Klassen hatten in einem Klassenraum Unterricht.
In einem Raum in den Dorfschulen saßen daher oftmals über vierzig Kinder.

Die Kinder aus den Bauernfamilien mussten im Sommer auf dem Feld mithelfen.

Die Feldarbeit in den Sommermonaten führte dazu, dass die Jungen und Mädchen in dieser Zeit nicht in die Schule gehen konnten.

Der Winter war oft hart. Zum Heizen gab es in den Klassenräumen nur Holzöfen. Die Kinder aus den Klassen mussten das Holz zum Heizen selbst mitbringen. Klassenräume mit warmen Öfen waren mancherorts allerdings eine Seltenheit.

6 a) Stelle in den folgenden beiden Sätzen die markierten Satzteile um. Erläutere, wie sich der Sinn des jeweiligen Satzes dadurch verändert.
b) Handelt es sich bei den markierten Satzteilen um Attribute oder um Adverbiale? Begründe.

A Ein Unbekannter erstach einen Mann mit einem Schirm.
B Polizei verfolgte Lastwagen mit Pferden.

7 Formuliere mit den Wortgruppen aus dem Wortspeicher jeweils
- einen Satz, bei dem der Ausdruck als Attribut vorkommt, und
- einen Satz, bei dem er als adverbiale Bestimmung auftritt.

in der Klasse · am letzten Sonntag · ohne meine Schwester · mit meinen besten Freunden

Wörter, Satzglieder und Sätze verknüpfen

Letzten Donnerstag habe ich die Welt gerettet

nach Antje Herden

In dem Roman „Letzten Donnerstag habe ich die Welt gerettet“ erzählt Kurt, wie er mit seinen beiden Freunden Sandro und Tilda, die nur Prinzessin genannt wird, gemeinsam die Welt rettet. Am Anfang stellt sich Kurt, die Hauptfigur, den Leserinnen und Lesern selbst vor:

Mich kennt ihr vielleicht. Ich sitze im Klassenraum ganz hinten links an der Wand. Der Stuhl neben mir ist frei. ___ das finde ich nicht schlimm. Ich trage eine Brille mit dicken Gläsern auf der Nase. Manche sagen, eigentlich trägt die Brille mich, ___ sie angeblich größer ist als ich. Das ist natürlich Unsinn. So klein bin ich nun auch wieder nicht. ___ ich der Kleinste in der Klasse bin. Ich habe jeden Tag eine Mütze auf. Samstags rasiert Papa uns beiden nämlich mit so einem elektrischen Scherdingsbums den Kopf. ___ wir nicht frieren, hat Oma uns Mützen gestrickt. Frau Müller sagt, in der Klasse muss ich meine Mütze absetzen. Das sei sonst unhöflich. Dabei ist meine Mütze gar nicht größer als Frau Müllers Frisur, die wie ein mächtiger Helm aussieht. Ich finde es jedenfalls nicht unhöflich, ___ Frau Müller ihre Frisur nicht abnimmt, ___ sie unseren Klassenraum betritt. ___ das sage ich natürlich nicht, ___ Frau Müller ist meine Lehrerin und eigentlich sehr nett.

Diejenigen, die mich nicht kennen, rufen mir manchmal blöde Sachen hinterher. ___ ich doof bin zum Beispiel. ___ ich eine Brille trage ___ ein Hemd ___ Hosen mit gebügelten Falten. Ich verstehe zwar nicht, warum ich doof sein soll, ___ meine Hose gebügelte Falten hat. Ich habe Oma trotzdem irgendwann einmal gesagt, ___ ich es einfacher hätte, ___ sie mir eine Jeans ___ ein Sweatshirt kaufen würde. […]

Wie ihr bestimmt schon bemerkt habt, bin ich nicht unbedingt ein Schwarm so wie Johannes, den alle Mädchen mit Klimperaugen anschauen. Meistens gehe ich nach der Schule alleine nach Hause. […]

In der Schule habe ich keine Probleme. Es fällt mir nicht schwer, mir die Sachen zu merken, die ich höre oder lese. ___ meistens purzeln Millionen Gedanken durch meinen Kopf. Dann gibt es da drinnen manchmal einfach keinen Platz für andere Dinge. Dann passiert es mir, ___ ich nicht verstehe, was man mir sagt ___ was man von mir möchte. Vielleicht finden manche mich deswegen doof. ___ ich wusste immer, ___ ich irgendwann einmal einen richtig tollen Freund finden würde. ___ es zwei sein ___ wir zusammen die Welt retten würden, das habe ich natürlich nicht geahnt.

1 Kannst du dir vorstellen, dass Kurt „die Welt rettet“? Beschreibe, wie er auf dich wirkt.

2 a) Welche Wörter fehlen im Text? Lies den Text laut vor und ergänze dabei diese Wörter.
b) An welchen Stellen warst du unsicher? Erkläre, warum.
c) Probiere aus, welche dieser Wörter (Konjunktionen) du durch andere ersetzen kannst und welche nicht. Begründe dein Ergebnis jeweils.

3 Untersuche anhand der folgenden Sätze, was genau die Konjunktionen verbinden. Schreibe jeweils ein Beispiel in dein Heft.

– Konjunktionen verknüpfen Teile von Sätzen, z.B.: ...
– Konjunktionen verknüpfen Sätze, z.B.: ...

A Der Stuhl neben Kurt ist frei, aber das findet er nicht schlimm.
B Kurts Oma hat ihm und seinen Geschwistern Mützen gestrickt, damit sie nicht frieren.
C Kurt ist ein Außenseiter, da er anders aussieht als die anderen.
D Im Unterricht muss er seine Mütze absetzen, obwohl er das nicht einsieht.
E Kurt trägt ein Hemd sowie eine Hose mit gebügelten Falten.
F Ich will lieber wie alle Jeans und ein Sweatshirt anziehen.
G Die Prinzessin und Sandro werden Kurts Freunde.

4 Untersuche die Sätze A und B aus Aufgabe 3 genauer. Welche Art von Sätzen werden hier jeweils verknüpft?

5 Suche mithilfe der Informationen im Merkkasten drei Beispiele für nebenordnende Konjunktionen und drei Beispiele für unterordnende Konjunktionen im Text auf Seite 240.

Merke **Konjunktionen (Bindewörter)**

Wörter wie *und, oder, denn, aber, obwohl* oder *dass* nennt man **Konjunktionen** (Bindewörter). Sie verbinden Sätze und Teile von Sätzen und stellen damit Zusammenhänge in Texten her.

Man unterscheidet **nebenordnende Konjunktionen** und **unterordnende Konjunktionen** (Subjunktionen). Die **nebenordnenden Konjunktionen**, wie z. B. *und, oder, denn, aber, sondern, doch* und *deshalb*, verbinden gleichartige Wörter, Wortgruppen oder zwei Hauptsätze, z. B.:
Kurt ärgert sich nicht über seine Lehrerin, denn er findet sie sehr nett.

Die **unterordnenden Konjunktionen** (Subjunktionen), wie z. B. *weil, da, (so)dass, obwohl, nachdem, während, bevor, als* und *wenn*, leiten Nebensätze ein, z. B.:
Kurt freut sich, dass er neue Freunde gefunden hat.

Haupt- und Nebensätze unterscheiden

Beobachtung seltsamer Dinge *Antje Herden*

Eines Tages bemerken die drei Freunde, dass etwas sehr Beunruhigendes vor sich geht.

Am nächsten Tag standen die Prinzessin und ich in der Pause im Schulhof zusammen [...]. Die Prinzessin hielt einen Schreibblock in der Hand und notierte alles, was uns auffiel. Zum Beispiel, dass sich Max die ganze Zeit seine viel zu weite Hose hochziehen musste, weil er keinen Gürtel trug. [...] Man musste schon sehr genau hingucken, um Veränderungen zu sehen. Viele hatten ungewaschene Haare und schmutzige Klamotten oder rutschende Hosen wie Max oder trugen ihre T-Shirts verkehrt herum. Aber da war noch etwas anderes. Ich brauchte eine Weile, bis ich wusste, was es war. Doch bevor ich die richtigen Worte fand, kam die Prinzessin mir zuvor. „Sie sind alle viel lauter und ausgelassener als sonst“, sagte sie und fing gleich an, das aufzuschreiben. [...] „Ja, irgendwie wilder“, bestätigte ich [...]. In dem Moment lief ein kleiner Junge aus der ersten Klasse an uns vorbei. Er trug keine Schuhe. „Die Sache mit den Socken brauchst du nicht mehr aufzuschreiben“, sagte ich schnell zur Prinzessin, damit sie sich nicht wieder verschreiben musste. „Die meisten tragen jetzt zwei verschiedene Strümpfe.“

1 Untersuche, ob es sich bei den markierten Sätzen um Haupt- oder Nebensätze handelt. Begründe deine Zuordnung.
Tipp: Informiere dich im Merkkasten auf Seite 243.

2 Untersuche anhand der folgenden Übersicht, wo im Feldermodell die finite Verbform im Hauptsatz steht und wo sie im Nebensatz steht. Formuliere eine Regel.
Merke: Im Hauptsatz steht die finite Verbform … Im Nebensatz …

	Vorfeld	Linke Satzklammer	Mittelfeld	Rechte Satzklammer
Hauptsatz	*Die Prinzessin*	*schrieb*	*alles*	*auf.*
Nebensatz	*(Die Prinzessin schrieb alles auf,)*	*weil*	*sie nichts*	*übersehen wollte.*

(Linke Satzklammer und Rechte Satzklammer bilden zusammen die **Satzklammer**.)

3 Übertrage die Tabelle oben in dein Heft und trage die folgenden Sätze ein wie im Beispiel. Rahme die Konjunktionen ein und unterstreiche die finiten (gebeugten) Verbformen.

A Die Kinder verwahrlosten.
…, weil die Eltern nicht mehr auf sie aufpassten.

B Viele hatten ungewaschene Haare und schmutzige Klamotten.

C Max musste seine Hose die ganze Zeit hochziehen.
…, da sie viel zu weit war.

D Außerdem waren die Kinder lauter als sonst.
…, da sie offenbar niemand ermahnte.

E Es war alles irgendwie wilder als bisher.

Merke **Haupt- und Nebensätze**

Einen **Hauptsatz** erkennst du daran, dass das **finite Verb an zweiter Satzgliedstelle (= linke Satzklammer)** steht. Ein Hauptsatz besteht mindestens aus einem Subjekt und einem Prädikat.

In einem **Nebensatz** steht **in der linken Satzklammer die unterordnende Konjunktion (Subjunktion)**, z. B. *weil, dass, wenn, damit,* und **alle Verbformen befinden sich in der rechten Satzklammer**. Nebensätze sind also sogenannte **Verb-Letztsätze**.

Satzreihe und Satzgefüge

Dann kamen die Ratten – und die Erwachsenen verschwanden *nach Antje Herden*

Nicht nur, dass ihre Eltern und alle Erwachsenen sich auf einmal überhaupt nicht mehr um ihre Kinder kümmern, sondern auch weitere besorgniserregende Veränderungen gehen vor sich.

Dann kamen die Ratten. Wie dunkle Schatten hockten sie eines Tages in allen Ecken und Winkeln unseres Viertels. (1) Sie fürchteten sich nicht vor den Menschen und sie rannten nicht vor uns weg. (2) Sie waren einfach da und sie schienen uns mit ihren kleinen schwarzen Knopfaugen zu beobachten. (3) Manche Kinder fütterten sie und sie freundeten sich sogar mit dem einen oder anderen Tier an. Einige Jungen und Mädchen trugen die zahmen Ratten auf ihren Schultern mit sich herum. Irgendwie ließ mich das Gefühl nicht los, als wollten die Ratten das so. Die Frage war nur, warum? […]

„Ich frage mich, wo die Erwachsenen hingegangen sind“, sagte ich, als ich in die Küche zurückkam. Die Prinzessin, Sandro und ich zerbrachen uns immer und immer wieder die Köpfe darüber. „Die Bäckerin, die Wäschereifrau, die dicke Frau Conradi von gegenüber und die Kassiererinnen im Supermarkt sind noch da“, überlegte ich. „Auf der Straße laufen ja auch noch Erwachsene herum“, sagte die Prinzessin. „Das sind aber alles ältere Leute. Und Jugendliche – die sind ja auch noch keine richtigen Erwachsenen. Und ganz schicke Leute, die nicht wie Eltern aussehen, sind auch noch da“, sagte Sandro.

❶ Stelle Vermutungen an, welchen Zusammenhang es zwischen dem seltsamen Verhalten der Kinder, dem Verschwinden der Erwachsenen und dem Auftauchen der Ratten geben könnte.

2 a) Welches der folgenden Satzbaumodelle passt zu den blau markierten Sätzen im Text? Erkläre deine Entscheidung.

A _______ Hauptsatz _______ + _______ Hauptsatz _______
B _______ Hauptsatz _______ + ~~~~~~~ Nebensatz ~~~~~~~
C ~~~~~~~ Nebensatz ~~~~~~~ + _______ Hauptsatz _______

b) Untersuche den grün markierten Satz: Welches Satzmodell passt hier?

D ____ Hauptsatz ____ , ~~~~ Nebensatz ~~~~ , ____ Hauptsatz ____ , ~~~~ Nebensatz ~~~~ .
E ~~~~ Nebensatz ~~~~ , ____ Hauptsatz ____ , ____ Hauptsatz ____ , ~~~~ Nebensatz ~~~~ .

3 Zeichne zu jedem der folgenden Sätze ein Satzbaumodell nach dem Muster von Aufgabe 2.

A Nachdem die Erwachsenen verschwunden waren, kamen die Ratten.
B Es waren allerdings nicht alle Erwachsenen verschwunden, denn die Wäschereifrau und die Bäckerin waren offenbar noch da.
C Die Prinzessin stellte fest, dass auch noch einige ältere Leute auf den Straßen waren.
D Es waren auch noch Jugendliche zu sehen, die noch keine richtigen Erwachsenen waren.
E Auch einige schicke Leute, die nicht wie Eltern aussahen, liefen noch herum.

4 a) Bilde mit den Konjunktionen aus dem Wortspeicher zusammengesetzte Sätze. Denke daran, dass die einzelnen Sätze der zusammengesetzten Sätze durch Kommas voneinander getrennt werden.

b) Welche Konjunktionen leiten Hauptsätze ein und welche Nebensätze? Markiere sie in deinen Beispielsätzen in unterschiedlichen Farben.

denn · weil · da · und · dass · oder · nachdem · als · doch

5 Carl hat diese Hausaufgabe erhalten und folgendermaßen gelöst:

Formuliere zu jedem Satzmodell einen Beispielsatz:
(1) Hauptsatz + Hauptsatz
(2) Nebensatz + Hauptsatz
(3) Hauptsatz + Nebensatz + Hauptsatz

(1) Mir gefällt das Buch sehr gut, weil die Außenseiter plötzlich Helden sind.
(2) Obwohl Kurt sehr komisch ist, findet er sehr gute Freunde.
(3) Als die Ratten plötzlich überall auftauchten, fand ich das erst sehr seltsam, doch dann wurde das Buch immer spannender.

a) Untersuche, ob Carl die Aufgabe richtig gelöst hat. Begründe.
b) Korrigiere Carls Hausaufgabe.

6 a) Überprüfe die folgenden Sätze. Was fällt dir auf?

Weil sie selbst keine wollten oder weil sie zu alt oder zu jung dazu waren.

Achtung, Fehler!

b) Überarbeite die Sätze so, dass ein korrektes Satzgefüge entsteht.

7 Das Feldermodell (→ S. 243) hilft dir nicht nur, einzelne Sätze und ihre Gliederung zu untersuchen, sondern auch Satzgefüge.

a) Beschreibe, wodurch sich die folgende Übersicht über die Satzfelder von der auf Seite 243 unterscheidet.

b) Erläutere anhand des eingetragenen Satzgefüges, wo sich im Feldermodell die Nebensätze befinden können.

Satzklammer

Vorfeld	**Linke Satzklammer: finiter Prädikatsteil**	**Mittelfeld**	**Rechte Satzklammer: 2. Teil des Prädikats**	**Nachfeld**
Kurt und seinen Freunden	*fielen*	*auch Kleinigkeiten*	*auf,*	*weil sie sehr aufmerksam waren.*
Weil sie sehr aufmerksam waren,	*fielen*	*Kurt und seinen Freunden auch Kleinigkeiten*	*auf.*	
Kurt und seinen Freunden	*fielen,*	*weil sie sehr aufmerksam waren, auch Kleinigkeiten*	*auf.*	

8 Übertrage die Tabelle in dein Heft und trage die folgenden Satzgefüge ein wie im Beispiel.

A Die Kinder nutzen es aus, dass ihre Eltern verschwunden sind.
B Da sie sich alleine einsam fühlen, ziehen sie gemeinsam ins Schulhaus ein.
C Sie sind begeistert, dass sie von nun an nur noch ungesunde Sachen essen können.
D Wenn sie Hunger haben, lassen sie sich von einem Rattenmann mit Fastfood versorgen.
E Nur Kurt und seine Freunde scheint es zu beunruhigen, was in der Stadt vor sich geht.

9 Du weißt, dass Haupt- und Nebensätze durch Kommas getrennt werden. Schreibe den folgenden Text ab, unterstreiche die finiten Verbformen und setze die fehlenden Kommas.

Nach und nach tauchen immer mehr dunkle Rattenmänner auf die die Stadt unter ihre Herrschaft bringen. Die Freunde entdecken plötzlich dass das Fastfood des Rattenmanns eine seltsame Wirkung auf die Kinder hat. Die drei wollen der Sache auf den Grund gehen weil sie eine geheimnisvolle Gefahr vermuten.

Gemeinsam steigen sie in die Kanalisation unterhalb der Stadt denn dort vermuten sie die Gefahr. Dabei begegnen sie allerhand seltsamen und schleimigen Gestalten die dort ihr Unwesen treiben.

Als bei ihren Nachforschungen eines Tages die Prinzessin verschwindet beginnt das Abenteuer für Kurt und Sandro erst richtig.

Merke **Satzreihen und Satzgefüge**

Aus Hauptsätzen zusammengesetzte Sätze nennt man **Satzreihe**. Verknüpft werden die Hauptsätze häufig durch **nebenordnende Konjunktionen** (→ S. 241), wie *aber, sondern, doch, denn, und, oder, z. B.:*
Die Kinder wunderten sich, denn die Ratten hockten eines Tages in allen Ecken und Winkeln.

Ein **Satzgefüge** besteht aus mindestens einem Hauptsatz und mindestens einem Nebensatz. Der **Nebensatz steht** im Satzgefüge **im Vorfeld** oder **im Nachfeld** des Hauptsatzes, selten auch im Mittelfeld. Er wird durch ein Einleitewort mit dem Hauptsatz verbunden, z. B. durch die **unterordnenden Konjunktionen (Subjunktionen)** *weil, da, dass, obwohl, nachdem, bevor, als, wenn, z. B.:*

Vorfeld	Linke Satzklammer	Mittelfeld	Rechte Satzklammer	Nachfeld
Es	*verwahrlost*	*nach und nach alles,*	-	*weil die Kinder allein sind.*
Weil die Kinder allein sind,	*verwahrlost*	*nach und nach alles.*	-	
Es	*verwahrlost,*	*weil die Kinder allein sind, nach und nach alles.*	-	

Hauptsätze und **Nebensätze werden durch Kommas voneinander getrennt**. Werden zwei Hauptsätze durch die Konjunktionen *und/oder* verbunden, kann das Komma entfallen.

Relativsätze/Attributsätze

Janna ist in Deutschland geboren. Sie ist zwölf Jahre alt und geht in die sechste Klasse des Sophie-Scholl-Gymnasiums. Das liegt mitten im Stadtzentrum. Die Eltern von vier ihrer Klassenkameraden kommen zum Teil aus fremden Ländern. Die Länder gehören zu drei verschiedenen Kontinenten. Janna liebt Erzählungen vom Leben in anderen Ländern. Die Geschichten erzählen ihr ihre Freundinnen Manisha und Afia.

Manisha Malusare ist 13 Jahre alt. Die Schülerin, die die Schule seit drei Jahren besucht, spricht nahezu perfekt Deutsch. Vor fünf Jahren ist sie zusammen mit ihren Eltern, die ihre Heimat verlassen mussten, nach Deutschland gekommen. Bruder Sarthak, der der Jüngere ist, ist auch an der Schule. Der Vater arbeitet als Ingenieur für eine Firma im Nachbarort, die ihre Mitarbeiter sehr gut bezahlt. Wo ihre Heimat ist, kann Manisha nicht sagen. Ihr gefällt es in beiden Ländern: „In Mumbai leben viele Menschen, dort ist viel los. Hier gibt es viel Natur und ich kann mit dem Fahrrad zur Schule fahren", sagt sie mit strahlendem Lächeln.

Bei den Zwillingen **Harper** und **Jerôme Cowan** (14), die schon seit zweieinhalb Jahren hier leben, hapert es mit der deutschen Sprache noch etwas. Die Schüler, deren Vater Manager bei einer großen Firma ist, stammen aus Neuseeland. Die Familie, die nun in Deutschland wohnt, will in den Ferien zurück in die Heimat Neuseeland fliegen, verspricht aber wiederzukommen: „Dort ist es oft einsam, weil alle so weit entfernt voneinander wohnen. Hier ist mehr los", sagen die Zwillinge, denen ihre neue Heimat gut gefällt.

Afia Boateng (12), deren Familie aus Ghana stammt, wohnt erst seit zwei Jahren in Deutschland. Afias Herz schlägt für beide Länder gleichermaßen. „Ich wollte eigentlich bei meiner Tante in Ghana bleiben. Dann hatte ich aber doch Sehnsucht nach meiner Mutter, die seit Februar in Deutschland lebt", sagt sie leise. Afias Vater, der in Ghana als Computerfachmann gearbeitet hat, musste seinen Arbeitsplatz wechseln. Seine Familie zog mit ihm nach Deutschland.

1. Was erfährst du aus den Schülerporträts über die einzelnen Kinder? Belege deine Aussagen mit Textstellen.
2. a) Das Schülerporträt von Janna ist weniger gut gelungen als die anderen. Woran liegt das? Begründe mit Beispielen.
   b) Verknüpfe die Sätze in Jannas Schülerporträt wie im Beispiel:
   ... Sie ist zwölf Jahre alt und geht in die 6. Klasse des Sophie-Scholl-Gymnasiums, das mitten im Stadtzentrum liegt. ...
   c) Untersuche deinen überarbeiteten Text. Welche Aufgabe haben die neu gebildeten Nebensätze?

3. Suche in den anderen Schülerportraits Nebensätze, die ähnlich aufgebaut sind. Schreibe mindestens drei in dein Heft und kennzeichne durch einen Pfeil, welches Wort die Nebensätze genauer beschreiben oder erläutern.
   Die Schülerin, die die Schule seit drei Jahren besucht, ...

4. Untersuche, welches Satzglied bzw. welches Satzgliedteil der Nebensatz in Satz B ersetzt.

   A Der Junge mit den gelockten Haaren heißt Carl.
   B Der Junge, der gelockte Haare hat, heißt Carl.

5. Forme in den folgenden Sätzen die markierten Satzgliedteile in Nebensätze um. Informiere dich im Merkkasten, wie diese Nebensätze heißen.

   A Das Mädchen aus Ghana heißt Afia.
   B Die in Deutschland geborene Janna versteht sich sehr gut mit Manisha.
   C Der aus Neuseeland stammenden Familie der Zwillinge gefällt Deutschland sehr gut.

Merke **Relativsätze/Attributsätze und Relativpronomen**

Relativsätze sind Nebensätze, die ein vorangehendes Bezugswort (Nomen oder Pronomen) näher beschreiben oder erklären. Sie nehmen die **Stelle eines Attributs** (→ S. 237) ein. Relativsätze werden immer mit einem **Relativpronomen** eingeleitet, z. B.:
der, die, das oder *welcher, welche, welches*.

Relativsätze werden **durch Kommas** vom Haupstatz abgetrennt. Das gilt auch, wenn sie in einen Hauptsatz eingeschoben sind und dieser mit einem *und* fortgeführt wird, z. B.:
Ich finde die Geschichten interessant, die Kinder aus anderen Ländern erzählen können.
Ich finde Geschichten, die Kinder aus anderen Ländern erzählen können, interessant.
Die Kinder, die neu in die Klasse gekommen sind, und die anderen Kinder mögen sich.

Auf dem Weg zur Schule

In seinem Film, ___ Titel „Auf dem Weg zur Schule“ lautet, zeigt der Dokumentarfilmer Pascal Plisson die aufregenden Schulwege von Kindern, ___ in der Savanne Kenias, in Patagonien, am Golf von Bengalen und im Atlasgebirge in Marokko leben.

Jackson und seine Schwester Salome aus Laikipia in Kenia müssen zum Beispiel jeden Tag zu Fuß durch die Savanne zu ihrer Schule laufen, ___ 15 Kilometer von ihrem Zuhause entfernt liegt. Der Weg, ___ die beiden zurücklegen müssen, ist dabei nicht ganz ungefährlich, denn es kann schon einmal passieren, dass sie sich vor einer Elefantenherde verstecken müssen, ___ ihren Weg kreuzt und ___ für die Kinder lebensgefährlich werden kann.

Der Weg, ___ Zahira zu ihrer Schule zurücklegt, führt 22 Kilometer durch das marokkanische Gebirge. Sie geht zusammen mit einer Freundin und hat immer ein lebendes Huhn bei sich, ___ sie in der Stadt gegen Essen tauschen soll, da sie erst am Ende der Woche wieder zu ihrer Familie zurückkehrt.

6 Schulwege können ganz unterschiedlich sein. Beschreibe deinen Schulweg.

7 a) Schreibe den Text ab und setze die Relativpronomen in der richtigen Form ein.
b) Markiere mit einem Pfeil, auf welches Bezugswort sich das Relativpronomen bezieht.

8 Untersuche, wovon die Form des Relativpronomens jeweils abhängt. Begründe mit Beispielen aus dem Text.

Merke **Relativpronomen im Satz**

Relativpronomen werden **flektiert**, d. h., **Numerus** und **Genus** des Relativpronomens richten sich nach seinem Bezugswort, z. B.:
- *Das Mädchen, das aus Ghana stammt,…*
- *Der Junge, der aus Neuseeland kommt, …*
- *Die Tante, die noch in Ghana lebt…*
- *Die Kinder, die bei Janna in der Klasse sind, …*

Der **Kasus** des Relativpronomens hängt von seiner Rolle im Relativsatz ab, z. B.:

Der Junge, der ganz links sitzt, …	***Wer** sitzt ganz links?*	Subjekt im Nominativ
Der Junge, dem ein Zahn fehlt, …	***Wem** fehlt ein Zahn?*	Dativobjekt
Der Junge, den ich sehe, …	***Wen** sehe ich?*	Akkusativobjekt

Texte überarbeiten

1 Kenntnisse über den Satzbau helfen dir, deinen Text zu verbessern. Mache Vorschläge, wie du den folgenden Text überarbeiten würdest. Nutze dafür die Randanmerkungen.

Achtung, Fehler!

Meine Traumschule

In meiner Traumschule beginnt der Unterricht jeden Tag erst
um 9:30 Uhr. In meiner Traumschule ist kein Tag wie der Wh.
andere: Wenn wir morgens ankommen, hat unsere Lehrerin
bereits mehrere Forscherstationen aufgebaut. Da dürfen wir genauer
dann den ganzen Tag forschen. worüber?
In meiner Traumschule unterrichten nicht nur Lehrerinnen
und Lehrer. Es unterrichten dort auch Kinder. Außerdem Wh.
unterrichten dort auch Wissenschaftler und Künstler.
Meine Traumschule hat außerdem einen eigenen Zoo. Wh.
Dort kann man z.B. im Biologieunterricht Tiere beobachten.
In den Pausen können wir uns aussuchen, wo wir hingehen Wh.
wollen. Es gibt eine Cafeteria. Da kann man sich am Tag
vorher sein Lieblingsessen aussuchen. Das wird dann extra
gekocht. Überall gibt es Nischen. Da kann man sich genauer
verkriechen. Es gibt auch Räume voller Kissen und Sitzsäcke
für die Pause.
Meine Traumschule liegt außerdem direkt neben dem Strand.
Wir können in der Mittagspause baden gehen. Wir können
auch am Strand spazieren gehen. Wir haben keinen normalen
Schulhof. Dafür haben wir einen wunderschönen Garten. Wh.
Es gibt Baumhäuser. Da kann man sich in der Pause zurückziehen und sich ausruhen.

Vom Satzglied zum Gliedsatz

Adverbialsätze

1. Beschreibe das abgebildete Schulgebäude.
2. Lies den Text einer Schülerin über die Geschichte dieser Schule und die Verbesserungsvorschläge eines Mitschülers: Welche Absicht steckt hinter den Verbesserungsvorschlägen?

Die Hundertwasser-Schule

Auf der Internetseite der Hundertwasser-Schule wird über sie berichtet[1]. 1975 wurde das heutige Haus Hundertwasser als sogenannter Plattenbau vom Typ „Erfurt II" erbaut. Lange[2] war es ein langweiliger Klotz, bis sich eines Tages die Schülerinnen und Schüler im Kunstunterricht überlegten, wie sie den Bau verschönern könnten[3]. Die Kinder und Jugendlichen fertigten viele Entwürfe an. Interessanterweise sahen sie alle dem typischen Baustil des Wiener Künstlers Friedensreich Hundertwasser ähnlich[4]. Da kamen die Jugendlichen auf die Idee, einen Brief an Herrn Hundertwasser zu schicken. Sie hofften, dass er ihre Schule umgestalten würde. Hundertwasser entschied sich dafür[5]. Aus dem tristen Plattenbau wurde eine Schule, aus deren Fenstern Bäume wachsen.

[1] genauer, z.B.: … wird berichtet, wie die Hundertwasser-Schule entstanden ist.

[2] Wie lange?/Wann genau? z.B.: … bis die Schülerinnen und Schüler das Anfang der 90er-Jahre ändern wollten.

[3] Du könntest erklären, warum sie den Bau verschönern wollten, z.B.: … damit sich alle in der Schule wohler fühlen und das Lernen mehr Spaß macht.

[4] Warum ausgerechnet diesem Baustil? z.B.: … weil dieser besonders freundlich und fröhlich ist.

[5] Warum? z.B.: … weil ihn das Engagement der Jugendlichen überzeugte.

3 Vergleiche die folgenden Satzpaare miteinander. Wie unterscheiden sie sich? Achte sowohl auf die Form als auch auf die Wirkung.

A Durch ihren großen Einsatz erreichten die Schülerinnen und Schüler ihr Ziel.
B Die Schülerinnen und Schüler erreichten ihr Ziel, indem sie viel Einsatz zeigten.

C Nach der Annahme des Auftrags kam Hundertwasser aus Wien angereist.
D Nachdem er den Auftrag angenommen hatte, kam Hundertwasser aus Wien angereist.

E Die Schule sah bis zu ihrer Umgestaltung in den 1990er-Jahren ähnlich aus wie viele andere Schulgebäude in der ehemaligen DDR.
F Die Schule sah, bis sie in den 1990er-Jahren umgestaltet wurde, ähnlich aus wie viele andere Schulgebäude in der ehemaligen DDR.

G Aufgrund ihres ansprechenden Äußeren stieg die Attraktivität der Schule.
H Da die Schule sehr ansprechend aussah, stieg ihre Attraktivität.

4 Erfrage die Nebensätze aus Aufgabe 3 mit einer passenden W-Frage. Welche Zusatzinformationen geben diese Nebensätze?

Wie erreichten die Schülerinnen und Schüler ihr Ziel?
→ durch ihren großen Einsatz

5 Forme die unterstrichenen adverbialen Bestimmungen in den folgenden Sätzen nach dem Vorbild von Aufgabe 3 in Nebensätze (Gliedsätze) um.

A Hundertwasser wurde aufgrund seines außergewöhnlichen Baustils berühmt.
B Besonders das sogenannte Hundertwasserhaus in seiner Heimatstadt Wien zieht wegen seines besonderen Aussehens jährlich tausende Touristen an.
C Durch ihre außergewöhnliche architektonische Gestaltung wurden auch Zweckbauten zu etwas Besonderem.
D Nach einem Großbrand in einer Müllverbrennungsanlage in Wien gestaltete er z. B. deren Fassade neu.

Merke **Adverbiale Gliedsätze**

Die Rolle der **adverbialen Bestimmung** (Adverbiale) (→ S. 236) im Satz können nicht nur Wörter oder Wortgruppen übernehmen, sondern auch Nebensätze (Gliedsätze).
Man bezeichnet sie als **adverbiale Gliedsätze**.
Wie die anderen adverbialen Bestimmungen auch liefern sie **Zusatzinformationen zum Ort** (lokal), **zur Zeit** (temporal), **zum Grund** (kausal) und **zur Art und Weise** (modal).

11 Richtig schreiben

Rechtschreibregeln und Strategien anwenden

Speisen und Gedränge *Franz Fühmann*

Schildgrätensuppe
Rolladen mit Restkartoffeln
Thüringer Rostbrettl mit Packobst
Eispein mit mehr Rettich
Gedienstete Sehzunge
Wählfleisch mit Sau ergraut
Frühkasse vom Fass an
Lahmbraten mit Rammsoße
Mordateller
Kesse Stangen
Liebdauer
Kannenbert

1. Lies die Speisekarte leise und laut. Verstehst du, was gemeint ist?
2. Erläutere anhand von Beispielen aus der Speisekarte, welche Rolle die Rechtschreibung für die Verständlichkeit von Texten hat.

Zum Nachttisch	Vier Kinder
Klassierte Früchte	Grüßbrei
Ruhmkugeln	Reißbrei
Nusseggen	Puhding
Pissquitten	Höfekuchen
Erdbären frisch aus dem Wald	
Diverse Schokolatten	

3 a) Suche aus Franz Fühmanns Speisekarte Beispiele für folgende Fehlerschwerpunkte:
- lange und kurze Vokale nicht beachtet,
- Dehnungs-h falsch gesetzt,
- weiche und harte Konsonanten verwechselt,
- ä und e bzw. ee verwechselt,
- Wortgrenzen nicht beachtet,
- s-Laute nicht richtig unterschieden,
- Fremdwörter nicht erkannt.

b) Nenne Regeln und Strategien, die dir helfen, diese Fehler zu vermeiden.

In diesem Kapitel …

- wiederholst du Rechtschreibregeln und übst Rechtschreibstrategien.
- lernst du, was nominalisierte Wörter sind und wie man sie erkennt.
- lernst du die richtige Schreibung von Tageszeiten.
- übst du die Schreibung von Wörtern mit schwierigen Lauten.
- übst du die Kommasetzung.

Groß oder klein?

Nomen/Substantive mithilfe von Strategien erkennen

Achtung, Fehler!

Wie man 17 durch 3, 6 und 9 teilen kann

Im morgenland lebte einmal ein alter vater von drei söhnen, dessen ganzer besitz aus siebzehn kamelen bestand. Als der vater sein ende kommen fühlte, verfügte er, dass der älteste sohn die hälfte, der mittlere sohn ein drittel und der jüngste sohn ein neuntel seines besitztums erhalten sollte. Mit diesem vermächtnis starb er. Seine söhne blieben in großer ratlosigkeit zurück, wie sie dem willen ihres vaters gehorchen sollten.

Zum glück kam ein weiser pilger auf seinem kamel dahergeritten, der ihre verzweiflung bemerkte und hilfe anbot. Mit einem lächeln riet der den drei söhnen, sein kamel zu denen des vaters zu stellen und dann die ganze herde nach dem letzten willen des vaters zu teilen.

So bekam jeder den vom vater bestimmten anteil und der weise mann ritt auf seinem kamel davon.

1. Überprüfe den Ratschlag des weisen Pilgers: Entspricht das Ergebnis dem Willen des Vaters?
2. Suche alle Nomen im Text und schreibe sie in richtiger Schreibung und, wenn vorhanden, mit ihren Begleitwörtern in dein Heft. Erkläre, woran du die Nomen jeweils erkannt hast.
3. a) Formuliere die folgenden Strategien aus.
   b) Suche für jede Strategie ein Beispiel aus dem Text.

Nomen schreibt man groß. Ich erkenne ein Nomen …
– am bestimmten oder unbestimmten ___, z. B. ___;
– Der ___ kann auch manchmal mit einer Präposition verschmolzen sein, z. B. ___;
– an anderen vorangestellten ___, z. B. ___;
– an typischen Nomensuffixen, z. B. ___.
Wenn kein ___ da ist, überprüfe ich mit der ___ oder der Erweiterungsprobe, ob es sich um ein Nomen handelt, z. B. ___.

Nominalisierungen/Substantivierungen erkennen

Wie war's in Köln doch ehedem …

für faule Menschen so bequem …
mit vielen kleinen
emsigen,
wendigen,
fröhlichen,
flink sich bewegenden,
sich neckenden,
fleißigen,
hilfreichen,
in der Nacht arbeitenden
?

1. Suche ein Wort, das anstelle des Fragezeichens stehen könnte. Benenne die Wortart.
2. Auch ohne Fragezeichen bemerkt man, dass ein Wort fehlt. Begründe.
3. Wie müsste sich die Schreibung ändern, wenn das letzte Wort „arbeitenden" wäre? Streiche in Gedanken Zeile für Zeile von hinten weg. Erkläre und begründe, wie sich die Schreibung des jeweils letzten Wortes dadurch verändert.
4. Welche Regel für die Groß- und Kleinschreibung kannst du aus Aufgabe 3 ableiten? Vervollständige den folgenden Merksatz:

Nomen werden immer großgeschrieben.
Andere Wortarten, z. B. Adjektive, werden im Satz auch großgeschrieben, wenn …
– sie am Satzanfang stehen,
– …

5. a) Tritt eine andere Wortart an die Stelle eines Nomens, nennt man das Nominalisierung. Übertrage die Tabelle in dein Heft und ordne die nominalisierten Wörter aus dem Wortspeicher in die richtige Spalte ein.
   b) Formuliere zu jedem nominalisierten Wort einen Satz.

das Schöne · unser Singen · im Guten · das Radfahren · beim Rennen · kurzes Aufatmen · großes Rundes · unser Kleiner

Nominalisiertes Adjektiv	Nominalisiertes Verb
– das Schöne	*– …*

6 a) Finde heraus, ob die fehlenden Wörter als Nomen gebraucht werden oder nicht.
Schreibe die Sätze in richtiger Groß- und Kleinschreibung in dein Heft.
Achtung: Manchmal ändert sich die Form der Wörter beim Einsetzen.
b) Kreise die Begleitwörter ein, an denen du erkennst, dass ein Wort großgeschrieben wird.

Das ___ fällt mir leicht, aber das ___ fällt mir noch schwer. — schwimmen / tauchen
Ich kann gut ___, aber nicht lange ___.

Ich weiß nicht, ob ich mich ___ oder ___ den Vorschlag entscheiden soll. — für / wider
Das ___ und ___ ist noch nicht ausreichend diskutiert.

Franziska hört Jule auf der Klassenfahrt ___. — schnarchen
Durch ihr ___ hat Jule Franziska auf der Klassenfahrt geweckt.

Mir ist nichts zu ___. — süß
Ich liebe alles ___.

Das ___ von Fantasy-Geschichten macht mir großen Spaß. — lesen
Mir macht es großen Spaß, Fantasy-Geschichten zu ___.

Die Regel gilt ohne ___ und ___. — wenn / aber
Du kannst deine Freunde treffen, ___ du die Hausaufgaben erledigt hast,
___ mach sie ordentlich!

Ich habe manchmal Angst, wenn es ___ ist, und gehe lieber am ___ Tag nach draußen. — dunkel / hell
Im ___ habe ich manchmal Angst. Deshalb gehe ich lieber im ___ nach draußen.

Alles wird ___. — gut
Ich wünsche dir alles ___ zum Geburtstag.

Hast du etwas ___ erlebt? — traurig
Du siehst so ___ aus.

7 Bilde mit jedem Wort aus dem Wortspeicher einen Satz. Verwende das Wort dabei als Nomen.
Beim Lernen für die Klassenarbeit hilft mir meine Schwester.

lernen · schön · laufen · lustig · fahren · schnell

Sprichwörter

Wo es (K/k)ahl ist, kann man nichts ausraufen.

Ein (K/k)ahler schilt[1] den anderen Glatzkopf.

Der (F/f)romme liebt jeden, der (B/b)öse niemanden.

Es ist gut wohnen, wo (F/f)romme Leute sind.

Wer den (A/a)rmen leiht, dem zahlt Gott die Zinsen.

An (A/a)rmer Leute Bart lernt der Junge scheren.

Von (S/s)ingen und (S/s)agen lässt sich nichts zu Tische tragen.

Er kann weder (S/s)ingen noch (S/s)agen.

Zum (R/r)eiten gehört mehr denn ein Paar Stiefel.

Man kann nicht miteinander (R/r)eiten und (R/r)eden.

Ein (E/e)rfahrener ist besser als zehn (G/g)elehrte.

1 schelten: schimpfen

8 Was bedeuten diese Sprichwörter? Wähle drei von ihnen aus und formuliere eine kurze Erklärung.

9 a) Schreibe die Sprichwörter ab. Entscheide über die Groß- und Kleinschreibung.
b) Kreise die Begleitwörter ein, an denen du die Nominalisierungen erkannt hast.
c) Bestimme, welche Wortart jeweils nominalisiert wurde.
ein Kahler → kahl (Adjektiv)

Merke **Nominalisierungen/Substantivierungen erkennen und richtig schreiben**

Nomen werden großgeschrieben. Im Satz können auch **andere Wortarten** wie **Adjektive** und **Verben** an die **Stelle eines Nomens** treten und werden dann ebenfalls großgeschrieben. Nominalisierte Wörter kann man an ihren **Begleitwörtern** erkennen, z. B.:
- am bestimmten oder unbestimmten Artikel: *das Singen, ein Neues,*
- an vorangestellten Adjektiven: *lautes Singen,*
- an vorangestellten Pronomen: *ihr Singen, dieses Singen.*

Manchmal ist der Artikel auch mit einer Präposition verschmolzen: *beim Laufen.*
Steht kein Begleitwort bei dem nominalisierten Wort, kann man mit der **Artikelprobe** oder der **Erweiterungsprobe** prüfen, ob es sich um ein Nomen handelt, z. B.:
Auf dem Rasen ist Ballspielen untersagt. → Auf dem Rasen ist das Ballspielen untersagt.

Groß- und Kleinschreibung des Superlativs

A - In Mathe bin ich von allen Fächern **am besten**.
- Ich bin in Mathe nicht **die Beste** in der Klasse.
- Die **beste Schülerin** in Mathe ist in unserer Klasse Elena.

B - Mattis ist im Training **am schnellsten**.
- Ich bin meistens nicht **die Schnellste**.
- Der **schnellste Sprinter** in unserer Gruppe ist Finn.

1 Wie unterscheidet sich die Schreibung des Superlativs in den Beispielen? Beschreibe die Unterschiede und versuche, eine Regel abzuleiten.

2 Entscheide im folgenden Text über die Groß- und Kleinschreibung und schreibe den Text in der richtigen Schreibung in dein Heft.

Wohin in den Ferien?

Jedes Jahr diskutiert Theas Familie auf das (H/h)eftigste über das Urlaubsziel für die großen Ferien. Thea möchte am (L/l)iebsten am Strand faulenzen, ihr Bruder Jannis findet, das sei das (L/l)angweiligste und (Ö/ö)deste, was man sich vorstellen kann. Er macht regelmäßig die (A/a)bgedrehtesten Vorschläge, wie Zelten in Alaska oder Schnorcheln vor Australien. Theas Vater kann sich am (B/b)esten beim Wandern in den Bergen erholen und Theas Mutter findet Städtetouren am (I/i)nteressantesten. Einen Kompromiss für alle zu finden, ist also nicht das (E/e)infachste.

3 Bilde zu allen drei Formen des Superlativs im Merkkasten drei Beispielsätze.

Von allen Kindern ist Simon der Lauteste.
Simon singt am lautesten.
Das lauteste Kind ist Simon.

Merke **Groß- und Kleinschreibung beim Superlativ**

Bei der Schreibung des Superlativs gilt:
- **Der (Die/Das)** *Beste* / **Der (Die/Das)** *Schönste* / **Der (Die/Das)** *Teuerste ist bei vielen beliebt.*

Aber:
- *Für viele muss alles* ***am besten*** */* ***am*** *schönsten /* ***am*** *teuersten sein.*
- *Die* ***beste Schülerin*** *in Mathe ist Elena.*

Groß- und Kleinschreibung von Zeitangaben

1 a) Schreibe die Tabelle ab und sortiere die Zeitangaben aus dem Wortspeicher ein.
b) Erkläre, woran du erkennst, dass eine Zeitangabe großgeschrieben wird.
c) Was haben die Zeitangaben, die man kleinschreibt, gemeinsam?
Markiere das Merkmal bei den Wörtern in deiner Tabelle.

nachts · in der Nacht · am Abend · morgens · mittags · nachmittags · jeden Vormittag · abends · bis Mitternacht · montags · Mittwoch und Freitag · von Freitag bis Sonntag · freitags · am Mittwoch · mittwochs · freitagmittags · donnerstags · samstags abends · diesen Donnerstag · nächsten Dienstag · dienstagabends

Großgeschriebene Zeitangaben	Kleingeschriebene Zeitangaben
– *in der Nacht* – *...*	– *nachts*

2 Zeitadverbien, wie *heute, gestern, morgen, übermorgen,* schreibt man klein.
Formuliere zu jedem dieser Adverbien einen Beispielsatz. Beginne jeweils mit einem der folgenden Satzanfänge:
Wir werden ...
Nachdem wir ...
Bevor wir ...

3 a) Schreibe die folgenden Zeitangaben in der richtigen Groß- oder Kleinschreibung ab.
Überprüfe bei Zeitangaben, die aus Wortgruppen bestehen, die Großschreibung wie im Beispiel:
morgen Mittag (morgen am Mittag)
b) Bilde Sätze mit diesen Zeitangaben.

AM DONNERSTAGNACHMITTAG · FREITAGS · MORGEN MITTAG · MITTWOCHS UND DONNERSTAGS · GESTERN MORGEN · NACHTS · MORGEN ABEND · AM ZWEITEN MITTWOCH IM MONAT · AM MONTAGABEND · SONNTAGABENDS · ÜBERMORGEN MITTAG · BIS MONTAG · BIS MITTERNACHT

4 Übernimm die folgenden Sätze in dein Heft. Entscheide über die Groß- und Kleinschreibung und überprüfe deine Entscheidungen mithilfe des Merkkastens.

A Die Praxis meines Zahnarztes ist am ■ittwoch und am ■reitag geschlossen.
B Ich habe am ■ontag um vier Uhr ■achmittags einen Termin.
C Mein Handballtraining findet ■ienstags und ■onnerstags von 18:00 bis 20:00 Uhr statt.
D Am ■onntag kamen wir erst gegen ■itternacht von unserem Wochenendausflug zurück.
E Am ■orgen danach war ich schrecklich unausgeschlafen und habe mich ■achmittags ins Bett gelegt.
F Nächsten ■amstag bleibe ich ■bends besser zu Hause.
G Auch wenn ich ■bends früh ins Bett gehe, bin ich manchmal ■orgens unausgeschlafen.
H Diese Woche habe ich keinen ■achmittag frei.
I Normalerweise treffe ich mich ■amstagnachmittags mit meinen Freunden zum Skaten.
J Manchmal schaffe ich es auch noch ■ittwochs ■achmittags.
K Diesen ■amstag fällt das Treffen aus.
L Dafür schauen wir uns am ■amstagabend gemeinsam einen Film an.
M Am ■onntag ist – wie immer – Familientag.

5 Verfasse einen kurzen Bericht darüber, was du in dieser Woche bereits gemacht hast und was du noch vorhast. Verwende dabei die Zeitangaben aus dem Wortspeicher.
Heute habe ich nach der Schule noch Volleyballtraining, aber morgen ist Wochenende. …

heute · morgen · gestern · vorgestern · übermorgen · heute Morgen · gestern Abend · vorgestern Nacht · morgen Mittag · gestern Morgen · Dienstagabend · Mittwochmorgen · Donnerstagnachmittag · Freitagvormittag · Sonntagmittag

Merke **Groß- und Kleinschreibung von Zeitangaben**

Großgeschrieben werden:
- **Wochentage und Tageszeiten als Nomen**, z. B.:
  am Freitag, jeden Freitag, der Morgen, gegen Mittag,
- **zusammengesetzte Angaben zu Tageszeiten an Wochentagen**, z. B.:
  Montag + Vormittag ⟶ Montagvormittag.

Kleingeschrieben werden z. B.:
- **Zeitadverbien:** *heute, gestern, morgen, übermorgen, vorgestern,*
- **Tageszeiten und Wochentage** (auch zusammengesetzte Angaben), die als **Zeitadverbien** verwendet werden, wie *freitags, nachmittags oder montagmorgens.*

Achtung: Bei der **Verbindung von Zeitadverb und Tageszeit** bleibt das **Zeitadverb klein** und die **Tageszeit groß**, z. B.:
heute Morgen, übermorgen Abend, gestern Vormittag.

Lang oder kurz gesprochener Stammvokal – offene oder geschlossene Silbe?

Kleine Turnübung *Hans Adolf Halby*

Aufgezwackt und hingemotzt
Angezickt und abgestotzt
Jetzt die Kipfe auf die Bliesen
Langsam butzen, tapfen, schniesen
Dreimal schwupf dich
Knitz dich
Lüpf
Siehstewoll – da flatzt der Büpf

Im Webum wasen die Wupen.
Im Webbum wirsen die Wuppen.
Wewa warren die Wompen?
Wücher worren es wamig.

1 Lies die beiden kurzen Texte laut vor.
Woran erkennst du bei diesen Fantasiewörtern, ob ein Vokal lang oder kurz gesprochen wird? Nenne Beispiele.

2 Übernimm die Tabelle in dein Heft und sortiere die Wörter aus dem Wortspeicher ein.
Trenne dabei die Wörter nach Silben.
Tipp: Für diese Übung darfst du ck ausnahmsweise in k-k trennen.

lesen · die Wette · witzig · fragen · die Birne · sitzen · necken · die Wolke · müde · das Wasser · haben · die Decke · sagen · flüstern · wenig · der Regen · fliegen

Stammvokal wird kurz gesprochen: ______	Stammvokal wird lang gesprochen: ______
die Wet-te, …	*le-sen, …*

3 a) Überprüfe deine Einteilung: In welcher Spalte müssen die Stammsilben offen sein (Silbenende = Vokal) und in welcher Spalte geschlossen (Silbenende = Konsonant)? Markiere in deiner Tabelle die Laute, die dir das zeigen.
b) Ergänze im Kopf deiner Tabelle die Angaben „offene Silbe" und „geschlossene Silbe".

Schreibung nach kurzen betonten Vokalen

Wann schreibt man Doppelkonsonanten?

1 a) Suche zehn zweisilbige Wörter mit kurz gesprochenem Stammvokal. Notiere sie nach Silben getrennt in deinem Heft und markiere die Konsonanten, die getrennt werden.
Tür-me, hüp-fen, lus-tig ...

b) Welche Regel gilt für die Wörter aus Aufgabe a)? Vervollständige den Merksatz.
Merke: Nach kurz gesprochenem Stammvokal ...

2 a) Schreibe die Wortpaare im Wortspeicher nach Silben getrennt in dein Heft und setze die fehlenden Konsonanten ein.
Keh-le und Kel-le

b) Begründe, warum man die eingesetzten Konsonanten verdoppeln muss.

die Keh-le – die Ke?e · feh-len – die Fe?e · schnü-ren – schnu?en · bie-ten – bi?en · ra-ten – die Ra?en · beten – die Be?en · (sie) ka-men – kä?en

3 Schreibe die Wörter aus folgendem Wortspeicher in dein Heft und ergänze dabei die Konsonanten *l, m, n, r* und *t*. Einige der Konsonanten müssen dabei verdoppelt werden.
Tipp: Nutze die Verlängerungsprobe (→ S. 276 f.) und zerlege zusammengesetzte Wörter.
ka?t: käl-ter → kalt *Schwi?verein: schwim-men → Schwimmverein*

ka?t · verwi?t · der Ha?t · es ha?t · die Sti?n · der Schwi?verein · der Spo? · die Gießka?e · das Ki?d · die Gewa?t · es ro?t · das Go?d · er schmo?t · die Schubka?e · das Ko?n · geba?t · der Ba? · die Bu?er · der Geldgewi? · der Re?wagen · das Ste?werk · he?lich · die Ke?ze

Merke **Schreibung nach kurzen betonten Vokalen**

Stammsilben mit **kurzem betontem Vokal** werden mit einem Konsonanten **geschlossen.** Mit der **Silbenprobe** hörst du bei zweisilbigen Wörtern zu Beginn der neuen Silbe meist einen weiteren Konsonanten, z. B.: *Kar-te, Lam-pe, Ber-ge, Grün-de.*
Hörst du nach einem kurzen betonten Vokal **nur einen Konsonanten am Silbengelenk**, dann wird dieser **verdoppelt**, um die Silbe zu schließen, z. B.: *dop-pelt, Trom-mel, klir-ren, Wan-ne.*

Tipp: Nutze bei einsilbigen Wörtern die **Verlängerungsprobe**, z. B.: *kalt → käl-ter, bellt → bel-len.*
Zerlege zusammengesetzte Wörter, z. B.: *Stummfilm → stum-mer Film.*

Besondere Silbengelenke

1 Anstelle der Verdoppelung von z schreibt man tz.
Ordne die Wörter im Wortspeicher danach, ob du z oder tz einsetzen musst.
Tipp: Nutze bei einsilbigen Wörtern die Verlängerungsprobe (→ S. 276 f.).
tz: *flit-zen, …* z: *die Wur-zel, …*

fli?en · die Wur?el · die Ri?e · die Spi?e · das Hol? · der Bli? · nu?en · besi?en · der Spa? · die Ker?e · der Wi? · die Krän?e · schwän?en · stür?en · si?en · ki?eln · kra?en · kur? · das Her? · der Pel? · schwar? · spi? · tro?ig · der Klo? · der Stol?

2 Anstelle der Verdoppelung von k schreibt man ck. Übernimm die Tabelle in dein Heft und entscheide mithilfe der Silbenprobe, ob du k oder ck einsetzen musst.
Tipp: Für diese Übung darfst du ck ausnahmsweise in k-k trennen.

sie bli?t · es blin?t · die Schran?e · das Ha?fleisch · aufgewe?t · verste?t · geschi?t · kran? · schlan? · prun?voll · das Wer? · star? · der Quar? · stri?en · sti?en · das Gelen? · das Ba?rezept · das Sto?brot · das Gu?loch · der Zi?za?

ck	k
– *sie blickt (*blik-ken)* – *Hack-fleisch (*hak-ken)*	– *es blinkt (blin-ken)* – *…*

3 Bei der Silbentrennung von ck am Zeilenende gelten, genauso wie für die Trennung von Wörtern mit ch und sch, besondere Regeln.
Informiere dich darüber im Merkkasten und schreibe die Wörter im Wortspeicher nach Silben getrennt in dein Heft.
der Ku-ckuck

der Kuckuck · fleckig · locken · die Socke · aufwecken · lecken · wachen · stochern · pochen · kochen · die Bäche · die Löcher · waschen · die Büsche · die Masche

Merke **Besondere Silbengelenke**

Die Konsonanten **k** und **z** werden in deutschen Wörtern nicht verdoppelt. Stattdessen schreibt man **ck** bzw. **tz**, z. B.: *Decke, Jacke, backen* und *setzen, Katze, Hitze*.
Achtung: **Nach l, n, r** – das merke ja – steht **nie tz und nie ck!**
Bei der **Silbentrennung am Zeilenende** gilt für **ck**, genauso wie für **ch** und **sch**, die Regel, dass **vor** diesen Buchstabenverbindungen getrennt wird, z. B.: *Lü|cke, Wo|che, Ta|sche*.

Doppelkonsonanten und besondere Silbengelenke

1 Entscheide, ob der Konsonant jeweils verdoppelt wird oder nicht. Schreibe die Texte vollständig und korrekt in dein Heft.

Wer schreit denn da?

Mi■en (t/tt) in der Nacht wacht Sina auf. Sie hört ein Wi■ern (m/mm) und Schreien, unmi■elbar (t/tt) unter ihrem o■enen (f/ff) Fe■ster (n/nn). Zuerst bleibt sie vor Schre■ (k/ck) sta■ (r/rr) liegen und ho■cht (r/rr). Bald besi■t (n/nn) sie sich aber, wirft die Be■de■e (t/tt; k/ck) zurü■ (k/ck) und fli■t (z/tz) zu ihren E■tern (l/ll) ins Schlafzi■er (m/mm). Sie we■t (k/ck) ihre Mu■er (t/tt). „Ka■ (n/nn) es sein, dass da ein Ki■d (n/nn) a■ein (l/ll) im Dunkeln auf der Straße ja■ert (m/mm)?“, fragt sie. Gemeinsam gehen sie die Tre■e (p/pp) hinunter und es ste■t (l/ll) sich heraus, dass zwei kä■pfende (m/mm) Ka■en (z/tz) den Lä■m (r/rr) veranstalten.

O Tannenbaum

Sinas Vater ste■t (l/ll) einen Tag vor Heiligabend den Ta■enbaum (n/nn) auf. Er mu■ (s/ss) das Sta■e■de (m/mm; n/nn) etwas anspi■en (t/tz), damit der Baum in den Stä■der (n/nn) pa■t (s/ss). Um ein schne■es (l/ll) Austro■nen (k/ck) zu verhi■dern (n/nn), fü■t (l/ll) Sinas Vater den Stä■der (n/nn) mit Wa■er (s/ss). Trotzdem verliert der Baum schon ku■z (r/rr) nach den Feiertagen seine Nadeln und die Zweige werden schla■ (p/pp). Alle wu■dern (n/nn) sich und schi■pfen (m/mm) auf den Hä■dler (n/nn). Tatsächlich hat aber Sinas Vater einen Fehler gemacht: Er hat beim Zuspi■en (z/tz) des Sta■es (m/mm) auch den äußersten Jahresring entfe■nt (r/rr). Aber gerade darin befi■den (n/nn) sich die Ze■en (l/ll), die Wa■er und Nährsto■e (f/ff) zu den Zweigen und Nadeln emporleiten. Die ä■teren (l/ll) Jahresringe weiter i■en (n/nn) kö■nen (n/nn) das Wa■er (s/ss) nicht mehr leiten.

Schreibung von langen Vokalen

Verschiedene Schreibungen unterscheiden

Sensation im Moor: Wiederbelebte Mumie in Dorfgemeinschaft eingewöhnt

Vor einem Jahr gelang es Professor Kluge von der Universität Kiel, eine bei Torfsticharbeiten im Moor entdeckte Mumie wiederzubeleben. Dieses Wesen hat sich inzwischen offenbar sehr gut an seine neue Umgebung gewöhnt. Es badet immer noch im nahe gelegenen See, geht auf Fischfang und auf die Jagd nach Rehen und Wildschweinen. Es flieht nicht mehr vor Menschen und verschmäht auch Einladungen zu Mahlzeiten mit Braten, Klößen und Kohl nicht, bei denen süße Beeren mit Sahne zum Nachtisch und ein Liter Limonade nicht fehlen dürfen. Es fühlt sich augenscheinlich wohl in der Dorfgemeinschaft. Nur mit der Sprache hapert es noch bei ihm.

1 Lies den Text und sortiere die Wörter mit lang gesprochenen Stammvokalen nach Silben getrennt ein.
Verlängere die Wörter, wenn notwendig und möglich.

Langer Vokal ohne Dehnungszeichen	Langer Vokal mit Dehnungs-h	Langer Vokal als Doppelvokal	Silbentrennendes h nach langem Vokal
vor, …	*Jahr (Jah-re)*	*das Moor, …*	*na-he, …*

2 a) Vervollständige die Wörter aus dem Wortspeicher und sortiere sie wie im Beispiel.
b) Markiere mithilfe des Merkkastens auf Seite 264 die Laute, die dir die richtige Schreibweise anzeigen.
Tipp: Nimm ein Wörterbuch zu Hilfe, wenn du unsicher bist.
Kein Dehnungs-h: *Dose, …*
Dehnungs-h vor l, m, n, r: *gähnen, …*
Kein Dehnungs-h trotz folgendem l, m, n, r: *Ton, …*

die Do?se · le?ben · gä?nen · zä?men · la?m · der Lo?n · der To?n · das Bro?t · bele?ren · stu?r · ke?ren · die Ku?r · die Bo?ne · u?rtümlich · acht U?r morgens · tra?gen · die To?re · die Tä?ler · tra?ben · die Tö?ne · quä?len · za?len · die Zü?gel · der Le?m · der Kra?n · das Gefü?l · der Stu?l · die Bü?ne · die Schuhso?le · die Lo?se · die Sä?ge · die Grä?ser · spü?ren · die Wo?nung

Dehnungs-h und silbentrennendes h unterscheiden

Bloß nicht aufs Land!

Hanna wohnt mit ihren Eltern in einer Wohnung in der Stadt. Dort fühlt sie sich wohl. Sie fährt mit der Straßenbahn zur Schule, ihre Freundinnen sind in der Nähe und sie geht gerne ins Kino. Ihre Eltern aber zieht es aufs Land, vor allem ihre Mutter sehnt sich nach Ruhe und sauberer Luft. Sie will ihre Familie vor Umweltschäden bewahren. Außerdem träumt sie von einem großen Garten, in dem es üppig blüht und sie Möhren, Bohnen, Rosenkohl und Salat säen und ernten kann. Hanna wehrt sich dagegen. Sie fürchtet, dass ihr regelmäßiges Unkrautjäten droht und nur sie dann den Rasen mäht. Das lehnt sie ab. Auch ihre Freundinnen würden ihr fehlen. Deshalb hofft sie, dass ihre Eltern ein Einsehen haben und ihre Pläne aufgeben.

1 a) Dehnungs-h oder silbentrennendes h? Übertrage die Tabelle in dein Heft und trage die markierten Wörter ein wie in den Beispielen. Zerlege oder verlängere sie, wenn nötig.
b) Bei welchem Wort aus dem Text „fehlt" ein silbentrennendes h? Orientiere dich im Merkkasten.

Stummes Dehnungs-h	Silbentrennendes h
woh-nen, …	*…*

2 Wähle drei Wörter aus jeder Spalte oben aus und notiere in deinem Heft möglichst viele verwandte Wörter, z. B.:
wohnen: Wohnung, bewohnbar, Wohnzimmer.

Merke **Lang gesprochene Vokale und das h**

Das Dehnungs-h: Stammsilben mit lang gesprochenem Vokal in zweisilbigen Wörtern enden mit einem Vokal oder einem **stummen Dehnungs-h**, z. B.: *Tü-ren, füh-ren.*
Das stumme Dehnungs-h steht **links vom Trennungsstrich**, z. B.: *keh-ren, neh-men.*
Es steht nur, aber nicht immer, vor **l**, **m**, **n** und **r**, z. B.: *Sah-ne,* aber *Blu-me*.
Achtung: Beginnt eine lang gesprochene Stammsilbe mit **kr**, **qu**, **sch** oder **t**, folgt **kein Dehnungs-h**, z. B.: *Kro-ne, Scha-le, Qua-len, Tä-ler.*

Das silbentrennende h: Die Silbe nach der Stammsilbe beginnt in der Regel mit einem Konsonanten, z. B.: *Ke-gel, keh-ren*. Wenn **kein anderer Konsonant zu Beginn der Folgesilbe** vorhanden ist, wird ein **silbentrennendes h** eingefügt. Dieses steht **rechts vom Trennungsstrich**, z. B.: *ste-hen.* In seltenen Fällen gibt es zwischen der Stammsilbe und der Endung kein silbentrennendes h, z. B.: *säen, (ein) rauer (Wind), (eine) genaue (Auskunft).*

Wörter mit lang gesprochenem i

1 Das lang gesprochene i wird meist als ie geschrieben.
Sammle zehn Nomen, zehn Adjektive und zehn Verben mit ie und schreibe damit so viele lustige Sätze wie möglich, z. B.:
Eine liebe Ziege wiegt Bienen.

2 In vielen Fremdwörtern steckt das ie in der Endung *-ieren*.
Notiere zehn Fremdwörter, die auf *-ieren* enden, z. B.:
telefonieren, …

3 In manchen Fällen wird das lang gesprochene i auch nur als i geschrieben. Diese Wörter musst du dir merken.

a) Nenne fünf Tiere, bei denen das lang gesprochene i nur als i geschrieben wird, z. B.:
Bisamratte, …

b) Notiere zehn Wörter, die auf -ine enden, z. B.:
Maschine, …

4 Schreibe die folgenden Sätze in dein Heft und setze die passenden Pronomen mit ih ein.

A Ich habe diesen Mann noch nie gesehen. Ich kenne ___ nicht.
B Ich danke ___ sehr für ___ Hilfe, Herr Schmidt.
C Sie hat das nicht gewollt und es tut ___ leid.
D Das Buch, das ich meinem Vater geschenkt habe, hat ___ gut gefallen.

5 Suche Reimwörter, die mit einfachem i geschrieben werden.

Nil	Brise	Fibel	wir	Lider
___	___	___	___	___

Merke **Wörter mit lang gesprochenem i**

Die meisten Wörter mit lang gesprochenem **i** werden mit **ie** geschrieben:
- Wörter mit **ie**, z. B.: *das Tier, biegen, diese, lieb,*
- Verben mit der Endung **-ieren**, z. B.: *gen**ieren**, plakat**ieren**, prob**ieren***.

Wörter mit **i** und **ih** musst du dir als **Merkwörter** einprägen:
- Wörter mit **i**, z. B.: *Maschine, Lokomotive, Brise, lila, wir,*
- Wörter mit **ih**, z. B. die Pronomen *ihr, ihre/r, ihm, ihn, ihnen, Ihnen.*

s-Laute unterscheiden

1 Schreibe die Wörter und Sätze in dein Heft und ergänze s oder ß.
Zerlege die Wörter, wenn notwendig, und nutze bei einsilbigen Wörtern die Verlängerungsprobe (→ S. 276 f.), um den Unterschied zwischen stimmlosem und stimmhaftem s zu hören, z. B.:
Weisheit (wei-se); Weißbrot (wei-ßes Brot) …

die Wei?heit · das Wei?brot · das Lo? · blo? · fie? · die Rei?leine · verei?t · ein Kie?weg · Sie hat genie?t. · Er genie?t den Urlaub. · Das Bad ist neu geflie?t. · Das Wasser flie?t.

2 Entscheide mithilfe der Silbenprobe (→ S. 264), ob du Doppel-s oder ß einsetzen musst. Nutze bei einsilbigen Wörtern die Verlängerungsprobe und zerlege zusammengesetzte Wörter, z. B.:
Nach dem gewaltigen Regenguss (Güs-se) …

A Nach dem gewaltigen Regengu■ ist der Garten na■ genug und wir mü■en nicht gie■en.
B Der Flu■ hatte eine sehr hohe Flie■geschwindigkeit, sodass unser Flo■ manchmal richtig vorwärtsscho■.
C Darf man einen Klo■ mit Me■er und Gabel e■en?
D Matrosen mü■en heute kaum noch Segel hi■en. Ob sie das vermi■en? Oder haben sie früher das Segelhi■en geha■t?
E Vergi■ nicht, den Bo■ zu grü■en!
F Es ist be■er, ma■voll zu e■en als Ma■en von E■en zu verspeisen.

3 Wann musst du Doppel-s schreiben und wann ß?
Vervollständige die folgenden Regeln in deinem Heft.
Merke:
– Das stimmlose s schreibe ich als Doppel-s nach ■ Vokal am Silbengelenk.
Es gilt also die gleiche Regel wie bei der Schreibung anderer Doppelkonsonanten.
– Das stimmlose s schreibe ich ß nach ■ Vokal und ■ Silbe.

4 a) Bilde zu den Verben im Wortspeicher Nomen und schreibe die Paare in dein Heft, z. B.:
verdrießen – der Verdruss.
b) Erkläre, warum sich trotz der Verwandtschaft der Wörter die Schreibweise ändert.

verdrießen · schießen · schließen · genießen · beißen · reißen · gießen · sprießen · fließen · beschließen

5 Übernimm die folgende Tabelle in dein Heft. Bilde mit den Zusammensetzungen mit *lassen* Sätze im Präsens und im Präteritum.

Infinitiv	Präsens	Präteritum
loslassen	*Sie lässt den Hund los.*	*Sie ließ den Hund los.*
zulassen	...	...
weglassen	...	...
auslassen	...	...
vorlassen	...	...
zurücklassen	...	...

6 Aufgepasst bei der Endung -nis: Obwohl die Form im Plural ein Doppel-s am Silbengelenk hat, schreibt man im Singular nur ein s, z. B.: *Geheimnis-se*, aber *Geheimnis*.
Bilde zu den Verben im Wortspeicher Nomen auf -nis und setze sie in den Plural, z. B.:
verzeichnen ⟶ das Verzeichnis ⟶ die Verzeichnisse

verzeichnen · versäumen · begraben · erleben · zeugen · bedürfen · geloben · ereignen · bedrängen · erkennen

7 Denke dir nach folgendem Muster Übungen zur s-Schreibung mit einem Kuckucksei aus. Lass deine Mitschüler/-innen das Fehlerwort finden, z. B.:
– der Pass – der Spass – das Fass – blass
– bloß – der Kloß – groß – das Floß – das Loß

Achtung, Fehler!

Merke **Der Wechsel von ß und Doppel-s im Wortstamm**

Wird beim **Wechsel des Stammvokals** in verwandten Wörtern aus dem kurzen Stammvokal ein langer, dann wird aus **Doppel-s** ein **ß**, z. B.:
verlassen (kurzer Stammvokal) ⟶ *sie verließ* (langer Stammvokal).
Wird umgekehrt aus dem langen Stammvokal ein kurzer, dann wird aus **ß Doppel-s**, z. B.:
gießen (langer Stammvokal) ⟶ *es goss* (kurzer Stammvokal).

Schwierige Konsonanten richtig schreiben

w, v oder f?

Darüber wundert sich das „V“ *Vera Ferra-Mikura*

Obwohl ich immer als „V“ vor dir steh’,
bin ich manchmal ein „F“ und manchmal ein „W“.
Im Klavier und im Jagdrevier
Wird ein „W“ aus mir.
Du siehst mich als „V“, doch wie sagst du dann?
Willa, Wase und Pawian.
Nur aus dem Vollmond, das wäre zum Lachen,
dürftest du keinen Wollmond machen,
aus einem Veilchen kein Weilchen,
aus einem Vetter kein Wetter.
Ich bin manchmal ein „F“ und manchmal ein „W“,
obwohl ich immer als „V“ vor dir steh’!

1 a) Sortiere die v-Wörter aus dem Gedicht nach ihrer Aussprache.
b) Ergänze in jeder Spalte zehn weitere Wörter mit v. Achte dabei auf die Aussprache.

v wie f gesprochen	v wie w gesprochen
Vollmond, …	…

2 a) Entscheide bei den Wörtern im Wortspeicher, ob du f oder v schreiben musst.
b) Notiere die Wörter, bei denen du ein v schreiben musst, in einer Merkwortliste.

der ?erdacht · ?orsichtig · ?ertig · ?ergessen · ?olljährig · ?ast · ?ernünftig · ?iel · das ?ohlen · der ?ogel · ?inster · das ?eilchen · der ?arn · das ?ieh · das ?ieber · ?ier · das ?iertel · das ?erkel · das ?olk · die ?essel · ?ollkommen · ?orn · ?oran

3 Schreibe mit sechs bis zehn v-Wörtern aus dem Wortspeicher eine Geschichte.

Merke **Schwierige Konsonanten: w, v oder f?**

Wörter, bei denen du **f** hörst, aber **v** schreibst, musst du dir merken, z. B.: *Vater, Veilchen, vorn, viel, vier, voll* oder Wörter mit den Vorsilben *ver-, vor-,* z. B.: *Verkehr, Vorstellung*.
Mit **v** geschrieben, aber wie **w** gesprochen werden viele Wörter aus dem Lateinischen, z. B.: *die Vase, die Villa, die Vokabel*.

x, gs, ks, chs oder cks ?

Wusstest du schon? *Cornelia Ertmer*

Wusstest du schon,
dass Füchse wachsen
und Hexen neuerdings faxen,
dass die Buchse keine Hose ist
und die Eidechse keine Kekse frisst,
dass links und rechts verwechselt werden
und Ochsen leben in großen Herden,
dass Lachse flussaufwärts schwimmend sich bewegen
und Dachse sich gern in Höhlen regen,
dass Rapunzel hatte flachsblondes Haar
und Koks[1] früher Luxus war?
Das wusstest du schon?
Dann suche flugs heiter
Nach Wörtern mit chs, ks, x, gs und so weiter.

1 der Koks: Brennstoff aus Steinkohle und Braunkohle

1 Übertrage die Tabelle in dein Heft und sortiere passende Wörter aus dem Gedicht in die Spalten ein. Ergänze ein Wort mit cks und in jeder Spalte drei weitere Wörter.

x	gs	ks	chs	cks
…	…	…	…	…

2 Welche Wörter mit x sind hier gemeint? Schreibe sie in deine Merkwortliste.

1 klettern
2 Spaltwerkzeug
3 Märchengestalt
4 schnell
5 Witze oder Spaß
6 anpassungsfähig
7 Nachschlagewerk
8 vermischen
9 Meerjungfrau
10 Fahrzeug für den Personentransport
11 Abschlussprüfung
12 Teilnehmer beim Faustkampf

3 Viele Fremdwörter beginnen mit der Vorsilbe *ex-*: *Experte, Export, extrem, exakt.* Sammle diese Wörter, erkläre sie und trage sie in deine Merkwortliste ein.

Merke **Schwierige Konsonanten: x, chs und cks**

Für die Schreibung von Wörtern mit x, chs und cks gibt es keine Regel.
Lege dir eine Merkwortliste an und präge dir so die Schreibungen ein.

das oder dass?

Schädigt Lesen bei schwachem Licht die Augen?

Wohl alle Kinder hören einmal von ihren Eltern, dass sie nicht bei schummriger Beleuchtung lesen sollen, weil das Lesen unter solchen Bedingungen die Augen verderbe. Gesundheitsratgeber behaupten, dass das nicht wahr sei. Zwar sei es möglich, dass Lesen im dämmrigen Licht zu Ermüdung, Augenbrennen und Kopfschmerzen führen könne, eine bleibende Schädigung sei jedoch ausgeschlossen. Hat das jemals jemand überprüft? Ist es nicht doch das Taschenlampenlicht unter der Bettdecke gewesen, das vielen Menschen die Augen verdorben hat?

Ein Wissenschaftler testete das an Hühnern. Dass Hühner nicht lesen können, ist klar. Es ließ sich aber beweisen, dass ihre Sehkraft schlechter wird, wenn sie längere Zeit im Dämmerlicht leben mussten. Es war das Zusammenspiel von geringer Helligkeit des Bildes auf der Netzhaut des Auges und geringem Bildkontrast, das die Hühner kurzsichtig werden ließ. Das lässt den Schluss auch für uns Menschen zu, dass wir schneller kurzsichtig werden, wenn wir bei schlechtem Licht lesen.

1 Übertrage die folgenden Beispiele für die *das/dass*-Schreibung in dein Heft und suche für jedes *das* bzw. *dass* zwei weitere Belege aus dem Text:
das Lesen, …
Hat das jemals jemand überprüft?
Wohl alle Kinder hören einmal von ihren Eltern, dass sie nicht bei schummriger Beleuchtung lesen sollen.
Ist es das Taschenlampenlicht gewesen, das vielen Menschen die Augen verdorben hat?

2 a) Bilde nach dem folgenden Muster vier Sätze: *Ich lese gerade ein Buch, das sehr spannend ist.*
b) Bilde mit den folgenden Verben jeweils einen Satz mit *dass*: *Ich schätze, dass …*

schätzen · sagen · meinen · behaupten · herausfinden · erzählen · erkennen

Merke **das oder dass?**

Man schreibt nur die **Konjunktion *dass***, die einen Nebensatz einleitet, mit **Doppel-s**.

Nebensätze mit der Konjunktion ***dass*** stehen häufig nach Verben wie *sagen, meinen, wissen, fürchten, hoffen, sicher sein, bezweifeln, behaupten, hören*.

Fremdwörter richtig schreiben

1 a) Dieselben Buchstaben, aber vier verschiedene Laute! Sortiere die Wörter mit ch aus dem Wortspeicher nach ihrer Aussprache in vier Gruppen. Schlage die Bedeutung der Wörter, die du nicht kennst, in einem Wörterbuch nach.

b) Schreibe zu zehn dieser Wörter je einen Satz, z. B.:
Der Chef hat meinem Vater heute frei gegeben.

der Chef · chatten · christlich · der Charakter · der Champignon · der Chor · der Charme · die Chemie · die Chance · die Chaussee · der Chip · das Chrom · der Champagner · chronologisch · der Chinese · das Chlor · der Chauffeur · das Chamäleon · der Champion · der Chaot

2 a) Welche Wörter im folgenden Wortspeicher gehören in welche Spalte der Tabelle? Sortiere sie in deinem Heft nach Aussprache und Schreibung.

b) Suche für jede Spalte weitere Beispiele mit derselben Aussprache und Schreibung.

das Jackett · der Journalist · der Diskjockey · der Juwelier · die Etage · der Jeep · die Montage · die Jalousie · der Joker · die Blamage · die Justiz · der Düsenjet · Jupiter · der Jambus · der Jazz · der Job · jonglieren · die Manege · die Jeans · das Jubiläum · joggen

die Garage	das Journal	der Jackpot	der Jurist
...	*der Journalist*	...	*die Justiz*

3 a) Sprich die Wörter in folgendem Wortspeicher laut. Was fällt dir auf?

b) Schlage ihre Bedeutung im Wörterbuch nach und verwende jedes Wort in einem Satz, z. B.:
Der Beschuldigte wurde auf Kaution freigelassen.

die Kaution · die Munition · die Portion · die Definition · die Konstruktion · die Information · die Isolation · die Demonstration · die Generation · die Kondition

4 Welche Fremdwörter mit th aus dem Griechischen verstecken sich hier? Schlage ihre Bedeutung im Wörterbuch nach und übernimm sie in deine Merkwortliste.

Apo■■■ke, Leichta■■■■tik, ■■■ater, Ma■■■■■tik, ■■■■■osflasche, ■■■orie, syn■■■tisch, ■■■rapie, Me■■■de

Strategie: Verlängern und Ableiten

1 Überprüfe mithilfe der Verlängerungsprobe, ob die Lückenwörter mit p oder b, t oder d, g oder k geschrieben werden, z. B.:
Da ist guter Ra? teuer. → raten → Rat

Da ist guter Ra■ teuer.
Ich fahre mit dem Ra■ zum Schwimmba■.
Kor■sessel finde ich gemü■lich.
Im Lau■ pie■t ein junger Vogel.
Der Sandstau■ trei■t mir Tränen in die Augen.
Gibt es tatsächlich Spu■schlösser?
Ritter kämpften mit dem Schwer■.
In Filmen geht es häufig um Mor■ und To■schla■.
Der Wir■ empfiehlt das Wil■gericht.
Bei meiner Gebur■ habe ich acht Pfun■ gewogen.

2 Manche Wörter kannst du nicht ableiten oder verlängern.
Sortiere die Wörter in der Wörterschlange danach, ob sie mit p oder b geschrieben werden, und trage sie in deine Merkwortliste ein.
p: *September, …*
b: *Herbst, …*

3 Entscheide mithilfe der Ableitungsprobe, ob ä oder e, äu oder eu eingesetzt werden muss.
Schreibe die Wörter vollständig in dein Heft, z. B.:
be?gen: das Auge → beäugen

be?gen · verb?gen · bez?gen · sch?ßlich · sch?len · sch?ren · qu?len ·
das Geb?de · der B?tel · k?flich · h?fig · h?te · h?ten · l?ten · l?hmen ·
entb?hren · schw?rmen · z?hlen · die Fr?de · das Fr?lein · der Tr?mer

4 Schreibe zu jedem Wort mit ä oder äu aus Aufgabe 3 einen Satz in dein Heft.

5 Manche Wörter mit ä kannst du nicht ableiten. Finde mithilfe des folgenden Rätsels heraus, um welche Wörter es sich handelt, und trage sie in deine Merkwortliste ein.

1 Daran kann man sich beim Treppensteigen festhalten.
2 ein australisches Tier
3 Monat, in dem der Frühling beginnt
4 die entstehen beim Weinen
5 die Fruchtstände beim Korn
6 das Gegenteil von *früh*
7 nicht ganz gleich, aber ___
8 Werkzeug zur Bearbeitung von Holz
9 Krach
10 Dachräume haben oft ___.
11 Pia hat von der Sonne blonde ___ im Haar bekommen.
12 ein schwarzer-grauer Vogel
13 ein bisschen wütend
14 Es gibt sie abends, bevor es dunkel wird, und morgens, bevor es hell wird.
15 großes Raubtier, das es auch in der Arktis gibt

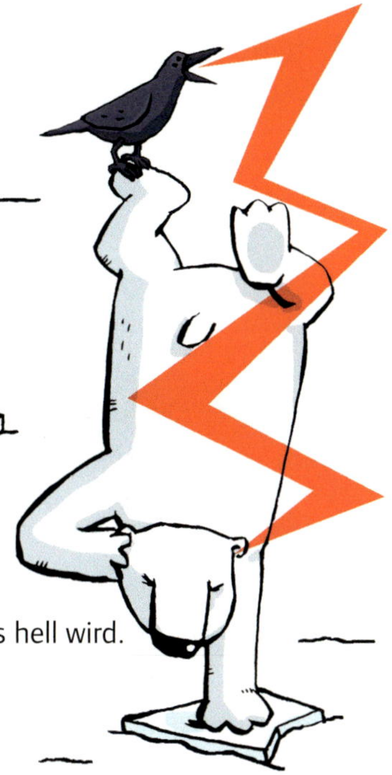

6 Ergänze die Sätze in deinem Heft und trage die Merkwörter mit äu in deine Merkwortliste ein.

1 Griechische Tempel haben viele _ _ _ _ _ _.
2 Er _ _ _ _ _ _ _ sich gegen das Mithelfen im Haushalt.
3 Wenn ich einen Frosch im Hals habe, muss ich mich _ _ _ _ _ _ _ _.
4 Eineiige Zwillinge sehen sich _ _ _ _ _ _ _ _ _ ähnlich.

Merke **Verlängerungs- und Ableitungsprobe**

Die **Verlängerungsprobe** kannst du z. B. verwenden, wenn du entscheiden musst, ob du **b** oder **p**, **g** oder **k**, **d** oder **t** am Wortende schreiben musst, z. B.:
gibt ⟶ geben, gesund ⟶ gesünder, der Korb ⟶ die Körbe.
Zusammensetzungen müssen zerlegt werden, um die Verlängerungsprobe durchzuführen, z. B.: *der Kor?stuhl = Kor? + Stuhl ⟶ Körbe ⟶ Korbstuhl.*
Die **Ableitungsprobe** hilft dir z. B. bei der Entscheidung, ob du **e** oder **ä**, **eu** oder **äu** schreiben musst, z. B.: *w?hlen ⟶ die Wahl ⟶ wählen, tr?men ⟶ der Traum ⟶ träumen.*
Gibt es kein verwandtes Wort mit **a** oder **au**, schreibt man meist **e** oder **eu**.

Kommas richtig setzen

Das Komma in Aufzählungen

„Der ruchlose Aggressor vom schwarzen Weltraumloch" oder „Das Geheimnis des falsch gesetzten Kommas"

Franz Fühmann

Als der faule Schüler Theo zu erwachen begann, lag er im Bett auf dem Kopf, die Haare gesträubt im Hirn, Verzweiflung auf der Nase, die Brille mit dem eingebauten Computer in einem grässlichen Traum befangen.
Er träumte, dass ihn [...] Annegret an der linken und der ruchlose Aggressor vom schwarzen Weltraumloch an der rechten Hand hielten, und beide zerrten an ihm und riefen: „Er gehört zu mir! Er gehört zu mir!"

1 a) Weshalb ist der Sinn des ersten Satzes schwer verständlich? Begründe mit Beispielen.
b) Schreibe den Satz mit der richtigen Kommasetzung in dein Heft.

2 Übernimm die folgenden Sätze in dein Heft und setze die notwendigen Kommas.
Achte darauf, was bei den Aufzählungen zusammengehört.
Tipp: Informiere dich im Merkkasten unten, wenn du unsicher bist.

A Die Ferien waren super: Sonne Strand Meer Reiten Ausschlafen Chillen – was will man mehr?
B Möchtest du Pizza Lasagne eine Portion Spaghetti Fisch oder Salat essen?
C Ich mag weder Salat noch Fleisch.
D Meine Tante ist eine Tierfreundin. Sie hat einen Hund aus dem Tierheim einen teuren Papagei einen alten Kater mit struppigem Fell zwei Meerschweinchen in einem Käfig auf dem Balkon und viele bunte Fische in einem riesigen Aquarium.
E Unsere neue Deutschlehrerin verlangt, dass wir ein Klassenarbeitsheft mit Linien und Rand ein Regelheft ein Heft für die Hausaufgaben und die Übungen im Unterricht und eine Mappe für die Arbeitsblätter anschaffen.
F Lina ist eine Sportskanone. Sie kann gut reiten Volleyball und Fußball spielen klettern und schwimmen.

Merke **Das Komma in Aufzählungen**

Die Bestandteile einer **Aufzählung** werden **durch Komma** getrennt. Das Komma entfällt, wenn die Bestandteile durch *und, oder, entweder – oder, weder – noch* verbunden sind.

Das Komma bei Satzunterbrechungen

Liebe Julia ich lade dich herzlich zu meiner Geburtstagsparty am Samstag dem 4. Juni ein.

Ich lade dich liebe Julia herzlich zu meiner Geburtstagsparty am Samstag dem 4. Juni ein.

Am Samstag dem 4. Juni lade ich dich herzlich zu meiner Geburtstags-party ein liebe Julia.

Achtung, Fehler!

1 Lies die drei Varianten eines Einladungstextes. Wo musst du Kommas setzen? Begründe.

2 Schreibe die folgenden Sätze in dein Heft und setze die fehlenden Kommas.

Achtung, Fehler!

A Paul mein Cousin wohnt im gleichen Ort.
B Im Deutschunterricht haben wir gerade „Krabat“ mein Lieblingsbuch gelesen.
C Am kommenden Montag dem 20. April fahren wir auf Klassenfahrt.
D In diesem Sommer machen wir auf Sizilien einer Insel im Mittelmeer Urlaub.
E Unser Schulhof zurzeit grau und langweilig wird bald neu gestaltet.

3 Setze in die folgenden Sätze passende Zusätze aus dem Wortspeicher ein und ergänze die fehlenden Kommas.

A Lieber Jan, ich freue mich …

A Ich freue mich auf unser Treffen am Sonntag.
B Frau Zenkers Kleid ist eine Geschmacksverirrung.
C Am Samstag findet unser großes Herbstfest statt.
D Heute gibt es mein Lieblingsgericht in der Schulmensa.

Milchreis mit Zimt und Zucker • rot mit grünen und lila Punkten • dem 15. Oktober • lieber Jan

Merke **Das Komma bei Satzunterbrechungen**

Das Komma kennzeichnet **Unterbrechungen** im Satz, z. B. **Anreden** oder **nachgestellte Erläuterungen (Appositionen),** wie **Datums-** und **Ortsangaben** oder **Zusatzinformationen**:
- *Dein Vorschlag, Henry, ist angenommen worden.*
- *Peter wohnt jetzt in Bielefeld, Diesterwegstraße 5.*
- *Herr Schubert, unser neuer Bio-Lehrer, ist super.*
- *Ich würde diese Woche gerne ins Kino gehen, z. B. am Freitagabend.*
- *Am Mittwoch, dem 31. Mai (,) findet unser großes Sportfest statt.*

Das Komma in Satzreihen und Satzgefügen

1 Welche der folgenden Satzverknüpfungen passt zu welchem Satzbauplan? Begründe.

A Nachdem Harry Potter fast zehn Jahre bei seiner Tante und seinem Onkel gewohnt hatte, passierte etwas Überraschendes.
B Harry konnte sich nicht an seine Eltern erinnern, weil die Dursleys nie über sie sprachen.
C Er war schon als Baby zu seinen Verwandten gekommen, denn seine Eltern waren bei einem Unfall gestorben.

1 ______ Hauptsatz ______ , ______ Hauptsatz ______ .

2 ______ Hauptsatz ______ , ~~~~~~ Nebensatz ~~~~~~

3 ~~~~~~ Nebensatz ~~~~~~ , ______ Hauptsatz ______ ,

2 a) Verknüpfe jeweils zwei Sätze mit den angegebenen Konjunktionen und setze die notwendigen Kommas. Schreibe in dein Heft.
b) Zu welchen Satzbauplänen aus Aufgabe 1 passen deine Satzverknüpfungen? Begründe.

- Harry konnte sich überhaupt nicht an den Unfall erinnern.	- Manchmal tauchte ein unheimliches Bild vor ihm auf.	aber
- Dudley und seine Freunde konnten Harry nicht leiden.	- Sie fanden ihn seltsam mit seinen komischen Klamotten.	weil
- Merkwürdige Unbekannte schienen ihn zu kennen.	- Sie sahen Harry auf der Straße seltsam an.	denn
- Harry sollte sich in einer Zauberschule einfinden.	- Er war das Kind berühmter Zauberer.	da

Merke **Das Komma in Satzreihen und Satzgefügen**

Eine **Satzreihe** besteht aus **mindestens zwei Hauptsätzen**. Diese werden **durch Kommas** voneinander **getrennt**, es sei denn, sie sind durch *und/oder* verbunden, z. B.:
In der Schule hatte Harry keine Freunde, denn Dudleys Bande machte Stimmung gegen ihn.
aber: *In der Schule hatte Harry keine Freunde* **und** *er wurde zum Einzelgänger.*

Ein **Satzgefüge** besteht aus **mindestens einem Hauptsatz** und **mindestens einem Nebensatz**. Haupt- und Nebensätze werden **durch Kommas getrennt**, z. B.:
Harry fühlte sich unwohl, weil er bei den Dursleys schlecht behandelt wurde.

Zeichensetzung bei wörtlicher Rede

Der geheimnisvolle Spiegel *nach Joanne K. Rowling*

Harry Potter und sein Freund Ron suchen nachts den geheimnisvollen Spiegel, in dem Harry seine Eltern sehen kann.

Mir ist kalt sagte Ron. Vergessen wir's und gehen wieder ins Bett.

Nein!, zischte Harry. Ich weiß, dass er hier irgendwo ist.

Sie kamen am Geist einer großen Hexe vorbei, die in die andere Richtung unterwegs war, doch sonst sahen sie niemanden. Gerade als Ron anfing zu klagen, ihm sei eiskalt an den Füßen, entdeckte Harry die Rüstung.

Er ist hier, genau hier, ja!

Sie stießen die Tür auf. Harry ließ den Umhang von den Schultern gleiten und rannte zum Spiegel. Da waren sie. Mutter und Vater strahlten ihn an.

Siehst du, flüsterte Harry. Ich sehe gar nichts. Sieh doch mal! Schau sie dir an ... da sind so viele ... Ich seh nur dich. Du musst richtig hinsehen, komm her, stell dich neben mich.

Harry trat einen Schritt zur Seite, doch zusammen mit Ron vor dem Spiegel konnte er seine Familie nicht mehr sehen, nur noch Ron in seinem Schlafanzug. Ron jedoch blickte wie gebannt auf sein Spiegelbild.

Schau doch mal, sagte er. Kannst du deine ganze Familie um dich herum sehen? Nein, ich bin allein, aber ich sehe anders aus, älter, und ich bin Schulsprecher! Was? Ich bin ... ich trage ein Abzeichen wie früher Bill, und ich halte den Hauspokal und den Quidditch-Pokal in den Händen, und ich bin auch noch Mannschaftskapitän!

Ron konnte kaum den Blick von dieser fantastischen Aussicht lassen.

1 Suche die Textstellen, an denen Harry oder Ron sprechen. Schreibe die wörtliche Rede mit Begleitsätzen und der richtigen Zeichensetzung in dein Heft.

Merke **Zeichensetzung bei wörtlicher Rede**

Die **wörtliche Rede** wird in **Anführungszeichen** gesetzt. Steht **der Redebegleitsatz vor der wörtlichen Rede**, wird er durch einen Doppelpunkt abgetrennt, z. B.: *Ron sagte: „Mir ist kalt."*

Steht der **Redebegleitsatz nach der wörtlichen Rede** oder wird er in diese **eingeschoben**, so wird er durch Kommas abgetrennt, z. B: *„Ist dir kalt?", fragte Harry. „Mir ist kalt", sagte Ron. „Ja!", rief Harry, „sie ist genau hier."*

Nachschlagen im Wörterbuch

Auch ein Urlaubs-Abc *Alfons Schweiggert*

Fotografieren – Insektenstiche – Ruhe – X-mal wandern – Essen – Sonne – Postkarten schreiben – Kurpromenade – Warteschlangen – Hitzewelle – Unfälle – Zuhause – Geld ausgeben – Lärm – Dick werden – Nichts tun – Quartier suchen – Camping – Omnibusse – Autofahren – Y-mal sich ärgern – Baden – Johlende Kinder – Verregnete Tage – Menschenmassen – Träume

1. a) Bringe die Stichwörter des Urlaubs-Alphabets möglichst schnell in die richtige Reihenfolge. Schreibe die Wörter untereinander in dein Heft.
   b) Verfasse selbst ein Urlaubs-Abc und lass es von deinen Mitschülerinnen und Mitschülern ordnen.

2. Sortiere die Wörter im Wortspeicher nach dem Alphabet. Du musst dabei auch auf den zweiten, dritten und vierten Buchstaben achten.

Salzsäure · schaffen · Satellit · schälen · sammeln · Sack · Sanitäter · Sachverstand · Schale · Sahne · Sandwich · Sauerstoff · sandig · Satzgefüge · Sachkunde · Schachfigur · Satzreihe · Sahara · Sandale

3. In einem Wörterbuch findest du oben auf der Doppelseite die folgenden Leitwörter:
   - S. 418/419: **Saat – Sammlung**
   - S. 420/421: **Samstag – sausen**
   - S. 422/423: **Saxofon – Schalter**

   Auf welchen Seiten sind die einzelnen Wörter aus Aufgabe 2 abgedruckt? Begründe.

4. a) Erkläre anhand der Wörterbuchauszüge, wo du Wörter mit einem Umlaut findest.
   b) Schlage die Wörter *ähneln, schützen* und *nötigen* nach und gib jeweils die drei Stichwörter davor und danach an.

Wortbildung
Wortbruch
Wörtchen
Wörterbuch
Wortfamilie
Wortführer
Wortgefecht

kurzhalten
kurzlebig
Kurzlebigkeit
kürzlich
Kurzmeldung
Kurzmitteilung
Kurznachricht

5 Wie werden diese Wörter richtig geschrieben? Nenne Buchstaben, unter denen du die Wörter finden könntest. Schlage sie nach und schreibe sie richtig in dein Heft.

die Klicke · der Tschip · die Kronologie · der Schef · der Schikoree · das Catapult · die Schangse · tschätten · der Schampanjer · der Kiemsee · der Klaun · das Kaos · der Cacau · der Karakter · unscheniert · die Garasche

6 Oft lässt sich die richtige Schreibung nur aus dem Zusammenhang ermitteln. Überprüfe die folgenden Sätze und schreibe sie in der richtigen Schreibung in dein Heft.

A Die Professorin leert an einer ganz berühmten Universität.
B Sie hat zu viel Liedschatten aufgetragen.
C Die Waagenkolonne setzte sich nur langsam in Bewegung.
D Simon stimmt die Seiten seiner Gitarre.
E Carla würde gerne öfter ans Mehr fahren.

7 Nachschlagen oder nachdenken? Entscheide bei den folgenden Wörtern, wie du sinnvoll vorgehst, um die richtige Schreibung herauszufinden.

e oder **ä**, **äu** oder **eu?**
die K■lte, der ■rger, k■flich, die S■le, der R■ber, t■schen, h■fig

Doppelkonsonant oder nicht?
die Gesta■t, geste■t, be■t, ba■d, der Stu■film, kru■beinig, verwi■t, der Wu■m

Dehnungs-h oder nicht?
die Anna■me, gebo■ren, tre■ten, der Schwa■n, die Re■de, die Po■re, der Kra■n

Merke **Nachschlagen im Wörterbuch**

In einem Wörterbuch oder Lexikon sind die Stichwörter **nach dem Alphabet** geordnet. Das gilt auch für den zweiten, dritten, vierten usw. Buchstaben des Stichworts, z. B.: *arg, Arm, Art* oder *Kanne, Kante, Kanzel.*
Die Umlaute **ä, ö** und **ü** finden sich jeweils nach den Vokalen **a, o** und **u,** z. B.: *Bär nach Bar, löslich nach loslegen, trüben nach Trubel.*
Zur schnelleren Orientierung im Wörterbuch sind oben auf der Seite die **Leitwörter** (das erste und das letzte Wort auf der Seite oder Doppelseite) abgedruckt.
Vor dem Nachschlagen muss man
- nachdenken, unter welchen Buchstaben man nachschauen muss,
- den Satz- und Textzusammenhang berücksichtigen.

2 Unheimliches und Merkwürdiges

Unheimliche Geschichten untersuchen

zu **1** Achte besonders auf … ← S. 23
- Textstellen, an denen etwas Unheimliches angedeutet wird,
- Adjektive, die Dunkelheit, Kälte oder Bedrohliches ausdrücken.

Eine Geschichte weitererzählen

zu **1** Beantworte bei deiner Ideensammlung für dich folgende Fragen. ← S. 24
Notiere zu jeder Frage mehrere mögliche Antworten.
- Was steckt hinter den Geräuschen auf dem Dachboden?
  nichts, Ratten, ein Geist, …
- Wie verhält sich Frau Scholl?
  sie schießt, sie versteckt sich, …
- Wie wird das Problem von Frau Scholl zum Schluss gelöst?
  Frau Scholl hat sich getäuscht, …

zu **4** Übertrage die folgenden Angaben in dein Heft und ergänze sie: ← S. 25
- *Ausgangssituation (Zeilen 1–2): Frau Scholl ist nachts allein zu Hause und hört Schritte.*
- *Problem (Zeilen … – …): …*
- *Lösungsversuche: (Zeilen … – …): …*
- *Ende: (Zeilen 24–25): Frau Scholl trinkt mit dem Geist ihres Großvaters Kaffee.*

zu **5** Mit welchem der folgenden Adjektive würdest du dieses Ende beschreiben? Begründe.

unheimlich · merkwürdig · seltsam · bedrohlich · lustig · unsinnig

zu **7** a) Überlege, bevor du den Erzählplan ausfüllst, ob es den Nachtvogel wirklich gibt oder ob er nur in der Fantasie des Jungen existiert. ← S. 26

b) Nutze folgende Mittel, um Spannung zu erzeugen:
- Benenne die Gefühle des Jungen direkt.
- Schildere die Gedanken und Gefühle des Jungen.
- Stelle Handlungen und körperliche Reaktionen des Jungen dar, die mit seinen Gefühlen verbunden sind.
- Nutze an besonders spannenden Stellen wörtliche Rede, z. B. für Selbstgespräche des Jungen.
- Verwende gezielt Wörter, die Unheimliches ausdrücken.

Eine Geschichte zu einem Bild erzählen

zu **2** a) Übertrage den Cluster in dein Heft und ergänze deine Ideen. ← S. 27

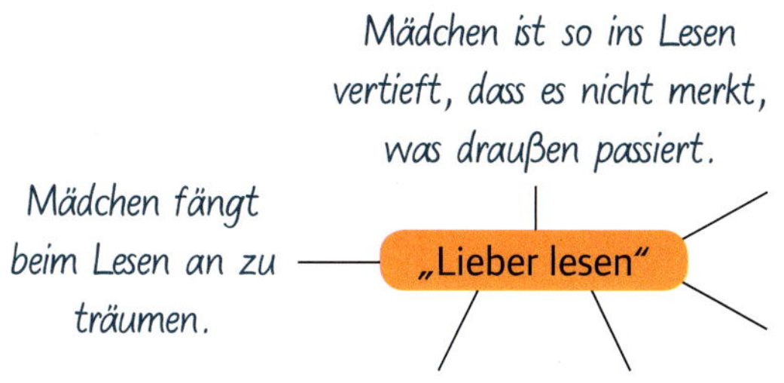

b) Erzähle die Geschichte z. B. aus der Sicht des lesenden Mädchens oder aus der Sicht einer Beobachterin / eines Beobachters, die / der von außen auf das erzählte Geschehen blickt.

Der Samstagnachmittag war schon immer meine liebste Zeit in der Woche gewesen: Ich konnte tun und lassen, was ich wollte, ohne dass mich jemand dabei störte …

Am Samstagnachmittag nach dem Teetrinken machte es sich Pauline gerne im Wohnzimmer auf dem Sofa mit einem Buch gemütlich. Auch an diesem Samstagnachmittag war alles wie immer, denn Pauline ahnte noch nicht was ihr heute zustoßen sollte …

c) Übertrage den Schreibplan in dein Heft und ergänze ihn.

	Ort, Zeit, Handlung	**Spannung**
Ausgangssituation der Hauptfigur	*Mädchen sitzt auf dem Sofa und liest*	
Problem der Hauptfigur	*draußen gehen seltsame Dinge vor sich, …*	*– seltsame Geräusche dringen an ihr Ohr* *– Luftzug entsteht und wird immer stärker* *– Mädchen wundert sich und denkt: „…"*
Lösungsversuche der Hauptfigur		
Ende		

3 So soll meine Schule sein – und deine?

Argumente prüfen

zu **2** Ordne die Aussagen folgendermaßen: ← S. 44
- Diese Aussage ist allgemeingültig: …
- Diese Aussage gibt eine Expertenmeinung wieder: *Ich habe neulich auch gelesen, dass Musik entspannend wirkt … (S. 42)*
- Diese Aussage ist nicht stichhaltig: …

zu **3** Auf den Einstiegsseiten und im Gespräch auf Seite 44 werden folgende Argumente genannt. Sortiere sie nach Pro- und Kontra-Argumenten: ← S. 45
- Musik wirkt entspannend.
- Schülerinnen können mit aktuellen Informationen versorgt werden.
- Die Pause gehört allen.
- Schülerinnen und Schüler haben ein Recht auf Ruhe und Erholung.
- Experten raten von einer Dauerbeschallung mit Musik ab.
- Wir haben nicht alle denselben Musikgeschmack.
- Musik macht gute Laune.

zu **6** Überarbeite die Aussagen von Leon und Paul nach dem Muster von Meleks Beitrag:
- Ergänze Leons Beitrag um ein geeignetes Beispiel.
- Formuliere Pauls Aussage um, indem du seine Meinung eindeutiger kennzeichnest, das Argument genauer formulierst und ein passendes Beispiel ergänzt.

Argumente formulieren

zu **2** Übertrage die Tabelle in dein Heft und ordne die Argumente aus den Texten auf Seite 46 nach Pro- und Kontra-Argumenten. Formuliere dann die Argumente aus, die deine Meinung stützen. ← S. 47

Pro: Argumente für Lernräume	*Kontra: Argumente gegen Lernräume*
- Lernräume sind meist sauberer *- …* *- …*	*- Schüler haben Gefühl, kein Zuhause mehr zu haben* *- …*

zu **3** Geeignete Beispiele sind …

- Erfahrungen, die du selbst gemacht hast, z. B.:
  So zeigt sich am Beispiel des Sportunterrichts, …
- Erfahrungen anderer, von denen du gehört oder gelesen hast, z. B.:
  Zum Beispiel an unserer Nachbarschule / an der Schule meiner Cousine …
- Allgemeingültiges, z. B.:
  So ist bekannt, dass …

Meinungen, Argumente und Beispiele verknüpfen

zu **5** Nutze den folgenden Lückentext für deine Stellungnahme. Ergänze deine eigene Meinung und drei Argumente mit passenden Beispielen. ← S. 49

Aus meiner Sicht ist die Draußen-Pause sinnvoll / nicht sinnvoll, weil … .
Wenn es z. B. regnet, … .
Hinzu kommt, dass … . Beispielsweise … .
Am wichtigsten ist aber, … . Das zeigt sich zum Beispiel … .
Zusammenfassend lässt sich also sagen, dass … .

Argumente adressatengerecht überarbeiten

zu **2** b) Orientiere dich bei der Überarbeitung an folgenden Randanmerkungen. ← S. 50

Klassenraum oder Lernraum?	
Hättet ihr Lust, nach jeder Unterrichtsstunde eure Sachen zu packen und mit Sack und Pack von Lernraum zu Lernraum zu ziehen, während eure Lehrerinnen und Lehrer gemütlich in ihren Räumen hocken, die sie sich nach ihrem tollen Geschmack eingerichtet haben?	– sachlicher formulieren
Für unsere Klasse ist das keine Frage. Unsere Pausen sind ja sowieso schon kurz genug. Da wollen wir lieber Fußball oder Tischtennis spielen, etwas essen oder einfach nur quatschen.	– Meinung deutlicher und sachlicher formulieren
Außerdem ist es wahnsinnig laut in den Fluren, wenn nach jeder Stunde Hunderte von Schülerinnen und Schülern durch die Gegend rennen. Und außerdem sind da noch die schweren Schultaschen, wie schon gesagt.	– Argumente sachlich und in ganzen Sätzen formulieren
Kurz: ein klares Nein der Klasse 6b zur Einrichtung von Lernräumen an unserer Schule!	– Argumente verknüpfen – Beispiele ergänzen

4 Schritt für Schritt, von A bis Z

Beschreibungen untersuchen

zu **1** b) Wo könntest du welchen Text finden? ← S. 67
Welchen Zweck erfüllt Text 1 und welchen Text 2?
Wähle aus den folgenden Möglichkeiten aus und begründe deine Einschätzung.

Wo könnte man den Text finden?	Welchen Zweck erfüllt welcher Text?
- Kindersachbuch - Sachbuch für Profi-Zauberer - Zauberbuch für alle Altersklassen	- den Zaubertrick anzuleiten - das Interesse für Zaubertricks zu wecken und den Zaubertrick anzuleiten - allgemeine Informationen über Zaubertricks zu geben

zu **2** a) Ordne die folgenden Teile der Beschreibungen so, dass sie der Gliederung des jeweiligen Textes (Text 1 oder Text 2) entsprechen.
- einzelne Schritte des Zaubertricks
- benötigte Materialien
- allgemeine Informationen zum Zaubern
- Anlass für den Zaubertrick

b) Ergänze den folgenden Merksatz. Schreibe in dein Heft.

Merke: Eine Vorgangsbeschreibung besteht aus ___ Teilen:
Im ___ Teil werden ___ genannt. Im ___ werden ___.

Vorgänge beschreiben

zu **2** b) Ergänze den folgenden Lückentext. Schreibe in dein Heft. ← S. 69

<u>Der Trick mit den verzauberten Büroklammern</u>
Für den Trick mit der Büroklammer benötigst du ___.
<u>1. Bild:</u>
___ zunächst den Papierstreifen ___. Drücke ___ und fahre mit dem Finger ___ entlang, damit ___.
<u>2. Bild:</u>
___ dann mit ___ unauffällig ___. Die Zuschauer dürfen nicht genau sehen, was du tust.
...

zu **3** Gehe beim Drehen deines Erklärfilms folgendermaßen vor: ← S. 69

1. Das Drehen vorbereiten
- Suche dir einen Platz in der Klasse oder bei dir zu Hause mit einem neutralen Hintergrund.
- Wähle einen geeigneten Standort für deine Kamera.
- Sorge für ausreichende Beleuchtung.
- Bereite auf einem Tisch alle Gegenstände vor, die du für die Vorführung deines Tricks benötigst.
- Lerne deinen Text auswendig.

2. Den Film drehen
- Zeige deinem Publikum zunächst alle Gegenstände einzeln.
- Erkläre dann die einzelnen Schritte des Zaubertricks. Zeige dabei immer genau, was du machst.
- Sprich langsam und deutlich.

3. Den Film überprüfen
- Führe deinen Erklärfilm jemandem vor, der den Trick nicht kennt. Überprüfe, ob sie/er den Trick nachmachen kann.

Wege beschreiben

zu **1** b) Überlege vor allem, welche Teile der Beschreibung gekürzt werden müssen. ← S. 73

zu **2** b) Ergänze den folgenden Lückentext. Schreibe in dein Heft.

Der Weg zum „Magiculum"

Starten Sie ___.
Nehmen Sie den U-Bahn-Ausgang Richtung ___.
Wenn Sie ___ angekommen sind, ___.
Nach der Überquerung ___.
Schließlich ___.

c) Überprüfe deine Beschreibung mithilfe folgender Checkliste:
- Ist der Text leicht verständlich, auch für jemanden, der keinen Stadtplan vor Augen hat?
- Enthält die Beschreibung genaue Richtungsangaben?
- Werden wichtige Orientierungspunkte genannt?
- Sind alle notwendigen und keine überflüssigen Angaben enthalten?

5 Es ist viel passiert …

Berichte untersuchen

zu **2** a) Überlege, mit welchen der folgenden Adjektive sich die einzelnen Berichte am ehesten beschreiben lassen. Begründe deine Einschätzung. ← S. 87

sachlich • unsachlich • wertend • neutral • parteiisch

b) Überlege, welche Interessen die einzelnen Personen mit ihren Aussagen verfolgen.

Für die Versicherung über einen Unfall berichten

zu **2** b) Ergänze den folgenden Lückentext mithilfe deiner Arbeitsergebnisse aus Aufgabe 1. Schreibe in dein Heft. ← S. 89

Beim Wandertag der Klasse 6 d ___ . Während des Laufens ___ , was dazu führte, dass ___ , weil ___ . Schließlich ___ .

zu **3** Beantworte für dich folgende Fragen:
- Was würde dich als Leser/-in eines Artikels in der Schülerzeitung an dem Ereignis besonders interessieren?
- Wie müsste der Artikel geschrieben sein, damit du ihn mit Interesse liest?

Für die Schülerzeitung berichten

zu **2** Welche der folgenden Aussagen geben die Erwartung der Leser/-innen deiner Ansicht nach am besten wieder? Begründe. ← S. 93
- Die Leser/-innen wollen unterhalten werden.
- Die Leser/-innen wollen über das Ereignis informiert werden.
- Die Leser/-innen wollen informiert und unterhalten werden.

zu **5** Ergänze den folgenden Lückentext. Schreibe in dein Heft.

Sowohl die Teilnehmer/-innen als auch die Zuhörer/-innen waren sehr aufgeregt. Zunächst ___ . Das galt auch für die Jury, die ___ . Alle zehn Teilnehmer/-innen ___ . Gewinner wurde ___ , obwohl ___ . Er war ___ . Fabian erhielt ___ und ___ . Außerdem gab es ___ .

Über einen Konflikt berichten

zu **2** a) Beantworte dabei folgende *W*-Fragen: ← S. 95

Zur Ausgangssituation:
- **Wann** und **wo** spielte sich die Auseinandersetzung ab?
- **Wer** war beteiligt?
- **Was** war die Ursache des Konflikts?

Zur Entwicklung des Konflikts:
- **Wie** entwickelte sich der Konflikt?
- **Warum** entwickelte sich der Konflikt auf diese Weise?

Zum Ergebnis des Konflikts:
- **Welche Folgen** hatte der Konflikt?

b) Du kannst deinen Bericht so beginnen:

Heute kam es in der Pause zu einem Streit zwischen ▬ und ▬.
Der Streit begann damit, dass …

zu **3** b) Nutze die Randanmerkung für deine Bearbeitung.

Heute kam es in der Pause zum Streit zwischen Felix und	
Tim. Die haben sowieso immer Stress miteinander.	*keine persönlichen*
Felix lacht Tim immer im Unterricht aus und Tim rächt	*Kommentare!*
sich dann in der Pause, indem er Felix ärgert. Dieses Mal hat	
er ihm seine Brotdose weggenommen und sie den anderen	
zugeworfen. Die flog quer über den Schulhof, von einem zum	*Wer war genau beteiligt?*
anderen. Alle fanden's lustig und haben mitgemacht.	
Felix ist total ausgerastet und hat gleich auf Ben eingetreten.	*sachlich!*
Am Schluss lag Felix' Frühstück im Sand und war total eklig.	*Formulierung!*
Im Klassenrat wurde besprochen, wie Felix und Tim ihr	
Verhalten ändern können, damit so etwas nicht noch einmal	
passiert. Sachen wegnehmen und andere hauen oder treten	
geht gar nicht. Aber auch Auslachen ist nicht o.k.	*Formulierung!*
Tim und Felix haben sich am Schluss beide entschuldigt.	
Damit war alles wieder o.k.	

6 Einfach fabelhaft!

Fabeltiere kennen lernen

zu **2** Lies im Text auf Seite 106 noch einmal die Textstellen von Zeile 8 bis 10 und 13 bis 16. ← S. 107
Überlege, welche Gründe der Wolf für sein Handeln haben könnte.

zu **3** Welche der folgenden Tiere passen zu Fabeln, die mit diesen Sprichwörtern enden?
Wähle aus und begründe.

Fuchs · Igel · Grille · Rabe · Wolf · Ameise · Hase · Hahn · Biene · Kaninchen

Den Aufbau einer Fabel untersuchen

zu **2** Lies die angegebenen Textstellen. ← S. 109
Ergänze in den Lücken die Ursache für jeden Handlungsschritt. Schreibe in dein Heft.

- *Der Hahn lacht am Ende vor Vergnügen (Z. 29–28), weil der Fuchs davonläuft (Z. 27–25).*
- *Der Fuchs läuft davon (Z. ___), weil ___ (Z. 25–18).*
- *Der Hahn lügt den Fuchs an (Z. ___), weil ___ (Z. 2–1).*
- *Der Fuchs beabsichtigt, den Hahn zu überlisten (Z. 13–3), weil ___.*

zu **4** a) Gehe so vor:
- Übertrage den Schreibplan in dein Heft und ergänze ihn.
- Schreibe dann die Fortsetzung der Fabel.

Ausgangssituation mit Konflikt	**Rede** (Aktion) und **Gegenrede** (Reaktion)	**Ende mit Lösung des Konflikts**
Der Fuchs fällt in den Brunnen und kommt nicht wieder heraus.	*Ziegenbock: „Was machst du unten in dem Brunnen?"* *Fuchs: „…"* *Ziegenbock: „…"* *…*	*…*

Das Verhalten von Fabeltieren untersuchen und beschreiben

zu **3** Welche der folgenden Aussagen geben die Beweggründe und Ziele der Mäuse am besten wieder? ← S. 111
Wähle aus und verfasse einen kurzen Text, in dem du deine Einschätzung belegst.

Beweggründe:
A Die Mäuse wollen dem Uhu eine Lehre erteilen.
B Die Mäuse wollen den Uhu loswerden, weil er ihr Feind ist.
C Die Mäuse wollen den Fuchs von sich ablenken.

Ziele:
A Der Fuchs soll auf den gefesselten Uhu aufmerksam werden und ihn fressen.
B Der Fuchs soll den Mäusen dankbar sein.
C Der Uhu soll in Zukunft sein Verhalten ändern.

zu **6** a) Übertrage das Modell in dein Heft und ergänze es. Beginne mit der mittleren Spalte.

Beweggrund	← Verhalten →	Ziel
Warum verhält sich der Fuchs so? …	*Wie verhält sich der Fuchs?* Der Fuchs gibt dem Marder einen Rat, wie …	*Welches Ziel verfolgt der Fuchs mit seinem Verhalten?* …

Wozu Fabeln?

zu **1** Erkläre, was Phädrus mit folgenden Formulierungen meint: ← S. 113
- „Der bedrängte Sklave …"
- „… der, was er mochte, nicht zu sagen wagte …"
- „… barg seines Herzens Meinung in der Fabel …"
- „… wich dem Vorwurf aus in droll'ger Maske."

zu **2** Erkläre, was Sybil Gräfin Schönfeldt mit den folgenden Aussagen zur Fabel sagen will:
- Mit Fabeln sagt man etwas durch die Blume.
- Die Fabel will wie eine weise Eule erzählen, wohin es führt, wenn man drauflosleht und nicht an das Ende denkt.
- Die Fabel macht Peinliches und Beschämendes erträglich.
- Die Fabel spielt die Rolle des Dritten.

7 Von Drachentötern und Teufelskerlen

Merkmale von Sagen untersuchen

zu **4** Lies noch einmal die in Klammern angegebenen Textstellen. ← S. 133
Übertrage dann die Tabelle in dein Heft und ergänze die rechte Spalte.

Sagenmerkmale	Textstellen
Erklärung eines geschichtlichen Ereignisses, eines Naturdenkmals, einer Naturerscheinung oder sonderbarer Ereignisse	*Gründung der Stadt Klagenfurt*
fantastische Elemente (Zeilen 3–9, Zeilen 17–27)	
wahrer Kern (Zeilen 1–2, Zeilen 28–33)	

Eine Sagenfigur kennen lernen

zu **2** Beantworte die folgenden Fragen, um herauszufinden, ob die Kadmos-Sage die typischen Sagenmerkmale enthält: ← S. 136
- Welches geschichtliche Ereignis wird durch die Kadmos-Sage erklärt?
- Welche fantastischen Elemente enthält die Sage?
- Enthält die Sage deiner Ansicht nach einen wahren Kern und wenn ja, welchen?

zu **3** Welche der Begriffe im Wortspeicher geben das Verhalten von Kadmos am ehesten wieder? Begründe mit Beispielen aus dem Text.

mutig · ängstlich · gehorsam · hilflos · feige · ungläubig · entscheidungsfreudig

Seinem Vater gegenüber verhält sich Kadmos …, weil …
Dem Drachen gegenüber verhält sich Kadmos …, weil …
Der Göttin Athene gegenüber verhält sich Kadmos …, weil …

zu **4** Überprüft, ob die folgende Erklärung für den Begriff „Held" aus einem Lexikon zu Kadmos passt.

Held (der), allg.: jemand, der sich mit Unerschrockenheit und Mut einer schweren Aufgabe stellt oder eine ungewöhnliche, bewunderungswürdige Tat vollbringt

Eine Sage nacherzählen

zu **1** b) Nutze folgende Einteilung der Erzählschritte und mach dir zu jedem Erzählschritt Notizen auf einer Karteikarte. ← S. 137

1. Erzählschritt: Zeilen 1–8 *König Agenor schickt seinen Sohn …*
2. Erzählschritt: Zeilen 9–14 (Mitte)
3. Erzählschritt: Zeilen 14 (Mitte)–29
4. Erzählschritt: Zeilen 30–42
5. Erzählschritt: Zeilen 43–60
6. Erzählschritt: Zeilen 61–73
7. Erzählschritt: Zeilen 74–84

zu **4** Nutze die folgenden Satzanfänge, die die einzelnen Erzählschritte einleiten.

Nacherzählung von „Kadmos"

- *König Agenor schickte seinen Sohn Kadmos los, um …*
- *Da kam Kadmos auf die Idee, das Orakel von Delphi zu befragen. …*
- *Kadmos wunderte sich etwas über den Rat des Orakels, befolgte ihn aber dennoch.*
- *Er kehrte zu seinen Soldaten zurück und …*
- *Doch plötzlich sprang ein entsetzlicher Drache auf sie zu. …*
- *In diesem Moment hörte er die Stimme der Göttin Pallas Athene: „…"*
- *„Wie kann das sein?", fragte sich Kadmos. Doch trotz seiner Zweifel …*

Eine Sage anders erzählen

zu **3** Du kannst deine Erzählung z. B. so beginnen: ← S. 141

- aus der Sicht von **Eris:** *Die Meeresgöttin Thetis, die sich schon immer vor mir gefürchtet hatte, hatte mich absichtlich nicht zu ihrer Hochzeit eingeladen, und das sollte sie mir büßen. …*
- aus der Sicht von **Hera:** *Während der prunkvollen Hochzeit der Meeresgöttin Thetis kam plötzlich eine alte Freu herein, der es gelang, einen großen Streit zwischen Eris, Athene, Aphrodite und mir anzuzetteln. …*
- aus der Sicht von **Athene:** *Der Ausbruch des Trojanischen Krieges hätte bereits auf der Hochzeit der Meeresgöttin Thetis verhindert werden können, wenn Paris auf mich gehört hätte. Dort trug sich nämlich Folgendes zu: …*
- aus der Sicht von **Aphrodite:** *Ich will euch erzählen, wie ich auf der prunkvollen Hochzeit der Meeresgöttin Thetis den Königssohn Paris überzeugen konnte, den goldenen Apfel für die schönste Frau im Saal mir zu geben. …*

8 Gedichte malen Bilder

Den Klang von Gedichten untersuchen

zu **8** Überprüfe, welche Wörter zu folgendem Metrum passen: ← S. 163
x x́ x x́ x x́ x x́, z. B.:

x x́ x x́ x x́ x x́
Im Nebel ruhet noch die Welt,
...

Sprachliche Bilder erschließen

zu **1** d) Gehe so vor: ← S. 164

- Wähle aus den folgenden Erklärungen jeweils eine passende aus. Begründe deine Wahl.
- Suche selbst passende Erklärungen für die Vergleiche in den Versen 4 und 17.

Katze	Erklärung
„sie kommt über die Dächer" (Vers 2)	- Die Sonne steht über den Häusern still am Himmel. - Die Sonne nimmt ihren Lauf am Himmel vom Sonnenaufgang bis zum Sonnenuntergang. - Die Sonne klettert über die Dächer.
„sie springt in die Gassen hinunter" (Vers 3)	- Die Sonne leuchtet von Zeit zu Zeit auch in die kleinen Gassen. - Die kleinen Straßen liegen meist im Schatten. - Das Sonnenlicht wird immer wieder von Wolken verdeckt.
… (Vers 4)	…
„sie ist hungrig …" (Verse 5–7)	- Die Sonne verbrennt alles. - Die Sonne ist aggressiv. - Die Sonne lässt durch ihre Wärme den Schnee schmelzen.
… (Vers 17)	…

zu **4** Welche menschlichen Verhaltensweisen werden hier mit dem April verbunden? Suche Textstellen, um deine Ansicht zu begründen, z. B.: ← S. 165

– Spielerisches: „spielt mit den Röcken erschreckter Gouvernanten" (Verse 7–8)
– Übermut: …
– …

Sprachliche Bilder finden

zu **1** a) Notiere auf einem Blatt Papier alles, was dir zum Thema „Frühling“ einfällt. Schreibe Stichpunkte z. B. zu folgenden Fragen: ← S. 167
- Was geschieht im Frühling in der Natur?
- Wie ist die Stimmung im Frühling?
- Welches Wetter kennzeichnet den Frühling?
- Was passiert im Frühling mit den Menschen?
- Wie verhalten sich die Tiere im Frühling?

Du kannst deine Ideen auch in Form eines Clusters oder einer Mindmap sammeln.

b) Wähle aus dem Wortspeicher passende Wörter für die Textlücken aus:
- Achte darauf, welches Wort inhaltlich passt.
- Setze die Wörter so ein, dass sich passende Personifikationen ergeben, z. B.: *„Der Flieder erwacht.“*

Parallelgedichte schreiben

zu **1** b) Achte besonders auf die Adjektive und die Verben in dem Gedicht, z. B.: ← S. 168

Weiß ist das Land (Vers 4)
schwarz ist der Baum (Vers 5)
...
hocken zwei schwarze Krähen. (Vers 12)

zu **2** Schreibe ein Parallelgedicht zu deiner Lieblingsjahreszeit. Gehe so vor:
- Suche die Textstellen in dem Gedicht, die typisch für den Winter sind.
- Sammle eigene Ideen zu deiner Lieblingsjahreszeit und ersetze diese Textstellen durch Bilder und Vergleiche, die typisch für deine Jahreszeit sind, z. B.: *Frühling: grün ist das Land, / frisch ist der Baum, / blau ist der Himmel dahinter.*
- Übernimm so viel wie möglich von dem Gedicht, z. B. die äußere Form, die Zahl der Strophen und Verse und das Metrum. Beim Reim bist du frei.

zu **3** b) Lege eine Mindmap zum Sommer an und ergänze deine Eindrücke. ← S. 169

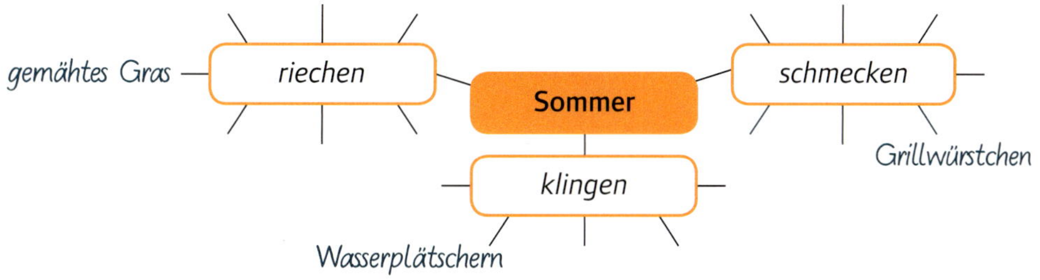

9 Abenteuer Forschung

Strategie: Informationen aus Texten und Bildern verknüpfen

zu **2** Ordne den Sinnabschnitten in der linken Spalte die passenden Zwischenüberschriften in der rechten Spalte zu. Schreibe in dein Heft, z. B.: ← S. 185

1. Sinnabschnitt (Zeilen 1–9)	*A Der Beginn der Reise*
2. Sinnabschnitt (Zeilen 10–25)	*B Bau eines geeigneten Forschungsschiffes*
3. Sinnabschnitt (Zeilen 26–32)	*C Ziel der Forschungsreise*
4. Sinnabschnitt (Zeilen 33–43)	*D Rettung und Rückkehr*
5. Sinnabschnitt (Zeilen 44–50)	*E Versuch, den Pol auf Skiern zu erreichen*

zu **5** Du kannst folgende Textbausteine für deinen Artikel nutzen.

Wer war Nansen?

Fridtjof Nansen wurde … geboren. Er arbeitete als …

Welche Forschungsreisen unternahm er?

Nansen unternahm zwei große Forschungsreisen. Die erste Forschungsreise …
Vier Jahre nach der Rückkehr von seiner ersten Reise unternahm Nansen seine zweite, noch spektakulärere Expedition, und zwar …

Was war das Besondere an Nansens Forschungsreisen?

Das Besondere an Nansens Forschungsreisen war, dass er sein Ziel verfolgte, auch wenn es schwierig wurde. So … . Außerdem hatte Nansen bahnbrechende Ideen, wie z. B. …

Strategie: Informationen aus verschiedenen Texten verknüpfen

zu **2** Ergänze die folgenden Erklärungen: ← S. 187

Der Nansen-Pass war ein Dokument, das …

Unter dem Begriff „Staatenlosigkeit" versteht man, dass … .
Staatenlos werden kann man z. B. durch …

Der Friedensnobelpreis wird …

zu 3 Du kannst die folgenden Textbausteine nutzen.

Nansens politische Tätigkeiten

Nansen erlangte weltweiten Ruhm durch seine politischen Tätigkeiten.
Dazu gehörte …
Als Auszeichnung für seine Verdienste …

Strategie: Textinhalte in einer anderen Form darstellen

zu 2 Nutze die folgende Einteilung des Textes in Sinnabschnitte. ← S. 189

1. Sinnabschnitt: Zeilen 1–20
2. Sinnabschnitt: Zeilen 21–26
3. Sinnabschnitt: Zeilen 27–35
4. Sinnabschnitt: Zeilen 36–44

zu 3 Achte vor allem auf die Unterschiede zwischen dem ersten Sinnabschnitt und den drei anderen Sinnabschnitten.

zu 6 Lege einen Zeitstrahl nach folgendem Muster in deinem Heft an und ergänze ihn mit Informationen aus dem Text.

zu 7 a) Lies noch einmal folgende Textstellen: ← S. 191
- Zeilen 1–7
- Zeilen 53–56

zu 8 Ergänze die Mindmap.

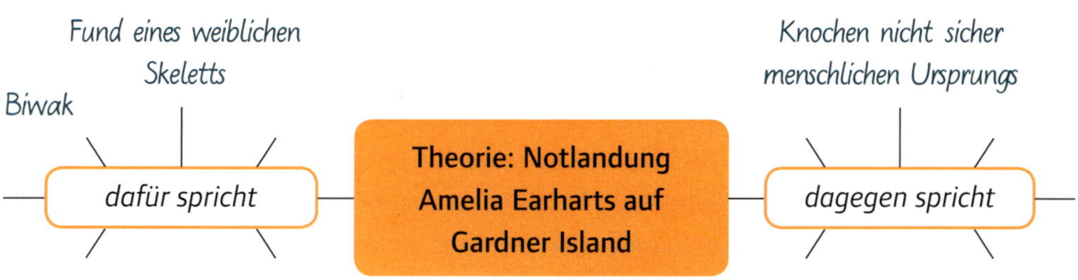

Orientierungswissen

Sprechen und Zuhören

Richtig diskutieren

→ S. 42–63

In Gesprächen und Diskussionen gibt es oft unterschiedliche Ansichten zu einem Thema oder Problem. Um andere von der eigenen **Meinung** zu überzeugen, braucht man gute **Begründungen (Argumente)**, z. B.: *Der Unterricht sollte später beginnen, weil viele Schülerinnen und Schüler morgens um 8:00 Uhr noch nicht leistungsfähig sind.*

Beachtet bei der Durchführung einer Diskussion folgende Schritte:

1. Schritt: Die Diskussion vorbereiten

- Bereitet euch auf das Diskussionsthema vor. Notiert Stichpunkte zu folgenden Fragen:
  - Welche Hintergrundinformationen benötigt ihr, um stichhaltig argumentieren zu können?
  - Welche Meinung vertretet ihr bei dem Diskussionsthema und mit welchen Argumenten?
  - Welche Beispiele könnten eure Diskussionspartner/-innen überzeugen?
- Verteilt die Rollen der Moderatorin / des Moderators und der Beobachterin / des Beobachters.

2. Schritt: Die Diskussion führen

- Bringt eure Meinung vor und begründet sie mit stichhaltigen Argumenten.
- Hört euch gegenseitig zu und geht auf die Meinungen und Argumente der anderen ein.
- Die Moderatorin / Der Moderator leitet die Diskussion, ruft diejenigen auf, die etwas sagen wollen, fasst wichtige Punkte zusammen und bringt neue Themen ein, z. B.:
  Darüber haben wir bis jetzt diskutiert: … / Über … haben wir noch gar nicht gesprochen.
- Die Beobachterin / Der Beobachter achtet besonders darauf, ob die Diskussionsregeln eingehalten werden, z. B. ob sachliche Argumente vorgebracht werden, die niemanden beleidigen und nichts Falsches behaupten.

3. Schritt: Die Diskussion auswerten

- Wertet die Diskussion aus: Was hat gut funktioniert? Was sollte verbessert werden?

Vortragen

Einen Gedichtvortrag vorbereiten:

- Kläre für dich folgende Fragen:
  - Welche Stimmung kennzeichnet die einzelnen Strophen?
  - Hat das Gedicht einen Höhepunkt? Falls ja, wie kannst du ihn hervorheben?
- Unterstreiche alle Wörter, die du besonders betonen willst.
- Notiere am Rand, wie du das Gedicht vortragen willst, z. B.: *heiter, zornig.*
- Übe deinen Gedichtvortrag mehrmals.

Einen Lesevortrag vorbereiten (→ S. 18):
- Lies den Textausschnitt mehrmals und überlege, welche Stimmung vorherrscht.
- Achte darauf, welche Personen in diesem Textausschnitt auftreten, und überlege, wie sie sich in ihrem Sprechen unterscheiden könnten.
- Kopiere die ausgewählte Textstelle und trage passende Betonungszeichen ein:

besonders betonen: unterstreichen
schneller sprechen: ∧∧∧
langsamer sprechen: ∽∽∽
leiser werden: ↘
lauter werden: ↗
kurze Pause: |
lange Pause: | |

Einen Kurzvortrag vorbereiten und halten

Wähle ein **Thema** aus, über das du informieren willst.

1. Schritt: Fragen stellen und Informationen sammeln
- **Sammle** Begriffe, Fragen und Informationen zum Thema deines Vortrags. Dazu kannst du eine Stichpunktliste oder einen **Cluster** (→ S. 323) anlegen.
- Beschaffe weitere Informationen: Frage **Eltern und Bekannte,** die Ahnung von deinem Thema haben, oder suche in deiner Stadt - oder Schulbibliothek und/oder im Internet nach Informationen zu deinem Thema.

2. Schritt: Informationen auswerten und ordnen

Das kannst du z. B. mithilfe einer **Mindmap** (→ S. 323), eines Zeitstrahls oder einer Grafik tun.

3. Schritt: Vortragskarten anlegen
- Lege Vortragskarten zu den ausgewählten Unterthemen an. Notiere auf jeder Vortragskarte einen Aspekt, eine Frage oder einen Oberbegriff und dazu wenige Stichpunkte.

4. Schritt: Den Vortrag gliedern

In der **Einleitung** formulierst du das Vortragsthema und erklärst z. B., warum die Frage interessant für die Zuhörer/-innen ist. Im **Hauptteil** präsentierst du die Informationen in einer sinnvollen Reihenfolge. Zum **Schluss** fasst du das Wichtigste zusammen und formulierst z. B. deine eigene Meinung.

5. Schritt: Informationen veranschaulichen

Deine Zuhörer/-innen können dem Vortrag leichter folgen, wenn sie die Gliederung vor Augen haben. Schreibe diese z. B. als **Stichpunktliste** an die Tafel. Hilfreich sind auch Anschauungsmaterial (Bilder) und eine **Übersicht** (Infoplakat, Wandpapier).
- Stelle zu Beginn deines Vortrags Thema und Gliederung vor.
- Sprich langsam, deutlich und möglichst frei. Halte Blickkontakt zu den Zuhörenden.

6. Schritt: Den Kurzvortrag üben
- Übe den Vortrag mithilfe deiner vorbereiteten Karteikarten, z. B. allein vor einem Spiegel.
- Übe auch das Sprechen vor Zuhörern. Ideal ist es, wenn sie sich bei deinem Thema nicht auskennen. So merkst du, was noch nicht verständlich genug ist.

7. Schritt: Den Kurzvortrag halten

Schreiben

Unheimliche Geschichten erzählen → S. 20–41

1. Schritt: Eine Geschichte planen

- Sammle Ideen für deine Geschichte. Du kannst dich z. B. von Bildern, Erzählanfängen oder anderen Geschichten inspirieren lassen.
- Überlege, an welchem Ort deine unheimliche Geschichte spielen soll.
- Entscheide dich, zu welcher Tageszeit die Ereignisse stattfinden.
- Lege einen Schreibplan an, in dem du deine Ideen nach den einzelnen **Handlungsbausteinen** (Ausgangssituation, Problem, Lösungsversuche, Ende) ordnest.

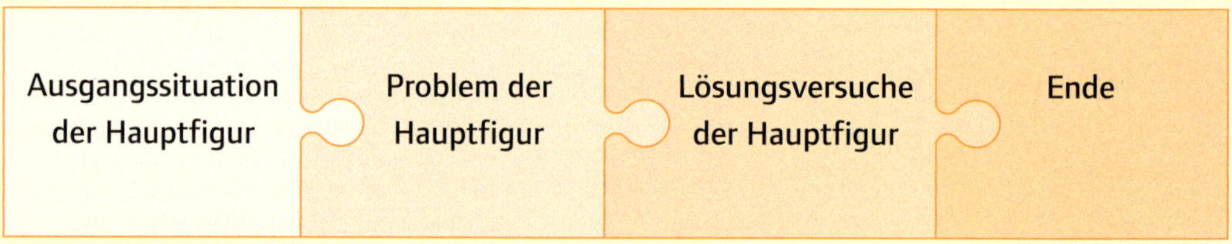

2. Schritt: Eine Geschichte schreiben

- Entscheide dich, aus wessen Sicht du erzählen willst, z. B. aus der Sicht einer beteiligten Figur oder aus der Sicht eines Erzählers, der das Geschehen beobachtet.
- Erzeuge beim Schreiben eine unheimliche Stimmung, indem du z. B.
  - etwas nur andeutest, sodass im Kopf der Leser-/innen unheimliche Bilder entstehen *(Allerdings war das noch nicht das Unheimlichste. …)*,
  - Gedanken, Gefühle und Sinneswahrnehmungen der Figuren ausführlich darstellst *(er hörte ein leises Knarren; sie bemerkte, wie sich in der Ecke etwas bewegte)*,
  - Handlungen und körperliche Reaktionen der Figur beschreibst, die mit dem Gefühl verbunden sind *(sie zitterte; er war ganz blass)*,
  - anschauliche Vergleiche und sprachliche Bilder nutzt *(schnell wie ein Wiesel)*,
  - Signalwörter nutzt, die ein spannendes Geschehen ankündigen *(auf einmal; da)*.

3. Schritt: Die Geschichte überprüfen und überarbeiten (→ S. 31)

Überprüfe deine Geschichte anhand folgender Fragen:

- Sind alle Handlungsbausteine in der Geschichte enthalten?
- Ist die Handlung für die Leser-/innen nachvollziehbar?
- Erzählst du immer aus der Sicht einer bestimmten Figur?
- Können sich die Leser-/innen gut in die Gefühle und Gedanken der Hauptfigur hineinversetzen?
- Wirkt deine Geschichte spannend und unheimlich?
- Hast du eine Überschrift gefunden, die neugierig macht und nicht zu viel verrät?

Schriftlich begründen

→ S. 48 f.

Wenn man seine **Meinung** schriftlich begründet, kommt es zum einen auf gute **Begründungen (Argumente)** an, zum anderen auf deren sprachliche Ausgestaltung. Je mehr gute, nachvollziehbare Argumente du anführst, desto eher überzeugst du andere. Mit einem **Beispiel** kannst du ein Argument stärken und veranschaulichen, z. B.:

Ich bin der Meinung, dass wir weniger Hausaufgaben bekommen sollten,	Meinung
weil wir sonst nicht genug Zeit für andere Aktivitäten haben.	Argument
Beispielsweise brauche ich viel Zeit, um Klavier zu üben.	Beispiel

Diese Formulierungen kannst du beim Begründen verwenden:

Grund: *weil, denn, da …*	*…, weil wir sonst nicht genug Zeit für andere Aktivitäten haben.*
Folge: *sodass, folglich, darum …*	*…, sodass ich nicht genug Klavier üben kann.*
Aufzählung: *außerdem, darüber hinaus …*	*Außerdem brauche ich auch Zeit für das Volleyballtraining.*
Hervorhebung: *besonders wichtig/ entscheidend ist …*	*Besonders wichtig ist, dass wir auch unseren Interessen außerhalb der Schule nachgehen können.*
Beispiel: *beispielsweise, so …*	*Beispielsweise brauche ich Zeit an der frischen Luft.*

Einen offiziellen Brief schreiben

→ S. 52 f.

Briefe werden an einen oder mehrere Empfänger (Adressaten) geschickt. Nach diesen richten sich Inhalt und Sprache (Wortwahl). Baue deinen Brief nach dem folgenden Muster auf:

Briefkopf:
Absender, Adressat, Betreffzeile, Ort und Datum
Anrede:
Sehr geehrte Frau Richter, …
Sehr geehrter Herr Kemper, …
Sehr geehrte Damen und Herren, …
Nach der Anrede setzt du ein Komma und schreibst dann in der nächsten Zeile klein weiter.
Brieftext:
- Achte auf die **Anredepronomen:** Siezt du jemanden, musst du großschreiben:
  Ich würde mich sehr freuen, wenn <u>Sie</u> sich dafür einsetzen könnten.
- Gliedere deinen Brief in Einleitung, Hauptteil, Schluss und trenne die Teile durch Absätze.

Grußformel und Unterschrift:
Beende deinen Brief mit einer Grußformel und deiner Unterschrift – ohne Satzzeichen:
Mit freundlichen Grüßen
Pauline Wittmann

Vorgänge und Wege beschreiben → S. 64 –83

1. Schritt: Die Beschreibung vorbereiten
- Notiere die **wichtigsten Schritte** und **Informationen** in **Stichpunkten**.
- Überlege dir, **für wen** (welche Adressaten) du die Beschreibung verfassen möchtest.
- Entscheide dich, ob du die **persönliche** *(Du brauchst ...)*, die **unpersönliche** Ausdrucksweise *(Man nimmt ...)* oder den **Imperativ** *(Nimm ...)* für deine Beschreibung verwenden möchtest.

2. Schritt: Die Beschreibung verfassen

Vorgänge beschreiben:
- **1. Teil:** Nenne alle benötigten **Materialien/Zutaten** für den Vorgang. Erkläre Fachbegriffe.
- **2. Teil:** Beschreibe die einzelnen Schritte in der richtigen **Reihenfolge**. Achte auf genaue Bezeichnungen der Gegenstände und Tätigkeiten sowie auf passende Wörter, um die Reihenfolge der einzelnen Schritte zu verdeutlichen.
- Schreibe im **Präsens**.

Wege beschreiben:
- Nenne zu Beginn den **Startpunkt**. Beschreibe im Anschluss den **Weg in Teilstücken** und halte dabei die richtige Reihenfolge ein. Wichtig sind genaue **Orts-**, **Richtungs-** und **Entfernungsangaben** und auffällige **Orientierungspunkte** auf dem Weg. Beende deine Wegbeschreibung mit dem Ziel.
- Schreibe im **Präsens**.

3. Schritt: Die Beschreibung überarbeiten
- Prüfe, ob jemand anders, z. B. deine Eltern oder Geschwister, die Anleitung oder die Wegbeschreibung versteht. Überarbeite die Beschreibung, falls notwendig.

Über Ereignisse berichten → S. 84 –103

1. Schritt: Den Bericht vorbereiten
- Beachte die Aufgabe: **Für wen** und **für welchen Zweck** ist dein Bericht bestimmt? **Was erwarten die Adressaten** von diesem Bericht? **Welche Informationen** benötigen sie?
- Notiere Stichpunkte zu folgenden *W*-Fragen: *Was? Wann? Wo? Wer? Wie? Warum? Mit welchen Folgen/Ergebnissen?*

2. Schritt: Einen Bericht verfassen
- Wähle eine **Überschrift**, die das Ereignis knapp und genau benennt.
- Informiere in der **Einleitung** möglichst knapp und genau, worüber du berichtest. Beantworte dabei die *W*-Fragen *Was?, Wann?, Wo?, Wer?*
- Stelle im **Hauptteil** das Ereignis Schritt für Schritt in der richtigen Reihenfolge dar. Beantworte dabei die *W*-Fragen *Wie?* und *Warum?*
- Nenne im **Schlussteil** die Folgen des Ereignisses.
- Formuliere **sachlich** und **vermeide unnötige Bewertungen**.
- Schreibe im **Präteritum**.

3. Schritt: Den Bericht überarbeiten (→ S. 103)

Eine Nacherzählung schreiben → S. 137

1. Schritt: Die Nacherzählung vorbereiten

Mache dir Notizen zu den einzelnen Erzählschritten (pro Erzählschritt eine Karteikarte).
Den Beginn eines neuen Erzählschritts erkennst du daran, dass
- eine neue Handlung beginnt,
- der Ort wechselt,
- ein neuer Zeitabschnitt oder
- ein Gespräch beginnt oder endet.

2. Schritt: Die Nacherzählung schreiben
- Orientiere dich beim Nacherzählen an der **Reihenfolge** der Erzählschritte. Lass **nichts Wichtiges weg** und **erfinde nichts hinzu**.
- Erzähle **anschaulich und lebendig** und in deinen **eigenen Worten**.
- Teile die **Gedanken und Gefühle** der Hauptfiguren mit und verwende an passenden Stellen die **wörtliche Rede**.
- Verwende die **Zeitform der Textvorlage**.

3. Schritt: Die Nacherzählung überarbeiten (→ S. 159)

Zu einem Gedicht schreiben → S. 160–179

Ein Parallelgedicht schreiben (→ S. 168 f.):
- Übernimm die äußere Form, z. B. die Zahl der Strophen und Verse, eventuell auch Reimschema und Metrum.
- Verfasse ein eigenes Gedicht zum gleichen oder zu einem ähnlichen Thema.

So beschreibst du ein Gedicht (→ S. 170 f., S. 179):

In einer Gedichtbeschreibung beschreibst du – abhängig von der Aufgabenstellung – entweder alle wichtigen Merkmale des Gedichts oder einen ausgewählten Aspekt. Gehe so vor:

1. Nenne **Titel** und **Autor/-in:**
   Das Gedicht „Vormittag am Strand" wurde von Christian Morgenstern geschrieben.
2. Benenne **Thema** und **Inhalt** des Gedichts:
   In dem Gedicht wird ein Sommervormittag beschrieben.
3. Beschreibe den **Aufbau**, gegebenenfalls auch **Reimschema** und **Metrum:**
   Das Gedicht besteht aus zwei Strophen und insgesamt acht Versen. Beim Reimschema handelt es sich in den ersten vier Versen um einen umarmenden Reim und in den letzten vier Versen um einen Kreuzreim. Das Metrum ist ein Jambus.
4. Formuliere deine Beobachtungen zum **Inhalt** und zur Sprache des Gedichts:
   Der Vormittag wird als sehr ruhig und sonnig dargestellt. Er wird mit sprachlichen Bildern beschrieben, z. B. mit den Metaphern „Siegel" für die verschlossene Stille und „Spiegel" für die Wasseroberfläche.

Mit Texten und Medien umgehen

Erzählungen → S. 20–41

Erzählungen handeln von Ereignissen, die tatsächlich passiert oder erfunden sind.
Die meisten Erzählungen haben folgende **Handlungsbausteine:**

- Die **Hauptfigur** befindet sich in einer bestimmten **Ausgangssituation** (Ort, Zeit, Figuren).
- Die Hauptfigur hat ein **Problem**, oft ausgelöst durch ein **Ereignis**.
- Die Hauptfigur unternimmt **Lösungsversuche** und muss dabei Hindernisse überwinden.
- Am **Ende** hat die Hauptfigur Erfolg oder Misserfolg.

Die **Personen**, die **in einer Geschichte** vorkommen bzw. handeln, nennt man **Figuren**. Sie haben **bestimmte Eigenschaften und Absichten**. In den meisten Geschichten gibt es eine **Hauptfigur** (manchmal sind es auch mehrere). Auch Tiere können handelnde Figuren in Erzähltexten sein.

Man kann auf unterschiedliche Weise erzählen (**Erzählweise**):

- **Spannend** wird erzählt, wenn z. B. Ort und Zeit unheimlich wirken oder etwas Rätselhaftes geschieht. Die Spannung kann durch bestimmte Wörter und Wendungen gesteigert werden.
- **Lustig** wird erzählt, wenn z. B. eine beschriebene Situation zum Lachen reizt oder etwas stark übertrieben wird.

Fabeln → S. 104–129

Die Fabel ist eine kurze Dichtung, die die Menschen durch in Tiergeschichten dargestellte Wahrheiten belehren will. Bekannte Fabeldichter sind Äsop, Martin Luther und G. E. Lessing. Die **Figuren** sind meist Tiere mit menschlichen Eigenschaften. Viele Fabeln enden mit einer **Lehre/Moral**, welche die Bedeutung der Fabel erklärt. Fehlt sie, musst du sie selbst erschließen. Viele Fabeln sind nach folgendem Muster aufgebaut:

Ausgangssituation	**Rede** (Aktion)	**Ende**
Ein Lamm löschte an einem Bache seinen Durst. Fern von ihm, aber näher an der Quelle, tat ein Wolf das Gleiche.	*„Warum trübst du mir das Wasser […]?“* **Gegenrede** (Reaktion) *„Wie wäre das möglich […]?“*	Das Gewissen regt sich selbst bei dem größten Bösewichte; er sucht doch nach einem Vorwand, um dasselbe damit bei Begehung seiner Schlechtigkeit zu beschwichtigen.

Sagen

→ S. 130–159

Sagen sind alte Volksdichtungen, die lange Zeit nur durch mündliches Weitererzählen verbreitet wurden. Sie lassen sich unterscheiden in **Heldensagen** („Kadmos" → S. 134 ff.), **Göttersagen** („Der Zankapfel" → S. 140 f.), **Volks- und Natursagen** („Die Burg von Shkodra" → S. 130) und **Orts-** oder **Lokalsagen** („Der Kampf mit dem Lindwurm" → S. 132 f.). Sagen gehen häufig auf wahre Begebenheiten zurück. Oft soll eine Sage etwas erklären, z. B.:
- die Entstehung eines Ortes (z. B. die Gründung der Stadt Theben),
- ein Naturereignis (z. B. eine Überschwemmung) oder
- Geschehnisse, die den Menschen als ungeheuerlich und unerklärlich erschienen (z. B. Sturmfluten, Sonnenfinsternisse).

Vieles ist aber auch erfunden. So treten oft fantastische Wesen auf, wie Feen, Meerjungfrauen, Zauberer, Drachen oder Menschen mit übernatürlichen Kräften.

Gedichte

→ S. 160–179

Ein **Gedicht** ist ein (meist) **kurzer Text**, der in **Verse** (Gedichtzeilen) und **Strophen** (Abschnitte aus mehreren Versen) unterteilt ist, ähnlich wie bei einem Lied.
Das **Reimschema** und das **Metrum** eines Gedichts erzeugen einen besonderen Klang, ähnlich wie Melodie und Rhythmus bei einem Musikstück. Auch bei ungereimten Gedichten ist der Klang bestimmter Wörter wichtig.
Der **Reim** ist ein **Gleichklang von Lauten**. Werden zwei oder mehrere Verse durch einen Gleichklang am **Ende** verbunden, spricht man von **Endreim**.
Das Muster des Reims nennt man **Reimschema**. Man unterscheidet z. B.:

- **Paarreim**	*leis – millionenweis – Siegel – Spiegel*	*aa bb*
- **Kreuzreim**	*leis – Siegel – millionenweis – Spiegel*	*ab ab*
- **umarmenden Reim**	*leis – Siegel – Spiegel – millionenweis*	*ab ba*

In einem Vers gibt es meist eine regelmäßige Abfolge **betonter (x́)** und **unbetonter (x) Silben**. Sie wird **Metrum** (Versmaß) genannt. Man unterscheidet z. B.:

- **Jambus**: x x́ x x́ und — *x x́ x x́ x x́ x x́* / *Es war ein sol-cher Vor-mit-tag.*
- **Trochäus**: x́ x x́ x — *x́ x x́ x x́ x x́* / *Je-der Strauch ist nass be-zopft.*

Häufige **sprachliche Bilder** in Gedichten sind z. B.:

- der Vergleich	*Wie eine Schneckenspur …*
- die Personifikation (Vermenschlichung) oder Verlebendigung	*Die Zwiebelchen unter dem Gras spüren die Wärme …*
- die Metapher	*Spiegel (Wasseroberfläche), Wüstenschiff (Kamel)*

Sachtexte erschließen → S. 180–205

Strategie: Forscherfragen stellen
- Überlege, welche Ziele du mit der Lektüre verfolgst. Formuliere Leitfragen.

Strategie: Sich einen Überblick verschaffen
- Lies den Text zügig durch. Zu welchem Themenbereich liefert er Fakten? Welche Fragen beantwortet er? Beachte auch die Überschrift und die Abbildungen im Text.

Strategie: Informationen in Texten markieren
- Markiere entscheidende Begriffe oder Textteile farbig. Nutze verschiedene Farben für unterschiedliche Informationen.

Strategie: Einen Text gliedern
- Kläre, ob der Text bereits gegliedert ist. Unterteile ihn in Sinnabschnitte, falls er noch nicht gegliedert ist. Formuliere zu jedem Absatz/Abschnitt eine Frage oder Zwischenüberschrift.

Strategie: Schwierige und unbekannte Begriffe klären
- Versuche, schwierige und unbekannte Begriffe aus dem Zusammenhang zu erschließen. Schlage in einem Lexikon nach oder informiere dich im Internet, wenn du unsicher bist.

Strategie: Informationen aus verschiedenen Texten und Bildern verknüpfen
- Hast du andere Texte oder Bilder zur Verfügung, die dir zusätzliche Informationen liefern?
- Trage die Informationen aus allen vorliegenden Materialien zusammen.

Strategie: Textinhalte in einer anderen Form wiedergeben
- Übertrage die Informationen aus dem Text in eine andere geeignete Form.

Diagramme und Tabellen lesen und auswerten → S. 192 f.

Tabellen und **Diagramme** stellen die Ergebnisse von Untersuchungen (Statistiken) geordnet und übersichtlich dar. Gehe beim Erschließen so vor:

1. Schritt: Verschaffe dir einen Überblick.
- Lies die Überschrift oder die Unterschrift. Benenne das Thema in eigenen Worten.
- Kläre, woher die Informationen stammen.

2. Schritt: Untersuche die Angaben genauer.
- Kläre die Maßeinheiten.
- Untersuche, was in den Spalten und in den Zeilen der Tabelle dargestellt wird und was auf der x-Achse und der y-Achse des Diagramms dargestellt wird.
- Achte darauf, ob eine Legende mit zusätzlichen Erklärungen enthalten ist.

3. Schritt: Beschreibe die einzelnen Angaben und werte sie aus.
- Welches ist der höchste / der niedrigste Wert? Welche Werte sind gleich oder ähnlich?
- Welche Entwicklungen kann man ablesen? Was ist auffällig? Was überrascht dich?

4. Schritt: Fasse die Ergebnisse in eigenen Worten zusammen.

5. Schritt: Stelle weitere Überlegungen zu deinen Ergebnissen an.
- Kannst du Ursachen für Einzelergebnisse angeben oder Ergebnisse nicht nachvollziehen?
- Lassen sich Schlussfolgerungen aus den Ergebnissen ableiten?

Nachdenken über Sprache

Wortarten

Das Nomen/Substantiv → S. 209

Nomen / Substantive bezeichnen Lebewesen/Eigennamen *(Katze, Peter)*, Gegenstände *(Buch)* und Begriffe (Gedanken, Gefühle, z. B.: *Ferien, Mut*).

Jedes Nomen hat ein **Genus** (grammatisches Geschlecht), das man an seinem Artikel erkennt:
- **Maskulinum** (männliches Nomen): *der Tisch, der Vogel, der Garten*
- **Femininum** (weibliches Nomen): *die Schule, die Blume, die Maus*
- **Neutrum** (sächliches Nomen): *das Haus, das Kaninchen, das Fahrrad*

Das grammatische Geschlecht hat meistens nichts mit dem biologischen Geschlecht zu tun.

Nomen haben einen **Numerus**, d. h., sie verändern sich nach ihrer **Anzahl**. Sie stehen entweder im **Singular** (Einzahl), z. B. *der Stern*, oder im **Plural** (Mehrzahl), z. B. *die Sterne*.

Im Satz erscheint ein Nomen in einem bestimmten **Kasus (Fall)**, erkennbar am Artikel. Wenn man ein Nomen in einen anderen Kasus setzt, nennt man dies **Deklinieren** (Beugen). Im Deutschen gibt es **vier Fälle**. Fragen helfen dir bei deren Bildung und Bestimmung:

Kasus	Beispiele	Frage
Nominativ (1. Fall)	*Das Kind hilft dem Vater.*	*Wer oder was hilft dem Vater?*
Genitiv (2. Fall)	*Die Hände des Kindes sind schmutzig.*	*Wessen Hände sind schmutzig?*
Dativ (3. Fall)	*Im Garten läuft der Hund dem Kind hinterher.*	*Wem läuft der Hund im Garten hinterher?*
Akkusativ (4. Fall)	*Der Hund mag das Kind.*	*Wen oder was mag der Hund?*

Der Artikel → S. 209

Der Artikel (Plural: die Artikel) **begleitet das Nomen** und zeigt dessen **Genus, Numerus** und **Kasus** an, z. B.: *Das Eis schmeckt mir gut. Der Torwart hält den Schuss.*
Zwei Arten von Artikeln können das Nomen begleiten: der **bestimmte Artikel** (*der Hefter, die Tasche, das Buch*) und der **unbestimmte Artikel** (*ein Hefter, eine Tasche, ein Buch*).

Das Adjektiv

→ S. 209

Das Adjektiv (Eigenschaftswort; Plural: die Adjektive) beschreibt, wie etwas ist. Es gibt **Eigenschaften** eines Lebewesens, Gegenstands oder Vorgangs an, z. B.:

der wilde Löwe, er rennt schnell.

Deklination (Beugung)

Wenn ein Adjektiv ein Nomen begleitet, wird es **dekliniert** (gebeugt). Das Adjektiv stimmt dann in **Genus** (Geschlecht), **Numerus** (Zahl) und **Kasus** (Fall) mit dem rechts von ihm stehenden Nomen überein, z. B.: *Ich lese ein neues Buch (Neutrum, Akkusativ, Singular) mit spannenden Geschichten (Femininum, Dativ, Plural).*

Steigerung (Komparation)

Adjektive kann man **steigern**, z. B.: *schnell – schneller – am schnellsten.*

Es gibt **drei Steigerungsstufen**:

Grundstufe (Positiv): *Ein Tiger ist so schnell wie ein Löwe.*

Vergleichsstufe (Komparativ): *Eine Maus ist schneller als eine Schildkröte.*

Höchststufe (Superlativ): *Der Gepard ist von allen Tieren am schnellsten.*

Vergleiche mit dem Positiv werden mit ***wie*** gebildet. **Vergleiche mit dem Komparativ** werden mit ***als*** gebildet.

Das Verb

→ S. 212 f.

Mit dem **Verb** (Tätigkeitswort; Plural: die Verben) macht man **Aussagen** über jemanden oder etwas. Verben geben meist an, was jemand tut oder was geschieht, z. B.:

Ich spiele Klavier. Du machst Hausaufgaben. Draußen zwitschern Vögel.

Konjugation (Beugung)

Verben sind **veränderbar**. Sie lassen sich **konjugieren**, z. B.:

ich schreibe, du schreibst, er/sie/es schreibt, wir schreiben, ihr schreibt, sie schreiben.

Die nach Person und Numerus konjugierten Verbformen nennt man **finite Verbformen**.

Infinite Verbformen

- Der **Infinitiv** (die Grundform) gehört zu den infiniten Verbformen. Verben im Infinitiv enden meist auf *-en,* selten auf *-n,* z. B.: *sprechen, laufen, singen, schreiben, klingeln, rudern.*
- Zu den infiniten Verbformen gehören auch die **Partizipien**.
  Das **Partizip I** wird gebildet, indem man ein **-d** an den Infinitiv hängt, z. B.: *spielend, singend.*
  Das **Partizip II** wird meistens mit der Vorsilbe **ge-** gebildet, z. B.: *lachen ⟶ gelacht, lernen ⟶ gelernt.* Manchmal ändert sich dabei der Stammvokal, z. B.: *singen ⟶ gesungen.*
  Hat das Verb bereits eine Vorsilbe (ge-, be-, ver-), dann bekommt das Partizip II keine weitere, z. B.: *gefrieren ⟶ gefroren; beginnen ⟶ begonnen; verlieren ⟶ verloren.*

Die Tempusformen des Verbs

→ S. 212 f.

Mit den **Tempusformen** des Verbs kann man angeben, ob es um die **Gegenwart**, die **Vergangenheit** oder die **Zukunft** geht.

Tempusformen (Zeitformen) im Überblick:

	Bildung mit *haben*	**Bildung mit *sein***
Plusquamperfekt	*Er hatte gesungen.*	*Sie war gelaufen.*
Präteritum	*Er sang.*	*Sie lief.*
Perfekt	*Er hat gesungen.*	*Sie ist gelaufen.*
Präsens	*Er singt.*	*Sie läuft.*
Futur I	*Er wird singen.*	*Sie wird laufen.*

Das Präsens

Das **Präsens** (Gegenwartsform) verwendet man für Aussagen über etwas,
- das **in der Gegenwart** geschieht, z. B.: *Sie weiß es nicht.*
- das **allgemein und immer gilt**, z. B.: *Frische Luft tut gut.*
- das man **für gewöhnlich so macht**, z. B.: *Beim Fahrradfahren trägt man einen Helm.*
- das in der **Zukunft** geschieht. In diesem Fall verweist man meist mit einer Zeitangabe auf die Zukunft, z. B.: *In drei Wochen fliege ich in die USA.*

Das Perfekt

Das **Perfekt** verwendet man
- als Vergangenheitsform zum **Präsens**, z. B.:
  Wenn ich den Führerschein bestanden habe, kaufe ich mir ein Mofa.
  Gestern hast du gewonnen, heute gewinne ich.
- beim **mündlichen** Erzählen oder Berichten über Vergangenes, z. B.:
  „Gestern bin ich im Schwimmbad gewesen. Da habe ich auch Marika getroffen."

Das Perfekt wird **zusammengesetzt** aus dem **Präsens von *haben/sein*** und dem **Partizip II** (→ S. 310) z. B.:
Ich habe geweint. Wir sind geschwommen. Es hat gedauert.

Das Präteritum

Das **Präteritum** ist eine einfache, d. h. nicht zusammengesetzte **Zeitform der Vergangenheit**. Es wird vor allem beim schriftlichen Erzählen und Berichten verwendet. Es wird folgendermaßen gebildet:
- Bei **starken Verben** ändert sich im Präteritum der Vokal im Wortstamm, z. B.:
  ich laufe ⟶ ich lief; ich gehe ⟶ ich ging; ich trinke ⟶ ich trank.
- Bei **schwachen Verben** wird ein *-t-* zwischen Stamm und Endung eingefügt, z. B.:
  ich rechne ⟶ ich rechnete; ich wohne ⟶ ich wohnte; ich kaufe ⟶ ich kaufte.

Das Plusquamperfekt

Mit der Zeitform **Plusquamperfekt** macht man deutlich, dass etwas vor dem passiert ist, wovon im **Präteritum** erzählt wird. Deshalb heißt diese Zeitform auch **Vorvergangenheit**. Man nutzt die Verbindung von Präteritum und Plusquamperfekt beim schriftlichen Erzählen und Berichten.
Das Plusquamperfekt wird zusammengesetzt aus dem Präteritum von ***haben/sein*** (z. B.: *hatte, war*) und dem **Partizip II** des Verbs (→ S. 310), z. B.:

Er hatte schon zwei Tore geschossen. (Deshalb war er sehr stolz.)
Der Torwart war vor Wut rot angelaufen. (Deshalb bekam er ein wenig Angst.)

Das Futur

Mit dem **Futur I (Zukunftsform)** drückt man aus, dass etwas in der Zukunft geschieht.
Es wird gebildet mit dem **Präsens von *werden*** und dem **Infinitiv** (→ S. 310), z. B.:

ich werde schlafen; du wirst lachen; er wird besuchen
wir werden wohnen; ihr werdet fahren; sie werden angeln

Aktiv und Passiv

→ S. 214–218

In einem **Aktivsatz** liegt die Betonung auf der/dem Handelnden, z. B.:
Marie hat die Aufgabe an der Tafel gelöst.
In einem **Passivsatz** wird dagegen das Objekt, mit dem etwas geschieht oder getan wird, z. B.:
Die Aufgabe wurde von Marie an der Tafel gelöst.
In der Regel wird der Handelnde weggelassen, weil er z. B. unwichtig oder unbekannt ist. Dann spricht man vom **täterlosen Passiv**, z. B.: *Das Konzert wird im Radio übertragen.*
Das **Vorgangspassiv** beschreibt einen Vorgang und wird mit den **konjugierten Formen von *werden*** und dem **Partizip II** des Verbs (→ S. 318) gebildet, z. B.: *Das Licht wird angeschaltet.*
Das **Zustandspassiv** beschreibt, in welchem Zustand etwas am Ende eines Vorgangs ist, und wird mit den **konjugierten Formen** von ***sein*** und dem **Partizip II** des Verbs gebildet, z. B.: *Das Licht ist angeschaltet.*

Die Adverbien

→ S. 220 f.

Adverbien gehören zu den **unveränderlichen Wortarten**. Mit ihnen kann man genauere Angaben zum Prädikat und zu einzelnen Satzgliedern machen. Sie beantworten die Fragen:

Wann?	*Wo?*	*Wie?*	*Warum?*
Temporaladverb	**Lokaladverb**	**Modaladverb**	**Kausaladverb**
(Adverb der Zeit)	(Adverb des Ortes)	(Adverb der Art und Weise)	(Adverb des Grundes)

Das Volleyballtraining findet heute statt. Wegen eines Unfalls ist die Autobahn gesperrt.

Achtung: Adverbien können leicht mit Adjektiven verwechselt werden. Im Gegensatz zu diesen lassen sie sich aber nicht deklinieren.

Die Pronomen

→ S. 222–225

Es gibt unterschiedliche Arten von Pronomen (Fürwörtern).
Die **Personalpronomen** *er, sie, es* im Singular und *sie* im Plural können **Nomen ersetzen,** die zuvor genannt wurden. Sie sind nur als „Fortführer" möglich. Mit ihrem Einsatz kann man Wiederholungen vermeiden, z. B.:

Morgen gehen Tim, Luisa und Marie ins Kino. Vorher wollen sie Hausaufgaben machen.

Die Personalpronomen werden im Satz **wie die Nomen dekliniert** (gebeugt).

Die **Possessivpronomen** *mein, dein, sein/ihr, unser, euer, ihr* zeigen an, zu wem etwas gehört. Sie begleiten meist ein Nomen und stehen im selben Kasus wie dieses, z. B.:

Euer Klassenraum ist so schön gestaltet wie unser Klassenraum.

Die **Demonstrativpronomen** *der/die/das, dieser/diese/dieses, jener/jene/jenes, solcher/solche/solches, derselbe/dieselbe/dasselbe* weisen auf etwas vorher oder nachher Genanntes hin. Sie können sowohl als Begleiter als auch als Stellvertreter eines Nomens oder einer Wortgruppe verwendet werden, z. B.:

Dieses Schulgebäude hier ist viel moderner als jenes, in dem wir Unterricht haben.

Die **Relativpronomen** werden **flektiert**, d. h., **Numerus** und **Genus** des Relativpronomens richten sich nach seinem Bezugswort, z. B.:

Das Buch, das wir gelesen haben, … / Der Schüler, der eine Eins bekommen hat, …

Der **Kasus** des Relativpronomens hängt von seiner Rolle im Relativsatz ab, z. B.:

Der Film, den wir gesehen haben, …	***Wen oder was** haben wir gesehen?*	Akkusativobjekt
Der Junge, dem ich ein Buch geliehen habe, …	***Wem** habe ich etwas geliehen?*	Dativobjekt

Die Präpositionen

→ S. 210 f.

Präpositionen (Verhältniswörter) sind kleine, unveränderbare Wörter. Sie stellen z. B. zeitliche und räumliche Beziehungen zwischen den Wörtern und Wortgruppen im Satz her, z. B.:

Im (= in dem) Sommer sind wir nach dem Unterricht oft in unser Freibad gegangen.

Präpositionen stehen in der Regel **vor dem Nomen oder Pronomen** und **bestimmen dessen Kasus (Fall),** z. B.:

aus, bei, mit, nach, seit, von, zu	⟶	**verlangen den Dativ**
durch, für, gegen, ohne, um	⟶	**verlangen den Akkusativ**

Hinzu kommen die sogenannten **Wechselpräpositionen**. Dazu gehören: *an, auf, hinter, in, neben, über, unter, vor, zwischen.* Auf diese Präpositionen folgt der **Dativ, wenn auf einen Ort verwiesen wird** (Frage: *Wo?*), und der **Akkusativ, wenn auf eine Richtung verwiesen wird** (Frage: *Wohin?*).

Wortbedeutung und Wortbildung

Wortbildung: Zusammensetzungen und Ableitungen → S. 226 f.

Setzt man zwei Wörter zu einem neuen Wort zusammen, nennt man dies **Zusammensetzung**. Dabei ist das letzte Wort der Zusammensetzung das **Grundwort**, das die Wortart des neuen Wortes festlegt, und das erste das **Bestimmungswort**, z.B.: *Sommer + Zeit = Sommerzeit*.
Manchmal braucht man ein **Fugenelement** (-s-, -e-, -es-, -n-, -en-, -er-) zwischen den Bestandteilen, z. B.: *die Weihnacht-s-ferien, das Storch-en-nest*.
Von einer **Ableitung** spricht man, wenn man mithilfe von **Präfixen** (Vorsilben) und **Suffixen** (Nachsilben) aus einem Wortstamm mehrere Wörter ableitet, z. B.: *langsam ⟶ Langsamkeit, der Freund ⟶ freundlich*.

Wortbedeutung: Synonyme, Antonyme, Homonyme → S. 229

- Wörter mit (fast) **gleicher Bedeutung** nennt man **Synonyme**, z. B.: *dösen/schlummern, Geschenk/Mitbringsel, schön/hübsch.*
- Mit einem **Antonym** (Gegenwort) kannst du einen Gegensatz ausdrücken, z. B.: *Tag – Nacht, heiß – kalt, flüstern – schreien.*
- Gleichlautende Wörter, die eine doppelte oder mehrfache Bedeutung haben, nennt man **Homonyme**, z. B.: *Note* (Bezeichnung in der Musik und Zensur in der Schule).

Sätze, Satzglieder und Satzgliedteile

Der Satz und seine Gliederung → S. 230 f.

Sätze kann man in **Felder** unterteilen: ein **Vorfeld,** ein **Mittelfeld** und ein **Nachfeld**.
Das **mehrteilige Prädikat** rahmt das Mittelfeld ein und bildet die **Satzklammer**. Ist das Prädikat nur einteilig, bleibt die rechte Satzklammer leer, z. B.:

Satzklammer

Vorfeld	linke Satzklammer: finiter Prädikatsteil	Mittelfeld	rechte Satzklammer: 2. Teil des Prädikats	Nachfeld
Sie	*sind*	*heute ins Kino*	*gegangen.*	-
Wir	*gehen*	*morgen ins Kino.*	-	-

Nach der Stellung des finiten Verbs im Satz unterscheidet man z. B. sogenannte **Verb-Erstsätze** und **Verb-Zweitsätze, z. B.:**
Verb-Erstsatz: *Gibst du mir bitte den Stift?*
Verb-Zweitsatz: *Ich berichte dir von dem Wandertag. Was möchtest du mir erzählen?*

Satzglieder mit der Umstellprobe erkennen

→ S. 230 f.

Satzglieder nennt man die Wörter oder Wortgruppen, die beim Umstellen des Satzes (**Umstellprobe**) immer zusammenbleiben und **im Vorfeld des Satzes** stehen können, z. B.:

	Satzklammer		
Vorfeld		**Mittelfeld**	
Wir	haben	gestern ein Museum	besucht.
Gestern	haben	wir ein Museum	besucht.

Um welches Satzglied es sich jeweils handelt, kannst du mithilfe der **Frageprobe** bestimmen.

Das Subjekt

→ S. 230

Das **Subjekt** ist der wichtigste „Partner" des Prädikats. Es ist der **Satzgegenstand**, über den mit dem Prädikat eine Aussage gemacht wird, z. B.:
Der geschickte Friseur schnitt die Haare.
Das **Subjekt** steht immer im **Nominativ, z. B.**:
Wer schnitt die Haare? – der Friseur
Das **Subjekt** bestimmt die Personalform des Prädikats, z. B.:
Der Friseur schneidet die Haare.
Friseure schneiden täglich Haare.
Das **Subjekt** besteht oft aus einer **Wortgruppe** *(der geschickte Friseur)* oder einem **Pronomen** *(er, sie …).*

Das Objekt

→ S. 232–234

Ein **Objekt** ist eine Satzergänzung, die sich auf das Prädikat bezieht und ein wichtiger Teil der Satzaussage ist, z. B.: *Die Tierpflegerin gibt der Robbe einen Fisch.*
Das **Akkusativobjekt** antwortet auf die Frage ***Wen*** oder ***was?***, z. B.:
Wen/was gibt die Tierpflegerin der Robbe? – einen Fisch
Das **Dativobjekt** antwortet auf die Frage ***Wem?***, z. B.:
Wem gibt die Tierpflegerin einen Fisch? – der Robbe
Manchmal fordern Verben eine **bestimmte Präposition, mit der das Objekt angeschlossen wird.** Der Fall (Kasus) des Objekts wird dann nicht vom Verb bestimmt, sondern von der Präposition. Diese Form des Objekts wird als **Präpositionalobjekt** bezeichnet, z. B.:
Sie fragt nach dem Weg. Er berichtet über den Wandertag.

Bei der Frageprobe nach einem Präpositionalobjekt bleibt die Präposition immer erhalten, z. B.:
*Worum? / Um **wen**?; Wor**an**? / **An** wen oder was?; Wor**auf**? / **Auf** wen oder was?*

Die adverbiale Bestimmung (Adverbiale)

→ S. 235 f.

Adverbiale Bestimmungen sind Satzglieder, die **zusätzliche Informationen** liefern.
Man ermittelt sie mithilfe der Frageprobe.

Frageprobe	Adverbiale Bestimmung …	Beispiel
Wo? Woher? Wohin? …	des Ortes	*Oskar ist nach Hause gefahren.* *Wohin ist Oskar gefahren?*
Wann? Wie lange? …	der Zeit	*Oskar fuhr vor einer Stunde los.* *Wann fuhr er los?*
Warum? Weshalb? …	des Grundes	*Oskar fuhr wegen Übelkeit zurück.* *Weshalb fuhr er zurück?*
Wie? Womit? …	der Art und Weise	*Oskar fuhr mit dem Bus nach Hause.* *Womit fuhr er nach Hause?*

Das Attribut

→ S. 237–239

Ein **Attribut** bestimmt sein Bezugswort genauer. Bei der **Umstellprobe** bleibt das **Attribut immer bei seinem Bezugswort.** Daher ist ein **Attribut** auch **kein eigenständiges Satzglied,** sondern immer Teil eines anderen Satzglieds.

Man unterscheidet verschiedene **Arten des Attributs**:
Das **Adjektivattribut / Partizip als Attribut**, vor dem Bezugswort, z. B.:
das sonnige Wetter / die vereinbarte Uhrzeit.

In der Regel nach dem Bezugswort stehen …
- das **Genitivattribut**, z. B.: *die Kantine der Schule,*
- das **Präpositionalattribut**, z. B.: *der Urlaub am Meer,*
- die **Apposition** (nachgestellte Erläuterung), z. B.: *Dieses Buch, ein Roman, ist spannend.*

Konjunktionen

→ S. 241

Wörter wie *und, oder, denn, aber, obwohl* oder *dass* nennt man **Konjunktionen (Bindewörter).** Sie verbinden Wörter, Wortgruppen oder Sätze und stellen damit Zusammenhänge in Texten her.

Man unterscheidet **nebenordnende Konjunktionen** und **unterordnende Konjunktionen (Subjunktionen).**
Die **nebenordnenden Konjunktionen**, wie z. B. *und, oder, denn, aber, sondern, doch* und *deshalb*, verbinden gleichartige Wörter, Wortgruppen oder Sätze, z. B. zwei Hauptsätze.
Die **unterordnenden Konjunktionen (Subjunktionen)**, wie z. B. *weil, da, (so)dass, obwohl, nachdem, während, bevor, als* und *wenn,* leiten Nebensätze ein.

Haupt- und Nebensätze → S. 242 f.

Ein **Satz** besteht mindestens aus einem **Prädikat** mit **finitem Prädikatsteil** und den **Satzgliedern**, die das Verb verlangt.
Ein **Hauptsatz** ist ein selbstständiger Satz, der für sich alleine stehen kann. Diesen erkennst du daran, dass das **finite Verb** (→ S. 310) **an zweiter Satzgliedstelle (= linke Satzklammer)** steht.
Ein **Nebensatz** ist abhängig vom Hauptsatz. In einem Nebensatz steht **in der linken Satzklammer die unterordnende Konjunktion**, z. B. *weil, dass, damit,* und **alle Verbformen befinden sich in der rechten Satzklammer**. Nebensätze gehören zu den **Verb-Letztsätzen** (→ S. 314).

Die Satzreihe: Hauptsatz + Hauptsatz → S. 244–247

Die **Satzreihe** ist ein aus mindestens zwei Hauptsätzen zusammengesetzter Satz. Hier werden die einzelnen Hauptsätze durch **Kommas** voneinander getrennt, z. B.:

Ich stehe auf, ich esse Frühstück, ich gehe zur Schule.

Verknüpft werden die Hauptsätze häufig durch **nebenordnende Konjunktionen**, wie *aber, sondern, doch, denn, und, oder,* z. B:

Sie wollte gerade Hausaufgaben machen, doch dann wurde sie abgelenkt.

Ich gehe in die Bibliothek, denn ich benötige Bücher für einen Vortrag.

Wenn die Hauptsätze durch **und/oder** verbunden werden, kann das Komma entfallen, z. B.:

Ich stehe auf, ich esse Frühstück (,) und ich gehe zur Schule.

Das Satzgefüge: Hauptsatz + Nebensatz → S. 244–247

Ein **Satzgefüge** besteht aus mindestens einem Hauptsatz und mindestens einem Nebensatz. Der **Nebensatz steht** im Satzgefüge **im Vorfeld** oder **im Nachfeld** des Hauptsatzes, selten auch im Mittelfeld. Er endet mit der **finiten Prädikatsform** und wird durch ein Einleitewort mit dem Hauptsatz verbunden, z. B. durch die unterordnenden Konjunktionen (Subjunktionen) *weil, da, dass, obwohl, nachdem, bevor, als, wenn*:

Vorfeld	Linke Satzklammer	Mittelfeld	Rechte Satzklammer	Nachfeld
Das Schulessen	*schmeckt*	*meistens,*	-	*weil es frisch zubereitet wird.*
Weil es frisch zubereitet wird,	*schmeckt*	*das Schulessen meistens.*	-	
Das Schulessen	*schmeckt,*	*weil es frisch zubereitet wird, meistens.*	-	

Hauptsätze und Nebensätze werden **durch Kommas** voneinander getrennt.

Relativsätze/Attributsätze und Relativpronomen

→ S. 248 f.

Relativsätze sind Nebensätze, die ein vorangehendes Bezugswort (Nomen oder Pronomen) näher beschreiben oder erklären. Sie nehmen die **Stelle eines Attributs** (→ S. 316) ein.
Relativsätze werden immer mit einem **Relativpronomen** eingeleitet, z. B.: *der, die, das* oder *welcher, welche, welches*.
Relativsätze werden – wie alle Nebensätze – **durch Kommas** vom Hauptsatz abgetrennt. Das gilt auch, wenn der Rahmensatz mit *und* fortgeführt wird, z. B.:
Das Buch, das ich gerade gelesen habe, möchte ich euch vorstellen.
Die Bücher, die heute ausgeteilt wurden, und die Arbeitshefte brauchen wir morgen.

Adverbiale Gliedsätze

→ S. 252 f.

Die Rolle der **adverbialen Bestimmung** (Adverbiale) (→ S. 316) im Satz können nicht nur Wörter oder Wortgruppen übernehmen, sondern auch Nebensätze (Gliedsätze). Man bezeichnet sie als **adverbiale Gliedsätze** oder **Adverbialsätze**.
Wie die anderen adverbialen Bestimmungen auch, liefern sie **Zusatzinformationen zum Ort** (lokal), **zur Zeit** (temporal), **zum Grund** (kausal) und **zur Art und Weise** (modal).

Rechtschreibregeln und -strategien

Groß- und Kleinschreibung

→ S. 256–262

Groß schreibt man:
- am **Satzanfang**, z. B.: *Es regnete in Strömen. Doch Annette fuhr trotzdem Fahrrad.*
- **Eigennamen** und **Nomen**, z. B.: *Merlin, Olga; Fahrrad, Banane.*
- **andere Wortarten**, wie **Adjektiven** und **Verben**, die an die **Stelle eines Nomens** treten **(Nominalisierung/Substantivierung)**, z. B.: *etwas Schönes, der Langsame, das Besondere.*
- die **Anrede** von Personen, die man siezt, z. B.: *Lieber Herr Schmidt, ich bitte Sie …*

Daran erkennt man Nomen und nominalisierte Wörter (→ S. 257–259):
- Meist erkennt man sie an vorausgehenden **Begleitwörtern**, wie **Artikel** *(die Schule, das Schreiben)*, **Adjektiv** *(kleine Küken, schnelles Laufen)*, **Pronomen** *(diese Schuhe, dein Lachen)*.
- Manchmal ist das Begleitwort versteckt *(zum Frühstück: zu dem Frühstück, beim Zeichnen: bei dem Zeichnen)* oder man kann sich ein Begleitwort dazudenken, z. B.: *mit Mühe* ⟶ *mit viel Mühe.*

Beachte beim Superlativ (→ S. 260):
Großgeschrieben wird: ***Das Interessanteste*** *habe ich dir erzählt.*
Kleingeschrieben wird: *Dieses Buch finde ich* ***am interessantesten****.*
Das ***interessanteste Buch*** *ist dieses.*

Beachte bei der Schreibung von Zeitangaben (→ S. 261 f.):
Großgeschrieben werden:
- **Wochentage und Tageszeiten als Nomen**, z. B.: *am* ***M****ontag, jeden* ***D****ienstag, der* ***A****bend.*
- **zusammengesetzte Angaben zu Tageszeiten an Wochentagen**, z. B.: *Mittwochmorgen.*

Kleingeschrieben werden z. B.:
- **Zeitadverbien:** *heute, gestern, morgen, übermorgen, vorgestern.*
- als **Zeitadverbien verwendete Tageszeiten** und **Wochentage** wie *montags oder vormittags*.

Wörter und Silben untersuchen → S. 263

Die große Mehrzahl der deutschen Wörter ist nach dem gleichen Muster aufgebaut:
- **der Silbenkern:** Zu **jeder Silbe** gehört ein **Vokalbuchstabe**. Das kann ein Vokal (Selbstlaut) sein (*a, e, i, o, u*), ein Umlaut (*ä, ö, ü*) oder ein Doppellaut/Diphthong (*ei, ai, au, äu, eu*), z. B.: *die Kar-te, rei-ten, sä-gen.*
- **der Silbenrand:** Am Anfang oder Ende der Silbe können ein oder mehrere **Konsonantenbuchstaben** stehen. Diese bilden den Silbenrand, z. B.: *die Lam–pe, we–nig, sprin–gen.*

Die allermeisten deutschen Wörter bestehen aus zwei Silben, von denen die erste betont wird.
- Ist die Silbe **offen** (endet auf einen **Vokalbuchstaben**), wird dieser lang gesprochen: der *Bo–gen.*
- Ist die Silbe **geschlossen** (endet auf einen **Konsonanten**), wird der Silbenkern (Vokal) kurz gesprochen: *tan–ken, die Sor–ge.*

Schreibung nach kurzen betonten Vokalen → S. 264–266

Stammsilben mit **kurzem betontem Vokal** werden mit einem Konsonanten **geschlossen**.
Bei zweisilbigen Wörtern hörst du meist zu Beginn der neuen Silbe einen weiteren Konsonanten, z. B.: *Pflas-ter, ler-nen, Hef-ter, An-fang.*
Hörst du nach einem kurzen betonten Vokal **nur einen Konsonanten**, dann wird dieser **verdoppelt**, um die Silbe zu schließen, z. B.: *Son-ne, Tel-ler, schwim-men, es-sen.*
Beachte: Die Konsonanten **k** und **z** werden in deutschen Wörtern nicht verdoppelt (→ S. 265).
Stattdessen schreibt man **ck** bzw. **tz**, z. B.: *lecker, die Mütze.*
Tipps zum richtigen Schreiben:
- Nutze bei einsilbigen Wörtern die **Verlängerungsprobe**, z. B.: *Blatt (Blät-ter).*
- **Zerlege** zusammengesetzte Wörter, z. B.: *Spinnweben (Spin -ne + weben).*
- Suche verwandte Wörter (**Ableitungsprobe**), z. B. *ken-nen ⟶ kennt, Kenntnis …*

Dehnungs-h und silbentrennendes h → S. 268

- Von einem **Dehnungs-h** spricht man, wenn ein h die offene Silbe mit lang gesprochenem Vokal anzeigt, z. B.: *deh-nen, leh-nen*. Dieses h steht nur (aber nicht immer!) vor **l, m, n** oder **r**.
- Vom **silbentrennenden h** spricht man, wenn eine Silbe im Wortinneren mit einem h beginnt, z. B.: *Mü-he, se-hen, ste-hen*. Es bleibt in verwandten Wörtern erhalten. Verlängere einsilbige Wörter, um es zu hören, z. B.: *ste?t   ste-hen ⟶ steht*.

Wörter mit lang gesprochenem i → S. 269

- **Wörter mit ie:** Bei den meisten Wörtern mit lang gesprochenem i wird **ie** geschrieben, z. B.: *s**ie**-ben, die B**ie**-ne, w**ie**-gen, der R**ie**-gel, f**ie**-len, fr**ie**-ren, die L**ie**-be.*
- **Wörter mit i:** Seltener wird der lange i-Laut durch den Buchstaben **i** wiedergegeben. Das gilt vor allem für Fremdwörter und einige Merkwörter, z. B.: *der Kamin, das Klima, das Kilo, das Risiko, die Lawine; wir, dir, mir; der **I**gel, das Kaninchen, der Tiger.*
- **Wörter mit ih:** Merke dir als Ausnahmen die Personalpronomen *ihr, ihn, ihm, ihnen, ihre/r.*

s-Laute unterscheiden → S. 270 f.

Endet eine Silbe **offen**, dann wird der folgende s-Laut als **s oder ß** geschrieben.

- Ist der s-Laut nach der offenen Silbe **stimmhaft** (weich, summend gesprochen), dann wird er mit **s** geschrieben, z. B.: *der Ha-se, spei-sen*. Das gilt auch für verwandte Wörter.
- Ist der s-Laut nach der offenen Silbe **stimmlos** (hart, zischend gesprochen), dann wird er mit **ß** notiert, z. B.: *sto-ßen, die Stra-ße.* Das gilt auch für verwandte Wörter.

Achtung: Am Wortende ist der s-Laut immer stimmlos. **Verlängere** daher einsilbige Wörter, z. B.:
Hau?   Häu-ser (stimmhaft) ⟶ Haus   Fu?   Fü-ße (stimmlos) ⟶ Fuß

Wird beim **Wechsel des Stammvokals** in verwandten Wörtern aus dem kurzen Stammvokal ein langer, dann wird aus **Doppel-s** ein **ß**, z. B.: *essen* (kurzer Vokal) ⟶ *sie aß* (langer Vokal). Wird umgekehrt aus dem langen Stammvokal ein kurzer, dann wird aus **ß** ein **Doppel-s**, z. B.: *schießen* (langer Vokal) ⟶ *er schoss* (kurzer Vokal).

das oder dass? → S. 274

Mit einfachem **s** schreibst du ...

- den **Artikel**, den du als Begleiter von Nomen erkennst, z. B.: ***das** Huhn, **das** Wetter.*
- das **Demonstrativpronomen**, z. B.: ***Das** ist ein schönes Wetter!*
- das **Relativpronomen**, z. B.: *ein Buch, **das** ich gelesen habe.*

Mit **Doppel-s** schreibst du nur die Konjunktion **dass,** z. B.: *Ich bin der Meinung, **dass** wir eine Klassenfahrt machen sollten.*

Strategie: Wörter verlängern → S. 276 f.

Am Wortende klingt **b** wie **p**, **g** wie **k** und **d** wie **t**. Nutze die **Verlängerungsprobe**, um die richtige Schreibung zu ermitteln. Beim Verlängern kannst du beispielsweise

- **Verben** in den **Infinitiv** (Grundform) setzen, z. B.: *hebt ⟶ heben,*
- **Adjektive steigern**, z. B.: *spannend ⟶ spannender,*
- bei **Nomen** den **Plural** bilden, z. B.: *der Käfig ⟶ die Käfige.*

Achtung: Zusammensetzungen müssen zerlegt werden, um die Verlängerungsprobe durchzuführen, z. B.: *Gel?börse = Gel? + Börse ⟶ Gelder ⟶ Geldbörse.*

Strategie: Die Schreibung aus verwandten Wörtern ableiten → S. 276 f.

Bist du bei der Schreibung unsicher, hilft oft die Suche nach einem verwandten Wort. Nutze dies zum Beispiel, wenn du zwischen **e/ä** oder zwischen **eu/äu** entscheiden musst:

- Gibt es eine verwandte Form mit **a/au**, schreibe **ä/äu**, z. B.: *Schrank ⟶ Schränke, sauber ⟶ säubern.*
- Gibt es kein verwandtes Wort mit **a** oder **au**, schreibt man meist **e** oder **eu**.

Grundregeln der Kommasetzung → S. 244–249, 278–280

- Das Komma kennzeichnet **Unterbrechungen** im Satz, z. B. bei **Anreden** (→ S. 279): *Was ich dir erzählen möchte, Max, ist …*
- Das Komma trennt die Bestandteile einer **Aufzählung** (→ S. 278), z. B.: *Zum Basteln benötige ich Papier, ein Lineal, eine Schere.*
- Das Komma trennt **Sätze** (→ S. 244–249, 280), z. B.: *Der Frühling kommt, die Schneeglöckchen blühen.*
- Das Komma entfällt, wenn die Elemente durch *und, oder, entweder – oder, weder – noch* verbunden sind, z. B.: *Zum Basteln benötige ich Papier, ein Lineal und eine Schere.*

Zeichensetzung bei der wörtlichen Rede → S. 281

Die wörtliche Rede steht in einem Text in Anführungszeichen.

- Der **Redebegleitsatz vor der wörtlichen Rede** wird durch einen Doppelpunkt von der wörtlichen Rede abgetrennt, z. B.: *Sie sagte: „Mir geht es gut."*
- Der **Redebegleitsatz hinter der wörtlichen Rede** wird durch ein Komma von der wörtlichen Rede abgetrennt, z. B.: *„Mir geht es gut", sagte sie.*
- Der **Redebegleitsatz innerhalb der wörtlichen Rede** wird durch Kommas von der wörtlichen Rede abgetrennt, z. B.: *„Mir", sagte sie, „geht es gut."*

Arbeitstechniken und Methoden

Informationen in Bibliotheken und Büchern suchen

→ S. 194 f.

1. Schritt: Fragen formulieren
- Formuliere **eine Frage oder mehrere Fragen**, die du beantworten möchtest.

2. Schritt: Geeignete Bücher in der Bibliothek suchen
- Überlege, welche **Suchbegriffe** für die Beantwortung deiner Fragen am wichtigsten sind.
- Gib deine Suchbegriffe in das **Stichwortfeld der Suchmaske** im **Bibliothekscomputer** ein. Klicke auf den Titel und prüfe mithilfe der **Kurzbeschreibung**, ob sich der Titel voraussichtlich zur Beantwortung deiner Fragen eignet.
- Notiere die **Signatur** des Buches. Sie gibt dessen **Standort in der Bibliothek** an.
- Frage die Mitarbeiter/-innen der Bibliothek, wenn du Hilfe oder weitere Tipps benötigst.

3. Schritt: Ausgewählte Bücher auf ihre Eignung hin überprüfen
- Eine erste Orientierung über ein Thema bieten **Nachschlagewerke**, z. B. **Jugendlexika** oder **Sammelbände** zu bestimmten Themen.
- Prüfe mithilfe des **Inhaltsverzeichnisses** und des **Sachwortregisters** am Ende des gefundenen Buches, ob es tatsächlich Informationen zu deinen Stichwörtern enthält.
- Überfliege Einträge, Artikel oder Kapitel, die dir sinnvoll erscheinen, und überprüfe, ob sie tatsächlich Antworten auf deine Fragen enthalten.

Im Internet recherchieren

→ S. 196 f.

Neben den bekannten Suchmaschinen, wie *www.google.de* oder *www.bing.de*, gibt es spezielle Suchmaschinen für Jugendliche, z. B.: *www.blinde-kuh.de*, *www.fragfinn.de* oder *www.helles-koepfchen.de*. Gehe bei deiner Suche in folgenden Schritten vor:

1. Schritt: Fragen formulieren
- Formuliere **eine Frage oder mehrere Fragen**, die du beantworten möchtest.

2. Schritt: Geeignete Suchbegriffe sammeln
- Überlege, welche Suchbegriffe für die Beantwortung deiner Fragen am wichtigsten sind.
- Kombiniere mehrere Suchbegriffe, z. B.: *Amelia Earhart + Lebenslauf*. Damit schränkst du die Suchergebnisse auf die Seiten ein, die all diese Begriffe enthalten. Das bringt dich meist schneller ans Ziel. Probiere unterschiedliche Begriffe und Kombinationen aus.

3. Schritt: Suchergebnisse auswerten und archivieren
- Versuche, dir anhand deiner Ergebnisliste so schnell wie möglich ein Bild davon zu machen, welche Ergebnisse für die Beantwortung deiner Fragen sinnvoll sind.
- Folge den Links, für die du dich entschieden hast, und überfliege zunächst die Ergebnisse. Behalte dabei immer deine Frage im Auge.
- Hast du eine gute und informative Seite gefunden, so kopiere die www-Adresse in ein extra Dokument. Notiere kurz, welche Informationen du unter diesem Link gefunden hast.

Ideen sammeln: Der Cluster

Ein **Cluster** hilft dir, Ideen zu einem bestimmten Thema zu finden. Einen Cluster legst du an, indem du das Thema in die Mitte eines Blattes schreibst und, sternförmig davon ausgehend, alle Fragen und Begriffe notierst, die dir zu diesem Thema einfallen, z. B.:

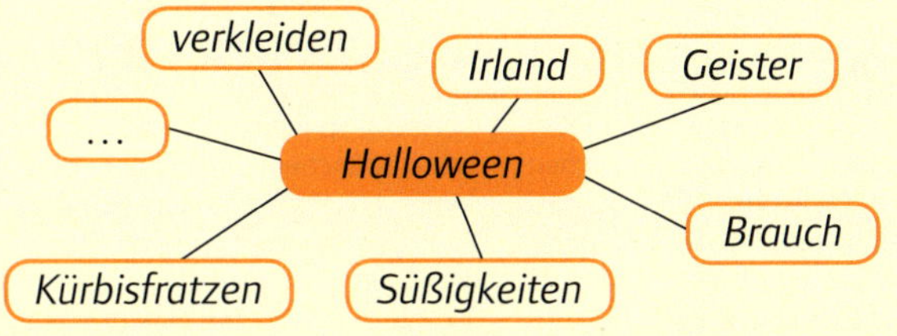

Ideen ordnen: Die Mindmap

Mit einer **Mindmap** stellst du Ideen und Sachverhalte übersichtlich dar, indem du sie nach Ober- und Unterbegriffen ordnest. In die Mitte schreibst du den zentralen Begriff, davon ausgehend die immer weiter verzweigten Unterpunkte.

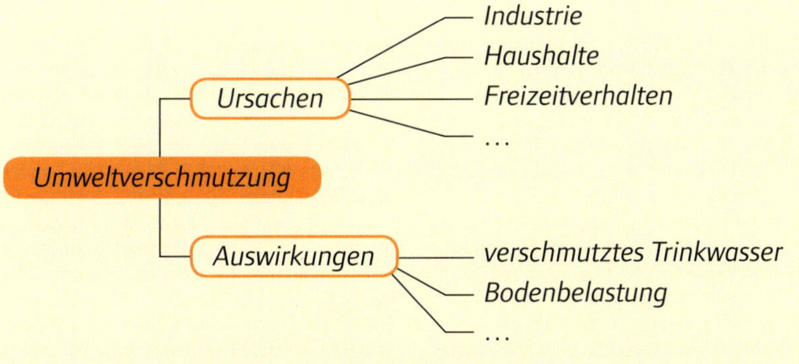

Texte überarbeiten: Eine Schreibkonferenz durchführen

- Setzt euch in kleinen **Gruppen** (höchstens zu viert) zusammen.
- Eine/Einer **liest** den eigenen Text **vor**, die anderen hören gut zu.
- Anschließend geben die Zuhörer/-innen eine **Rückmeldung**, was ihnen besonders gut gefallen hat.
- Dann wird der Text in der Gruppe **Satz für Satz besprochen**. Die **Überarbeitungsvorschläge** werden schriftlich festgehalten. Korrigiert auch die **Rechtschreibung und Zeichensetzung**.
- Zum Schluss **überarbeitet** die Verfasserin / der Verfasser den eigenen Text mithilfe der Tipps und Anmerkungen.

Textquellen

12 f. Funke, Cornelia: Tintenherz. Hamburg: Dressler Verlag, 2003, S. 24 f. **16** Boyce, Frank Cottrell: Der unvergessene Mantel. Klappentext. Hamburg: Carlsen Verlag, 2012. **16** Palacio, Raquel J.: Wunder. Klappentext. München: Carl Hanser Verlag, 2013. **22 f.** Preußler, Otfried: Krabat. München: Dtv, 2008, S. 12 ff. © Thienemann Verlag, Stuttgart. **24** Hohler, Franz: Gespenstergeschichte (Textanfang). In: Ders.: Wegwerfgeschichten. Gümlingen: Zytglogge Verlag, 7. Aufl. 1990. **26** Wölfel, Ursula: Der Nachtvogel (Textanfang). In: Die grauen und die grünen Felder: Wahre Geschichten (Gulliver). Weinheim und Basel: Beltz & Gelberg, 2014, 4. Aufl., S. 20. **32 f.** Dahl, Roald: Sophiechen und der Riese. Reinbek bei Hamburg: Rowohlt, 1984, S. 9–11. **34 f.** Wölfel, Ursula: Der Nachtvogel. In: Die grauen und die grünen Felder: Wahre Geschichten (Gulliver). Weinheim und Basel: Beltz & Gelberg, 2014, 4. Aufl., S. 20–24. **37 ff.** Enquist, Per Olov: Großvater und die Wölfe. Übersetzt von Wolfgang Butt. München: Dtv, 2005, S. 92–101. **46** Tauer, Christiane: Neues Raumkonzept. In: Hamburger Abendblatt 21.05.2012. Unter: *http://www.abendblatt.de/hamburg/harburg/article 106563340/Neues-Raumkonzept-erstmals-suedlich-der-Elbe-umgesetzt.html* [10.11.2015] **56 f.** Bauer, Michael Gerard: Nennt mich nicht Ismael! Übersetzt von Ute Mihr. München: Carl Hanser Verlag, 2006, S. 30–31 sowie 56–58. **58 f.** Weber, Jenny: Fängt die Schule zu früh an? Unter: *http://www.kindernetz.de/infonetz/thema/schule/schulbeginn/-/id=269432/nid=269432/did=269324/ 139lj3a/* [10.11.2015]. **60** Schulessen muss auch Richtung Snack gehen. Unter: *http://www.hr-online.de/website/rubriken/nachrichten/indexhessen34938.jsp?rubrik= 34954&key= standard_document_51779779/* [15.1.2015]. **62** Schmidt, Kristin; Schoepp, Oliver: Schüler müssen draußen bleiben. Unter: *http://www.express.de/duesseldorf/trotz-der-grossen-kaelte-schueler-muessen-draussen-bleiben,2858, 4898746.html* [20. 07. 2015]. **66** nach Fullman, Joe: Coole Zaubertricks. München: Dorling Kindersley Verlag, 2009, S. 89. **77 f.** Kästner, Erich: Emil und die Detektive. München: Dtv Junior, 1998, S. 91-94. © Atrium Verlag AG Zürich. **80 ff.** Burnett, Frances Hodgson: Der geheime Garten. Übersetzt von Gertrud Rukschcio. München: cbj, 2005, S. 21–24. **96 f.** Gaßner, Gertraud/Öchsner-Horsch, Elisabeth: Aufregung um ein Krokodil. In: Dies.: Sprachbuch 5. München: Bayerischer Schulbuch Verlag, 2. Aufl., 1996. **98 f.** Biermann, Wolf: Das Märchen vom kleinen Herrn Moritz. München: Parabel Verlag, 1972. **101 f.** Mayer, Gina / Reifenberg, Frank M.: Die Schattenbande legt los! München: bloomoon, 2014, S. 14–17. **106** Äsop: Das Lamm und der Wolf. Unter: *http://gutenberg.spiegel.de/buch/aesop-fabeln-1928/40* [10.11.2015]. **108** de La Fontaine, Jean: Der Hahn und der Fuchs. In: Ders.: Fabeln. Übersetzt von Theodor Etzel. Berlin: 1923, S. 39–40. **110** Janosch: Tigerschweinchen – Dummer Wolf. Weinheim und Basel: Beltz, 1997, S. 20. **111** Grillparzer, Franz: Diplomatischer Rat. In: Schönfeldt, Sybil Gräfin (Hrsg.): Fabeln aus aller Welt. Mit Bildern von Karsten Teich. München: Tulipan, 2012, S. 48 ff. **112 o.** Phädrus: Über Äsop. In: Fabeln. Texte und Materialen für den Unterricht. Hg. von Therese Poser. Stuttgart: Philipp Reclam jun., 1975, S. 50. **u.** Schönfeldt, Sybil Gräfin: Vorwort zu Fabeln aus aller Welt. In: Dies. (Hrsg.): Fabeln aus aller Welt. Mit Bildern von Karsten Teich. München: Tulipan, 2012, S. 4 f. **114** Luther, Martin: Vom Raben und Fuchs. Zitiert nach: Zabka, Thomas: Typische Operationen literarischen Verstehens: Zu Martin Luther „Vom Raben und Fuchs" (5./6. Schuljahr) In: Kammler, Clemens (Hrsg.): Literarische Kompetenzen – Standards im Literaturunterricht. Seelze: Klett/Kallmeyer, 2006, S. 80-101. **114** Lessing, Gotthold Ephraim: Der Rabe und der Fuchs. In: Ders.: Werke. Bd. 1. München: Carl Hanser Verlag, 1970, S. 251. **116** Unbekannt: Die Fabel von der kleinen Blume in der Wüste. Unter: *http://www.emk-ueberlingen.de/fileadmin/bilder/UEberlingen/ Predigten/Fabel_01.pdf* [10.11.2015]. **117** Boyke, Guido: Improvisationstheater und Comedy: Das Monster. Unter: *http://improwiki.com/de/wiki/improtheater/das_monster* [20.07.2015]. **120** Lessing, Gotthold Ephraim: Der Rabe und der Fuchs. In: Ders.: Werke. Bd. 1. München: Carl Hanser, 1970, S. 251. **121** Thurber, James: Variation über das Thema Fuchs und Rabe. In: Ders.: 75 Fabeln für Zeitgenossen. Den unverbesserlichen Sündern gewidmet. Reinbek bei Hamburg: Rowohlt, 2002, S. 108. **122** Busch, Wilhelm: Fink und Frosch. In: Gräfin Schönfeldt, Sybil (Hrsg.): Fabeln aus aller Welt. Mit Bildern von Karsten Teich. München: Tulipan, 2012, S. 8. **124** Schnurre, Wolfdietrich: Korrigierte Beweisführung. In: Der Spatz in der Hand. München/Wien: Langen-Müller, 1971, S. 86. **124** Lessing, Gotthold Ephraim: Die junge Schwalbe. In: Ders.: Werke. Bd. 1. München: Carl Hanser, 1970, S. 40. **125** de La Fontaine, Jean: Die Grille und die Ameise. In: Dithmar, Reinhard (Hrsg.): Fabeln, Parabeln und Gleichnisse. Beispiele didaktischer Literatur. München: Dtv, 1970, S. 146. **126** Äsop: Das Pferd und der Esel. In: Gräfin Schönfeldt, Sybil (Hrsg.): Fabeln aus aller Welt. Mit Bildern von Karsten Teich. München: Tulipan, 2012, S. 131. **126** Tolstoi, Leo: Die Stute und der Ackergaul. In: Gräfin Schönfeld, Sybil (Hrsg.): Fabeln aus aller Welt. Mit Bildern von Karsten Teich. München: Tulipan, 2012, S. 92. **127** Krylow, Ivan Andrejewitisch: Der Schwan, der Hecht und der Krebs. In: Gräfin Schönfeldt, Sybil (Hrsg.): Fabeln aus aller Welt. Mit Bildern von Karsten Teich. München: Tulipan, 2012, S. 76. **128** Der kranke Löwe. In: Gräfin Schönfeldt, Sybil (Hrsg.): Fabeln aus aller Welt. Mit Bildern von Karsten Teich. München: Tulipan, 2012, S. 102. **130** Die Burg von Shkodra. Nach: *http://www.sagen.at/ texte/sagen/albanien/skhodra.html* [10.11.2015]. **131** Heine, Heinrich: Ich weiß nicht, was soll es bedeuten. In: Paefgen, Elisabeth; Geist, Peter (Hrsg.): Deutsche Gedichte. Berlin: Cornelsen Verlag, 2010, S. 387 f. **132 f.** Pehr, Franz: Der Kampf mit dem Lindwurm. Unter: *http://www.sagen.at/texte/sagen/oesterreich/kaernten/franz_pehr/kampfmitlindwurm.html* [10.11.2015] **134 ff.** Inkiow, Dimiter: Kadmos. In: Ders.: Die spannendsten griechischen Sagen. Hamburg: Verlag Heinrich Ellermann, 2007, S. 104–143. **140 f.** Inkiow, Dimiter: Der Zankapfel. In: Ders.: Die schönsten griechischen Sagen. Hamburg: Verlag Heinrich Ellermann, 2005, S. 70–72. **142 ff.** Preußler, Otfried: Bloß eine Unterschrift. In: Zwölfe hat's geschlagen. Stuttgart: Thienemann Verlag 1988, S. 91 ff. **152 ff.** Fühmann, Franz: Siegfried und Kriemhild, Leipzig: Buchhandels- und Verlagsanstalt, 1992, S. 10–14. **154 f.** Inkiow, Dimiter: Der Styx und die Ferse des Achill. In: Ders.: Die schönsten griechischen Sagen. Hamburg: Verlag Heinrich Ellermann, 2005, S. 68–69. **155 ff.** Neuschäfer, Katharina: Parzival. In: Dies.: Die schönsten Sagen aus aller Welt. Hamburg: Verlag Heinrich Ellermann, 2011, S. 77–80. **160** Morgenstern, Christian: Vormittag am Strand. In: Kießig, Martin (Hrsg.): Werke und Briefe, Bd. 1, Lyrik 1887–1905. Stuttgart: Urachhaus, 1988, S. 335 f. **160** Issa: Haiku (ohne Titel). In: Krusche, Dietrich (Hrsg.): Haiku. Japanische

Gedichte. Aus dem Japanischen von Dietrich Krusche. München: dtv, 1995, S. 90. **161** Bächler, Wolfgang: Ins Weiße blickend. In: Ders.: Ausbrechen. Gedichte aus 30 Jahren. Frankfurt a. M.: Fischer, 1976, S. 146. **162** Mörike, Eduard: Er ist 's. In: Conrady, Karl Otto (Hrsg.): Das große deutsche Gedichtbuch. Königstein/Taunus: Athenäum, 1978, S. 448. **162** Erhardt, Heinz: Der Frühling. In: Ders.: Das große Heinz-Erhardt-Buch. Oldenburg: Lappan Verlag, 2003. **163** Mörike, Eduard: Septembermorgen. In: Conrady, Karl Otto (Hrsg.): Das große deutsche Gedichtbuch. Königstein/Taunus: Athenäum, 1978, S. 449. **164** Busta, Christine: Die Frühlingssonne. In: Dies.: Die Zauberin Frau Zappelzeh. Salzburg: Otto Müller, 1991, S. 3. **165** Ausländer, Rose: April. In: Dies.: Gesammelte Werke in sieben Bänden. Hrsg. von Helmut Braun. Frankfurt a. M.: S. Fischer Verlag, 1986. **166** Morgenstern, Christian: Wenn es Winter wird. In: Neuendorf, Silvio (Hrsg.): Wenn es wieder Weihnachten wird. Die schönsten Geschichten und Lieder. Düsseldorf: Sauerländer, 2006, S. 108. **167** Ausländer, Rose: Mai II. In: Dies.: Gesammelte Werke in sieben Bänden. Hrsg. von Helmut Braun. Frankfurt a. M.: S. Fischer Verlag, 1986, S. 341. **168** Guggenmos, Josef: Ich male mir den Winter. In: Ders: Ich will dir was verraten, S. 92. © 1992 Beltz & Gelberg in der Verlagsgruppe Beltz, Weinheim/Basel. **169** Kleberger, Ilse: Sommer. In: Gelberg, Hans-Joachim (Hrsg.): Die Stadt der Kinder. Weinheim, Basel: Beltz & Gelberg, 1999, S. 175. **170** Brockes, Barthold Heinrich: Die Welt ist allezeit schön. In: Ders.: Irdisches Vergnügen in Gott. Gedichte. 2. Teil. Stuttgart: Reclam, 1963, S. 88. **172** Issa: Grad heute Morgen ... In: Haikus. Japanische Dreizeiler. Ausgewählt und aus dem Urtext übersetzt von Jan Ulenbrook. Stuttgart: Reclam, 1997, S. 160. / Issa: Voreilig glaubt man ... In: Ebd., neue Folge, 1998, S. 16. / Rankô: Altweibersommer ... In: Ebd., S. 78. / Sentoku: Am flachen Strande ... In: Ebd., S. 74. **173** Domin, Hilde: Das Gefieder der Sprache. In: Dies.: Gesammelte Gedichte. Frankfurt a. M.: S. Fischer Verlag, 1987. **173** Gomringer, Eugen: blüte blüte blüte. In: Ders.: Gesamtwerk. Wien: Edition Splitter, 1995. **173** Bienek, Horst: Wörter. In: Ders.: Gleiwitzer Kindheit. Gedichte aus 20 Jahren. München/Wien: Hanser, 1976, S. 5. **173** Lobe, Mira: Der verdrehte Schmetterling. In: Dies.: Zwei Elefanten, die sich gut kannten. Wien: Jungbrunnen Verlag, 1996. **174** Manz, Hans: Frühling. In: Ders.: Die Welt der Wörter. © 2011 Beltz & Gelberg in der Verlagsgruppe Beltz, Weinheim/Basel. **175** Ringelnatz, Joachim: Sommerfrische. In: Sämtliche Gedichte, 7. Auflage. Zürich: Diogenes Verlag, 2005, S. 479 f. **175** Drewing, Ingrid Herta: Sommer. In: Dies.: Dichterei. Unter: *www.ingriddrewing.de* 2012. [13.07.2015] **176** Britting, Georg: Fröhlicher Regen. In: Ders.: Sämtliche Werke, Band 1: Der irdische Tag, S. 49. Hrsg. von Ingeborg Schuldt-Britting © Georg-Britting-Stiftung, 2008. **177** Wölfel, Ursula: Oktober. In: Wunderwelt. Lesewerk für die Grundschule, Band 4. Düsseldorf: Schwann Verlag, 1968. **177** Brambach, Rainer: Flugzeit. In: Ders.: Gesammelte Gedichte. Copyright © 2003 Diogenes Verlag AG Zürich, S. 103. **178** Claudius, Matthias: Ein Lied hinterm Ofen zu singen. In: Kliewer, Heinz-Jürgen (Hrsg.): Die Wundertüte – Alte und neue Gedichte für Kinder. Stuttgart: Reclam, 1989, S. 28. **181** Fridtjof Nansen [Art.]. In: Bertelsmann Jugendlexikon. Kompaktes Wissen für Schule und Alltag. Gütersloh: Bertelsmann, 2010, S. 447. **182 f.** Fridtjof Nansens erste Forschungsreise. In: Löwer, Hans-Joachim; Schlüter, Alexandra (Hrsg.): Große Entdecker. Die bedeutendsten Pioniere aller Zeiten. München: Piper Verlag, 2011, S. 265 ff. **183** Grönland. In: Bertelsmann Jugendlexikon. Kompaktes Wissen für Schule und Alltag. Gütersloh: wissenmedia 2010, S. 239. **184 f.** Lutz-Temsch, Birgit: Gefangen im Eis. Unter: *http://www.sueddeutsche.de/auto/fridtjof-nansen-und-die-fram-gefangen-im-eis-1.1112712* [10.11.2015]. **186** Quadflieg, Joseph: Der Beginn eines neuen Lebensabschnitts. Aus: Sie bewegten die Welt. Lebensbilder unserer Zeit. Frankfurt a. M.: Fischer Sauerländer, 2008, S. 45 f. **187** Der Friedensnobelpreis. Unter *https://de.wikipedia.org/w/index.php?title=Friedensnobelpreis&oldid= 143596175* [29.07.2015]. **188 f.** Schweers, Andrea: Amelia Earhart. Unter: *http://www.fembio.org/biographie.php/frau/biographie/amelia-earhart#literatur* [10.11.2015]. **190 f.** Theorien zu Earharts Verschwinden. Unter *https://de.wikipedia.org/w/index.php?title=Amelia_Earhart&oldid =144440054* [10.11.2015]. **194** Inhaltsverzeichnis (Auszug) und Register (Auszug) aus: memo Wissen entdecken. Band 12. Große Entdecker. München: Dorling Kindersley Verlag, 2011. **198 ff.** Schädlich, Susan: Eiskalt, tropfnass, glutheiß. In: Die Zeit 23 (2015), 23.06.2015. **201 ff.** Beckmann, Katharina: Wettlauf nach Timbuktu. Suche nach der sagenhaften Stadt. In: Geolino extra: Wüsten (31/2011), S. 60–65. **208** Schule früher und heute. Unter: *http://www.planet-wissen.de/gesellschaft/lernen/schulgeschichte/pwwbschulgeschichte100.html* [10.11.2015]. **210** Beckmann, Katharina: Die Schule der Zauberlehrlinge. Unter: *http://www.geo.de/GEOlino/mensch/die-schule-der-zauberlehrlinge-52468.html* [10.11.2015]. **232** Die Nachtschule. Zitiert nach: Moers, Walter: Die 13½ Leben des Käpt'n Blaubär. München/Frankfurt a. M.: Eichborn, 2002, S. 129–131. **235** Beckmann, Katharina: Eine Schule nach Wunsch. Unter: *http://www.geo.de/GEOlino/ mensch/eine-schule-nach-wunsch- 53884.html* [10.11.2015]. **237** Schule im 19. Jahrhundert. Unter: *http://germanhistorydocs.ghi-dc.org/sub_image.cfm?image_id=1363* [10.11.2015]. **238** Die Höhere Töchterschule. Zitiert und übersetzt nach: *http://germanhistorydocs.ghidc.org/sub_image.cfm?image_id=2349* [10.11.2015]. **240 ff.** Herden, Antje: Letzten Donnerstag habe ich die Welt gerettet. Berlin: Tulipan Verlag, 2012, S. 5 ff. / Herden, Antje: Beobachtung seltsamer Dinge. In: Ebd. S.22 ff. / Herden, Antje: Dann kamen die Ratten – und die Erwachsenen verschwanden. In: Ebd., S. 52 ff. **254 f.** Fühmann, Franz: Speisen und Gedränge. In: Ders.: Die dampfenden Hälse der Pferde im Turm von Babel. Rostock: Hinstorff Verlag, 2005. **256** Zusammengefasst nach: Fühmann, Franz: Wie man 17 durch 3, 6 und 9 teilen kann. In: Ders.: Die dampfenden Hälse der Pferde im Turm zu Babel. Rostock: Hinstorff Verlag, 2005. **259** Deutsche Sprichwörter. In chronologischer Folge zitiert nach: Simrock, Karl: Die deutschen Sprichwörter. Stuttgart: Reclam, 1991, S. 277, S. 158, S. 47, S. 49, S. 124, S. 484 und S. 430. **263** Halbey, Hans Adolf: Kleine Turnübung. In: Ders.: Schmurgelstein so herzbetrunken. Verse und Gedichte für Nonsense-Freunde von 9–99. München: Carl Hanser, 1994, S. 39. **272** Ferra-Mikura, Vera: Darüber wundert sich das „V". In: Domenego, Hans; Ekker, Ernst A: Das Sprachbastelbuch. Esslingen/Wien: Esslinger Verlag, 1996, S. 99. **273** Ertmer, Cornelia: Wusstest du schon? In: Dialog Deutsch 6. Frankfurt a. M.: Diesterweg, 2002, S. 94. **278** Fühmann, Franz: Der ruchlose Aggressor. In: Ders.: Die dampfenden Hälse der Pferde im Turm zu Babel. Rostock: Hinstorff Verlag, 2005. **281** Nach: Rowling, Joanne K.: Der geheimnisvolle Spiegel. In: Harry Potter und der Stein der Weisen. Hamburg: Carlsen, 2000, S. 229 f. **282** Schweiggert, Alfons: Auch ein

Urlaubs-ABC. In: Ders.: Seht, wie die Zeit vergeht. © 1976 Beltz & Gelberg in der Verlagsgruppe Beltz, Weinheim/Basel. **294** Held [Art.]. In: Zwar, Anette; u.a. (Hrsg.): Brockhaus Enzyklopädie Bd. 12. Mannheim: Bibliographisches Institut & F. A. Brockhaus AG, 2006, S. 266.

Bildquellen

16 o. Cover: Frank Cottrell Boyce: Der unvergessene Mantel. Carlsen Verlag, Hamburg, 2012 **16 u.** Cover: Raquel J. Palacio: Wunder. Carl Hanser Verlag, München, 2013 **18** Cover: Frank Cottrell Boyce: Der unvergessene Mantel. Carlsen Verlag, Hamburg, 2012 **20** Hopper, Edward (1882–1967). Öl auf Leinwand © Glow images **21** Michael Sowa: Der Ausflug. Michael Sowa/Inkognito/ © VG Bild-Kunst, Bonn, 2015 **23** Krabatmühle (Filmkulisse, DIG Film „Krabat", BRD 2008), Interfoto/NG Collection **27** Michael Sowa: Lieber lesen. Michael Sowa/Inkognito/ © VG Bild-Kunst, Bonn, 2015 **32** Cover: Dahl, Roald: Sophiechen und der Riese. Rowohlt/rororo Verlag, Hamburg/ Reinbek, 2011 **36** Interfoto / ImageBROKER/Carsten Leuzinger **77** Cover: Kästner, Erich: Emil und die Detektive. Dressler/Atrium Verlag, Hamburg, 2010 **100** Aus: Erich Kästner: Pünktchen und Anton. Ein Comic von Isabel Kreitz. Dressler Verlag, Hamburg 2009, S. 87. **110** Die Mäuse und der Uhu. Aus: Janosch: Tigerschweinchen. Dummer Wolf. Weinheim: Beltz Verlag, 1997 **118** Alex Sutula / Shutter-stock / (Auszüge) **121** akg-images **123** akg-images **133** Hein Nouwens / Shutterstock.com **148** © Interfoto/NG Collection **149, 150** Percy Jackson 2: Im Bann des Zyklopen, DIG Film 2013, Interfoto / NG Collection **160 f.** M. Slavona: Sommertag an der Oise; V. van Gogh: Blühender Pfirsichbaum; M. Cramer: Garten an der Alster im Winter, alle akg-images **180** Action Press, © Courtesy Everett Collection **181** SZ Photo/RDA © Rue des Archives/ RDA **182** akg-images / Imagno **184** © Cornelsen Schulverlage GmbH, Berlin / Peter Kast **186** imago/imago/ United Archives **188** picture alliance / AP Photo **191** Amelia Earhart und ihr Navigator Fred Noonan, © Corbis **194** Cover: memo Wissen entdecken. Band 12. Große Entdecker. Dorling Kindersley Verlag, München, 2011 **201** Glow Images / © Image Source, all rights reserved **202** Cornelsen Schulverlage GmbH, Berlin / Peter Kast **206** Corbis / © Deddeda / Design Pics **207** laif / Joerg Modrow **228 o. l.** © EpicStockMedia-Fotolia.com **o. M.** © Pictures4you-Fotolia. com **o. r.** © Anton Maltsev-Fotolia.com **u.** © wiw-Fotolia.com **232** Cover: Walter Moers. Die 13 ½ Leben des Käpt'n Blaubär, Goldmann Verlag, München 2002 **235** © Oran Tantapakul-Fotolia.com **237** Johann Michael Voltz (1784–1858): Die Unterrichtung der Knaben an einer städtischen Schule der Biedermeierzeit. bpk / Kunstbiblio-thek, SMB **238** bpk **248 o.** © creative studio-Fotolia.com **M. l.** © michaeljung-Fotolia.com all rights reserved, *michaeljung@163.com* **M. r.** © Markus-Bormann-Fotolia.com **u.** © BartekMagierowski-Fotolia.com **252** mauritius images / Haag + Kropp

Sachregister

R

S

T

Wichtige Operatoren

Operatoren	Erklärung
begründen	eine Meinung oder eine Ansicht durch Argumente stützen
belegen	Aussagen durch geeignete Textstellen stützen
(be-)nennen	Gegenstände oder Sachverhalte mit genauen Begriffen bezeichnen
beschreiben	Personen, Situationen, Vorgänge, Sachverhalte oder Zusammenhänge strukturiert darstellen
bestimmen	etwas prägnant und anhand bestimmter Gesichtspunkte feststellen
charakterisieren	Sachverhalte, Vorgänge, Personen usw. in ihren Besonderheiten darstellen
diskutieren	sich argumentativ mit einem Thema, einer Frage oder einem Problem auseinandersetzen
erklären	einen Sachverhalt für andere verständlich darstellen
erläutern	einen Sachverhalt veranschaulichen und verständlich machen
erschließen	einen Text für die weitere Bearbeitung aufbereiten; neue Informationen, Erkenntnisse und Sichtweisen herleiten
formulieren	ein Ergebnis, einen Standpunkt oder einen Eindruck knapp und präzise ausdrücken
gestalten	etwas mithilfe von kreativen Mitteln eigenständig erarbeiten
gliedern	Inhalte nach bestimmten Gesichtspunkten ordnen
prüfen	Aussagen, Behauptungen usw. auf ihre Schlüssigkeit, Gültigkeit und Berechtigung hin betrachten und bewerten
vergleichen	Gemeinsames und Unterschiedliches herausarbeiten und gegenüberstellen
zusammenfassen	Inhalte oder Zusammenhänge in eigenen Worten knapp wiedergeben

Knifflige Verben im Überblick

Infinitiv	Präsens	Präteritum	Perfekt
befehlen	du befiehlst	er befahl	er hat befohlen
beginnen	du beginnst	sie begann	sie hat begonnen
beißen	du beißt	er biss	er hat gebissen
bieten	du bietest	er bot	er hat geboten
bitten	du bittest	sie bat	sie hat gebeten
blasen	du bläst	er blies	er hat geblasen
bleiben	du bleibst	sie blieb	sie ist geblieben
brechen	du brichst	sie brach	sie hat gebrochen
brennen	du brennst	es brannte	es hat gebrannt
bringen	du bringst	sie brachte	sie hat gebracht
dürfen	du darfst	er durfte	er hat gedurft
einladen	du lädst ein	sie lud ein	sie hat eingeladen
erschrecken	du erschrickst	er erschrak	er ist erschrocken
essen	du isst	er aß	er hat gegessen
fahren	du fährst	sie fuhr	sie ist gefahren
fallen	du fällst	er fiel	er ist gefallen
fangen	du fängst	sie fing	sie hat gefangen
fliehen	du fliehst	er floh	er ist geflohen
fließen	du fließt	es floss	es ist geflossen
frieren	du frierst	er fror	er hat gefroren
gelingen	es gelingt	es gelang	es ist gelungen
genießen	du genießt	sie genoss	sie hat genossen
geschehen	es geschieht	es geschah	es ist geschehen
greifen	du greifst	sie griff	sie hat gegriffen
halten	du hältst	sie hielt	sie hat gehalten
heben	du hebst	er hob	er hat gehoben
heißen	du heißt	sie hieß	sie hat geheißen
helfen	du hilfst	er half	er hat geholfen
kennen	du kennst	sie kannte	sie hat gekannt
können	du kannst	er konnte	er hat gekonnt
kommen	du kommst	sie kam	sie ist gekommen
lassen	du lässt	sie ließ	sie hat gelassen
laufen	du läufst	er lief	er ist gelaufen
leiden	du leidest	sie litt	sie hat gelitten
lesen	du liest	er las	er hat gelesen
liegen	du liegst	er lag	er hat gelegen